全国一级建造师执业资格考试
创/新/教/程

建设工程经济

全国一级建造师执业资格考试用书编写组　组编

编写组成员

主　编　王　欢

主　审　黎　鹏　李鑫鑫　郭明柱　张美香

参　编　张　谦　王　菲　杨　飞　付[illegible]

张　震　赵丽敏　刘　军　张云

张　宇　王小召　霍兵勇　韩莹[illegible]

李惊宇　贾小静　杨文楠　杨帅飞

哈爾濱工程大学出版社
Harbin Engineering University Press

内容简介

本书主要根据考试大纲要求，针对建设工程领域常用的工程经济知识，从工程项目实践出发，在紧扣法规、标准及规范的基础上，重点加强考生对理论知识的掌握，提高解决实际工程经济类问题的能力。全书通过图文并茂的形式，坚持“与工程实践相结合，与考试命题相结合，与考生反馈意见相结合”的编写原则，对考试内容进行解读，并精心编写了具有代表性的“专家解读”和“典型例题”模块，旨在帮助考生更好地理解和掌握知识点，使考生能在有限的时间内科学、有效地备考。

图书在版编目(CIP)数据

全国一级建造师执业资格考试创新教程. 建设工程经济 / 全国一级建造师执业资格考试用书编写组组编. —哈尔滨：哈尔滨工程大学出版社，2021.7(2023.5 重印)
ISBN 978-7-5661-3183-6

Ⅰ. ①全… Ⅱ. ①全… Ⅲ. ①建筑经济－资格考试－教材 Ⅳ. ①TU

中国版本图书馆 CIP 数据核字(2021)第 138695 号

建设工程经济
JIANSHE GONGCHENG JINGJI

选题策划 李惊宇
责任编辑 张 彦
封面设计 天 一

出版发行 哈尔滨工程大学出版社
社　　址 哈尔滨市南岗区南通大街 145 号
邮政编码 150001
发行电话 0451-82519328
传　　真 0451-82519699
经　　销 新华书店
印　　刷 河南承创印务有限公司
开　　本 787 mm×1 092 mm 1/16
印　　张 19
字　　数 486 千字
版　　次 2021 年 7 月第 1 版
印　　次 2023 年 5 月第 5 次印刷
定　　价 60.00 元
http://www.hrbeupress.com
E-mail:heupress@hrbeu.edu.cn

前言

Preface

为提高工程建设从业人员的专业素养和管理能力，我国建立和完善了建造师执业制度。虽然国务院相继取消了许多执业资格许可和认定事项，但是基于建设工程领域的特殊性以及专业人才不可替代的重要性，建造师执业资格考试不仅不会被取消，而且越来越受到政府机关和社会各界的重视。

为了满足广大考生的应试复习要求，便于考生明悉现行考试考情，并能在较短的时间内科学、有效地掌握知识要点，更好地备战全国一级建造师执业资格考试，全国一级建造师执业资格考试用书编写组的成员通力合作，编写了本系列图书。

本系列图书所包含的科目（共八个）

《建设工程法规及相关知识》

《建设工程项目管理》

《建设工程经济》

《建筑工程管理与实务》

《市政公用工程管理与实务》

《机电工程管理与实务》

《公路工程管理与实务》

《水利水电工程管理与实务》

前三个科目为全国一级建造师执业资格考试的公共科目，后五个科目为专业科目。

图书特色

全国一级建造师执业资格考试用书编写组的成员认真研究考试要求，结合现行法律法规、国家标准及行业规范，准确把控和解读历年考试命题点，以创新的形式整合知识体系，编写了本系列图书。

另外，全书采用双色印刷，并结合“组织结构图 + 表格总结对比 + 专家解读 + 典型例题”等多种形式，有针对性而又不失详尽地解读核心考点，给考生提供多层级、新视角的全新解读，帮助考生复习备考。同时，编写组对本系列图书中的难点、重点、易考点进行解读，使考生易懂、易学、易掌握。

增值服务

为方便考生复习备考，我们特向购买本系列图书的考生提供两大特色服务，让考生在进行本系列图书学习的同时可以通过观看视频、线上做题（天一网校 APP）等方式，实现线上线下有效备考。

增值服务一 视频课程。本系列图书编写组诚邀多名具有丰富实践和教学经验的老师，精心录制备考视频，帮助考生全面、系统地学习。

增值服务二 电子题库。本系列图书编写组结合历年真题考查形式及风格，精心挑选了一些常考点、易错点、重难点习题组成电子题库，以方便考生在学习内容的同时进行习题练习与巩固，提升学习效果。

您可以通过扫描图书封面处二维码（刮开获得激活码），根据提示输入激活码，获取视频课程和电子题库。

本系列图书的不足之处，恳请广大读者予以指正。

如有与本书相关的问题及建议，欢迎您致电 4006597013 或者通过 QQ:1400594158 与我们联系，我们将以更加优质、便捷的方式为您提供多层次的服务。

扫描二维码
获取天一网校APP

全国一级建造师执业资格考试用书编写组

目 录

Contents

第一章 工程经济

第一节 资金时间价值的计算及应用

一、资金时间价值的概述

把资金投入到生产和流通领域，随着时间的推移，会发生增值现象，其所增值的部分称为资金的时间价值。例如，利润、利息。

(1)从投资者角度看，是将货币用于投资，通过资金的运动而使货币增值（利润）。

(2)从消费者角度看，是将货币存入银行，相当于个人失去了对这些货币的使用权，按时间计算这种牺牲的代价（利息）。

资金时间价值的影响因素主要包括资金数量、资金使用时间、资金投入和回收的特点、资金周转速度，具体内容以下面典型例题的形式进行讲解。

典型例题

【多选题】关于资金时间价值的说法，正确的有（　　）。

A. 单位时间资金增值率一定的条件下，资金的时间价值与使用时间成正比

B. 资金随时间的推移而贬值的部分就是原有资金的时间价值

C. 投入资金总额一定的情况下，前期投入的资金越多，资金的正效益越大

D. 其他条件不变的情况下，资金的时间价值与资金数量成正比

E. 一定时间内等量资金的周转次数越多，资金的时间价值越多

ADE。**【解析】**资金随时间的推移而增值的部分就是原有资金的时间价值。单位时间资金增值率一定的条件下，资金的使用时间越长，则时间价值越大；反之，则时间价值越小；故资金的时间价值与使用时间成正比。在其他条件不变的情况下，资金数量越多，则时间价值越多；反之，则时间价值越少；故资金的时间价值与资金数量成正比。投入资金总额一定的情况下，前期投入的资金越多，资金的负效益越大；后期投入的资金越多，资金的负效益越小。投资回收额一定的情况下，离资金投入期越近的时间回收的资金越多，资金的时间价值越大。资金的周转速度越快，资金的时间价值越大；反之，时间价值越小。

二、衡量资金时间价值的尺度

衡量资金时间价值的尺度有绝对尺度和相对尺度。绝对尺度包括利息、利润，反映资金的盈利能力；相对尺度包括利率、利润率，反映资金随时间变化的增值速度。

（一）利息（绝对尺度）

利息是资金所有者由于借出资金而取得的报酬，它来自生产者使用该笔资金发挥营运职能而形成的利润的一部分。其数量取决于使用的资金量、使用资金的时间长短、利率。

利息的计算公式为

$$I = F - P$$

式中 I——利息；

F——还本付息总额，即本金与利息之和；

P——原借贷款金额，又称为本金。

在工程经济分析中，利息又可被看作资金的一种机会成本。例如，资金一旦用于投资，就不能进行现期消费，而牺牲现期消费又是为了能在将来获得更大的收益，以便有更多消费的本钱，从这个意义上讲，利息是指占用资金所付出的代价或是放弃近期消费所得到的补偿。而建设项目的建设期利息是指筹措债务资金（银行借款和其他债务资金、融资费用）时在建设期内发生并按规定在投产后计入固定资产原值的利息，即资本化利息。

（二）利率（相对尺度）

利率是在一个周期内所得的利息额与借贷金额（即本金）之比，一般以百分数表示。其计算公式为

$$i = \frac{I}{P} \times 100\%$$

式中 i——利率；

I——一个周期内所得到的利息额。

利率作为一种经济杠杆，在经济生活中起着十分重要的作用，在市场经济条件下，利率的高低通常由下列因素决定：

（1）社会平均利润率。一般来说，利息是平均利润的一部分，因而利率的变化，要受平均利润的影响。当其他条件不变时，平均利润率提高，利率也会相应提高；反之，则会相应下降。通常情况下，平均利润率是利率的最高界限。如果利率高于平均利润率，借款人投资后无利可图，也就不会去借款了。

（2）金融市场上借贷资本的供求情况。在平均利润率不变的情况下，借贷资本供过于求，利率便下降；反之，利率便上升。

（3）银行所承担的贷款风险。借出资本要承担一定的风险，而风险的大小也影响着利率的波动。风险越大，利率也就越高。

（4）通货膨胀率。通货膨胀率对利率有直接影响，资金贬值往往会使实际利率在无形中变为负值。

（5）借出资本的期限长短。借款期限越长，不可预见因素就越多，风险就越大，利率也就越高。

（6）经济周期的波动。经济周期扩张，利率上升；经济周期衰退，利率下降。

（三）利息的计算——单利法

单利法：本金生息，利息不生息，即“利不生利”。每期利息均按原始本金计算，而每期的利息不计入下一计息期的本金，从而每期的利息是固定不变的。若利率为 i，计息期数为 n，则整个计算期内总利息为

$$I = P \cdot i \cdot n$$

第 n 期期末的本利和为

$$F = P + I = P(1 + i \cdot n)$$

单利法虽然考虑了资金的时间价值，但仅是对本金而言，而没有考虑每期所得利息再进入社会再生产过程而实现增值的可能性，这不符合资金流动的客观情况。由此可见，单利法未能完全反映资金的时间价值。因此，单利计息在工程经济分析中使用较少，通常只适用于短期投资或短期贷款的情形。

（四）利息的计算——复利法

复利法：以本金和累计利息之和为基数来计算利息的方法，即“本金生息，利息也生息”。其本利和计算公式为

$$F = P(1 + i)^n$$

公式推导如下表所示。

计息期数	期初本金	期末利息	期末本利和
1	P	$P \cdot i$	$F_1 = P + P \cdot i = P(1+i)$
2	$P(1+i)$	$P(1+i) \cdot i$	$F_2 = P(1+i) + P(1+i) \cdot i = P(1+i)^2$
3	$P(1+i)^2$	$P(1+i)^2 \cdot i$	$F_3 = P(1+i)^2 + P(1+i)^2 \cdot i = P(1+i)^3$
…	…	…	…
$n-1$	$P(1+i)^{n-2}$	$P(1+i)^{n-2} \cdot i$	$F_{n-1} = P(1+i)^{n-2} + P(1+i)^{n-2} \cdot i = P(1+i)^{n-1}$
n	$P(1+i)^{n-1}$	$P(1+i)^{n-1} \cdot i$	$F_n = P(1+i)^{n-1} + P(1+i)^{n-1} \cdot i = P(1+i)^n$

复利计息的思想符合社会再生产过程中资金运动的规律，充分体现了资金的时间价值。采用复利计息，可使人们增强时间观念，重视时间效用，节约和合理使用资金，降低开发成本。在工程经济分析中，一般采用复利计息计算。

复利计算可以分为间断复利和连续复利。

（1）间断复利：计息周期为一定的时间区间（年、半年、季、月、周、日等）的复利计息。在实际使用中主要采用间断复利计算。

(2)连续复利:计息周期无限缩短的复利计息,即按瞬时计算复利。

典型例题

【单选题】某企业拟存款200万元。下列存款利率和计息方式中,在第5年末存款本息和最多的是(　　)。

A. 年利率6%,按单利计算　　B. 年利率5.5%,每年复利一次

C. 年利率4%,每季度复利一次　　D. 年利率5%,每半年复利一次

B。【解析】选项A,该企业在第5年末存款本息和 = 200 × (1 + 5 × 6%) = 260(万元);选项B,该企业在第5年末存款本息和 = $200 \times (1 + 5.5\%)^5$ = 261.39(万元);选项C,该企业在第5年末存款本息和 = $200 \times (1 + 4\%/4)^{5 \times 4}$ = 244.04(万元);选项D,该企业在第5年末存款本息和 = $200 \times (1 + 5\%/2)^{5 \times 2}$ = 256.02(万元)。故选项B正确。

三、名义利率和实际利率

在实际经济活动中,计息周期可以是年、半年、季度、月、周、日等。当利率为年利率,而实际的计息周期小于一年时,会产生名义利率与实际利率的概念。例如,年利率为12%,按月计息,则这12%是名义利率,实际相当于月利率是1%。

(一)名义利率

名义利率 r 是指计息周期利率 i 乘以一个利率周期内的计息周期数 m 所得的利率周期利率,即

$$r = i \times m$$

通常所说的利率周期利率都是名义利率。

(二)实际利率

实际利率 i_{eff} 是指按每年的计息周期数用复利计算得到的利率,即考虑资金时间价值的年利率,又称有效利率。其计算公式为

$$i_{eff} = \frac{F - P}{P} = \left(1 + \frac{r}{m}\right)^m - 1$$

专家解读

年实际利率比名义利率更能准确反映资金的时间价值。年实际利率和名义利率的关系实质上与复利和单利的关系一样,单利计息时,名义利率和实际利率没有差异。与实际利率相关的计算式为

$$i = \frac{r}{m}$$

$$I = P\left[\left(1 + \frac{r}{m}\right)^m - 1\right]$$

$$F = P\left(1 + \frac{r}{m}\right)^m$$

（三）名义利率与实际利率的换算

名义利率与实际利率的换算如下表所示。

年名义利率	计息期	年计息周期数 m	年实际利率	半年实际利率	季实际利率	月实际利率
r	年	1	r	$(1+r)^{\frac{1}{2}}-1$	$(1+r)^{\frac{1}{4}}-1$	$(1+r)^{\frac{1}{12}}-1$
	半年	2	$\left(1+\frac{r}{2}\right)^2-1$	$\frac{r}{2}$	$\left(1+\frac{r}{2}\right)^{\frac{1}{2}}-1$	$\left(1+\frac{r}{2}\right)^{\frac{1}{6}}-1$
	季	4	$\left(1+\frac{r}{4}\right)^4-1$	$\left(1+\frac{r}{4}\right)^2-1$	$\frac{r}{4}$	$\left(1+\frac{r}{4}\right)^{\frac{1}{3}}-1$
	月	12	$\left(1+\frac{r}{12}\right)^{12}-1$	$\left(1+\frac{r}{12}\right)^6-1$	$\left(1+\frac{r}{12}\right)^3-1$	$\frac{r}{12}$

总之，技术经济评价中所用的年利率都是名义利率，若不对计息期长短加以说明，则表示一年计息一次，此时的年利率就是实际利率。若计息期小于一年，则实际利率大于名义利率，一年中的计息周期数越多，计息周期越短，则年实际利率越高，且年实际利率和名义利率的差异越大。

四、现金流量

（一）基本概念

现金流出（CO_t）：相对某个系统，指在某一时点上流出系统的资金或货币量，如投资、成本费用等。

现金流入（CI_t）：相对某个系统，指在某一时点上流入系统的资金或货币量，如销售收入等。

净现金流量：同一时点上现金流入与流出之差，用$(CI-CO)_t$表示，即

$$净现金流量(CI-CO)_t=现金流入(CI_t)-现金流出(CO_t)$$

现金流量：指各个时点上实际发生的资金流出或资金流入，即现金流入、现金流出及净现金流量的统称。

（二）现金流量的确定

确定现金流量应注意以下问题：

(1)应有明确的发生时点。

(2)投资决策中使用的现金流量，是投资项目的现金流量，是特定项目引起的。

(3)必须实际发生（如应收或应付账款就不是现金流量）。

(4)“现金”是广义的现金，它不仅包括货币资金，而且包括项目需要投入企业拥有的非货币资源的变现价值，即资源价值。

(5)不同的角度有不同的结果(如税收,从企业角度是现金流出;从国家角度都不是)。

(三)现金流量的表示方法

1. 现金流量表

现金流量表是用表格的形式描述不同时点上发生的各种现金流量的大小和方向,如下表所示(单位:万元)。

年末	0	1	2	3	4	5	6
现金流入	0	0	100	200	200	200	300
现金流出	200	200	0	0	0	0	0
净现金流量	-200	-200	100	200	200	200	300

2. 现金流量图

现金流量图是表示某一特定经济系统现金流入、现金流出与其发生时点对应关系的数轴图形,如下图所示。

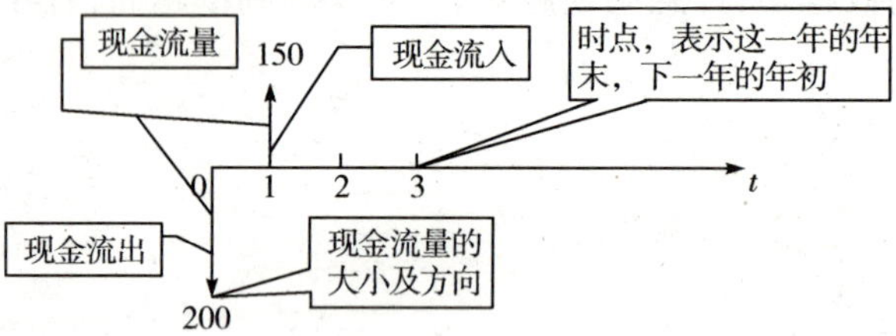

现金流量图的构成要素为大小、流向、时点,即大小表示资金数额,流向表示项目资金的流入或流出,时点表示现金的流入或流出发生的时间。

现金流量图的做法及其规则如下:

(1)水平轴表示时间坐标,时间从左向右推移。轴上每一刻度表示一个时间单位,可以是年、半年、季度、月、周、日等;零点表示时间序列的开始。

(2)垂直于水平轴的箭线表示现金流量,箭头向上表示现金流入,即表示效益;箭头向下表示现金流出,即表示费用。现金流量的性质,即现金的流入与流出,是相对而言的。如贷款人的流入就是借款人的流出;反之亦然。因此,绘制现金流量图时,应首先弄清楚是站在什么立场来绘制的,立场不同,绘制出的现金流量图也不同。

(3)在现金流量图中,箭线的长短与流量的大小应该成比例,即流量大,箭线长;流量小,箭线短。但由于经济系统中各时间点的现金流量常常差额悬殊而无法成比例绘制,因此,在绘制现金流量图时,箭线的长短要能适当体现各时间点现金流量数额的差异,并在箭线上方或下方注明现金流量的数额即可。

(4)水平轴与垂直短线的交点即为现金流量发生的时间点。为了计算方便和统一起见,一般均假定现金流量的发生都集中在每期的期末。

专家解读

水平轴为时间轴，向右延伸表示时间的延续。垂直箭线代表不同时点的现金流量情况。对投资人而言，横轴上方的箭线表示现金流入。即时间轴上的点通常表示该时间单位的结束时点。

五、资金等值的概述

在资金时间价值的计算中，等值是一个十分重要的概念。资金等值是指在考虑时间因素的情况下，不同时点发生的绝对值不等的资金可能具有相等的价值。例如，现在的 100 元与一年后的 108 元，虽然绝对数量不等，但如果在年利率为 8% 的情况下，则这两个时点上的两笔绝对值不等的资金在价值上看是“等值”的。不同时点上数额不等的资金如果等值，则它们在任何相同时点上的数额必然相等。

提示

考虑资金时间价值，金额相等，发生在不同时点的两笔资金不能等值。

利用等值的概念，把在不同时点发生的资金金额换算成同一时点的等值金额，这一过程叫作资金等值计算，如“折现”“贴现”。决定资金等值的三要素是资金数额的大小、资金发生的时间、利率（或折现率）的大小。

六、资金等值的计算

在技术经济分析中，为了考察投资项目的经济效果，必须对项目寿命期内不同时间发生的全部费用和全部收益进行计算和分析。在考虑资金时间价值的情况下，不同时点的收入和支出不能简单地直接相加减，只能通过资金的等值计算将它们换算到同一时点上进行分析。前面介绍的复利计算公式，可以按一定的利率在不同时刻做等值变换。

（一）资金等值计算的基本参数

资金等值计算时，一般现金流量图如下图所示。

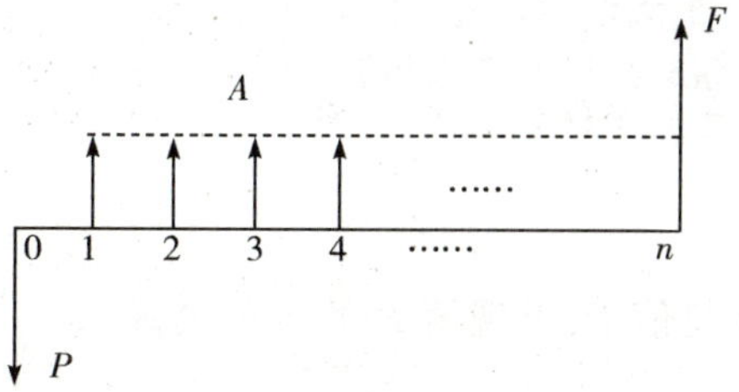

（1）现值（P）：发生在时间序列起点、年初或计息期初的资金。求现值的过程称为折现，规定在期初。

(2)终值(F):发生在年末、终点或计息期末的资金,规定在期末。

(3)等额年金或年值(A):指各年等额支出或等额收入的资金,规定在期末。

(4)利率、折现或贴现率、收益率(i):每个计息周期的利率、折现或贴现率、收益率。

(5)计息周期数(n):计算利息的周期。

(二)一次支付类型

一次支付是指现金流量的流入或流出均在一个时点上一次发生。其典型的现金流量图如下图所示。

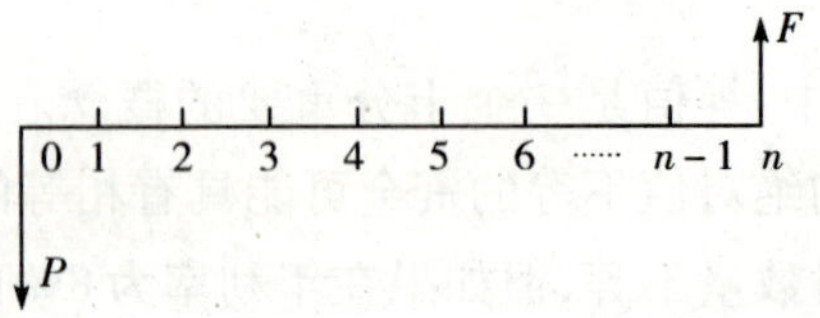

如上图所示,在分析期内,只有一次现金流量发生,涉及现值 P 与将来值(终值)F 之间的换算。它包括一次支付终值公式和一次支付现值公式。

1. 一次支付终值公式

一次支付终值是指期初一次性投资额(贷款)P,利率为 i,n 年末一次补偿(或偿还)本利和 F,即已知 P,求 F。其现金流量图如下图所示。

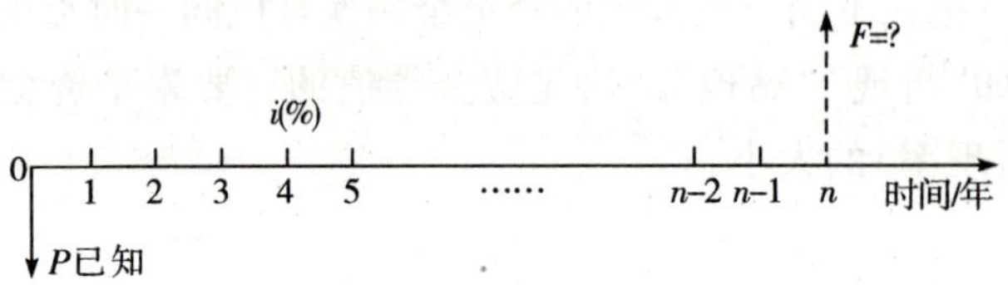

计算公式为

$$F = P(1+i)^n = P(F/P,i,n)$$

式中,$(1+i)^n$ 称为一次支付终值系数,记为$(F/P,i,n)$。

专家解读

例:某人把2 000元存入银行,设年利率为3%,5年后全部提出,共可得多少元?

解:按一次支付终值公式得

$F = P(1+i)^n = 2\,000 \times (F/P, 3\%, 5) = 2\,319$(元)。

2. 一次支付现值公式

一次支付现值是指已知终值 F,求现值 P 的等值公式,是一次支付终值公式的逆运算。其现金流量图如下图所示。

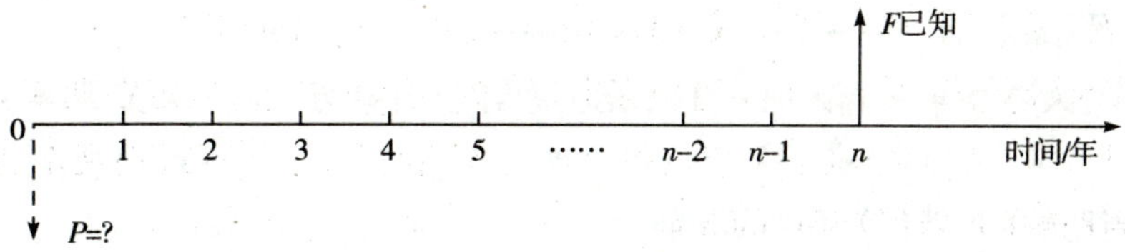

计算公式为

$$P=F(1+i)^{-n}=F(P/F,i,n)$$

式中，$(1+i)^{-n}$称为一次支付现值系数，记为$(P/F,i,n)$。

$F=P(F/P,i,n)$与$P=F(P/F,i,n)$互为逆运算，$(F/P,i,n)$与$(P/F,i,n)$互为倒数。

专家解读

例：某企业计划建造一条生产线，预计5年后需要资金800万元，设年利率为10%，问现需要存入银行多少资金？

解：按一次支付现值公式得

$P=F(1+i)^{-n}=800\times(P/F,10\%,5)=496.74$（万元）。

（三）等额支付类型

等额支付是多次支付形式中的一种。多次支付是指现金流入和流出在多个时点上发生，而不是集中在某个时点上。当现金流序列是连续的，且数额相等时，称之为等额系列现金流。等额支付的特点：在计算期内，每期支付大小相等、方向相同的现金流，用年值A表示；支付间隔相同，通常为1年；每次支付均在每年年末。

下面介绍等额系列现金流的四个等值计算公式。

1. 等额支付终值公式

等额支付终值是指已知一个投资项目在每一个计息期期末有年金A发生，设收益率为i，求折算到第n年末的总收益F，即已知A，求F。

从第1年末至第n年末有一等额的现金流系列，每年的金额均为A，称为等额年值，如下图所示。

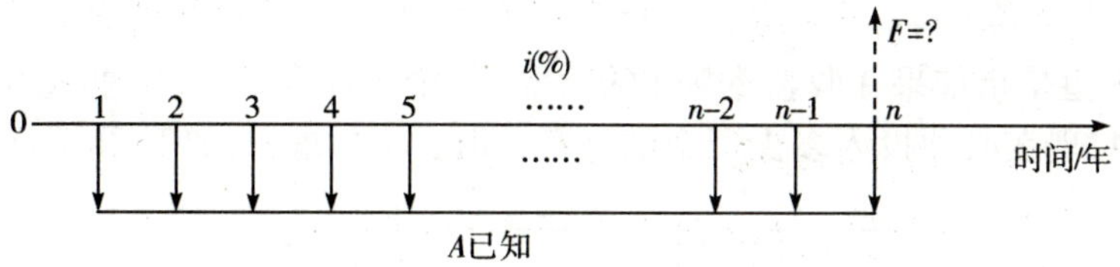

计算公式为

$$F=A\left[\frac{(1+i)^{n}-1}{i}\right]=A(F/A,i,n)$$

式中，$\frac{(1+i)^{n}-1}{i}$称为等额支付终值系数，记为$(F/A,i,n)$。

专家解读

例：某人每年年末存入银行1万元，若存款利率为3%，则第5年年末可得款多少？

解：按等额支付终值公式得

$$F=A\left[\frac{(1+i)^n-1}{i}\right]=1\times(F/A,3\%,5)=5.309(\text{万元})。$$

2. 等额支付偿债基金公式

等额支付偿债基金公式是等额支付终值公式的逆运算，即已知终值 F，求与之等值的等额年值 A。也就是为了在未来偿还一笔债务，或为未来积累某笔资金，在利率为 i 的情况下，求每个计息期末应等额存储的金额，如下图所示。

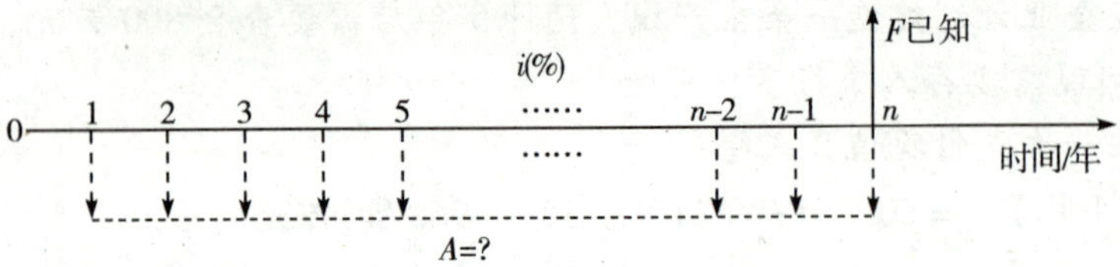

计算公式为

$$A=F\left[\frac{i}{(1+i)^n-1}\right]=F(A/F,i,n)$$

式中，$\frac{i}{(1+i)^n-1}$称为等额支付偿债基金系数，记为$(A/F,i,n)$。

专家解读

例：某公司计划积累一笔资金，用于3年后投资一项目。此项投资总额为500万元，设年利率为5%，问每年末至少要存多少钱？

解：按等额支付偿债基金公式得

$$A=F\left[\frac{i}{(1+i)^n-1}\right]=500\times(A/F,5\%,3)=158.604(\text{万元})。$$

3. 等额支付现值公式

等额支付现值是指如果在收益率为 i 的情况下，希望在今后 n 年内，每年末能取得等额的存款或收益 A，现在必须投入多少资金的计算，即已知 A，求 P，如下图所示。

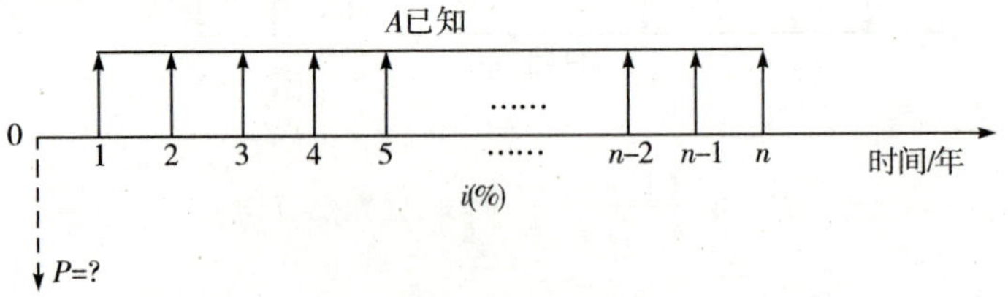

计算公式为

$$P=A\left[\frac{(1+i)^n-1}{i(1+i)^n}\right]=A(P/A,i,n)$$

式中，$\frac{(1+i)^n-1}{i(1+i)^n}$称为等额支付现值系数，记为$(P/A,i,n)$。

专家解读

例：A打算贷款买房，预计他每年能还2.5万元，打算15年还清，假设银行的按揭年利率为5%，则A现在最多能贷款多少？

解：按等额支付现值公式得

$$P=A\left[\frac{(1+i)^n-1}{i(1+i)^n}\right]=2.5\times(P/A,5\%,15)=25.95(\text{万元})。$$

4. 等额支付资本回收公式

等额支付资本回收公式是等额支付现值公式的逆运算，即已知现值P，求与之等值的等额年值A。该公式是指如果现在投资额P，按复利计算，希望分n期期末等额回收，那么每次可以回收多少才能连本带利全部回收，如下图所示。

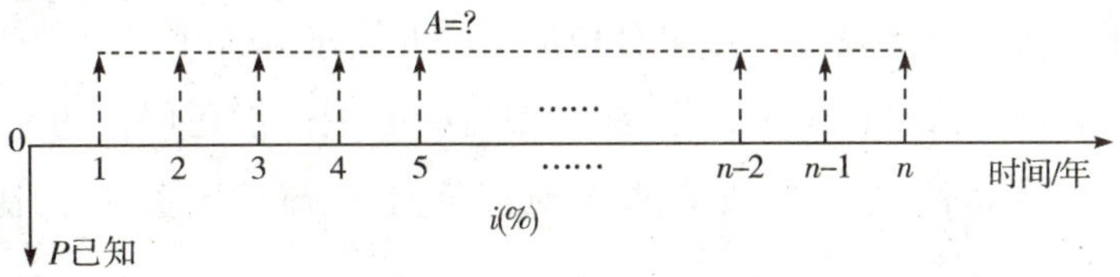

计算公式为

$$A=P\left[\frac{i(1+i)^n}{(1+i)^n-1}\right]=P(A/P,i,n)$$

式中，$\frac{i(1+i)^n}{(1+i)^n-1}$称为等额支付资本回收系数，记为$(A/P,i,n)$。

专家解读

例：某人为某项目投资50万元，希望在5年内等额收回全部投资，若折现率为15%，问每年至少应收入多少？

解：按等额支付资本回收公式得

$$A=P\left[\frac{i(1+i)^n}{(1+i)^n-1}\right]=50\times(A/P,15\%,5)=14.916(\text{万元})。$$

第二节　技术方案经济效果评价

建设项目经济评价是项目前期工作的重要内容，对于加强固定资产投资宏观调控，提高投资决策的科学化水平，引导和促进各类资源合理配置，优化投资结构，减少和规避投资风险，充分发挥投资效益，具有重要作用。

建设项目经济评价应根据国民经济与社会发展以及行业、地区发展规划的要求，在项目初步方案的基础上，采用科学的分析方法，对拟建项目的财务可行性和经济合理性进行分析论证，为项目的科学决策提供经济方面的依据。

一、项目经济评价的内容

建设项目经济评价的内容及侧重点，应根据项目性质、项目目标、项目投资者、项目财务主体以及项目对经济与社会的影响程度等具体情况选择确定。

在分析和评价一个技术方案的经济效果时，一般包括盈利能力分析、偿债能力分析和财务生存能力分析等几个方面。

(1)盈利能力分析，是指分析和测算项目计算期的盈利能力和盈利水平。其主要评价指标包括内部收益率、净现值、资本金内部收益率、投资回收期、总投资收益率和资本金净利润率等，可根据技术方案的特点及经济效果分析的目的和要求等选用。

(2)清偿(偿债)能力分析，是指分析、测算项目财务主体偿还债务的能力。其主要分析指标有借款偿还期、利息备付率、偿债备付率、资产负债率、流动比率、速动比率等。

链接

企业可以用于偿还贷款的资金来源有无形资产及其他资产摊销费、固定资产折旧费、利润以及其他还款资金。其中，利润应是未分配利润，其他还款资金主要是减免的税金。

(3)财务生存能力分析，又称资金平衡分析，是指以财务计划现金流量表为基础，通过考察拟定技术方案计算期内各年的投资、融资和经营活动所产生的各项现金流入和流出，计算净现金流量和累计盈余资金，分析技术方案是否有足够的现金流量维持正常经营，以实现财务可持续性。财务可持续性的基本条件是有足够的经营净现金流量；必要条件是在整个运营期内允许个别年份的净现金流量出现负值，但各年累计盈余资金不应出现负数。若出现负值，应进行短期借款，同时分析该短期借款的时间长短和数额大小，进一步判断拟定技术方案财务生存能力。短期借款应体现在财务计划现金流量表中，其利息应计入财务费用。

提示

上述内容主要是针对经营性技术方案的。对于非经营性技术方案，经济效果评价主要分析拟定方案的财务生存能力。

二、项目经济评价的方法

项目经济评价的基本方法包括确定性评价方法和不确定性评价方法两类。对同一个项目,必须同时进行确定性评价和不确定性评价。

项目经济评价按照评价方法的性质不同可分为定性分析方法和定量分析方法,以定量分析为主。

(1)定性分析是指对无法精确度量的重要因素实行的估量分析方法。

(2)定量分析是指对可度量因素的分析方法。

项目经济评价按其是否考虑时间因素(资金时间价值)又可分为静态评价方法和动态评价方法。

(1)静态评价方法是不考虑资金的时间价值,对现金流量分别进行直接汇总计算评价指标的方法。静态评价方法的特点是计算简便。因此,在方案初选阶段,可采用静态评价方法。

(2)动态评价方法是用折算的现金流量来计算评价指标的方法。它能较全面地反映投资方案整个计算期的经济效果。在进行方案比较时,一般以动态评价方法为主。

三、项目经济评价指标体系

在对项目进行经济评价时,应选取合理的评价指标体系,然后根据可靠估算的相关基础数据进行计算和分析所选取的经济指标。

项目经济评价指标体系大致如下表所示。

项目经济评价指标体系	静态评价指标	盈利能力分析	总投资收益率、资本金净利润、静态投资回收期
		偿债能力分析	借款偿还期、利息备付率、偿债备付率、资产负债率、流动比率、速动比率
	动态评价指标	盈利能力分析	财务净现值、财务内部收益率、动态投资回收期

四、项目的计算期

项目的计算期是指对拟建项目进行经济评价所确定的项目服务年限。项目计算期包括建设期和运营期(生产期)两个阶段。

(1)建设期是指项目资金正式投入开始到项目建成投产为止所需要的时间。建设期应参照项目建设的合理工期或项目的建设进度计划合理确定。

(2)运营期(生产期)是指项目从建成投产到全部固定资产报废为止所需的时间。运营期一般分为投产期和达产期。投产后达到设计生产能力的时间称为投产期,达到设计生产能力后的时期称为达产期。运营期应根据项目特点参照项目的合理经济寿命确定。

项目的计算期,如下图所示。

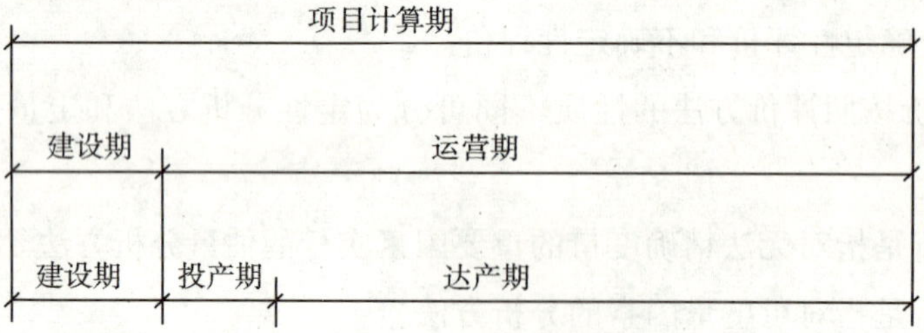

五、静态评价指标

(一)总投资收益率(*ROI*)

1. 概念

总投资收益率(*ROI*)表示总投资的盈利水平,系指项目达到设计生产能力后正常年份的年息税前利润或运营期内年平均息税前利润(*EBIT*)与项目总投资(*TI*)的比率,又称投资报酬率。

2. 计算公式

$$ROI=\frac{EBIT}{TI}\times 100\%$$

式中 *ROI*——总投资收益率;

EBIT——项目正常年份的年息税前利润或运营期内年平均息税前利润(包括年利润总额和计入年总成本费用的利息费用);息税前利润即未扣除利息和所得税的利润,利润总额即扣除利息但还没扣除所得税的利润,净利润即扣除利息和所得税的利润;

TI——项目总投资(包括建设投资、建设期贷款利息和全部流动资金)。

3. 决策原则

总投资收益率大于同行业的收益率参考值,表明用总投资收益率表示的盈利能力满足要求,且该指标越大越好。总投资收益率越高,说明技术方案获得的收益越多。

链接

总投资收益率可以作为项目筹资决策参考的依据。总投资收益率高于同期银行贷款利率时,可以适度举债以提高技术方案收益;总投资收益率低于同期银行贷款利率时,举债不利于提高技术方案收益,而且会损害企业和投资者的利益。

4. 优缺点及适用范围

总投资收益率的优缺点如下:

(1)优点。总投资收益率的经济意义明确、直观、计算简便。

(2)缺点。总投资收益率忽视了资金的时间价值,不能正确反映建设期长短及投资方式和回收额有无等条件对项目的影响;在实际评价工作中,正常生产年份的选择比较困难,往往带有一定的人为因素和不确定性。

总投资收益率主要用于计算期较短或不具备综合分析所需详细资料的项目盈利能力分析,尤其适用于项目方案制定的早期阶段,或工艺简单而生产变化不大的项目的投资经济效果评价。

(二)资本金净利润率(ROE)

1. 概念

资本金净利润率(ROE)表示项目资本金的盈利水平,系指项目达到设计生产能力后正常年份的年净利润或运营期内年平均净利润(NP)与项目资本金(EC)的比率。

2. 计算公式

$$ROE=\frac{NP}{EC}\times 100\%$$

式中 ROE——资本金净利润率;

NP——项目正常年份的年净利润或运营期内年平均净利润;

EC——项目资本金。

3. 决策原则

资本金净利润率大于同行业的净利润率参考值,表明用项目资本金净利润率表示的盈利能力满足要求。

4. 优缺点及适用范围

资本金净利润率的优缺点如下:

(1)优点。资本金净利润率的经济意义明确、直观,计算简便。

(2)缺点。资本金净利润率忽视了资金的时间价值;在实际评价工作中,正常生产年份的选择比较困难,往往带有一定的人为因素和不确定性。

资本金净利润率同投资收益率一样,适用于项目方案制定的早期阶段。

典型例题

【单选题】某项目的总投资 1 700 万元,其中债务资金 1 000 万元,该项目在正常年份年利润总额 500 万元,税金 200 万元,年利息 80 万元,则该项目的资本金净利润率为(　　)。

A. 31.3%　　B. 35.7%

C. 37.5%　　D. 42.9%

D。【解析】$EC=1\ 700-1\ 000=700$(万元);$NP=$ 利润总额 $-$ 税金 $=500-200=300$(万元);$ROE=\frac{NP}{EC}\times 100\%=\frac{300}{700}\times 100\%=42.9\%$。

（三）静态投资回收期（P_t）

1. 概念

项目静态投资回收期（P_t）又称返本期，也称投资返本年限，是反映项目或方案投资回收速度的静态评价指标。静态投资回收期是不考虑资金时间价值，以项目的净收益回收其全部投资所需要的时间。投资回收期通常以“年”表示，一般从建设开始年算起，如果从投产开始年算起时，应予说明。

2. 计算公式

若项目建成投产后各年的净现金流量均相同，则

$$P_t = \frac{I}{A}$$

$$A = (CI - CO)_t$$

式中 P_t——静态投资回收期（从投产年算起）；

I——项目投资总额；

A——每年净收益；

CI——现金流入量；

CO——现金流出量。

若项目建成投产后各年的净现金流量不相同，可以采用财务现金流量表累计其净现金流量来求 P_t，其计算公式为

$$P_t = (\text{累计净现金流量出现正值的年份} - 1) + \frac{\text{上年累计净现金流量的绝对值}}{\text{出现正值年份的净现金流量}}$$

3. 决策原则

静态投资回收期越短，表明项目投资回收越快，风险越小，抗风险的能力越强。通常情况下，$P_t \leq P_c$，表明方案可行；反之，表明方案不可行。P_c 为基准投资回收期。

4. 优缺点及适用范围

静态投资回收期的优缺点如下：

（1）优点。静态投资回收期概念清晰，简单易用。该指标不仅在一定程度上反映项目的经济性，而且反映项目风险大小（未收回投资以前承担风险的时间），同时在一定程度上反映了投入资金的周转速度。投入资金的周转速度越快，静态投资回收期越短，技术方案的风险越小。

（2）缺点。静态投资回收期没有反映资金的时间价值，没有考虑方案在整个计算期内的现金流量，只考虑回收期之前的效果，不能提供回收期以后企业收益的变化情况，对于寿命较长的工程项目来说，这是一个不完整的评价结论；它反映了项目的偿还能力，但反映不出项目投资的盈利性；基准投资回收期难以确定。项目基准投资回收期无法综合考虑技术、市场需求、经济效益等因素。各行业基准投资回收期不同，不利于资金在企业流通和产业调整。

静态投资回收期一般只在项目初选时使用。

专家解读

例：某项目的净现金流量表（单位：万元）如下表所示，试求该项目的静态投资回收期。

年份	1	2	3	4	5	6	7	8	9～12
净现金流量	-180	-200	-150	80	120	150	150	150	150

解：计算该项目各年份的累计净现金流量，如下表所示。

年份	1	2	3	4	5	6	7	8	9～12
净现金流量	-180	-200	-150	80	120	150	150	150	150
累计净现金流量	-180	-380	-530	-450	-330	-180	-30	120	720

T 表示累计净现金流量出现正值的年份，则

$P_t = T - 1 + \dfrac{\text{第}(T-1)\text{年的累计净现金流量的绝对值}}{\text{第}T\text{年的净现金流量}} = 8 - 1 + (30/150) =$ 7.2（年）。

（四）利息备付率（ICR）

1. 概念

利息备付率（ICR）表示项目在借款偿还期内各年可用于支付利息的息税前利润（EBIT）与当期应付利息（PI）的比值。它从付息资金来源的充裕性角度反映项目偿付债务利息的保障程度。

2. 计算公式

$$ICR = \frac{EBIT}{PI}$$

式中 ICR——利息备付率；

EBIT——息税前利润（息税前利润 = 利润总额 + 计入总成本费用的利息费用）；

PI——当期应付利息（指计入总成本费用的全部利息费用）。

3. 决策原则

利息备付率可以按年计算，也可以按整个借款期计算。利息备付率表示项目的息税前利润偿付利息的保证倍率。对于正常运营的企业，利息备付率应当大于1，否则，表示付息能力保障程度不足。我国的利息备付率一般不宜低于2。

（五）偿债备付率（DSCR）

1. 概念

偿债备付率（DSCR）表示项目在借款偿还期内，各年可用于计算还本付息资金

($EBITDA-T_{AX}$)与当期应还本付息金额(PD)的比值,它表示可用于计算还本付息的资金偿还借款本息的保障程度。

2. 计算公式

$$DSCR=\frac{EBITDA-T_{AX}}{PD}$$

式中 $DSCR$——偿债备付率;

$EBITDA-T_{AX}$——可用于还本付息的资金(包括可用于还款的折旧和摊销,在成本中列支的利息费用、可用于还款的利润等),要扣除所得税 T_{AX};

PD——当期应还本付息金额(包括当期应还贷款本金及计入成本的利息)。

如果项目在运行期内有维持运营的投资,则可用于还本付息的资金应扣除维持运营的投资。

3. 决策原则

偿债备付率分年计算。偿债备付率表示可用于还本付息的资金偿还借款本息的保障倍率。偿债备付率在正常情况应大于1。根据我国历史数据统计分析,不宜低于1.3。当指标小于1时,表示当年资金来源不足以偿付当期债务,需要通过短期借款偿付已到期债务。

链接

如果能够得知或根据经验设定所要求的借款偿还期,可以直接计算利息备付率和偿债备付率指标;如果难以设定借款偿还期,也可以先大致估算出借款偿还期,再采用适宜的方法计算出每年需要还本和付息的金额,代入公式计算利息备付率和偿债备付率指标。需要估算借款偿还期时,可按下式估算:

$$借款偿还期=借款偿还后开始出现盈余年份-开始借款年份+\frac{当年借款额}{当年可用于还款的资金额}$$

需注意的是,该借款偿还期只是为估算利息备付率和偿债备付率指标所用,不应与利息备付率和偿债备付率指标并列。

借款偿还期指标适用于那些不预先给定借款偿还期限,而是按项目的最大偿还能力和尽快还款原则还款的项目。对于可能预先设定还款期限的项目,应采用利息备付率和偿债备付率指标评价项目的偿债能力。

(六)资产负债率($LOAR$)

1. 概念

资产负债率($LOAR$)又称举债经营比率,是指期末负债总额与资产总额的比率,常用来衡量企业利用债权人提供资金进行经营活动的能力,反映债权人所提供的资金占全部资金的比重,以及企业资产对债权人权益的保障程度,同时可反映项目的长期偿债能力。

2. 计算公式

$$LOAR=\frac{TL}{TA}\times 100\%$$

式中　$LOAR$——资产负债率；

TL——期末负债总额(包括长期负债和流动负债)；

TA——期末资产总额(包括流动资产、固定资产、无形和递延资产、长期投资及其他资产)。

3. 决策原则

从债权人的立场看，资产负债率越低越好，企业偿债有保证，债权人不会有太大风险；从股东的立场看，在全部资本利润率高于借款利息率时，资产负债率应尽量高一些，因为股东所得到的利润就会加大，但也不可过高。从财务管理的角度看，在进行借入资本决策时，企业应当审时度势，全面考虑，充分估计预期的利润和增加的风险，权衡利害得失，做出正确的分析和决策。

(七) 流动比率

1. 概念

流动比率又称营运资金比率或者真实比率，是指企业在一定经营期间的流动资产与流动负债的比率，可反映项目变现及偿还短期债务的能力。其中，变现能力是指企业流动资产中有多少可在短期转变为现金的能力。

2. 计算公式

$$流动比率=\frac{流动资产}{流动负债}\times 100\%$$

3. 决策原则

流动比率反映企业短期偿债的能力，且流动比率越高，短期偿债能力越强；反之，则短期偿债能力越弱。一般认为，生产企业合理的最低流动比率是2。因为流动资产中变现能力最差的存货金额约占流动资产总额的1/2，所以其余流动性较大的流动资产至少要与流动负债相等，才能保证企业的短期偿债能力。但不同的行业，经营的性质不同，营业周期不同，对资产的流动性要求亦不同，且具有不同的衡量标准，因此，流动比率只有与同行业平均值和本企业历史值进行比较，才能确定其高低。

(八) 速动比率

1. 概念

速动比率表示企业在一定经营期间的速动资产与流动负债之间的比值。流动比率也能反映企业迅速变现能力，并能更进一步反映企业短期偿债的能力。

2. 计算公式

$$速动比率=速动资产/流动负债\times 100\%$$

$$速动资产=流动资产-存货$$

在计算速动比率时把存货从流动资产中扣除的原因主要有：

(1)在流动资产中存货的变现速度最慢。

(2)部分存货因某种原因可能已损毁报废还未做处理。

(3)部分存货已抵押给某债权人。

(4)存货估价还存在着成本与合理市价相差悬殊的问题。

将存货从流动资产总额中减去而计算出的速动比率所反映的短期偿债能力更令人可信。

3. 决策原则

速动比率的值越高,偿债能力越强,但并不是越高越好。较为合适的速动比率应视不同行业的具体情况而定,一般认为速动比率为 1 较为合理。

链接

可列入速动资产的有货币资金、应收票据、应收账款、交易性金融资产、其他应收款。在流动资产总额一定的情况下,存货占流动资产的比例越低,速动资产就越多,速动比率就越高;预付账款占流动资产比例越低,速动资产就越少,速动比率就越低;应收账款、交易性金融资产占流动资产比例越高,速动资产就越多,速动比率就越高。

六、动态评价指标

(一)财务净现值(FNPV)

1. 概念

财务净现值(FNPV)又称累计净现值,是指项目的净现金流量按基准收益率或设定的折现率折现到建设期期初的现值之和。

2. 计算公式

$$FNPV=\sum_{t=0}^{n}(CI-CO)_t(1+i_c)^{-t}$$

式中 FNPV——财务净现值;

$(CI-CO)_t$——第 t 期的净现金流量;

n——项目计算期;

i_c——设定的折现率(同基准收益率)。

3. 决策原则

财务净现值是评价项目方案盈利能力的绝对指标。当 $FNPV>0$ 时,说明项目的投资收益率高于计算现值所用的折现率(即基准收益率),该方案能够满足基准收益率要求的盈利水平,因此方案可行;当 $FNPV=0$ 时,说明项目的投资收益率刚好等于所采用的折现率,该方案基本能够满足基准收益率要求的盈利水平,因此方案在财务上是可行的;当 $FNPV<0$ 时,说明项目的投资收益率低于所采用的折现率,该方案不能满足基准收益率要求的盈利水平,因此该项目方案不可行。

4. 优缺点及适用范围

采用财务净现值来评价项目可行性的优点:

(1)考虑了资金时间价值。

(2)考虑了项目在整个计算期内的费用和收益情况。

(3)以金额表示投资收益的大小,比较直观。

采用财务净现值来评价项目可行性的缺点:

(1)需首先确定一个符合经济现实的基准收益率,而确定基准收益率有时是比较困难的。

(2)不能说明在项目运营期间各年经营成果。

(3)不能直接反映项目投资中单位投资的使用效率。

另外,在互斥方案评价时,财务净现值必须对互斥方案的寿命进行慎重考虑,如果互斥方案寿命不等,则必须在各方案比选前构造一个相同的分析期限;与投资回收期相比,财务净现值不能反映投资的回收速度。

链接

根据财务净现值的计算公式,工程经济中常规投资项目的财务净现值函数曲线在 $-1<i<+\infty$(对大多数工程经济实际问题来说是 $0\leqslant i<+\infty$)内是单调下降的,且递减率逐渐减小。即随着折现率的逐渐增大,财务净现值将由大变小,由正变负。*FNPV* 与 i 之间的关系一般如下图所示。

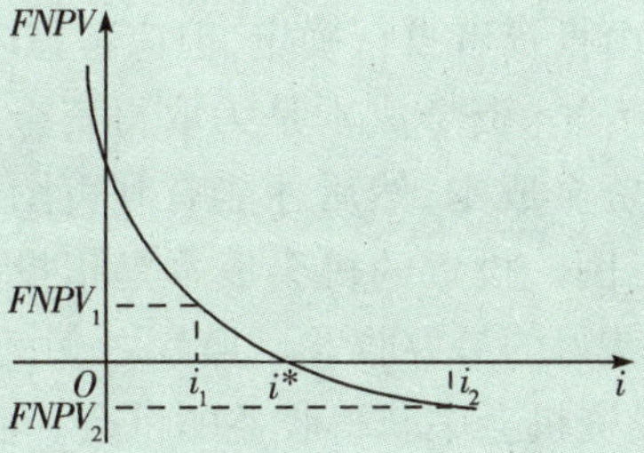

上图所示的 $FNPV(i)$ 曲线是在 $A0<0$ 且其他 $At>0$ 的条件下得出的,是财务净现值函数的典型图形。实际上,财务净现值并不总是 i 的单调递减函数,而是要根据 At 的大小和符号及项目寿命来定的。不过,对常规投资项目而言,$FNPV(i)$ 的总趋势是随着 i 的增大而减小。

按照财务净现值的决策原则,只要 $FNPV(i)\geqslant 0$,方案或项目就可接受。但由于 $FNPV(i)$ 是 i 的递减函数,故基准收益率定得越高,方案被接受的可能性越小。很明显,i 可以大到使 $FNPV(i)=0$。这时 $FNPV(i)$ 曲线与横轴相交,i 达到了其临界值 i^*。可以说 i^* 是财务净现值决策原则的一个分水岭,将 i^* 称为财务内部收益率。由此可见,基准收益率确定得合理与否,对投资方案经济效果的评价结论有直接的影响,定得过高或过低都会导致投资决策的失误。

(二)基准收益率(i_c)

基准收益率并不是动态评价指标,但其与财务净现值的计算密切相关,因此本书将其作为一个单独的指标来进行讲解。

1. 概念

基准收益率(i_c)也称基准折现率或基准贴现率,是指企业或行业或投资者以动态的观点(结合行业特点、行业资本构成的情况,并分析一定时期内国家和行业发展状况、相关政策、资金时间价值、技术方案目标等情况的基础上,结合多种因素综合测定)所确定的、投资方案最低标准的收益水平。它表明投资决策者对项目资金时间价值的估价,是投资资金应当获得的最低盈利率水平,是评价和判断投资方案是否可行的一个重要的经济参数。

2. 计算公式

$$i_c=(1+i_1)(1+i_2)(1+i_3)-1\approx i_1+i_2+i_3$$

式中 i_c——基准收益率;

i_1——单位投资的资金成本和机会成本的较大者;

i_2——风险补贴率(又称风险报酬率);

i_3——通货膨胀率。

3. 基准收益率的影响因素

基准收益率取值高低应体现对项目风险程度的估计。基准收益率的确定一般以行业的平均收益率为基础,同时综合考虑资金成本、机会成本、投资风险、通货膨胀等影响因素。对于国家投资项目,进行经济评价时使用的基准收益率是由国家组织测定并发布的行业基准收益率;对于非国家投资项目,由投资者自行确定,但应考虑以下因素。

(1)资金成本和机会成本(i_1)。资金成本是为取得资金使用权所支付的费用。项目投资后所获利润额必须能够补偿资金成本,然后才能有利可图。因此基准收益率最低限度不应小于资金成本,否则便无利可图。投资的机会成本是指投资者将有限的资金用于除拟建项目以外的其他投资机会所能获得的最好收益。换言之,由于资金有限,当把资金投入拟建项目时,将失去从其他最好的投资机会中获得收益的机会。显然,基准收益率应不低于单位资金成本和单位投资的机会成本,这样才能使资金得到最有效的利用。这一要求可用下式表达:

$$i_c\geqslant i_1=\max\{\text{单位资金成本,单位投资机会成本}\}$$

如工程项目完全由企业自有资金投资建设,可参考行业基准收益率确定项目基准收益率,这时可将机会成本等同于行业基准收益率;假如投资项目资金来源包括自有资金和贷款时,最低收益率不应低于行业基准收益率与贷款利率的加权平均收益率。如果有好几种贷款时,贷款利率应为加权平均贷款利率。

(2)风险贴补率(i_2)。在整个项目计算期内,存在着发生不利于项目的环境变化的可能性,这种变化难以预料,即投资者要冒着一定的风险做决策。所以在确定基准收益率时,仅考虑资金成本、机会成本因素是不够的,还应考虑风险因素。通常,以一个适当的风险贴补率 i_2 来提高 i_c 的值。就是说,以一个收益水平增量补偿投资者所承担的风险,风险越大,贴补率越高。为此,投资者自然就要求获得较高的利润;否则,投资者是不愿去冒风险的。为了限制对风险大、盈利低的项目进行投资,可以采取提高基准收益率的办法来进行项目经济评价。

(3)通货膨胀率(i_3)。在通货膨胀影响下,各种材料、设备、房屋、土地的价格以及人工费都会上升。为反映和评价拟建项目在未来的真实经济效果,在确定基准收益率时,应考虑通货膨胀因素。通货膨胀以通货膨胀率 i_3 来表示,通货膨胀率主要表现为物价指数的变化,即通货膨胀率约等于物价指数变化率。由于通货膨胀年年存在,因此,通货膨胀的影响具有复利性质。一般每年的通货膨胀率是不同的,但为了便于研究,常取一段时间的平均通货膨胀率,即在所研究的计算期内,通货膨胀率可以视为固定的。

链接

境外投资项目基准收益率的测定,应首先考虑国家风险因素。

提示

资金成本和机会成本、投资风险、通货膨胀是大多数项目在测定基准收益率时应考虑的影响因素。对于某些项目,在测定基准收益率时,还需要考虑资金限制因素。资金越少,越需要精打细算,使之利用得更加有效。为此,在资金短缺时应通过提高基准收益率的办法进行项目经济评价,以便筛选掉盈利能力较低的项目。

4. 基准收益率的测定方法

测定基准收益率时可采用代数和法、资本资产定价模型法、加权平均资金成本法、典型项目模拟法和德尔菲专家调查法等方法。

(三)财务内部收益率(*FIRR*)

1. 概念

财务内部收益率(*FIRR*)是指财务净现值为零时的折现率,表示对初始投资的恢复能力。

典型例题

【单选题】某常规技术方案进行现金流量分析,当折现率为10%时,财务净现值为900万元,当折现率为12%时,财务净现值为16万元,则该方案财务内部收益率可能的范围是(　　)。

A. 小于10%　　B. 大于10%,小于11%

C. 大于11%,小于12%　　D. 大于12%

D。【解析】对于常规技术方案,财务净现值随着折现率的增大而减小,当财务净现值为0时,对应的折现率为该方案的财务内部收益率。本题中,当折现率为10%时,财务净现值为900万元,当折现率为12%时,财务净现值为16万元,可知,当财务净现值为0时,对应的折现率要大于12%,即财务内部收益率大于12%。

2. 计算公式

$$FNPV=\sum_{t=0}^{n}(CI-CO)_t(1+FIRR)^{-t}=0$$

式中 *FIRR*——财务内部收益率;

CI——现金流入量;

CO——现金流出量;

$(CI-CO)_t$——第 t 年的净现金流量；

n——项目计算期。

财务内部收益率不是一个事先确定的基准折现率，而是一个未知的折现率，由财务内部收益率计算公式可知，求方程式中的折现率需解高次方程，不易求解。在实际工作中，一般是用试算法确定财务内部收益率（也可通过计算机直接计算）。

用试算法计算财务内部收益率（$FIRR$）的步骤如下：

(1) 初估 $FIRR$ 的试算初值。

(2) 试算，找出 i_1 和 i_2 及其相对应的 $FNPV_1$ 和 $FNPV_2$。因为利用线性内插法计算出来的 $FIRR$ 是一个近似值，所以必须考虑近似精度。为保证 $FIRR$ 的精度，i_2 与 i_1 之间的差距一般以不超过 2% 为宜，最大不宜超过 5%。

(3) 用线性内插法计算 $FIRR$ 的近似值，计算公式为

$$FIRR=i_1+(i_2-i_1)\frac{FNPV_1}{FNPV_1+|FNPV_2|}$$

3. 决策原则（与基准收益率 i_c 相比较）

与基准收益率 i_c 相比，采用财务内部收益率 $FIRR$ 进行决策的原则如下：

(1) 当 $FIRR \geqslant i_c$ 时，说明项目的收益率已达到或超过基准收益率水平，项目可行。

(2) 当 $FIRR < i_c$ 时，说明项目不可行。

4. 优缺点及适用范围

采用财务内部收益率进行项目经济评价的优点如下：

(1) 考虑了资金的时间价值及项目在整个计算期内的经济状况。

(2) 能够直接衡量项目的真正的投资收益率。

(3) 财务内部收益率的大小不受外部参数的影响，其值取决于项目的净现金流量系列的情况，这种项目内部决定性使它不需要事先确定一个基准收益率，而只需要知道基准收益率的大致范围即可。

采用财务内部收益率进行项目经济评价的缺点如下：

(1) 计算烦琐。

(2) 只适用于独立方案的经济评价和可行性判断，一般不能直接用于互斥方案和相关方案的比较和选择，也不能对独立方案进行优劣排序。另外，内部收益率也不适用于只有现金流入或现金流出项目的经济评价。

(3) 对于非常规投资项目来讲，其财务内部收益率往往不是唯一的，在某些情况下甚至不存在。

财务内部收益率的经济含义是投资方案占用的尚未回收资金的获利能力，它取决于项目内部。由此可见，项目的内部收益率是项目到计算期末正好将未收回的资金全部收回来的折现率。它反映项目自身的盈利能力，值越高，方案的经济性越好。当用 $FNPV$ 判断出某项目可行时，那么用 $FIRR$ 判断该项目绝对是可行的；用 $FNPV$ 判断出某项目不可行时，用 $FIRR$ 判断该项目也不可行。即独立方案用财务内部收益率评价与财务净现值评价，结论通常一致。

不能直接用于多方案比较，因为 *FIRR* 高并不表示 *FNPV* 高。

专家解读

例：某企业用 20 000 元购买设备，计算期为 5 年，各年净现金流量如下图所示，计算其财务内部收益率。

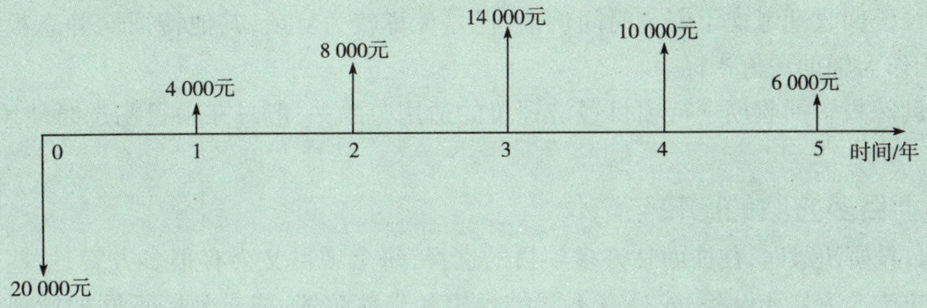

解：$FNPV(i)=-20\,000+4\,000(P/F,i,1)+8\,000(P/F,i,2)+14\,000(P/F,i,3)+10\,000(P/F,i,4)+6\,000(P/F,i,5)$；

$FNPV(i_1=28\%)=155$（元）；

$FNPV(i_1=30\%)=-700$（元）；

$FIRR=28\%+\dfrac{155}{155+700}\times(30\%-28\%)=28.37\%$。

（四）动态投资回收期（P_t'）

1. 概念

动态投资回收期（P_t'）是指在考虑资金时间价值条件下，按基准收益率收回全部投资所需要的时间。动态投资回收期是把项目各年的净现金流量按基准收益率折成现值之后再累加，然后来推算投资回收期，这是它与静态投资回收期的根本区别。

2. 计算公式

动态投资回收期的原理公式为

$$\sum_{t=0}^{P_t'}(CI-CO)_t(1+i_c)^{-t}=0$$

式中　P_t'——动态投资回收期；

i_c——基准折现率；

$(CI-CO)_t$——第 t 年的净现金流量，净收益。

动态投资回收期的实用公式为

$$P_t'=\left(\frac{\text{累计折现值}}{\text{开始出现正值年份数}}-1\right)+\frac{\text{上年累计折现值绝对值}}{\text{出现正值年份的折现值}}$$

式中　P_t'——动态投资回收期。

3. 决策原则

采用动态投资回收期进行项目经济评价的决策原则如下：

(1)若 $P_t' \leqslant P_c'$(指基准动态投资回收期),说明该项目方案可行。

(2)若 $P_t' > P_c'$,说明该方案不可行。

4. 优缺点及适用范围

动态投资回收期考虑了资金时间价值,但是计算较为复杂,其他特征同静态投资回收期一样,只能作为辅助评价指标。

采用动态投资回收期进行项目经济评价的适用范围:一般只在项目初选时使用。

七、项目多方案的比较与选优

在项目投资决策时,往往面临许多项目的选择,每个项目又会有很多方案,这些方案或是采用不同的技术工艺和设备,或是有不同的规模和坐落位置,或是利用不同的原料和半成品等。当这些方案在技术上都可行,经济上也都合理时,经济分析的任务就是从中选择最好的方案。因此,多方案比选就是指对根据实际情况所提出的多个备选方案,通过选择适当的经济评价方法与指标,来对各个方案的经济效益进行比较,最终选择出具有最佳投资效果的方案。

(一)多方案比选要考虑的内容

多方案比选时需要考虑的内容有:

(1)备选方案的筛选,剔除不可行的方案。不可行的方案是没有资格参加方案比选的。备选方案的筛选实际上就是单方案检验,利用经济评价指标的决策原则来剔除不可行的方案。

(2)进行方案比选时所考虑的因素。多方案比选可按方案的全部因素计算多个方案的全部经济效益与费用,进行全面的分析对比,也可仅就各个方案的不同因素计算其相对经济效益和费用,进行局部的分析对比。另外还要注意各个方案间的可比性,要遵循效益与费用计算口径相一致的原则。

(3)各个方案的结构类型。对于不同结构类型的方案要选用不同的比较方法和评价指标,考察的结构类型所涉及的因素有方案的计算期是否相同,方案所需的资金来源有否限制,方案的投资额是否相差过大等。

(二)多方案之间的关系类型

一般来说,根据多方案之间的经济关系类型,一组备选方案之间的各种关系类型主要有独立型方案、互斥型方案、混合型方案和相关型方案。

1. 独立型方案

独立型方案是指各个投资方案的现金流量是独立的,不具有相关性,选择其中的一个方案并不排斥接受其他方案,即一个方案的采用与否与其可行性有关,而与其他方案是否采用没有关系。如某房地产公司同时具备三个投资机会,分别是住宅项目开发、高档写字楼开发和高档宾馆开发,在没有资金约束的条件下,这三个方案之间不存在任何的制约和排斥关系,它们就是一组独立方案。独立方案按资源是否有限可以分为:

(1)无资源限制的独立方案,是指在无资源约束情况下的独立方案。

(2)有资源限制的独立方案,方案选择大都可能遇到资源(资金、人力、原材料等)的限制,这时方案之间的关系就不是纯粹的独立关系,而是有资源限制的独立方案。

2. 互斥型方案

互斥型方案是指各个方案之间存在着互不相容、互相排斥的关系,各个方案可以互相代替,方案具有排他性。进行方案比选时,在多个备选方案中只能选择一个,其余的均必须放弃,不能同时存在。这类方案在实际工作中最常见到。互斥型方案可以指同一项目的不同备选方案,如一个建设项目的工厂规模、生产工艺流程、主要设备、厂址选择等;也可以指不同的投资项目,如进行基础设施的投资,还是工业项目的投资,工业项目投资是投资钢铁生产项目,还是石油开采项目等等。互斥型方案可以按不同因素进行分类。

按寿命期长短,互斥型方案可分为:

(1)寿命期相同的互斥型方案,即参与比选的所有方案的寿命期均相同。

(2)寿命期不同的互斥型方案,即参与比选的所有方案的寿命期不全相同。

(3)寿命期无限的互斥型方案,即参与比选的方案中有永久性工程或寿命期很长可以看作寿命期无限的工程,如大型水坝、运河等。

按规模不同,互斥型方案可分为:

(1)相同规模的互斥型方案,即参与比选的方案具有相同的产出量或容量,在满足相同功能方面和数量要求方面具有一致性和可比性。

(2)不同规模的互斥型方案,即参与比选的方案具有不同的产出量或容量,在满足相同功能方面和数量要求方面不具有一致性和可比性。对于具有此类关系类型的互斥型方案,通过评价指标的适当变换使其在满足功能和数量要求方面具有可比性。

3. 混合型方案

混合型方案是指在一组方案中,方案之间有些具有互斥关系,有些具有独立关系,则称这一组方案为混合型方案。混合型方案在结构上又可组织成两种形式。

(1)独立 - 互斥型方案。

在一组独立多方案中,每个独立方案下又有若干个互斥方案的形式。例如,某大型零售业公司现欲投资在两个相距较远的 A 城和 B 城各建一座大型仓储式超市,显然 A 和 B 是独立的。在 A 城有 3 个可行地点 A_1,A_2,A_3 供选择;在 B 城有 2 个可行地点 B_1,B_2 供选择;则 A_1,A_2,A_3 是互斥关系,B_1,B_2 也是互斥关系。

(2)互斥 - 独立型方案。

在一组互斥多方案中,每个互斥方案下又有若干个独立方案的形式。例如,某大型企业集团面临两个投资机会,一个是投资房地产开发项目 C,另一个是生物制药项目 D,由于资金有限只能在这两个项目中选择其一,显然 C 和 D 是互斥的。房地产开发项目是某市一个大型的城市改造项目,其中有居住物业 C_1、商业物业 C_2,还有一处大型的体育设施项目 C_3(包括游泳馆、体育馆和室外健身场地等),该企业可以选择全部进行投资,也可以选择其中的一个或两个项目进行投资;生物制药项目有 D_1 和 D_2 两个相距较远的地区都急需投资以充分利用当地资源，该企业的资金也可以同时支持 D_1 和 D_2 两个项目的选择；则 C_1，C_2，C_3 是独立关系，D_1，D_2 也是独立关系。

4. 相关型方案

相关型方案是指在一组备选方案中，若采纳或放弃某一方案，会影响其他方案的现金流量；或者采纳或放弃某一方案，会影响其他方案的采纳或放弃；或者采纳某一方案必须以先采纳其他方案为前提等。常见的相关型方案有互补型多方案、条件型多方案和现金流量相关型多方案。

（1）互补型多方案。

互补型多方案是指执行一个方案会增加另一个方案的效益，方案之间存在互为利用、互为补充的关系。例如，在大型商场设置餐饮和儿童娱乐设施会增加商场的收益，但餐饮和儿童娱乐设施并非是商场项目的必备条件。

（2）条件型多方案。

条件型多方案又称从属型多方案，是指某一方案的接受是以另一方案的接受为前提的。例如，要建设煤矿，则必须同时建设铁路来完成煤炭的外运，那么铁路和煤矿项目无论在建设时间和建设规模上都应该彼此适应，相辅相成，缺少其中一个，另一个就无法运行，这两者之间就是条件关系。

提示

互补关系和条件关系的多方案可以合并为一个方案进行经济分析。

（3）现金流量相关型多方案。

现金流量相关型多方案是指在一组方案中，方案之间不完全是排斥关系，也不完全是独立关系，但其中某一方案的采用与否会对其他方案的现金流量带来一定的影响，进而影响其他方案的采用或拒绝。例如，在两地之间修建铁路和（或）公路，其中铁路项目和公路项目的关系就是典型的现金流量相关型关系，铁路和公路可以单独修建，也可以同时修建，但与独立方案不同，如果两个项目同时选择，那么由于交通分流的影响，每个项目的现金流量与单独选择该项目时的现金流量是不同的，要充分考虑两个项目的相互影响，合理估计影响后的现金流量。

一组多方案之间的结构类型并不是一成不变的。当外部环境条件发生变化时，互斥关系可能变为独立关系，独立关系可能变为互斥关系。例如，某企业投资完全不相干的两个行业的项目，如果有足够的资金，这两个投资方案是独立型；如果资金只能满足一个项目的投资需要，则这两个投资方案为互斥型。

（三）多方案经济比选的方法

在进行方案比选时，应从技术和经济相结合的角度进行方案比选优化。在进行建设规模与产品方案、技术方案、工程方案、场址选择方案、环境保护治理方案、融资方案等方案比选时，都应选择若干个方案，通过经济计算论证其经济效益的大小来进行方案比选。常用的多方案经济比选方法包括效益比选方法和费用比选方法。

1. 效益比选方法

效益比选方法包括净年值比较法、净现值比较法、净现值率比较法和差额投资财务内部收益率法。

(1)净年值比较法。

净年值比较法是通过计算各个方案的净效益等额年值(AW)来进行方案比选,其中净年值最大者为最优方案。比较净年值时应采用相同的折现率。净效益等额年值的计算公式为

$$AW=\left[\sum_{t=1}^{n}(S-I-C'+S_V+W)_t(P/F,i_c,t)\right](A/P,i_c,n)$$

或

$$AW=NPV(A/P,i_c,n)$$

式中　AW——净效益等额年值;

S——年销售收入;

I——年全部投资;

C'——年运营费用;

S_V——计算期末回收的固定资产余值;

W——计算期末回收的流动资金价值;

$(P/F,i_c,t)$——第 t 年的现值系数;

$(A/P,i_c,n)$——资金回收系数;

i_c——设定的折现率;

n——计算期年数;

NPV——净现值。

(2)净现值比较法。

净现值比较法是通过比较各年的净现值来进行方案比选,其中净现值最大者为最优方案。比较净现值时应采用相同的折现率。

(3)净现值率比较法。

净现值率比较法是通过比较净现值与投资现值来进行方案比选,其中净现值率(NPVR)最大者为最优方案。净现值率的计算公式为

$$NPVR=NPV/I_P$$

$$I_P=\sum_{t=1}^{m}I_t(P/F,i_c,t)$$

式中　$NPVR$——净现值率;

I_P——投资现值;

I_t——第 t 年投资额;

m——建设期年数。

(4)差额投资财务内部收益率法。

差额投资财务内部收益率法是通过比较两个方案的差额投资财务内部收益率 $\Delta FIRR$ 与财务基准收益率(i_c)来进行方案比选,当 $\Delta FIRR$ 大于或等于 i_c 时,以投资大者为最优方案;反之,投资小者为最优方案。$\Delta FIRR$ 的计算公式为

$$\sum_{t=1}^{n}\left[(CI-CO)_2-(CI-CO)_1\right]_t(1+\Delta FIRR)^{-t}=0$$

式中　$\Delta FIRR$——差额投资财务内部收益率;

$(CI-CO)_2$——投资大的方案净现金流量;

$(CI-CO)_1$——投资小的方案净现金流量。

2. 费用比选方法

费用比选方法包括费用现值比较法和费用年值比较法。

(1)费用现值比较法。

计算各方案的总费用现值并进行对比,以费用现值(PC)较低的方案为最优方案。计算公式为

$$PC = \sum_{t=1}^{n}(1 + C' - S_V - W)_t(P/F, i_c, t)$$

式中　PC——费用现值。

(2)费用年值比较法。

计算各方案的费用年值(AC)并进行对比,以费用年值较低的方案为最优方案。计算公式为

$$AC = [\sum_{t=1}^{n}(1 + C' - S_V - W)_t(P/F, i_c, t)](A/P, i_c, n)$$

或

$$AC = PC(A/P, i_c, n)$$

式中　AC——费用年值。

3. 方案经济比选方法的选择

方案经济比选方法的选择原则如下:

(1)在项目不受资金约束的情况下,一般采用投资财务内部收益率法、净现值比较法和年值比较法。当有明显资金限制时,一般宜采用净现值率比较法。

(2)对计算期不同的方案进行比选时,宜采用净年值比较法和费用年值比较法,如果采用差额投资财务内部收益率、净现值率比较法等方法时,则应对各方案的计算期进行适当处理。

(3)对效益相同或效益基本相同但难以具体估算的方案进行比较时,可采用最小费用法,包括费用现值比较法和费用年值比较法。

第三节　技术方案不确定性分析

一、不确定性分析概述

(一)不确定性分析概念

由于客观条件及有关因素的变动和主观预测能力的局限,一个工程技术项目的实施结果不一定符合原来所做的某种确定的预测和估计,由于缺少足够信息来估计其变化的因素对项目实际值与预期值所造成的偏差,这种现象称之为项目的不确定性。

为了提高经济效果评价的可靠性和经济决策的科学性,就需要在确定性评价的基础上,

进一步分析各种外部条件的变化或预测数据的误差对方案经济效果的影响程度,以及方案本身对各种风险的承受能力,即为不确定性分析。

(二)风险分析与不确定性分析的关系

从理论上讲,风险与不确定性是有区别的。风险是指由于随机原因所引起的项目总体实际值与预期值之间的差异,其结果可用概率分布来描述,而不确定性是指缺少足够信息来估计其变化的因素对项目实际值与预期值所造成的偏差,其结果无法用概率分布规律来描述。然而,从投资项目评价的实用性角度看,区别风险与不确定性没有多大实际意义。因此,多数人认为二者含义相同,可以相互通用。

两者的主要区别在于分析方法不同,不确定性分析主要通过盈亏平衡分析和敏感性分析对项目的不确定性因素进行分析,并粗略了解项目的抗风险能力;风险分析则是通过概率分析方法对项目风险因素进行识别和判断。

(三)产生不确定性的原因

不确定性是所有项目固有的内在特性,只是对不同的项目,这种不确定性的程度有大有小。一般来说,产生不确定性或风险的主要原因如下:

(1)项目数据的统计的偏差,资料不足,采用的预测方法的局限性,分析判断有误差。

(2)通货膨胀影响指标数据的变化。

(3)技术进步导致在原有技术条件下所衡量的收益、成本指标数据存在一定偏差。

(4)国民收入和人均收入的增长率的变化,有力竞争者的出现或消失,家庭消费结构的变化,需求弹性的变化,运费、税收因素的变化等造成建设项目不稳定的因素。

(5)如政策变化等其他影响因素。

(四)不确定性分析的方法

不确定性分析常用的方法有盈亏平衡分析和敏感性分析。其中,盈亏平衡分析只用于财务评价,敏感性分析可同时用于财务评价和国民经济评价。

(五)不确定性分析的意义

项目经济评价所采用的大部分基础数据,如投资额、产量、成本、价格、收入、计算期等都来自预测和估算,并假定这些参数在计算期内保持不变,在这种条件下对项目做出的决策称之为确定性决策。然而,由于人们对未来事物认识的局限性、可获信息的有限性以及未来事物本身的变化,使得这些数据与实际情况可能有很大的出入,这样就产生了不确定性。为了减少不确定性因素给项目带来的风险,就必须分析各种不确定因素对工程项目经济效果的影响,避免决策失误。不确定性分析的意义在于:

(1)尽量弄清和减少不确定因素对经济效果评价的影响。

(2)预测项目可能承担的风险。

(3)确定项目在财务上、经济上的可靠性。

(4)避免项目投产后不能获得预期的利润和收益。

（六）不确定性分析的步骤

不确定性分析的步骤如下：鉴别不确定性因素→界定不确定性的性质→选择不确定性分析的方法→明确不确定性分析的结果。

二、盈亏平衡分析

（一）盈亏平衡分析概念

盈亏平衡分析又称损益分析、成本效益分析或量本利分析，是一种在一定的市场、经营管理条件下，计算项目的盈亏平衡点，研究项目成本与收入平衡关系的一种分析方法。它是根据产品产量或销售量、成本和利润三者之间相互依存关系进行的综合分析，其目的是找出方案盈利或亏损在产品产量、成本、价格等方面的临界点，以判断不确定因素对方案经济效果的影响程度，从而说明方案实施的风险大小。就是说，盈亏平衡分析就是找出产量、成本、利润三者结合的最佳点，是预测利润、控制成本的一种有效手段。

盈亏平衡点（*BEP*）又称零利润点、保本点、盈亏临界点、损益分歧点或收益转折点，是指随着影响项目的投资额、生产成本、产品价格等不确定性因素的变化，项目的盈利与亏损的转折点。项目盈利与亏损的转折点标志着不盈不亏的生产经营临界水平，反映了在达到一定的生产经营水平时，收益与成本的平衡关系。

（二）盈亏平衡分析的目的

盈亏平衡分析主要考察当影响方案的各种不确定因素的变化达到某一临界值（即处于盈亏平衡点）时，对项目取舍的影响。盈亏平衡分析的目的，就是要找到盈亏平衡点，以判断项目对不确定性因素变化的适应能力和抗风险能力。盈亏平衡分析只适宜在财务分析中应用。

（三）盈亏平衡分析基本方法

盈亏平衡分析分为线性盈亏平衡分析和非线性盈亏平衡分析，项目评价中仅进行线性盈亏平衡分析。线性盈亏平衡分析有以下四个假定条件：

（1）产量等于销售量，即当年生产的产品（服务，下同）当年销售出去。

（2）产量变化，单位可变成本不变，从而总成本费用是产量的线性函数。

（3）产量变化，产品售价不变，从而销售收入是销售量的线性函数。

（4）按单一产品计算，当生产多种产品，应换算为单一产品，不同产品的生产负荷率的变化应保持一致。

（四）盈亏平衡分析的基本原理

1. 基本模型

根据成本费用与产量的关系可以将总成本费用分解为可变成本、固定成本和半可变（或半固定）成本。固定成本是指不随产品产量变化的各项成本费用。可变成本是指随产品产量增减而成正比例变化的各项费用。有些成本费用属于半可变（或半固定）成本，例如，不能熄灭的工业炉的燃料费用等。必要时需将半可变（或半固定）成本进一步分解为可变成本和固定成本，使产品成本费用最终划分为可变成本和固定成本。

链接

固定成本一般包括折旧费、摊销费、修理费、工资及福利费(计件工资除外)和其他费用等,通常把运营期发生的全部利息也作为固定成本。可变成本主要包括外购原材料、燃料及动力费和计件工资等。固定成本用 C_F 表示,单位产品可变成本用 C_V 表示。

产量(Q)是指企业的生产经营活动水平的标志量。

成本与产量的关系如下图所示。

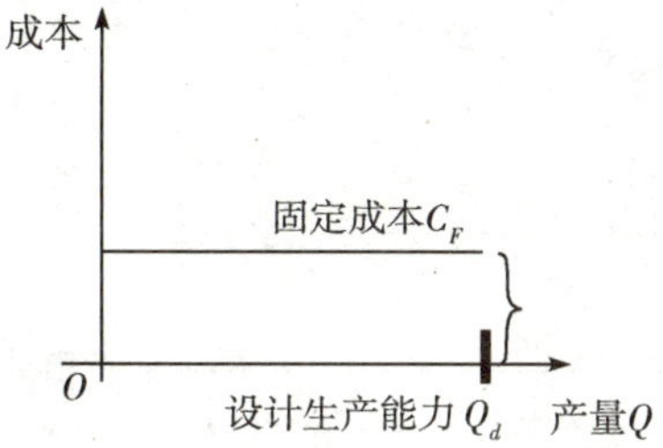

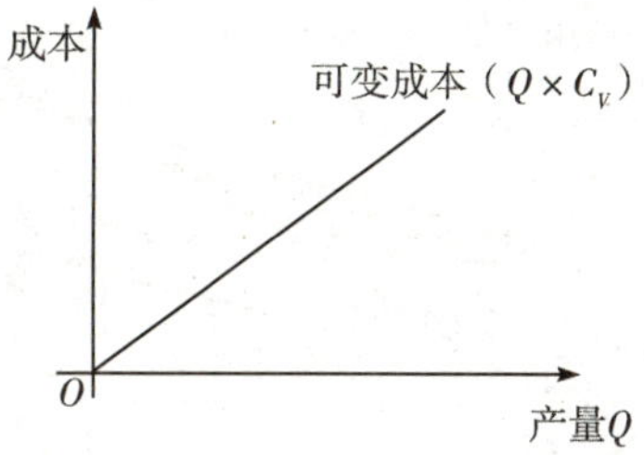

在一定期间把成本分解成固定成本和变动成本两部分之后,再加入收入和利润,成本、产量和利润的关系就可以统一成一个基本数学模型:

利润 = 销售收入 - 总成本(固定成本 + 可变成本) - 税金

根据线性盈亏平衡分析的假定条件,销售收入、成本费用与产量之间的关系如下图所示。

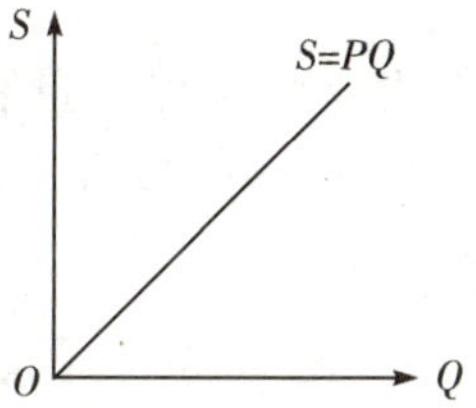

销售收入(S)、产品价格(P)与产品产量(Q)之间的关系

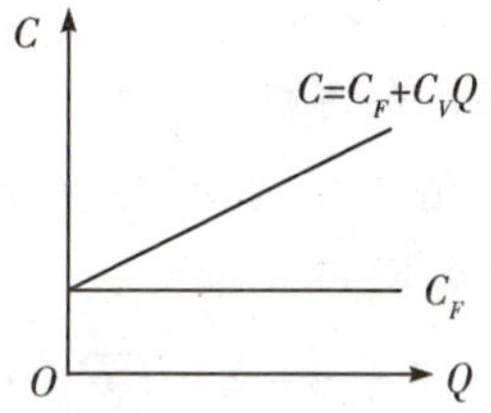

总成本(C)、固定成本(C_F)、单位产品可变成本(C_V)和产品产量(Q)之间的关系

2. 盈亏平衡点的确定

线性盈亏平衡分析的关系如下:

(1)销售收入 = 单位售价 × 销量 = $P \times Q$。

(2)总成本 = 变动成本 + 固定成本 = 单位产品可变成本 × 产量 + 固定成本 = $C_V \times Q + C_F$。

(3)销售税金 = 单位产品税金及附加 × 销售量 = $T \times Q$。

综合上述关系,可得

$$B = PQ - C_VQ - C_F - TQ$$

式中　B——利润;

P——单位产品售价;

Q——销量或产量;

T——单位产品税金及附加;

C_V——单位产品可变成本;

C_F——固定成本。

上式明确表达了量本利之间的数量关系，是基本的损益方程式。它含有相互联系的6个变量，给定其中5个，便可求出另一个变量值。将销量、成本、利润的关系反映在直角坐标系中，即成为盈亏平衡分析图，如下图所示。

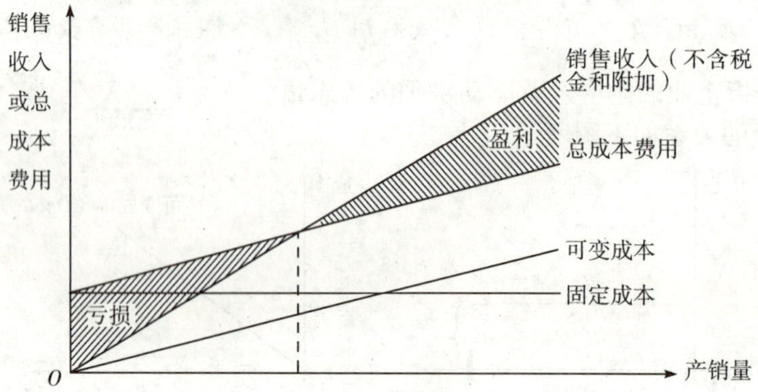

从上图可知，销售收入线与总成本费用线的交点是盈亏平衡点，该点表明企业在此销售量下总收入扣除税金及附加后与总成本费用相等，既没有利润，也不发生亏损。在此基础上，增加销售量，销售收入超过总成本费用，销售收入线与总成本费用线之间的距离为利润值，形成盈利区；反之，形成亏损区。

（五）盈亏平衡点的表达形式

盈亏平衡点的表达形式有多种，项目评价中最常用的是以产量和生产能力利用率表示的盈亏平衡点，也有采用产品售价表示的盈亏平衡点。盈亏平衡点一般采用公式计算，也可利用盈亏平衡图求取。此处重点介绍公式计算法。

1. 用产量表示的盈亏平衡点 BEP（Q）

令利润 B =0，此时的产量即为盈亏平衡点产量，计算公式为

$$BEP(Q)=\frac{C_F}{P-C_V-T}$$

链接

项目盈亏平衡分析中，若其他条件不变，可以降低盈亏平衡点产销量的途径有降低固定成本、降低单位产品可变成本。

2. 用生产能力利用率表示的盈亏平衡点 BEP（%）

生产能力利用率表示的盈亏平衡点，是指盈亏平衡点产量占设计生产能力的百分比，通常用来表示技术方案运营的安全程度。

$$BEP(\%)=\frac{BEP(Q)}{Q}\times100\%=\frac{C_F}{(P-C_V-T)\times Q}\times100\%$$

根据经验表明，如果某技术方案的 $BEP(\%)$ 不超过70%，则该技术方案可承受较大风险，运营较为安全。

3. 用产品售价表示的盈亏平衡点 $BEP(P)$

令利润 $B=0$,此时的单位产品售价即为盈亏平衡点产品售价,计算公式为

$$BEP(P)=\frac{C_F}{Q}+C_V+T$$

盈亏平衡点应按项目投产后的正常年份计算,而不能按计算期内的平均值计算。项目评价中常使用盈亏平衡分析图表示分析结果。

专家解读

例:某项目设计生产能力为年产 30 万件产品,估计单位产品售价为 120 元,单位产品可变成本为 90 元,固定成本为 280 万元,已知该产品税金及附加的合并税率为 5%。试用产量、生产能力利用率分别表示项目的盈亏平衡点。

解:用产量表示的盈亏平衡点 $BEP(Q)$ 为

$$BEP(Q)=\frac{C_F}{P-C_V-T}=\frac{280\times10^4}{120-90-120\times5\%}=116\ 667(\text{件})。$$

用生产能力利用率表示的盈亏平衡点 $BEP(\%)$ 为

$$BEP(\%)=\frac{C_F}{(P-C_V-T)\times Q}\times100\%=\frac{280\times10^4}{(120-90-120\times5\%)\times30\times10^4}\times100\%=38.89\%。$$

(六)盈亏平衡分析的优缺点

盈亏平衡分析的优点有:

(1)在项目的一些主要参数如产量(销售量)、产品售价、固定成本、单位可变成本已经初步确定的情况下,通过盈亏平衡点的计算可以确定项目的合理生产规模,初步了解项目抗风险能力的强弱。

(2)盈亏平衡分析还可用于生产能力不同、工艺流程不同的互斥方案的优选等。

(3)盈亏平衡分析是一种简单实用的不确定性分析方法。

盈亏平衡分析的缺点有:

(1)它是建立在产量等于销量的基础之上的,这是近于理想化的假设。

(2)它所使用的数据是正常生产年份的历史数据修正后得出的,精确度不高,因此盈亏平衡分析适用于现有项目的短期分析,不能对项目整个寿命期内现金流量做出全面评价,其结果是粗略的。

三、敏感性分析

（一）敏感性分析的概念

敏感性分析是投资建设项目评价中应用十分广泛的一种技术，用以考察项目涉及的各种不确定因素对项目基本方案经济评价指标的影响，找出敏感因素，估计项目效益对它们的敏感程度，粗略预测项目可能承担的风险，为进一步的风险分析打下基础。

敏感性分析包括单因素敏感性分析和多因素敏感性分析。单因素敏感性分析是指每次只改变一个因素的数值来进行分析，估算单个因素的变化对项目效益产生的影响；多因素敏感性分析则是指同时改变两个或两个以上因素进行分析，估算多个因素同时发生变化的影响。为了找出关键的敏感性因素，通常多进行单因素敏感性分析。

敏感性分析结果用敏感性分析表和敏感性分析图表示。

敏感性分析图如下图所示。图中每一种不确定性因素对应斜线的斜率也反映经济评价指标对该因素的敏感程度，斜率越大，敏感度越高。每条斜线与基准收益率线的相交点所对应的不确定因素变化率，图中 C_1、C_2、C_3、C_4 即为该因素的临界点。

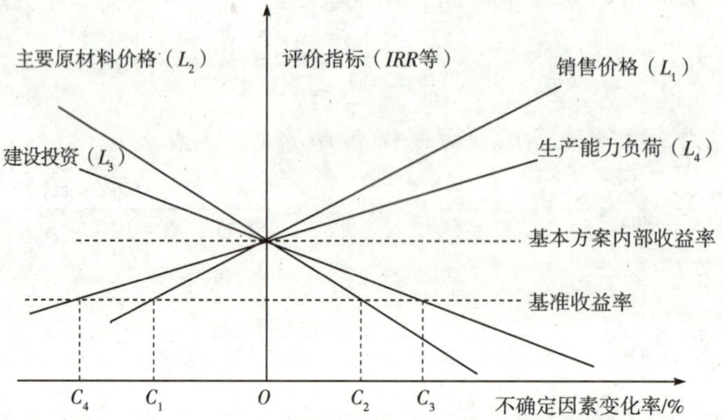

敏感性分析表如下表所示。表中所列的不确定因素是可能对评价指标产生影响的因素，分析时可选用一个或多个因素。不确定因素的变化范围可自行设定。可根据需要选定项目评价指标，其中最主要的评价指标是财务内部收益率。

序号	不确定因素	变化率/%	内部收益率	敏感系数	临界点/%	临界值
1	产品产量（生产负荷）					
2	产品价格					
3	主要原材料价格					
4	建设投资					
5	汇率					

（二）敏感性分析的目的

敏感性分析的目的如下：

（1）找出影响项目经济评价指标变动的敏感性因素，分析敏感性因素变动的原因，并为进一步进行不确定性分析（如概率分析）提供依据。

（2）研究不确定性因素变动引起项目经济评价指标变动的范围或极限值，分析判断项目承担风险的能力。

（3）通过多方案敏感性大小对比分析，以便在经济评价指标相似的情况下，从中选出不敏感的投资方案。

（4）通过对可能出现的最有利的与最不利的经济评价指标范围分析，用寻找代替方案或对原方案采取某些控制措施的办法，来确定最现实的方案。

（三）敏感性分析的步骤

1. 确定分析指标

所谓分析指标，是指敏感性分析的具体对象，即反映方案经济效果的指标，如净现值、净年值、内部收益率、投资回收期等。各种经济效果指标都有其各自特定的含义，分析、评价所反映的问题也有所不同。对于某个特定方案的经济分析而言，一般是根据项目的特点、不同的研究阶段、实际需求情况和指标的重要程度来选择，与进行分析的目标和任务有关。

由于敏感性分析是在确定性经济分析的基础上进行的，一般而言，敏感性分析的指标应与确定性经济评价的指标一致，不应超出确定性经济评价指标范围而另立新的分析指标。

2. 选定不确定性因素，设定其变化幅度

在进行敏感性分析时，并不需要对所有的不确定因素都考虑和计算，而应视方案的具体情况选取几个变化可能性较大，并对经济评价指标影响较大的因素。例如，产品售价变动、产量规模变动、投资额变化等；或是建设期缩短，达产期延长等，这些都会对方案的经济效益大小产生影响。

不确定性因素的选取原则如下：

（1）预计在可能的变动范围内，该因素的变动将会比较强烈地影响方案的经济评价指标。

（2）对在确定性分析中采用该因素的数据的准确性把握不大。

主要的不确定因素如下：

（1）初始投资额。

（2）项目建设期限、投产期限、投产时的生产能力及达到设计能力时所需要的时间。

（3）产品产量及销售量。

（4）产品价格。

（5）经营成本（尤其指变动成本）。

（6）项目或方案的寿命期。

（7）项目寿命期末的资产残值。

（8）贷款利率或折现率、外币汇率。

在选定需要分析的不确定性因素后，还要结合实际情况，根据各不确定性因素可能波动的范围，设定不确定性因素的变化幅度，如5%，10%，15%等。

3. 计算不确定性因素变动对项目经济评价指标的影响程度

分别使各不确定性因素按照一定的变化幅度改变它的数值，然后计算这种变化对经济

评价指标的影响数值，并将其与该指标的原始值相比较，从而得出该指标的变化率。

对于各不确定性因素造成指标的变化率，可采用图或表的形式表示出来，以便敏感性因素的测定。

4. 计算敏感度系数和临界点，找出敏感性因素

由于各因素的变化都会引起经济评价指标一定的变化，但其影响程度却各不相同。有些因素可能仅发生较小幅度的变化就能引起经济评价指标较大的变动，而另一些因素即使发生了较大幅度的变化，对经济评价指标的影响也不是太大。我们将前一类因素称为敏感性因素，后一类因素称为非敏感性因素。敏感性分析的目的在于寻找敏感因素，可通过计算敏感度系数和临界点来判断。

(1)敏感度系数。敏感度系数是指项目评价指标变化的百分率与不确定因素变化的百分率之比。敏感度系数高，表示项目效益对该不确定因素敏感程度高。计算公式为

$$S_{AF}=\frac{\Delta A/A}{\Delta F/F}$$

式中 S_{AF}——评价指标 A 对于不确定因素 F 的敏感系数；

$\Delta F/F$——不确定因素 F 的变化率；

$\Delta A/A$——不确定因素 F 发生 ΔF 变化率时，评价指标 A 的相应变化率。

$S_{AF}>0$，表示评价指标与不确定因素同方向变化；$S_{AF}<0$，表示评价指标与不确定因素反方向变化。$|S_{AF}|$较大者敏感度系数高。

专家解读

S_{AF}表示不确定因素 F 的变化率与评价指标 A 的变化率之间的比例。S_{AF}不可以直接显示不确定因素 F 变化后评价指标 A 的值。

敏感度系数可以用于对敏感因素敏感性程度的排序。利用敏感度系数判别敏感因素的方法是相对测定法。

(2)临界点。临界点是指不确定性因素的变化使项目由可行变为不可行的临界数值，可采用不确定性因素相对基本方案的变化率或其对应的具体数值表示。当该不确定因素为费用科目时，即为其增加的百分率；当其为效益科目时为降低的百分率。临界点也可用该百分率对应的具体数值表示。当不确定因素的变化超过了临界点所表示的不确定因素的极限变化时，项目将由可行变为不可行。

临界点的高低与计算临界点的指标的初始值有关。若选取基准收益率为计算临界点的指标，对于同一个项目，随着设定基准收益率的提高，临界点就会变低（即临界点表示的不确定因素的极限变化变小）；而在一定的基准收益率下，临界点越低，说明该因素对项目评价指标影响越大，项目对该因素就越敏感。

从根本上说，临界点计算使用试插法。当然，也可用计算机软件的函数或图解法求得。由于项目评价指标的变化与不确定因素变化之间不是直线关系，当通过敏感性分析图求得临界点的近似值时，有时有一定误差。

提示

不确定因素临界点的高低，可以作为判定风险的依据。

5. 综合评价，优选方案

根据敏感因素对方案经济评价指标的影响程度及敏感因素的多少，判断项目风险的大小，并结合确定性分析的结果，对方案进行综合评价。如果进行敏感性分析的目的是对不同的投资项目或某一项目的不同方案进行选择，一般应选择敏感程度小、承受风险能力强、可靠性大的项目或方案。

专家解读

例：某投资方案预计总投资为 1 200 万元，年产量为 10 万台，产品价格为 35 元/台，年经营成本为 120 万元，方案经济寿命期为 10 年，届时设备残值为 80 万元，基准贴现率为 10%。试就投资额、产品价格及方案寿命期进行敏感性分析。

解：以净现值作为经济评价指标，基准方案的净现值为

$NPV = -1\ 200 + (10 \times 35 - 120)(P/A, 10\%, 10) + 80(P/F, 10\%, 10) = 244.09$（万元）。

取投资额、产品价格、寿命期在基准值的基础上变化 ±10%、±15%、±20%，项目的净现值变动结果如下表所示。

变动率 参数	−20%	−15%	−10%	0	10%	15%	20%
投资额	484.09	424.09	364.09	244.09	124.09	64.09	4.09
产品价格	−186.03	−78.50	29.03	244.09	459.15	566.68	674.21
寿命期	64.35	112.55	158.50	244.09	321.90	358.11	392.64

敏感性分析图如下图所示。

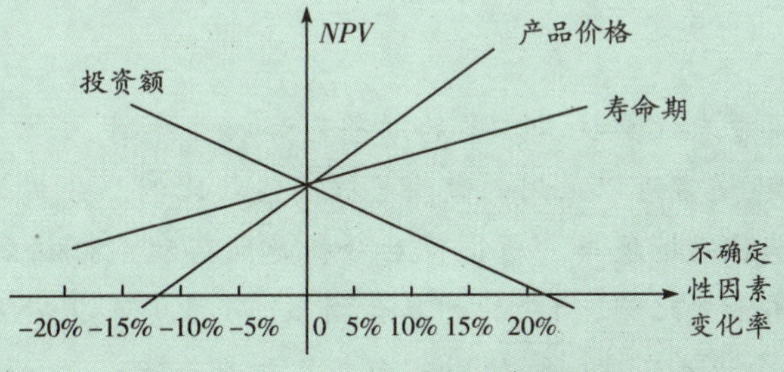

由上表和上图可以看出，在各个不确定性因素变化率相同的情况下，产品价格的变动对净现值的影响程度最大，所以价格是敏感性因素（价格变动线最陡），投资额次之，寿命期最不敏感。

（四）敏感性分析的优缺点

敏感性分析的优点：敏感性分析在一定程度上就各种不确定性因素的变动对项目经济评价指标的影响进行定量描述，有助于投资者了解方案的风险情况，确定在决策过程及方案实施过程中需要重点研究与控制的因素。

敏感性分析的缺点：敏感性分析不能明确指示不确定因素的变动对经济评价指标影响的可能性有多大。可能会出现这样的情况，找出的某一个敏感性因素，在未来可能发生变动的概率却很小，以至于可以不必考虑它的影响；而另一个不敏感性因素，可能发生变动的概率却很大，以至于必须考虑其变化对方案经济评价指标的影响。这一问题是敏感性分析本身所无法解决的，必须借助于概率分析。此外，敏感性分析是依靠分析人员主观经验来分析判断的，有可能存在片面性，这也是其局限性之一。

第四节　技术方案现金流量表的编制

一、技术方案现金流量表的类型

技术方案现金流量表的类型主要有投资现金流量表、资本金现金流量表、投资各方现金流量表及财务计划现金流量表。

（一）投资现金流量表

投资现金流量表是以技术方案的总投资作为计算基础，反映技术方案在整个计算期内现金流入和流出的现金流量表。其反映项目融资前投资项目现金流入、流出和净现金流量情况。对于新设法人项目，该表不区分投资资金来源，以全部投资（均视为自有资金）作为计算基础，用以计算投资项目所得税前税后的财务内部收益率、财务净现值及投资回收期等经济评价指标，考察项目的全部投资的盈利能力。

链接

根据投资现金流量表计算技术方案的财务内部收益率时，若要提高所得税后的财务内部收益率指标值，通常可以采用的做法是提高借款比例。分析如下：财务内部收益率是财务净现值为零时的折现率。所得税后分析是所得税前分析的延伸，将其所得税作为现金流出。提高借款比例，相应的利息会增多，而利息可以在所得税前抵扣，即现金流出会减少，而现金流入不变，所以，财务内部收益率会提高。

（二）资本金现金流量表

为了全面考察项目的盈利能力，除了对融资前的项目现金流量进行分析外，还需要进行项目资本金现金流量分析。资本金现金流量表以自有资金为计算基础，把借款还本付息作为现金流出。其实质是进行项目融资后的财务分析。项目资本金现金流量表中的净现金流量是项目在缴税和还本付息后所剩余的收益（含投资应分得的利润），也即项目的净利润，又是投资者的权益性收益。通过项目资本金现金流量表，可以计算资本金的财务内部收益率，用于从投资者整体角度考察项目的盈利能力。

项目资本金现金流量表中的现金流出主要包括项目资本金、借款本金偿还、借款利息支付、经营成本、税金及附加、所得税、进项税额、应纳增值税和维持运营投资等。

（三）投资各方现金流量表

对于某些项目，为了考察投资各方的具体收益情况，还需要编制从投资各方角度出发的现金流量表，即投资各方现金流量表。通过投资各方现金流量表可以计算投资各方财务内部收益率、净现值等指标，考察投资各方的盈利情况。投资各方的财务内部收益率，实际上是相对次要的财务效益评价指标。

投资各方现金流量表中，现金流出是指出资方因该技术方案的实施将实际投入的各种支出。投资各方现金流量表中应作为现金流出的有实缴资本、租赁资产支出、进项税额、应纳增值税和其他现金流出。

（四）财务计划现金流量表

财务计划现金流量表通过考察项目计算期内的投资、融资和经营活动所产生的各项现金流入和流出，计算净现金流量和累计盈余资金，分析项目是否有足够的净现金流量维持正常运营，以实现财务的可持续性。

财务计划现金流量表中应包括经营活动净现金流量、投资活动净现金流量、筹资活动净现金流量、净现金流量和累计盈余资金。

经营活动净现金流量、投资活动净现金流量、筹资活动净现金流量的主要现金流入和流出项目如下表所示。

类型	现金流入	现金流出
经营活动净现金流量	营业收入、增值税销项税额、补贴收入、其他流入	经营成本、增值税进项税额、税金及附加、增值税、所得税、其他流出
投资活动净现金流量	现金流入	建设投资、维持运营投资、流动资金、其他流出
筹资活动净现金流量	项目资本金投入、建设投资借款、流动资金借款、债券、短期借款、其他流入	各种利息支出、偿还债务本金、应付利润（股利分配）、其他流出

链接

某些项目还应按有关规定估算企业可能得到的补贴收入（仅包括与收益相关的政府补助，与资产相关的政府补助不在此处核算，与资产相关的政府补助是指企业取得的、用于购建或以其他方式形成长期资产的政府补助），包括先征后返的增值税、按销量或工作量等依据国家规定的补助定额计算并按期给予的定额补贴，以及属于财政扶持而给予的其他形式的补贴等。补贴收入同营业收入一样，应列入利润与利润分配表、财务计划现金流量表和项目投资现金流量表与项目资本金现金流量表。以上几类补贴收入，应根据财政、税务部门的规定，分别计入或不计入应税收入。

二、技术方案现金流量表的构成要素

技术方案现金流量表的构成要素主要有投资、经营成本、营业收入和税金。

（一）投资

建设投资估算应在给定的建设规模、产品方案和工程技术方案的基础上，估算项目建设所需的费用。建设投资的分期使用计划应根据项目进度计划安排，应明确各期投资额以及其中的外汇和人民币额度。

流动资金是指运营期内长期占用并周转使用的营运资金，不包括运营中需要的临时性营运资金。流动资金的计算应符合下列要求：投产第一年所需的流动资金应在项目投产前安排。为了简化计算，项目评价中流动资金可从投产第一年开始安排。

在建设投资分年计划的基础上可设定初步融资方案，对采用债务融资的项目应估算建设期利息。建设期利息是指筹措债务资金时在建设期内发生并按规定允许在投产后计入固定资产原值的利息，即资本化利息。利息包括银行借款和其他债务资金的利息，以及其他融资费用。其他融资费用是指某些债务融资中发生的手续费、承诺费、管理费、信贷保险费等融资费用，一般情况下应将其单独计算并计入建设期利息；在项目前期研究的初期阶段，也可做粗略估算并计入建设投资；对于不涉及国外贷款的项目，在可行性研究阶段，也可做粗略估算并计入建设投资。估算建设期利息，应根据不同情况选择名义年利率或有效年利率。分期建成投产的项目，应按各期投产时间分别停止借款费用的资本化，此后发生的借款利息应计入总成本费用。

建设项目评价中的总投资包括建设投资、建设期利息和流动资金之和。建设项目经济评价中应按有关规定将建设投资中的各分项分别形成固定资产原值、无形资产原值和其他资产原值。形成的固定资产原值可用于计算折旧费，形成的无形资产和其他资产原值可用于计算摊销费。建设期利息应计入固定资产原值。

链接

技术方案资本金的出资方式除现金外，还可以采用的出资形态包括经过有资格的资产评估机构评估作价后的实物、工业产权、非专利技术、土地使用权和资源开采权。

《国务院关于加强固定资产投资项目资本金管理的通知》对固定资产投资项目资本金的管理提出了相关要求。对固定资产投资项目（以下简称投资项目）实行资本金制度。分类实施投资项目资本金核算管理。设立独立法人的投资项目，其所有者权益可以全部作为投资项目资本金。对未设立独立法人的投资项目，项目单位应设立专门账户，规范设置和使用会计科目，按照国家有关财务制度、会计制度对拨入的资金和投资项目的资产、负债进行独立核算，并据此核定投资项目资本金的额度和比例。

（二）经营成本

经营成本是项目经济评价中所使用的特定概念，作为项目运营期的主要现金流出，其构成和估算可采用下式表达：

经营成本＝外购原材料、燃料和动力费＋工资及福利费＋修理费＋其他费用

式中，其他费用是指从制造费用、管理费用和营业费用中扣除了折旧费、摊销费、修理费、工资及福利费以后的其余部分。

总成本费用是与经营成本密切相关的一个概念。总成本费用是指在运营期内为生产产品或提供服务所发生的全部费用，等于经营成本与折旧费、摊销费和财务费用之和。总成本费用可按下列方法估算：

（1）生产成本加期间费用估算法。计算公式为

总成本费用＝生产成本＋期间费用

式中，生产成本＝直接材料费＋直接燃料和动力费＋直接工资＋其他直接支出＋制造费用；期间费用＝管理费用＋营业费用＋财务费用。

（2）生产要素估算法。计算公式为

总成本费用＝外购原材料、燃料和动力费＋工资及福利费＋折旧费＋摊销费＋修理费＋财务费用（利息支出）＋其他费用

式中，其他费用同经营成本中的其他费用。

由此，可以得出经营成本的另一个表达式：

经营成本＝总成本费用－折旧费－摊销费－利息支出

专家解读

经营成本计算公式中之所以扣除折旧费、摊销费，是因为它们不属于现金流量，而是过去的投资在项目使用期的分摊；投资已在期初作为一次性支出计入现金流出，所以不能再以折旧和摊销的方式计为现金流出，否则会重复计算。借款利息对于企业来说虽然是实际的现金流出，但在全部投资现金流量表中利息支出不作为现金流出，而资本金现金流量表中已将利息支出单列，因此经营成本不包括利息支出。

（三）营业收入

项目经济评价中的营业收入包括销售产品或提供服务所获得的收入，其估算的基础数据包括产品或服务的数量和价格。

营业收入估算应分析、确认产品或服务的市场预测分析数据，特别要注重目标市场有效需求的分析；说明项目建设规模、产品或服务方案；分析产品或服务的价格，采用的价格基点、价格体系、价格预测方法；论述采用价格的合理性。

各期运营负荷(产品或服务的数量)应根据技术的成熟度、市场的开发程度、产品的寿命期、需求量的增减变化等因素,结合行业和项目特点,通过制定运营计划,合理确定。

专家解读

营业收入是指销售产品或者提供服务所获得的收入,是现金流量表中现金流入的主体,也是利润表的主要科目。营业收入是财务分析的重要数据,其估算的准确性极大地影响着项目财务效益的估计。

工业项目评价中营业收入的估算基于一项重要假定,即当期的产出(扣除自用量后)当期全部销售,也就是当期商品产量等于当期销售量。主副产品(或不同等级产品)的销售收入应全部计入营业收入,其中某些行业的产品成品率按行业习惯或规定;其他行业提供的不同类型服务收入也应同时计入营业收入。

(四)税金

项目评价涉及的税费主要包括关税、增值税、消费税、所得税、资源税、城市维护建设税和教育费附加税,此外还包括土地增值税、耕地占用税、环境保护税、车船税、房产税、印花税、契税、土地使用税等。税种和税率的选择,应根据相关税法和项目的具体情况确定。如有减免税优惠,应说明依据及减免方式并按相关规定估算。

资源税的具体内容以下面典型例题的形式进行讲解。

典型例题

【单选题】关于税金中资源税的说法,正确的是(　　)。

A. 自用于连续生产应税产品的需缴纳资源税

B. 实行从量计征的,应纳税额按照应税产品的销售额乘以具体适用税率计算

C. 实行从价计征的,应纳税额按照应税产品的销售数量乘以具体适用税率计算

D. 纳税人开采或者生产不同税目应税产品的,应当分别核算不同税目应税产品的销售额或者销售数量

D。【解析】纳税人开采或者生产应税产品自用的,应当按照规定缴纳资源税;但是,自用于连续生产应税产品的,不缴纳资源税。故选项 A 错误。资源税按照《税目税率表》实行从价计征或者从量计征。实行从价计征的,应纳税额按照应税资源产品(以下称应税产品)的销售额乘以具体适用税率计算;实行从量计征的,应纳税额按照应税产品的销售数量乘以具体适用税率计算。故选项 B,C 错误。

第五节 设备更新分析

设备更新就是用经济性更好、性能更完善、技术更先进和使用效率更高的设备去更换已陈旧过时的设备。设备更新有两个方面,第一是决定是否更新,即继续使用旧设备还是更换新设备;第二是决定选择什么样的设备来更新,可以是原型设备更新,即用相同结构和效能的设备更换有形磨损严重、不能继续使用的旧设备,这种更新不能促进技术进步,只能解决设备的损坏问题,也可以是用技术更先进、效率更高的新型设备替换技术或经济上不宜继续使用的旧设备,这种更新不仅能解决设备的损坏问题,而且能解决设备技术落后的问题。所以,设备更新决策实际上是继续使用旧设备与购置新设备之间的互斥关系分析。

一、设备磨损的种类

设备在使用或闲置过程中,由于物理作用(如冲击力、摩擦力、振动、扭转、弯曲等)、化学作用(如锈蚀、老化等)或技术进步等的影响,使设备遭受了损耗,称为设备的磨损。磨损的产生会影响设备的使用价值甚至使用寿命,设备更新源于设备的磨损。设备的磨损有有形磨损和无形磨损两种形式。

(一)设备的有形磨损

设备的有形磨损又称“物质磨损”,表现为设备实体遭受的破坏与损失。其主要表现为由于使用和自然力的影响而发生使用价值和价值的损耗。设备的有形磨损又可以分为如下两种。

1. 第Ⅰ类有形磨损

第Ⅰ类有形磨损即使用磨损,是指外力作用下(如摩擦、受到冲击、超负荷或交变应力作用、受热不均匀等)造成的实体磨损、变形或损坏。

产生第Ⅰ类有形磨损的原因有摩擦磨损、机械磨损和热损伤。第Ⅰ类有形磨损可使设备精度降低,劳动生产率下降。当这种有形磨损达到一定程度时,整个设备的功能就会下降,导致设备故障频发、废品率升高、使用费剧增,甚至难以继续正常工作,丧失使用价值。

2. 第Ⅱ类有形磨损

第Ⅱ类有形磨损即自然磨损,是指设备在自然力作用下(生锈、腐蚀、老化等)造成的磨损。

这种磨损与生产过程的使用无关,甚至在一定程度上还同使用程度成反比。这种磨损在一定程度内与设备闲置时间的长短有关。即设备闲置或封存不用同样也会产生第Ⅱ类有形磨损,如金属件生锈、腐蚀、橡胶老化等。设备闲置时间长,自然会丧失精度和工作能力,失去使用价值。

(二)设备的无形磨损

设备的无形磨损又称“精神磨损”,是指由于技术进步引起的设备相对贬值。设备的无形磨损不是由于生产过程中的使用或自然力的作用造成的，所以不表现为设备实体的变化和损坏。设备的无形磨损又可以分为如下两种。

1. 第Ⅰ类无形磨损

第Ⅰ类无形磨损是设备制造工艺不断改进，成本不断降低，劳动生产率不断提高，生产同种机器设备所需的社会必要劳动减少了，因而机器设备的市场价格降低了，这样就使原来购买的设备价值相应贬值。

第Ⅰ类无形磨损的后果只是现有设备原始价值部分贬值，设备本身的技术特性和功能（即使用价值）并未发生变化，故不会影响现有设备的使用，不存在提前更换现有设备的问题。

2. 第Ⅱ类无形磨损

第Ⅱ类无形磨损是受技术进步的影响，社会上出现了结构更先进、性能更完善、生产效率更高、耗费材料和能源更少的新型设备，而使原有设备在技术上显得陈旧落后造成的。它的后果不仅会使原有设备价值降低，而且会使原有设备局部或全部丧失其使用价值。

第Ⅱ类无形磨损导致原有设备使用功能降低的程度与技术进步的具体形式有关。当技术进步表现为不断出现性能更完善、效率更高的新设备，但加工方法没有原则性变化时，将使原有设备的使用功能大幅度降低；当技术进步表现为采用新的加工对象如新材料时，则原有设备的使用功能完全丧失，加工旧材料的设备必然要被淘汰；当技术进步表现为改变原有生产工艺，采用新的加工方法时，则为旧工艺服务的原有设备也将失去使用功能；当技术进步表现为产品的更新换代时，不能适用于新产品生产的原有设备也要丧失使用功能，即被淘汰。

（三）设备的综合磨损

所谓综合磨损是指设备在使用过程中，既有有形磨损，又有无形磨损，也就是说设备遭受的磨损是双重的。

设备在运行或闲置中的有形磨损不可避免，不同的只是具体设备在不同的条件下表现的有形磨损的程度不一样，同时由于科学技术的进步是连续无间断的，无法确定技术进步的起点和终点，因此，技术进步引起的设备磨损在任何情况下对任何设备都存在，只是不同设备的技术发展不平衡表现出的无形磨损的程度不同而已。因此，对于任何特定的设备，两种磨损必然同时发生。两种磨损的共同点是两者都会引起设备原始价值的贬值，但不同的是有形磨损比较严重的设备，在修复补偿之前，往往不能正常运转，大大降低了作用性能；而遭受无形磨损的设备，如果其有形磨损程度比较小，则无论其无形磨损的程度如何，均不会影响正常使用，但其经济性能必定发生变化，继续使用它在经济上是否合算，需要进行分析研究。

二、设备磨损的补偿形式

为维持设备的正常工作需要的特性和功能，必须对已遭受磨损的设备进行及时、合理的补偿，其补偿形式随磨损情况的不同而不同。

设备磨损与补偿方式之间的关系如下图所示。其中，更换是指对整个设备进行更换，即更新。

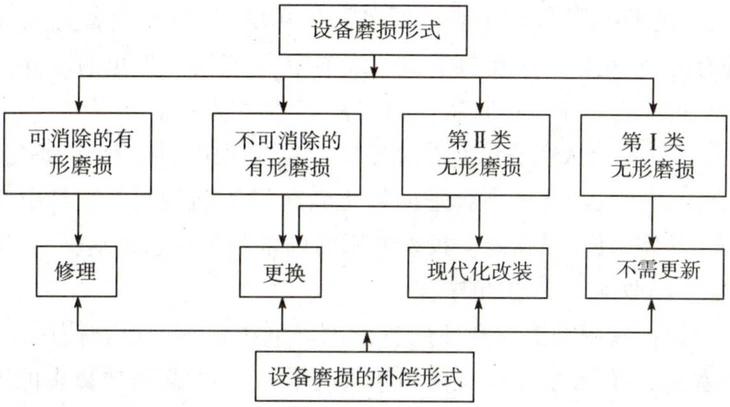

链接

设备无形磨损的局部补偿是现代化改装。设备有形磨损和无形磨损的完全补偿是更新。

对综合磨损后的补偿形式应进行更深入的研究，以确定恰当的补偿方式。对于陈旧落后的设备，即消耗高、性能差、使用操作条件不好、对环境污染严重的设备，应当用较先进的设备尽早替代；对整机性能尚可，有局部缺陷，个别工程经济指标落后的设备，应适应技术进步的发展要求，吸收国内外的新技术，不断地加以改造和现代化改装。

三、设备更新的特点分析

（一）设备更新的中心内容是确定设备的经济寿命

设备的寿命是指设备从投入使用开始，由于磨损，直到设备在技术上或经济上不宜使用为止的时间。由于设备在使用或闲置过程中，受无形磨损和有形磨损的影响，设备寿命具有几种不同的形态，它们是决定设备补偿时间的依据，具体如下：

（1）自然寿命。即物理寿命，它是指设备从全新状态下投入使用开始，直到即使通过大修也不能使其恢复到原有用途而只能报废所经历的全部时间。自然寿命主要取决于设备有形磨损的速度。搞好设备的维修和保养，可延长设备的物理寿命，但不能从根本上避免设备的磨损。任何一台设备磨损到一定程度时，都必须进行更新。

（2）技术寿命。它是指设备从开始使用到因为技术落后被淘汰所延续的时间，也是指设备在市场上维持其使用价值的时期。技术寿命主要是由设备的无形磨损所决定的，它一般比自然寿命要短。科学技术进步越快，技术寿命越短。通过现代化改装，可以延长设备的技术寿命。

提示

完全未使用的设备也可能因为第Ⅱ类无形磨损使得其技术寿命等于零。

(3)使用寿命。它是指设备产生有效服务所经历的时间，即设备为其拥有者服务的时间。对于设备拥有者，它是指从设备拥有到设备被转让或卖掉为止的时间。在自然寿命期内，因设备转让，它可能有若干个拥有者，就有若干个使用寿命。

(4)经济寿命。它是指从经济角度看设备最合理的使用期限，是指设备从投入使用的全新状态开始，到因继续使用经济上不合理而被更新所经历的时间。它是由有形磨损和无形磨损共同决定的。具体来说，是指能使投入使用的设备等额年总成本(包括购置成本和运营成本)最低或等额年净收益最高的期限。

经济寿命是由维护费用的提高和使用价值的降低决定的。设备使用年限越长，每年所分摊的设备购置费越少，但是随着设备使用年限的增加，一方面需要更多的维修费维持原有功能；另一方面机器设备的操作成本及原材料、能源耗费也会增加。年运行时间、生产效率、质量将会下降。因此，年资本费的降低，会被年度使用费的增加或收益的下降所抵消。在整个相互消长的变化过程中，年均总成本或年均净收益是时间的函数。这就存在着使用到某一年份，其平均综合成本最低、经济效益最好的情况。如下图所示，在 N_0 年时，等值年成本达到最低值。称设备从开始使用到其等值年成本最小(或年盈利最高)的使用年限 N_0 为设备的经济寿命。

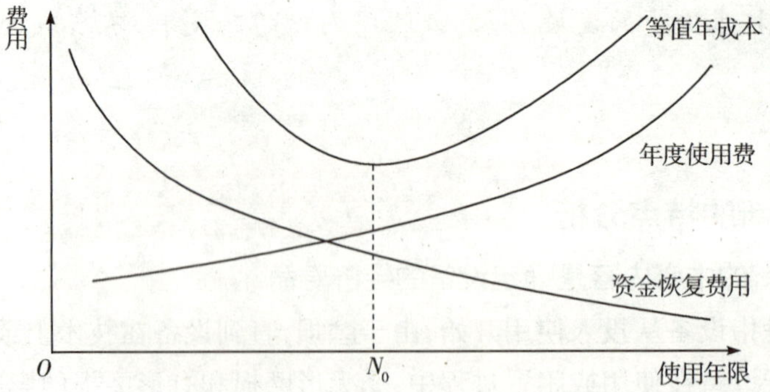

在设备更新分析中，经济寿命是确定设备最优更新期的主要依据。设备更新应该以经济寿命为决策依据。

提示

设备的经济寿命是从经济观点确定的设备更新的最佳时间。

(5)折旧寿命。即设备的折旧年限，它是指按国家财务规则和财务制度规定的折旧原则和方法，将设备的原值通过折旧方式转入产品成本，直到设备的折旧余额达到或者接近于零时所经历的时间。

设备更新的时机，一般取决于设备的技术寿命和经济寿命。

(二)设备更新分析应站在咨询者的客观立场上分析问题

设备更新问题的要点是站在咨询师的立场上，而不是站在旧资产所有者的立场上考虑问题，不要简单地按照新、旧设备方案的直接现金流量进行比较。咨询师并不拥有任何资产，故若要保留旧资产，首先要付出相当于旧资产当前市场价值的现金，才能取得旧资产的使用权。这是设备更新分析的重要概念。

（三）设备更新分析只考虑未来发生的现金流量，不考虑沉没（入）成本

沉没（入）成本是指决策前已经发生的费用或已经承诺将来必须支付而无法回收的费用。

设备经过磨损，其实物资产的价值有所降低。设备经过折旧后所剩下的账面价值并不等于其当前的市场价值，即更新旧设备往往会产生一笔沉没（入）成本。

沉没（入）成本＝旧设备账面价值－当前市场价值（残值）

或　沉没（入）成本＝（旧设备原值－历年折旧费）－当前市场价值（残值）

沉没（入）成本是指本方案实施之前已经发生或者按某种凭证而必需的费用。由于沉没（入）成本是过去发生的，它并不因为采纳或拒绝某个方案的决策而改变，因此对方案是否采纳的决策不应造成影响。它不应计入工程经济分析的现金流中。因此，设备更新分析中的另一个重要的特点，就是在分析中只考虑今后所发生的现金流量，对以前发生的现金流量及沉没（入）成本，因为它们都属于不可恢复的费用，与更新决策无关，故不需再参与经济计算。

典型例题

【单选题】某设备 10 年前的原始成本是 100 000 元，目前的账面价值是 30 000 元，当前的市场价值为 20 000 元。关于该设备沉没成本和更新决策时价值的说法，正确的是（　　）。

A. 沉没成本为 10 000 元，更新决策时价值应为 20 000 元

B. 沉没成本为 80 000 元，更新决策时价值应为 30 000 元

C. 沉没成本为 10 000 元，更新决策时价值应为 30 000 元

D. 沉没成本为 70 000 元，更新决策时价值应为 70 000 元

A。【解析】沉没成本＝旧设备账面价值－当前市场价值（残值）＝30 000－20 000＝10 000（元）。由于沉没成本是过去发生的，与现在更新决策无关，因此更新决策时的价值应为当前的市场价值，即 20 000 元。

（四）设备更新分析只比较设备的费用

在比较更新方案时，通常假定设备产生的收益是相同的，因此只对它们的费用进行比较。

（五）设备更新分析以费用年值法为主

由于不同设备方案的服务寿命不同，因此通常都采用年值法进行比较。

（六）设备更新分析采用逐年滚动比较

逐年滚动比较是指在确定最佳更新时机时，应首先计算现有设备的剩余经济寿命和新设备的经济寿命，然后利用逐年滚动方法进行比较。

四、设备经济寿命的确定

确定设备经济寿命的方法包括静态模式和动态模式两种。

（一）静态模式下设备经济寿命的确定方法

静态模式下设备经济寿命的确定方法，就是在不考虑资金时间价值的基础上计算设备的年等额总成本，使其为最小的使用年限就是设备的经济寿命。

1. 一般情况

设备年等额总成本的计算公式为

$$AC_n = \frac{P - L_n}{n} + \frac{1}{n}\sum_{j=1}^{n} C_j$$

式中 AC_n——n 年内设备的年等额总成本；

P——设备的实际价值；

C_j——第 j 年设备的运营成本；

L_n——第 n 年末设备的残值；

n——设备的使用年限；

$P - L_n$——设备的年等额资产恢复资产；

$\frac{1}{n}\sum_{j=1}^{n} C_j$——设备的年等额运营成本。

2. 特殊情况

一般而言，随着设备使用期限的增加，年运营成本每年以某种速度在递增，这种运营成本的逐年递增称为设备的劣化。现假定每年运营成本的增量是均等的，即运营成本呈线性增长，如下图所示。

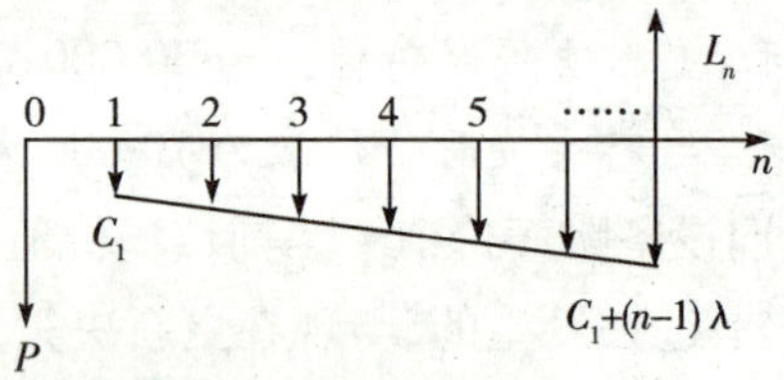

设 C_1 为设备第 1 年的运营成本，λ 为设备年运营成本的增加额（低劣化值）。则设备第 j 年的运营成本为

$$C_j = C_1 + (j-1)\lambda$$

n 年内设备的年等额总成本为

$$AC_n = \frac{P - L_n}{n} + \frac{1}{n}\sum_{j=1}^{n} C_j = \frac{P - L_n}{n} + C_1 + \frac{n-1}{2}\lambda$$

设 L_n 为一常数，若使 AC_n 最小，可对 n 求一阶导数，并令其等于 0，由

$$\frac{\mathrm{d}(AC_n)}{\mathrm{d}n} = -\frac{P - L_n}{n^2} + \frac{\lambda}{2} = 0$$

得到

$$n = \sqrt{\frac{2(P - L_n)}{\lambda}}$$

解出的 n 即为设备的经济寿命。

专家解读

例：某设备的实际价值为 6 000 元，初始运行费用为 400 元，每年低劣化增加值为 320 元，残值为零，求解最佳更新期。

解：由上式可得设备的经济寿命 $n=\sqrt{\frac{2\times 6\,000}{320}}\approx 6$（年）。

（二）动态模式下设备经济寿命的确定方法

动态模式下设备经济寿命的确定方法，就是在考虑资金时间价值的基础上计算设备的净年值或年等额总成本，通过比较年平均效益或年平均费用来确定设备的经济寿命。

用净年值或年等额总成本估算设备的经济寿命的过程如下：在已知设备现金流量和利率的情况下，逐年计算出从寿命 1 年到 n 年全部使用期的年等效值，从中找出平均年等额总成本的最小值（项目考虑以支出为主时），或是平均年盈利的最大值（项目考虑以收入为主时），及其所对应的年限，从而确定设备的经济寿命。这个过程通常是用表格计算来完成的。

五、设备更新策略

设备更新策略应在全面、系统地了解企业现有设备的性能、磨损程度、服务年限、技术进步等情况后，分轻重缓急，有重点有区别地对待。凡修复比较合理的，不应过早更新，可以修中有改；通过改装就能使设备满足生产技术要求的，不要急于更新；更新个别关键零部件就能达到技术要求的，不必更换整台设备；更换单机就能满足要求的，不必更换整条生产线。

由于新设备方案与旧设备方案的寿命在大多数情况下是不等的，各方案在各自的计算期内的净现值不具有可比性，因此，设备更新方案的比选主要应用的仍然是净年值或年成本。

六、设备更新分析方法

设备更新分析的结论取决于所采用的分析方法，而设备更新分析的假定条件和设备的研究期是选用设备更新分析方法时应考虑的重要因素。

（一）原型设备更新分析

所谓原型设备更新分析，就是假定企业的生产经营期较长，并且设备均采用原型设备重复更新，这相当于研究期为各设备自然寿命的最小公倍数。

原型设备更新分析主要有三个步骤：

（1）确定各方案共同的研究期。

（2）用费用年值法确定各方案设备的经济寿命。

（3）通过比较各方案设备的经济寿命确定最佳方案，即旧设备是否更新以及新设备未来的更新周期。

（二）新型设备更新分析

所谓新型设备更新分析，就是假定企业现有设备可被其经济寿命内等额年总成本最低的新设备取代。

（三）现有设备处置决策

在市场经济条件下，受需求量的影响，许多企业在现有设备的自然寿命期内，必须考虑是否停产并变卖现有设备，这类问题称为现有设备的处置决策。一般而言，现有设备的处置决策仅与旧设备有关，且假设旧设备自然寿命期内每年残值都能估算出来。

七、设备租赁的基本概念及其优缺点

设备租赁是指设备的使用者（承租人）按照合同规定，按期向设备的所有者（出租人）支付一定费用而取得设备使用权的一种经济活动。

由于租赁具有将融资和融物结合起来的特点，这使得租赁能够提供及时而灵活的资金融通方式，是企业家取得设备进行生产经营的一个重要手段。

对于承租人来说，设备租赁与设备购买相比的优越性在于：

（1）在资金短缺的情况下，既可用较少资金获得生产急需的设备，又可引进先进设备，加快技术进步的步伐，减少或避免设备陈旧、技术落后的风险。

（2）可获得良好的技术服务。

（3）可以保持资金的流动状态，防止呆滞，也不会使企业资产负债状况恶化。

（4）可避免通货膨胀和利率波动的冲击，减少投资风险。

（5）设备租金可在所得税前扣除，能享受税费上的利益。

其不足之处则在于：

（1）在租赁期间承租人对租用设备无所有权，只有使用权。故承租人无权随意对设备进行改造，不能处置设备，也不能用于担保、抵押贷款。

（2）承租人在租赁期间所交的租金总额一般比直接购置设备的费用要高，因为租金中包含着出租人的管理费和边际利润。

（3）长年支付租金，形成承租人的长期负债，不管企业的现金流量和经营状况如何，都要按照合同按时支付租金。

（4）租赁合同规定严格，若承租人毁约则要赔偿出租人的损失，违约金较多。

正是由于设备租赁有利有弊，故在租赁前要进行慎重的决策分析。在企业经营管理中，设备租赁常见于老企业设备更新和新建企业设备投资决策这两种场合。无论何种场合，对于投资决策者就有一个抉择问题：在什么情况下企业应该租赁设备，并选择采用何种租赁方式对企业最有利；或在什么情况下应该直接购买设备，并选择采用何种购买方式对企业最有利。作出何种抉择取决于对二者费用与风险的全面综合比较分析。

八、设备租赁的方式

（一）经营租赁

一般由设备所有者（出租人）负责设备的维修、保养与保险，租赁的期限通常远远短于设备的寿命期；出租人和承租人通过订立租约维系租赁业务关系，承租人有权在租赁期限内预先通知出租人后解除租约。

（二）融资租赁

融资租赁的租费总额通常足够补偿全部设备成本，并且租约到期之前不得解除，租约期满后，租赁设备的所有权无偿或低于其残值转让给承租人，租赁期间的设备维修、保养、保险等费用均由承租人负责。

链接

设备经营租赁与融资租赁的主要不同点是租赁双方承担义务的约束力。

经营租赁通常适用于临时使用的设备。经营租赁的任一方可以以一定方式在通知对方后的规定期限内取消租约。

融资租赁通常适用于长期使用的贵重设备。融资租赁的任一方不得任意中止和取消租约。

九、影响设备租赁与购置的角度与因素

（一）影响设备租赁与购置的角度

企业在决定进行设备投资之前，必须详细地分析项目寿命期内各年的现金流量和经营不确定性因素，确定以何种方式投资才能获得最佳的经济效益。企业通常要从支付方式、筹资方式、使用方式等几个基本角度来考虑项目所需设备是租赁还是购置。

1. 支付方式

租赁设备需要支付租金；借款需要按期支付利息、到期还本；分期购买需要按期支付利息和部分本金。另外，还需要进一步考虑分几次支付、每期间隔时间、每次支付多少等。决策者主要考虑究竟哪一种方式的成本较低。

2. 筹资方式

当企业需要筹资取得设备时，需要考虑究竟是向金融机构借款，还是通过融资租赁取得资金，或是采取发行企业股票或债券来筹资。我国的贷款利率虽然较低，但是审批手续烦琐，耗时长，而且数量有限；发行股票和债券的门槛较高，准备的周期较长。企业决策者主要应该考虑是愿意耗费时间得到低息贷款，还是希望以其他筹集资金的方式尽早获得设备，以便尽快地取得经济效益。

3. 使用方式

设备的使用方式是指企业是否需要长期占有设备。如果企业只是希望短期使用某种设备，那么可以采用经营租赁的方式获得设备的使用权，这样租期满了以后可以将设备还给租赁公司，不再续租，企业就可以避免设备陈旧所带来的风险损失。

（二）影响设备租赁与购置的因素

影响设备租赁的主要因素如下：项目的寿命期；企业是否需要长期占有设备，还是只希望短期需要这种设备；设备的技术性能和生产效率；设备对工程质量（产品质量）的保证程度，对原材料、能源的消耗量，生产的安全性；设备的成套性，灵活性，维修的难易程度，耐用性，环保性；设备的经济寿命；技术过时风险的大小；设备的资本预算计划，资金可获量，包括自由资金和融通资金；提交设备的进度；租赁期长短；设备租金额，包括总租金额和每租赁期

租金额；租金的支付方式，包括租赁期起算日、支付日期、支付币种和支付方法等；企业经营费用减少与折旧费和利息减少的关系；租赁的节税优惠；预付资金（定金）和租赁保证金；承租人付给担保人为其租赁交易担保的费用；维修方式，是由企业自行维修，还是由租赁机构提供维修服务；租赁期满，资产的处理方式；租赁机构的信用度、经济实力，与承租人的配合情况；租赁合同的质量等。

影响设备购置的主要因素如下：项目的寿命期；企业是否需要长期占有设备，还有只希望短期需要这种设备；设备的技术性能和生产效率；设备对工程质量（产品质量）的保证程度，对原材料、能源的消耗量，生产的安全性；设备的成套性，灵活性，维修的难易程度，耐用性，环保性；设备的经济寿命；技术过时风险的大小；设备的资本预算计划；资金可获量，包括自有资金和融通资金；融通资金时，借款利息或利率高低；提交设备的进度；设备的购置价格；设备价款的支付方式，包括一次支付和分期支付；分期支付分几期，每期间隔时间，每次支付多少；支付币种和支付方法，付款期内的利率是固定利率还是浮动利率等；设备的年运转费用和维修费用；保险费，包括购买设备的运输保险费，设备在使用过程中的各种财产保险费。

十、租赁费用

（一）租赁费用的分类

租赁费用主要包括租赁保证金、租金和租赁担保费等。

（1）租赁保证金。承租人交纳租赁保证金的目的是确认和保证租赁合同的顺利执行。当租赁合同结束时，租赁保证金将退还给承租人，也可以在支付最后一期或几期租金时加以冲销。保证金金额的大小可以是设备价值或整个合同总金额的比率。

（2）租金。租金是租赁双方签订的租赁合同中最核心的内容，直接关系到合同双方的共同利益。出租人要从租金中得到出租设备的资产补偿和一定的边际利润，承租人则要依据租金核算成本和在此基础上依靠租赁的设备带来预期的利润。

（3）租赁担保费。出租人一般要求承租人提供担保人以对该租赁合同进行担保，万一承租人出现经营困境或财务危机时，由担保人代为支付租金。承租人付给担保人为其租赁交易担保的费用就是租赁担保费。

（二）租金的确定

租金的确定方法包括附加率法和年金法。

（1）附加率法，是在租赁设备的价格或评估价值上再加上一个特定的比率来计算租金，其计算公式为

$$R=\frac{P(1+Ni)}{N}+Pr$$

式中 R——租金；

P——租赁设备的价格或评估价值；

N——租赁设备的还款期数；

i——基准折现率；

r——附加率。

(2)年金法,是将一项租赁资产价值按相同比率分摊到未来各租赁期间内的租金计算方法。每期租金 R(年末支付)表达式为

$$R=P(A/P,i,N)$$

十一、设备租赁与购置决策分析

在进行设备租赁与购置决策分析时,通常是将租赁方式与其他购置设备的付款方式放在一起进行比较评价。在分析时应采用动态的分析方法,考虑资金的时间价值。一般假定无论设备用何种方法获得,其投入运行以后使项目或企业获得的收入应该是相同的;于是,这样的决策问题就变成租赁成本和购买成本进行比较的问题了。如果寿命期相同,可以采用现值法;寿命期不同,可以采用年值法。

(一)不考虑税收影响情况下的比较

在不考虑税收影响的情况下,是选择一次性用自有资金购买设备还是租赁设备,可以直接用费用现值或费用年值的方法进行方案的比选。

(二)考虑税收影响情况下的比较

除非有特别的免税优惠,每一个企业都要将销售利润上缴所得税,因此通常进行设备是否租赁的决策时应该考虑税收情况。按财务制度规定,租赁设备的租金允许计入成本,购买设备每年计提的折旧费也允许计入成本,另外,如果是借款购置设备,其每年支付的利息也可以计入成本。

十二、设备租赁与购置方案比选

无论购置设备还是租赁设备,均应做好方案的经济分析,即对两方案在经济上进行比较优选,其方法与设备更新方案选择无实质上的差别。

经营租赁设备方案的净现金流量为

净现金流量=销售收入-经营成本-租赁费-税金及附加-(销售收入-经营成本-租赁费-税金及附加)×所得税税率

与经营租赁相同条件下的融资租赁设备方案的净现金流量为

净现金流量=销售收入-经营成本-租赁费-租赁手续费和利息-税金及附加-(销售收入-经营成本-折旧费-租赁手续费和利息-税金及附加)×所得税税率

与经营租赁相同条件下的购置设备方案的净现金流量为

净现金流量=销售收入-经营成本-设备购置费-贷款利息-销售税金及附加-(销售收入-经营成本-折旧费-贷款利息-税金及附加)×所得税税率

应选择净现金流量更大的方案。

第六节　价值工程在工程建设中的应用

一、价值工程的概述

价值工程(Value Engineering,VE)是指通过各相关领域的协作,对研究对象的功能和费用进行系统分析,不断创新,旨在提高研究对象价值的一种管理思想和管理技术。

价值工程是美国通用电气公司工程师麦尔斯在1947年首先提出的。它是以产品或作业的功能分析为核心,以提高产品或作业的价值为目的,力求以最低寿命周期成本实现产品或作业使用所要求的必要功能的一项有组织的创造性活动。在价值工程的发展历程以及在不同领域的应用中,还有几个不同的称谓,如价值分析(Value Analysis,VA),价值管理(Value Management,VM)。这些术语之间没有本质的差别,在实际应用当中,它们有时可以互相替代。

在价值工程中,价值常采用以下公式来表达它与功能、成本的关系:

$$价值(V)=\frac{功能(F)}{成本(C)}$$

式中　价值——对象所具有的功能与获得该功能所发生费用之比;

功能——对象能满足某种需求的效用或属性;

成本——又称寿命周期成本。

二、价值工程的基本要素

价值工程的基本要素分别是价值、功能和寿命周期成本。

(一)价值

价值的大小取决于功能和成本。价值工程强调力图以最低的寿命周期成本可靠地实现用户要求的功能,以提高分析对象价值。

人们购买商品常常会有“物美价廉”的要求,“物美”实际上就是反映商品的性能、质量水平;“价廉”就是反映商品的成本水平,顾客购买时考虑合算不合算,就是针对商品的价值而言的。

(二)功能

功能是指产品所具有的特定用途和使用价值,是构成产品本质的核心内容。

对一件产品而言,功能就是产品的用途与性能。任何一种产品都有着一定的功能,它是消费者购买的基本目的。正如价值工程的创始人麦尔斯所言:“人们需要的不是产品本身,而是产品的功能。”

一个产品可以具有多种功能,这些功能并不是同等重要的。所以,有必要对功能进行分类,以便抓住主要矛盾。具体功能分类如下。

1. 按功能的重要性程度划分

(1)基本功能:与对象的主要目的直接有关的功能。基本功能是对象存在的主要理由。

(2)辅助功能:为更好实现基本功能服务的功能。

2. 按功能的用途划分

(1)使用功能:对象具有的与用途直接有关的功能。

(2)品味功能:与使用者的精神感觉、主观意识有关的功能。品味功能包括贵重功能、美学功能、外观功能、欣赏功能等。

3. 按用户的需求划分

(1)必要功能:为满足使用者的需求而必须具备的功能。基本功能就属于必要功能,它是一件产品的价值所在。

(2)不必要功能:对象具有的与满足使用者需求无关的功能。如果一个服务项目、一套设计方案、一件产品,其中有某些服务步骤,某些零部件既无使用功能又无品味功能,则可称之为不必要功能。

链接

不必要功能,即不符合用户要求的功能,包括多余功能、重复功能、过剩功能。

4. 按功能的强度划分

(1)过剩功能:对象具有的超量满足使用者需求的必要功能。

(2)不足功能:对象尚未足量满足使用者需求的必要功能。

5. 按功能整理的逻辑关系划分

(1)上下位功能:上位功能和下位功能的关系就是目的与手段的关系。

(2)并列功能:并列功能是指产品功能之间属于并列关系。功能的并列关系是指为了实现同一目的性功能而必须具备两个以上处于同等地位的手段性功能之间的关系。

典型例题

【多选题】某施工企业对建筑物的外墙进行功能分析的说法,正确的有(　　)。

A. 承重外墙的基本功能是承受荷载

B. 防风挡雨是外墙的过剩功能

C. 隔热保温是外墙的辅助功能

D. 造型美观是外墙的美学功能

E. 分隔空间是外墙的上位功能

ACD。【解析】防风挡雨是外墙的必要功能,故选项 B 错误。分隔空间是下位功能,故选项 E 错误。

(三)寿命周期成本

价值工程中成本是指产品的总成本,即寿命周期成本,指该产品从策划、设计、采购、制造、使用直至报废为止的产品寿命周期所花的全部费用。产品寿命周期成本构成图如下图所示。

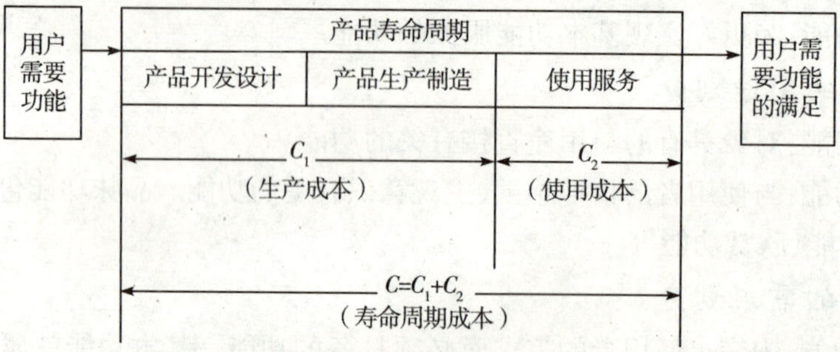

由上图可知，产品寿命周期成本 C 可分为两大部分，即由生产成本和使用成本构成。

(1)生产成本:指产品的调研、立项、设计、生产及使用的原材料、机器设备和劳务等物化劳动和活劳动所支付的费用。

提示

生产成本是生产企业的内部成本，也是用户购买产品的费用。

(2)使用成本:指产品在流通、运输、销售、储存、使用、维护与维修以及报废后处理等物化劳动和活劳动所支付的费用。

寿命周期成本上升或降低，不仅关系到制造企业的利益和用户的利益，也和社会劳动的节约密切相关。降低产品寿命周期成本，既符合用户和企业的利益，也可使整个社会人力、物力、资源得到合理利用和节约。只有寿命周期成本降低了，才能体现整个社会的经济效果。降低产品的寿命周期成本是节约国家资源的重要途径。所以，价值工程应着眼于整个产品寿命周期费用。

一般情况下，生产成本随产品功能水平的提高而上升;使用成本随产品功能水平的提高而下降;寿命周期成本随产品功能水平的变化呈开口向上的抛物线形变化，如下图所示。

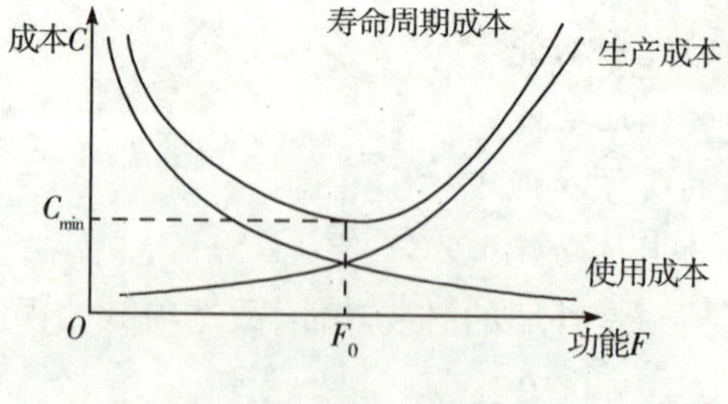

三、价值工程的特点

价值工程从出发点上看，是以用户的功能需求为出发点;从目的上看，是致力于提高价值的创造性活动；从方法上看，是以功能分析为核心，并系统研究功能与成本的关系；从活动领域上看，涉及整个寿命周期，是有组织有计划地开展工作的。

价值工程的特点可归纳如下：

(1)价值工程的目标，是以最低的寿命周期成本，使产品具备它所必须具备的功能。产品的寿命周期成本包括的生产成本和使用成本存在着此消彼长的关系。由上图可知，对一般产品而言，在 F_0 点，产品功能既能满足用户的需求，又能使寿命周期成本最低，体现了比较理想的功能与成本的关系。

(2)价值工程的核心是对产品进行功能分析。用户向生产企业购买产品，是要求生产企业提供这种产品的功能，而不是产品的具体结构(或零部件)。企业生产的目的，也是通过生产获得用户所期望的功能，而结构、材质等是实现这些功能的手段。目的是主要的，手段可以广泛地选择。因此，价值工程分析产品，首先不是分析其结构，而是分析其功能。

(3)价值工程将产品价值、功能和成本作为一个整体同时来考虑。也就是说，价值工程中对价值、功能、成本的考虑，不是片面和孤立的，而是在确保产品功能的基础上综合考虑生产成本和使用成本，兼顾生产者和用户的利益，从而创造出总体价值最高的产品。

专家解读

价值工程不是单纯地强调功能提高，也不是片面地要求降低成本，而是致力于研究功能与成本之间的关系，找出二者共同提高产品价值的结合点，克服只顾功能而不计成本或只考虑成本而不顾功能的盲目做法。

价值工程是以提高价值为目的，如因降低成本而引起产品功能的大幅度下降，损害用户利益，这样的降低成本不是价值工程的做法。同样，如片面追求提高功能使成本大幅度提高，结果使用户买不起，以致产品滞销或亏损出售，这样的提高功能也是不可取的。

(4)价值工程强调不断改革和创新，开拓新构思和新途径，获得新方案，创造新功能载体，从而简化产品结构，节约原材料，提高产品的技术经济效益。

(5)价值工程要求将功能定量化，即将功能转化为能够与成本直接相比的量化值。

(6)价值工程是以集体的智慧开展的有计划、有组织的管理活动。企业在开展价值工程活动时，必须集中人才，包括技术人员、经济管理人员、有经验的工作人员，甚至用户，以适当的组织形式组织起来，共同研究，依靠集体的智慧和力量，发挥各方面、各环节人员的知识、经验和积极性，有计划、有领导、有组织地开展活动，才能达到既定的目标。

(7)价值工程活动更侧重在产品的研制与设计阶段，以寻求技术突破，取得最佳的综合效果。在产品形成的各个阶段都可以应用价值工程提高产品的价值。但应注意，在不同的阶段进行价值工程活动，其经济效果的提高幅度却大不相同。对于大型复杂的产品，应用价值工程的重点是在产品的研究设计阶段。

提示

对于建设工程，利用价值工程原理提高技术方案经济效果最佳的阶段是研制与设计（或规划与设计）阶段。

四、价值工程的应用范围

价值工程在项目流程中的应用如下：

（1）设计过程，包括新产品设计分析、老产品的改进分析。

（2）制造过程，包括工艺流程、工艺方法分析，技术改造措施分析，原材料、能源的利用分析等。

（3）供销过程，包括原材料、外协件的供应管理分析，产品包装分析，推销分析等。

（4）管理过程，包括机构设置、人事安排、管理方法等分析。

（5）工程设计与施工过程，包括工程设计分析、施工分析、原材料选用分析、技术措施分析等。

五、提高价值的基本途径

价值工程以提高产品价值为目的，这既是用户的需要，又是生产经营者追求的目标，两者的根本利益是一致的。因此，企业应当研究产品功能与成本的最佳匹配。价值工程的基本原理公式 $V=F/C$，不仅深刻地反映出产品价值与产品功能和实现此功能所耗成本之间的关系，而且也为如何提高价值提供了有效途径。提高产品价值的途径有以下五种：

（1）改进型。通过改进设计，保持成本不变，使功能有所提高，如提高产品的性能、可靠性、维修性等，以及在产品中增加某些用户希望的功能，即

$$F\uparrow/C\rightarrow=V\uparrow$$

在成本不变的情况下，企业可通过采用新技术、改进设计等手段来提高产品的性能、可靠性，或延长产品的寿命等来提高功能水平，使价值得到提高。

提示

人防工程设计时，在考虑战时能发挥其隐蔽功能的基础上平时利用为地下停车场，这种提高产品价值的途径是改进型。

（2）节约型。通过改进设计，保证功能不变，使实现功能的成本有所下降，即

$$F/C\downarrow\rightarrow=V\uparrow$$

随着行业生产技术以及劳动生产率水平的不断提高，新材料、新结构、新技术以及高效的管理方法的应用会使得产品的生产成本及相关费用得以降低，而产品本身的功能仍然保持不变。

（3）投资型。通过改进设计，虽然成本有所上升，但换来功能大幅度的提高，即

$$F\uparrow\uparrow/C\uparrow\rightarrow=V\uparrow$$

在某些情况下，小幅度增加产品的成本可能会提高产品的新颖性，完善原有产品的综合性能，或增加产品用途等，从而大幅度地提高产品的功能，使产品大受欢迎。

(4)牺牲型。功能略有降低,但成本大幅度降低,使产品或作业的价值提高,即

$$F\downarrow / C\downarrow\downarrow \rightarrow = V\uparrow$$

大多数的用户喜欢经济实惠的产品,企业抓住这点,可以通过去除产品中一些用户并不需要的附加功能来大幅度降低产品的成本,更好地满足用户的需求。

(5)双向型。通过改进设计,既提高功能,又降低成本,大幅度地提高产品或作业的价值,即

$$F\uparrow / C\downarrow \rightarrow = V\uparrow\uparrow$$

这是提高价值最为理想的途径,也是对资源最有效的利用,但对生产者有较高的要求,往往要通过技术的突破或管理的改善才能得以实现。

以上五种途径,(1)(3)(5)是改善功能,(2)(4)(5)是降低成本。第五种途径是提高价值的最理想途径,但是这五条途径中究竟选择哪一条,需要加强市场调查,分析研究社会消费水平和销售方向的变化,分析商品的消费性质和消费对象,从实际出发做出正确的决策。

六、价值工程的实施步骤

(一)价值工程的工作概述

价值工程是一项有目的、有步骤的活动,它解决问题有完整的步骤和严密的组织。价值工程活动的全过程,即工作程序的实施过程实质是发现问题、分析问题、解决问题的过程,具体地说,就是对价值工程研究对象选定后,针对价值工程对象进行功能成本的系统分析,找出功能和成本上存在的问题,提出切实可行的方案并付诸实施,取得较好的技术经济效果,以提高研究对象的价值。价值工程的工作程序构成了一个完整的系统,各程序步骤环环紧扣,衔接明确,具有很强的逻辑性。

整个价值工程活动可归纳为围绕以下八个问题开展:

(1)研究对象是什么?

(2)它的功能是什么?

(3)它的成本是多少?

(4)它的价值有多大?

(5)有其他方法能够实现这个功能吗?

(6)新方案的成本是多少?

(7)新方案能满足功能要求吗?

(8)偏离目标了吗?

顺序回答和解决这八个问题的过程,就是价值工程的工作程序和步骤,如下表所示。

阶段	价值工程实施步骤		对应问题
	基本步骤	详细步骤	
准备	确定目标	对象选择	研究对象是什么？
		情报收集	
分析	功能分析	功能定义	它的功能是什么？
		功能整理	
	功能评价	功能成本分析	它的成本是多少？
		功能评价	它的价值有多大？
		确定改进范围	
创新	制定创新方案	方案创造	有其他方法能够实现这个功能吗？
		概略评价	新方案的成本是多少？
		调整完善	
		详细评价	
		编写提案	新方案能满足功能要求吗？
实施	方案实施与成果评价	提案审批	偏离目标了吗？
		实施与检查	
		成果评价	

（二）对象选择

价值工程对象的选择是指根据客观需要，选择价值工程的对象并明确目标、限制条件和分析范围。也就是说，在众多的产品、零部件中从总体上选择价值分析的对象，为后续的深入的价值工程活动选择工作对象。

1. 选择对象的原则

选择价值工程对象时应遵循的一般原则有两条：一是优先考虑在企业生产经营上有迫切需要的或对国计民生有重大影响的项目；二是在改善价值上有较大潜力的产品或项目。

一般可以根据本企业的具体情况，有侧重地从设计、生产、制造、市场、销售、成本诸方面的因素中，初步选择价值工程活动的对象。

(1)设计方面：应选择结构复杂，笨重粗大，技术性能落后，材料短缺、设备昂贵、设计时间紧促的产品或关键零部件，以及造价高的成套机组，特别是正在研制的长远效益大的产品。

(2)生产制造方面：应选择量多面广、关键部件、工艺复杂、原材料消耗高和废品率高的产品或零部件，特别是量多、值大的产品，只要成本下降，所取得的经济效果就大。

(3)市场销售方面：应选择用户意见大、退货索赔多、销路不畅的、竞争力差、利润率低的、市场竞争激烈的、社会需求量大的、发展前景好的或新开发的产品或零部件。

（4）成本方面：应选择成本高于同类产品、成本比重大的，如材料费、管理费、人工费等占比较大的部分。推行价值工程就是要降低成本，以最低的寿命周期成本可靠地实现必要功能。

此外，当然还要考虑现实性和可能性，比如有无足够人力、物力、时间，人才素质、情报来源、价值改善的潜力、预期经济效益以及其他经营方面的要求等，以确定价值工程对象的数量和顺序。

2. 选择对象的方法

价值工程对象选择往往要兼顾定性分析和定量分析，选择的方法有多种，不同方法适宜于不同的价值工程对象。应根据具体情况选择适当的方法，以取得较好的效果。

（1）因素分析法（经验分析法）。因素分析法是一种定性的方法，是根据价值工程人员的经验以及直接感受，经过主观判断确定价值工程对象的一种方法，运用该方法进行对象选择，要对各种影响因素进行综合分析，区分主次轻重，既考虑需要，也考虑可能，以保证对象选择的合理性。

因素分析法的优点是简便易行，不需要特殊训练，能综合考虑问题；缺点是缺乏定量依据，受分析人员的能力和主观因素的影响较大，可结合决策树分析法使用。

（2）ABC 分析法。这是一种运用数理统计的分析原理，按照局部成本在总成本中比重的大小来选定价值工程对象的方法。通过对某一产品的全部零部件的成本比重进行分析，区别关键的少数和次要的多数，将分析对象分为 ABC 三类。A 类成本比重大，应作为重点研究对象。C 类成本比重小，一般不作为研究对象。B 类成本比重介于 A 类和 C 类之间，可以作为研究对象。

需要注意的是，在运用上述标准时，成本标准是最基本的数量标准作为参考。

ABC 分析法的步骤如下：

①确定每一对象的成本。

②计算每一对象的成本与总成本的百分比，即成本比重，并依大小顺序排列编表。

③按顺序累计研究对象的成本比重。

ABC 分析法的优点是能抓住重点，把数量少而成本大的零部件或工序选为价值工程对象，利于集中精力，重点突破，取得较大成果。

ABC 分析法的缺点是仅从成本比重大小的角度找价值工程对象，没有考虑功能因素，某些功能高而实际成本较低的零部件，有可能因成本比率小而被列入 B 类或 C 类，因此，往往会漏掉成本上升虽比较小，但却需要改善功能的对象。

（3）百分比法。百分比法是通过分析产品对两个或两个以上经济指标的影响程度来确定价值工程对象。它通过分析不同产品在各类技术经济指标中所占的百分数不同，进行比较，找出价值工程的对象。这种方法具有较强的针对性和实用性。

百分比法亦可与 ABC 分析法联用。比如先用 ABC 法找出 A 类费用之后，再用百分比法找出其中某项费用作为价值工程对象。

（4）强制确定法。强制确定法是以功能重要程度作为选择价值工程对象的一种分析方法。它的出发点是,功能重要程度高的零部件,是产品中举足轻重的关键,应当着重分析,列为对象。

强制确定法分为0—1评分法和0—4评分法两种,评分时有熟悉产品的行家5~15人参加,各自独立打分,不讨论,不干扰。

①0—1评分法。先将构成产品的各零部件(或功能)排列成矩阵,并站在用户的角度按功能重要程度进行一对一循环对比,两两比较,功能相对重要的得1分,不重要的得0分,每做一次比较必有一个得1分,另一个得0分,再合计各零部件的得分值(取人均值)除以全部零部件的得分值总和,就得出各零部件的功能重要度系数,此值大者,表明此零部件(功能)相对重要度高,一般就可将它确定为价值工程对象。

②0—4评分法。0—1评分法虽然能判别零部件的功能重要程度,但评分规定过于绝对,准确度不高,故往往采用0—4评分法来计算功能重要度系数。0—4评分法的步骤、方法与0—1评分法基本相同,它也是采用一对一比较打分,但两零部件得分之和为4分。0—4评分法有三条评分规则:功能非常重要的零部件,打4分,另一个相对不重要的打0分;功能比较重要的零部件打3分,另一个功能比较不重要的打1分;两个功能同样重要的零部件各打2分。各零部件的得分平均值除以全部零部件的得分值之和就得到零部件的功能重要度系数。

(三)情报收集

价值工程中的情报是指对实现目标有益的知识、情况和资料。为了实现目的和目标所采取的任何行动和决策,都离不开必要的情报。通常来说,情报越多,价值工程对象的价值提高的可能性越大。在收集情报时,应满足一定的要求。

(1)情报的可靠性,对收集的情报,必须仔细分析,加以判断,剔除不可靠和错误的,将可靠的整理分类列出,对于需要而尚未收集到的情报应列出备忘,以便在价值工程活动过程中继续收集。

(2)情报的及时性,情报的价值不仅取决于其数量和质量,还取决于提供的时间。情报只有在最需要的时候提供才有价值。

(3)情报的全面性,收集情报必须全面、系统、完整,方能有实际意义。

(4)情报的目的性,就是以价值工程的对象为目标,收集与其有关的情报。

(5)情报的计划性,就是收集情报不能漫无边际,要有明确的范围和内容,编制好计划,并有步骤地实现。

一般来说,要收集以下几方面的情报:用户方面、市场销售方面、技术方面、经济方面、本企业的基本情况、环境保护方面、外协方面、政府和社会有关部门的法规和条例等方面。收集的情报一般需加以分析、整理,去伪存真,以利于价值工程分析。

(四)功能定义

任何产品都具有特定的功能,这是产品存在的理由,也是产品之间相互区别的基本特征。价值工程中的功能定义是指对价值工程对象及其构成要素的作用用简明准确的语言来描述。功能定义回答的问题是“它的功能是什么?”。

1. 功能定义的目的

价值工程的特点是从对象的功能出发对事物的功能进行本质的思考。在评价方案时，是以最低成本为尺度，衡量产品是否实现了用户所要求的功能。

功能定义的目的主要包括：

(1)明确对象产品和组成产品各零部件的功能，借以弄清产品的特性。

(2)便于进行功能评价，因功能评价的对象是产品的功能，所以只有在给功能下定义后才能进行功能评价，通过评价弄清哪些是价值低的功能和有问题的功能，才有可能去实现价值工程的目的。

(3)便于构思方案，对功能下定义的过程实际上也是为对象产品改进设计的构思过程，为价值工程的方案创造工作阶段做了准备，有利于方案构思。

2. 功能定义的方法和要求

功能定义要用简明准确的语言来描述分析对象的功能。功能定义一般由一个动词和一个名词组成。功能定义一般采用“两词法”——用两个词组成的词组来定义改善对象所承担的功能。通常，“两词法”的具体表现形式是一个动词和一个名词所构成的动宾词组型功能定义。

在功能定义时，并非完全拘泥于简单的谓－宾结构，必要时也可加些限制词，但不要过于复杂，应以简明扼要为准则。表述功能定义有下述三点基本要求：

(1)功能定义必须简明准确。功能定义不可复杂、冗长，更不可模棱两可。通过准确的功能定义可以将产品的性能直接与用户购买产品的动机联系起来。

(2)功能定义的表达要适当地抽象。功能定义的表达要有利于打开设计思路，开拓解决问题空间，应适当地加以抽象。

(3)功能定义中的名词宜定量化。名词定量化是指尽量使用可测定数量的词汇来表示功能定义。只有定量地表达功能定义，才有可能区别性质上相同而数量标准不同的功能。

(五)功能整理

所谓功能整理，就是在功能定义的基础上，按照功能之间的逻辑关系，把产品构成要素的功能按照一定的关系进行系统的整理与排列，然后绘制功能系统图，以便从局部与整体的相互关系上把握问题，从而达到掌握必要功能和发现不必要功能的目的，并提出改进方案。

通过功能整理应达到的要求如下：

(1)明确功能范围。搞清楚几个基本功能，这些基本功能又是通过什么功能实现的。

(2)检查功能之间的准确程度。定义下得正确的就肯定下来，不正确的加以修改，遗漏的加以补充，不必要的就取消。

(3)明确功能之间上下位关系和并列关系。即功能之间的目的和手段关系。

功能整理的主要任务就是建立功能系统图。功能系统图是突破了现有产品和零部件的框所取得的结果,它是按照一定的原则方式,将定义的功能连接起来,从单个到局部,从局部到整体形成的一个完整的功能体系,是该产品的设计构思。其一般形式如下图所示。

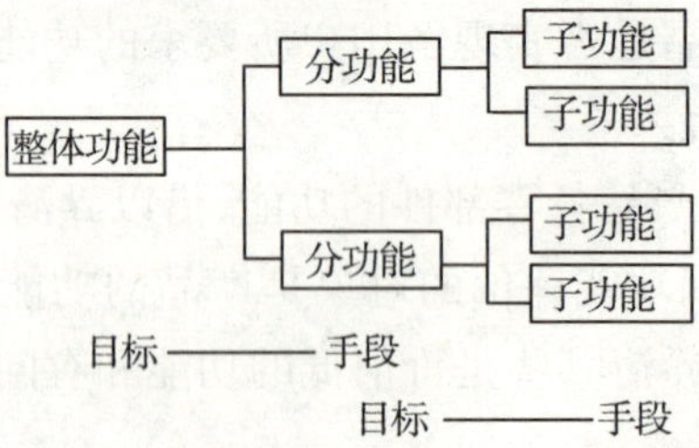

由上图可知,从整体功能开始,由左向右逐级展开,在位于不同级的相邻两个功能之间,左边的功能(上级)称为右边功能(下级)的目标(上位)功能,而右边的功能(下级)称为左边功能(上级)的手段(下位)功能。

(六)功能评价

在功能定义和功能整理完成之后,价值工程的下一步工作就是进行功能评价。功能评价,即评定功能的价值,是指找出实现功能的最低费用作为功能的目标成本(又称功能评价值),以功能目标成本为基准,通过与功能现实成本的比较,求出两者的比值(功能价值)和两者的差异值(改善期望值),然后选择功能价值低、改善期望值大的功能作为价值工程活动的重点对象。功能评价工作可以更准确地选择价值工程研究对象,同时,制定目标成本,有利于提高价值工程的工作效率,并增加工作人员的信心。功能评价所回答的问题是"它的成本是多少?"和"它的价值有多大?"。

功能评价的程序如下图所示。

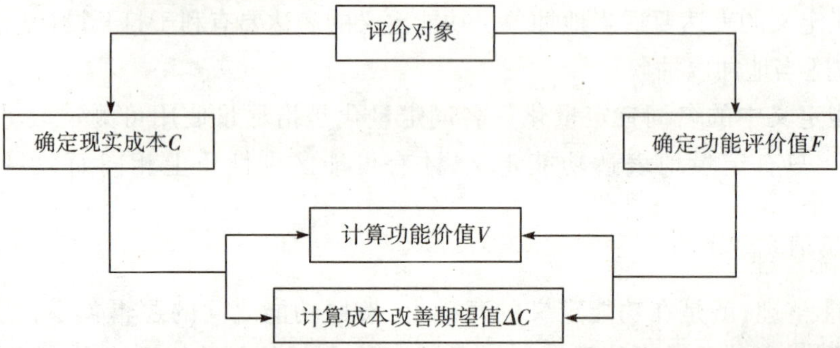

1.功能现实成本的计算

在价值工程活动中,只有掌握功能的现实成本状况,才能与目标成本或功能评价值进行比较,从而评价功能的价值。其评价方法有:

(1)绝对功能现实成本法,即根据产品功能项目核算的功能现实成本。其计算与一般的传统成本核算的相同之处是它们在成本费用的构成项目上是完全相同的;而两者的不同之处在于功能现实成本的计算是以对象的功能为单位的。因此,在计算功能现实成本时,就需要根据传统的成本核算资料,将产品或零部件的现实成本转化为功能的现实成本。具体来说,当一个零部件只具有一个功能时,该零部件的成本即为功能现实成本;当一项功能要由多个零部件共同实现时,该功能现实成本等于这些零部件的功能成本之和。当一个零部件具有多项功能或同时与多项功能有关时，就需要将零部件成本根据具体情况分摊给各项有关功能。

(2)成本指数法，是指评价对象的现实成本在全部成本中所占的比率。其计算公式为

$$CI_i = C_i / \sum_{i=1}^{n} C_i$$

$$\sum_{i=1}^{n} C_i = C$$

式中　CI_i——功能 f_i 的成本指数；

C_i——功能 f_i 的现实成本。

2. 功能评价值 F 的计算

对象的功能评价值 F(目标成本)是指可靠地实现用户要求功能的最低成本，它可以理解为企业有把握，或者说应该达到的实现用户要求功能的最低成本。从企业目标的角度来看，功能评价值可以看成是企业预期的、理想的成本目标值。功能评价值一般以功能货币价值形式表达。

功能的现实成本较易确定，而功能评价值较难确定。确定功能评价值的方法较多，包括经验估算法、实际调查法、理论价值标准法、功能评价系数法等。

3. 功能价值 V_i 的计算及分析

通过计算和分析对象的价值 V_i，可以分析成本功能的合理匹配程度。功能价值 V_i 的计算方法可分为两大类：功能成本法与功能指数法。

(1)功能成本法。功能成本法又称绝对值法，通过比较功能评价值 F_i(目标成本)与现实成本，求研究对象的价值系数和成本的降低期望值，其表达式为

$$价值系数\ V_i = \frac{(功能评价值)F_i}{(功能现实成本)C_i}$$

功能的价值计算出来以后，需要进行分析，以揭示功能与成本的内在联系，确定评价对象是否为功能改进的重点，以及其功能改进的方向及幅度，从而为后面的方案创造工作打下良好的基础。

功能的价值系数 V_i 的计算结果有以下情况：

①$V_i=1$。即功能评价值等于功能现实成本，这表明评价对象的功能现实成本与实现功能所必需的最低成本大致相当。此时评价对象的价值为最佳，一般无需改进。

②$V_i<1$。即功能现实成本大于功能评价值。表明评价对象的现实成本偏高，而功能要求不高，这时，一种可能是由于存在着过剩的功能，另一种可能是功能虽无过剩，但实现功能的条件或方法不佳，以致实现功能的成本大于功能的实际需要。这两种情况都应列入功能改进的范围，并且以剔除过剩功能及降低现实成本为改进方向，使成本与功能比例趋于合理。

③$V_i>1$。说明该部件功能比较重要，但分配的成本较少，即功能现实成本低于功能评价值。此时应进行具体分析，功能与成本的分配可能已较理想，或者有不必要的功能，或者应该提高成本。

④$V_i=0$ 时，要进一步分析。如果是不必要的功能，该部件则取消；但如果是最不重要的必要功能，则要根据实际情况处理。

(2)功能指数法。功能指数法又称相对值法，是用来表示对象功能重要程度的功能指数 FI_i 与成本指数 CI_i 相比，得出该对象的价值指数，从而确定改进对象，并确定该对象的成本改进期望值。其表达式为

$$价值指数\ VI_i = \frac{(功能指数)FI_i}{(成本指数)CI_i}$$

功能指数法的特点是用分值表达功能程度的大小，以便使系统内部的功能与成本具有可比性，由于评价对象的功能水平和成本水平都用它们在总体中所占的比率表示，这样就可以方便地、定量地表达评价对象价值的大小。因此，在功能指数法中，价值指数是作为评定对象功能价值的指标。

价值指数 VI_i 的计算结果有以下情况：

①$VI_i=1$。此时评价对象的功能比重与成本比重大致平衡，合理匹配，可以认为功能的现实成本是比较合理的。

②$VI_i<1$。此时评价对象的成本比重大于其功能比重，表明相对于系统内的其他对象而言，目前所占的成本偏高，从而会导致该对象的功能过剩。应将评价对象列为改进对象，改善方向主要是降低成本。

③$VI_i>1$。此时评价对象的成本比重小于其功能比重。出现这种结果的原因可能有三种：第一，由于现实成本偏低，不能满足评价对象实现其应具有的功能要求，致使对象功能偏低；这种情况应列为改进对象，改善方向是增加成本；第二，对象目前具有的功能已经超过了其应该具有的水平，也存在过剩功能，这种情况也应列为改进对象，改善方向是降低功能水平；第三，对象在技术、经济等方面具有某些特征，在客观上存在着功能很重要而需要消耗的成本却很少的情况，这种情况一般就不应列为改进对象。

从以上分析可以看出，对产品零部件进行价值分析，就是使每个零部件的价值系数尽可能趋近于1。换句话说，在选择价值工程对象的产品和零部件时，应当综合考虑价值系数偏离1的程度和改善幅度，优先选择价值系数远小于1且改进幅度大的产品或零部件。

4. 确定价值工程对象的改进范围

价值工程活动经过以上各个步骤，特别是完成功能评价之后，得到其价值的大小，就明确了改进的方向、目标和具体范围。确定对象改进范围的原则如下：

(1)价值低的功能区域。计算出来的 $V_i<1(VI_i<1)$ 的功能区域，基本上都应进行改进，特别是 $V_i(VI_i)$ 值比1小得较多的功能区域，应力求使 $V_i=1(VI_i=1)$。

(2)$\Delta C_i=C_i-F_i$ 值大的功能区域。通过核算和确定对象的现实成本和功能评价值，分析、测算成本改善期望值，从而排列出改进对象的重点及优先次序。当 n 个功能区域的价值系数同样低时，就要优先选择 $\Delta C_i=C_i-F_i$ 数值大的功能区域作为重点对象。一般情况下，当 ΔC_i 大于零时，ΔC_i 大者为优先改进对象。

(3)复杂的功能区域。复杂的功能区域，说明其功能是通过采用很多零部件来实现的。一般来说，复杂的功能区域其价值系数也较低。

链接

此外，问题多的功能也应确定为改进对象。

（七）方案创造

寻求或构思最佳方案的过程就是方案创造的过程。因此，在方案创造的过程中，要充分发挥价值工程工作人员的创造能力，尽可能多地提出改进设想和构思设计，从中选择最佳答案。方案创造回答的问题是“有其他办法能够实现这个功能吗？”。

方案创造的理论依据是功能载体具有替代性。这种功能载体替代的重点应放在以功能创新的新产品替代原有产品和以功能创新的结构替代原有结构方案。方案创造的过程是思想高度活跃、进行创造性开发的过程。为了引导和启发创造性的思考，可以采取各种方法。比较常用的方法如下。

1. 头脑风暴法

头脑风暴法是指自由奔放地思考问题。具体地说，就是由对改进对象有较深了解的人员组成的小集体，在非常融洽和不受任何限制的气氛中进行讨论、座谈，打破常规、积极思考、互相启发、集思广益，提出创新方案。这种方法可使获得的方案新颖、全面、富于创造性，并可以防止片面和遗漏。

2. 哥顿法

哥顿法是美国人哥顿于 1964 年提出的一种价值工程“方案创造”方法。该方法采取讨论会的方式进行“方案创造”。其特点是会议主持人并不把要解决的问题立即告诉大家，只是抽象地介绍功能方面的问题，要求大家敞开思路为解决这一功能问题提出各种设想。实行哥顿法的关键是会议主持人要善于引导和启发，揭开具体问题要选择适当的时机。

3. 德尔菲法

价值工程采用此法进行方案创新。做法是依靠一些价值工程专家和有关技术、经济、管理专家，背靠背提出方案，代替面对面的会议，使不同的意见充分发表，克服专家会议的缺陷，最后经过整理分析，提出可行的最优方案。

（八）方案评价

方案创造阶段所产生的大量方案需要进行评价和筛选，从中找出有实用价值的方案付诸实施。方案评价一般可以分为概略评价、调整完善和详细评价三个阶段。

1. 方案评价的内容

方案评价的内容如下：

（1）概略评价。概略评价是对在方案创造阶段所提出的各种方案设想，进行的粗略评价，其目的是要淘汰那些明显不可行的方案，筛选出少数价值高的方案予以具体化，以节约进一步的研究、评价所消费的人力、物力和财力，提高工作效率。

（2）详细评价。详细评价是经过具体调查，在掌握比较充足的数据和资料的基础上进行的，需要全面地分析各个方案，评出优劣，它比概略评价要深入、复杂得多。

无论是概略评价还是详细评价，都包括技术评价、经济评价和社会评价等方面的内容。一般可先做技术评价，再分别做经济评价及社会评价，最后做综合评价及优选方案议价内容，具体步骤如下图所示。

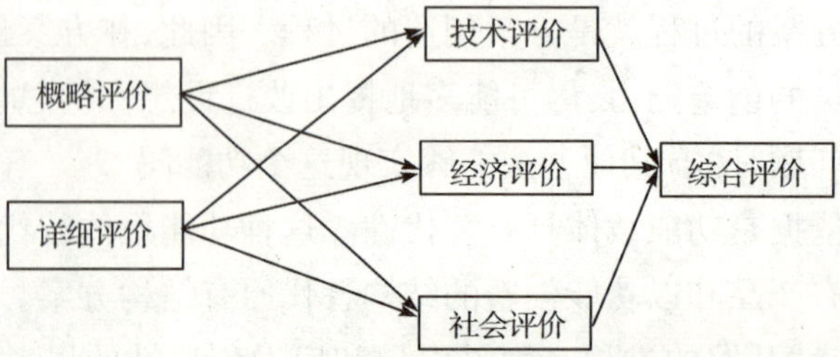

链接

除技术评价、经济评价和社会评价三个方面外，还包括环境评价。

①方案的技术评价主要评价方案能否实现所要求的功能，以及方案在技术上能否实现。技术评价包括功能实现程度(性能、质量、寿命等)、可靠性、可维修性、可操作性、安全性、整个系统的协调性、与环境条件的协调性等。

②方案的经济评价包括费用的节省、对企业或公众产生的效益、产品的市场销路以及能保持盈利的年限。

③方案的社会评价是方案给国家和社会带来的影响或后果，如污染、噪声、能源的耗费、国民经济效益等。

(3)综合评价。

方案的综合评价是在技术评价、经济评价和社会评价的基础上所进行的总体性评价，其目的在于找出一个技术、经济和社会效果三方面都彼此协调的最优方案。

2. 方案评价的方法

方案评价的方法如下。

(1)直接评价法。直接评价法是指对方案的多项评价标准分别打分。打分的依据是方案能满足标准的程度，然后将每个评分项目得分加总，所得的总分值最高者为最优方案。

(2)加权评分法。加权评分法又称矩阵评分法，是指将功能、成本等各种因素，根据要求的不同进行加权计算，权数大小应根据它在产品中所处的地位而定，算出综合分数，最后与各方案寿命周期成本进行综合分析，选择最优方案。加权评分法主要包括以下四个步骤：

①确定评价项目及其权重系数。

②根据各方案对各评价项目的满足程度进行评分。

③计算各方案的评分权数和。

④计算各方案的价值系数，以较大者为优。

(3)比较值法。比较值法是将技术项目与经济项目分开评价，先单独评价方案的技术性，再对方案的经济性单独评价，最后用比较价值法将两者结合起来，综合评价方案的技术、经济效益，从中优选比较价值最高者为改善方案。

（九）编写提案

详细评价所确定出的最优方案，就是有待实施的方案。为了让决策部门理解和接受，编写提案书，应从项目或产品改进的必要性、效果的有效性和成功的可能性三方面详细阐述，具体包括以下内容：

(1)项目或产品的现状。

(2)改进方案的技术性、经济性和社会效果。

(3)现方案与改进方案的比较分析。

（十）提案审批

提出的改进方案只是价值工程小组的业务成果，要付诸实施，需要企业生产、技术、行政指挥系统的配合，必要时，还需报请上级主管部门审查批准。

（十一）实施与检查

提案的实施主要做好两项工作：建立与提案要求相适应的生产管理系统；控制产品的功能水平和成本水平。

在提案实施过程中应进行检查，以确保提案按要求实施。

（十二）成果评价

提案实施与检查完结后要认真进行成果评价，总结经验、分析教训，以有效地指导今后价值工程的实施，在企业的整个生产经营过程中，推动价值工程持续、稳步地开展。

第七节 新技术、新工艺和新材料应用方案的技术经济分析

随着科学技术的不断进步和发展，新技术、新工艺和新材料（以下简称“三新”）也不断涌现，这对我国建筑业技术进步起到了强大的推动作用。但“三新”的应用也应取利除弊，这就要求做好“三新”应用方案的技术经济分析，了解其基本特点，掌握其选择原则，熟悉其技术经济分析方法。

一、“三新”应用方案的选择原则

“三新”应用方案选择时，应进行技术经济分析，通过分析、对比、论证，寻求最佳应用方案。一般来说，在保证功能和质量、不违反劳动安全与环境保护的原则下，选择“三新”应用方案时应遵循技术上先进性、可靠性、适用性、安全性的原则，以及经济上合理性的原则。

提示

技术可靠性是指备选的新技术应用方案必须是成熟稳定的，且有类似的工程业绩或者可借鉴的企业或项目。

技术适用性包括：

(1)适应方案特定的资源、经济、社会等方面的条件。

(2)充分发挥企业和方案所在地的资源优势。

(3)降低原材料特别是能源的消耗。

(4)改善生产条件，提高产品质量。

(5)有利于充分发挥企业原有的技术装备和技术力量。

二、“三新”应用方案的技术分析

“三新”应用方案的技术分析是通过对其技术特性和条件指标进行对比与分析完成的。

反映方案技术特性的指标是方案生产能力，例如，现浇混凝土的浇筑强度。

反映方案技术条件的指标包括施工专业化协作、构配件供应保证率、方案占地面积等。

三、“三新”应用方案的经济分析

“三新”应用方案的经济分析实质上是互斥型方案的分析评价。

(一)静态评价方法

互斥型方案静态评价方法常用增量投资收益率、增量投资回收期、年折算费用、综合总费用等评价方法进行相对经济效果的评价。

1. 增量投资收益率

增量投资收益率是指增量投资所带来的经营成本上的节约与增量投资之比。

现有甲、乙两个互斥方案，其规模相同或基本相同，如果其中一个方案的投资额和经营成本都为最小时，则该方案就是最理想的方案。但是，实践中往往达不到这样的要求。经常出现的情况是某一个方案的投资额小，但经营成本却较高；而另一方案则正好相反，其投资额较大，但经营成本却较省。这样，投资大的方案与投资小的方案就形成了增量的投资，但投资大的方案正好经营成本较低，它比投资小的方案在经营成本上又带来了节约。

现设 I_1，I_2 分别为甲、乙方案的投资额，C_1，C_2 为甲、乙方案的经营成本。

若 $I_1 < I_2$，$C_1 > C_2$，则增量投资收益率 $R_{(2-1)}$ 为

$$R_{(2-1)} = \frac{C_1 - C_2}{I_2 - I_1} \times 100\%$$

当得到的增量投资收益率大于基准投资收益率时，则投资额大的方案可行，它表明投资的增量 $(I_2 - I_1)$ 完全可以由经营成本的节约 $(C_1 - C_2)$ 来得到补偿。反之，投资额小的方案为优选方案。

提示

增量投资收益率在历年考试中的考查频率较高。

典型例题

【多选题】某工程施工现有两个对比的技术方案，方案 1 需投资 200 万元，年生产成本 120 万元；方案 2 与方案 1 应用环境相同的情形下，需投资 300 万元，年生产成本 100 万元。设基准投资收益率为 10%，采用增量投资收益率法选择方案，正确的有（　　）。

A. 方案 2 与方案 1 相比，增量投资收益率为 10%

B. 方案 2 与方案 1 相比，在经济上可行

C. 当基准投资收益率提高为 15% 时，方案 2 优于方案 1

D. 方案 2 比方案 1 投资高出 50%，超过基准收益率，经济上不可行

E. 当基准投资收益率降低为 8% 时，方案 1 优于方案 2

BC。【解析】设 I_1，I_2 分别为方案 1、方案 2 的投资额，C_1，C_2 分别为方案 1、方案 2 的生产成本，若 $I_1 < I_2$，$C_1 > C_2$，则增量投资收益率 $R(2-1)=(C_1-C_2)/(I_2-I_1)\times 100\%=(120-100)/(300-200)\times 100\%=20\%$。因为增量投资收益率 20% 大于基准投资收益率 10%，则表明投资额大的方案即方案 2 是可行的。当基准投资收益率提高为 15% 或降低为 8% 时，都小于 20%，说明方案 2 优于方案 1。

2. 增量投资回收期

增量投资回收期是指用经营成本的节约来补偿增量投资的年限。计算公式如下表所示。

条件	各年经营成本的节约（C_1-C_2）基本相同	各年经营成本的节约（C_1-C_2）差异较大
计算公式	$P_{t(2-1)}=\dfrac{I_2-I_1}{C_1-C_2}$	$I_2-I_1=\sum\limits_{t=1}^{P_{t(2-1)}}(C_1-C_2)$

当得到的增量投资回收期小于基准投资回收期时，投资额大的方案可行；反之，投资额小的方案为优选方案。

提示

此方法了解即可。

3. 年折算费用

当互斥型方案个数较多时，用增量投资收益率、增量投资回收期进行方案经济比较，要进行两两比较逐个淘汰，比选次数较多。而运用年折算费用法，只需计算各方案的年折算费用，即将投资额用基准投资回收期分摊到各年，再与各年的年经营成本相加。年折算费用计算公式为

$$Z_j=\frac{I_j}{P_c}+C_j$$

或

$$Z_j=I_j\times i_c+C_j$$

式中 Z_j——第 j 个方案的年折算费用；

I_j——第 j 个方案的总投资；

P_c——基准投资回收期；

i_c——基准收益率；

C_j——第 j 个方案的年经营成本。

根据年折算费用，选择最小者为最优方案。这与增量投资收益率法的结论是一致的。年折算费用法计算简便，评价准则直观、明确。

链接

上述公式适用于采用方案需要增加投资的情形。此外，还有下述两种情形。

(1)采用方案不需要增加投资。例如，某施工现场钢筋加工有两个方案，均不需要增加投资，采用方案甲需固定费用 50 万元，每吨钢筋加工的可变费用是 300 元；采用方案乙需固定费用 90 万元，每吨钢筋加工的可变费用是 250 元；现场需加工钢筋 1 万吨；用折算费用法选择方案。由于两个方案均不需要增加投资，因此年折算费用即年经营成本，此时年折算费用计算公式为

$$Z_j = C_j = C_{Fj} + C_{Vj}Q$$

式中 C_{F_j}——第 j 个方案的固定成本；

C_{Vj}——第 j 个方案的单位产品可变成本；

Q——销量或产量。

根据公式，方案甲的折算费用 $Z_甲 = C_甲 = 50 + 300 \times 1 = 350$(万元)；方案乙的折算费用 $Z_乙 = C_乙 = 90 + 250 \times 1 = 340$(万元)，$Z_乙 < Z_甲$，故应该选择方案乙。

(2)方案路径不同。例如，某项目施工所需机械有两种方案满足要求。方案一为购置方案，购置费用 120 万元，单位产量可变费用为 500 元；方案二为租赁方案，单位产量可变费用为 800 元；用折算费用法选择方案。年折算费用计算公式同上，但由于生产量 Q 未知，因此方案的选择与生产量 Q 的范围有关。此时需要运用数学分析方法或图解法来进行分析。方案一的折算费用 $Z_1 = C_1 = 120 \times 10^4 + 500Q$。方案二的折算费用 $Z_2 = C_2 = 800Q$。假设 $Z_1 = Z_2$，则 $Q = 4\,000$。故当 $Q = 4\,000$ 时，$Z_1 = Z_2$，生产单位可选择方案一或方案二；当 $Q < 4\,000$ 时，$Z_1 > Z_2$，生产单位应选择方案二；当 $Q > 4\,000$ 时，$Z_1 < Z_2$，生产单位应选择方案一。

4. 综合总费用

方案的综合总费用即为方案的投资与基准投资回收期内年经营成本的总和。计算公式为

$$S_j = I_j + P_c \times C_j$$

式中 S_j——第 j 个方案的综合总费用。

显然，$S_j = P_c \times Z_j$。故方案的综合总费用即为基准投资回收期内年折算费用的总和。

在方案评选时，综合总费用最小的方案即为最优方案。

提示

此方法了解即可。

以上几种互斥型方案静态评价方法，虽然概念清晰，计算简便，但是主要缺点是没有考虑资金的时间价值，对方案未来时期的发展变化情况，例如投资方案的使用年限、投资回收以后方案的收益、方案使用年限终了时的残值、方案在使用过程中更新和追加的投资及其效果等未能充分反映。因此，静态评价方法仅适用于方案初评或作为辅助评价方法采用。

（二）动态评价方法

互斥方案动态分析常用净现值法、净年值法、增量投资内部收益率法进行效果评价。

提示

互斥方案动态分析评价的内容与本书第一章第二节中多方案经济比选的效益比选方法内容类似，可参考该内容进行学习。

四、“三新”应用方案的综合分析

“三新”应用方案的综合分析方法主要包括简单评分法和加权评分法。

（1）简单评分法。采用简单评分法时，首先确定方案的评价体系指标和标准，例如，可以根据项目的特点，采用技术先进性、适用性、可靠性、安全性和经济性等指标；其次，再根据这些指标的合格性标准剔除不符合要求的方案后，由专家对剩余的备选方案按选定的评价指标和标准评价打分，经汇总得到每个备选方案的评价总分；方案总分排列即为方案的优劣排序。

（2）加权评分法。在简单评分法的基础上，根据每个选定指标的重要程度的不同给予不同的权重，然后计算各备选方案的加权评价分，得出优劣排序。

链接

“三新”应用方案技术经济分析的内容除了技术分析、经济分析、综合分析，还包括环境分析和社会分析。“三新”应用方案技术经济分析的方法包括定性分析、定量分析、有无对比、横向对比、规制对比、标准对比。其中，有无对比法是应用方案比选常用的方法；横向对比法多用于竞争力分析，不同行业的“三新”应用方案对比不宜横向对比。

第二章　工程财务

第一节　财务会计基础

财务会计是指通过对企业已经完成的资金运动全面系统的核算与监督,以为外部与企业有经济利害关系的投资人、债权人和政府有关部门提供企业的财务状况与盈利能力等经济信息为主要目标而进行的经济管理活动。财务会计是现代企业的一项重要的基础性工作,通过一系列会计程序,提供决策有用的信息,并积极参与经营管理决策,提高企业经济效益,服务于市场经济的健康有序发展。

一、企业财务会计的主要特点

现代企业会计可以分为财务会计和管理会计两大分支。与管理会计相比,企业财务会计的主要特点包括:

(1)从直接的服务对象来看,企业财务会计主要是为企业外部有关方面提供会计信息,但它也同时为企业内部提供管理服务。

(2)从提供信息的时态来看,企业财务会计主要是提供有关企业过去和现在的经济活动情况及其结果的会计信息。

(3)从提供信息的跨度来看,企业财务会计主要是定期反映企业作为一个整体的财务状况、经营成果以及现金流量的情况。

(4)从工作程序的约束依据来看,企业财务会计要受外在统一的会计规范(如会计准则或统一会计制度)的约束。

(5)从会计程序与方法来看,企业财务会计有一套比较科学、统一、定型的会计处理程序与方法。例如填制凭证、登记账簿、编制报表等。

二、财务会计相关的基本职能

《中华人民共和国会计法》对会计的基本职能表达为:会计核算与会计监督。

会计核算能够反映经济业务,提供会计信息。财务会计的核算职能是会计的最基本职能,会计核算是指以货币为主要计量单位,对施工企业的经济活动进行真实、准确、完整地记录、计算和报告。

会计监督是指监督经济过程，维护财经纪律。财务会计的监督职能也是会计的基本职能。它是以现有法律、法规制度和规定为依据，对企业、行政事业等单位进行的与经济有关的活动及其会计处理的合法性、合理性和有效性进行指导、控制和检查。财务会计通过监督经济活动，维护财经纪律，控制经济活动的全过程，维护社会主义市场经济秩序。

随着社会经济的发展和经济管理的现代化，会计的职能也会随之发生变化，一些新的职能不断出现。一般认为，除了会计核算、监督两个基本职能之外，还有分析经济情况、预测经济前景、参与经济决策等各种职能控制。

三、财务会计的基本要素

为了实现财务报告的目标，在明确了财务会计的基本前提之后，还需要对企业发生的能够以货币计量的经济活动内容进行适当的分类。对会计所要反映的经济活动内容的基本分类项目，称为财务会计的基本要素，简称会计要素。由于企业对外提供的财务报表主要有资产负债表、利润表、现金流量表和所有者权益变动表，故财务报表的基本要素可以相应分为资产负债表要素、利润表要素、现金流量表要素和所有者权益变动表要素。

我国《企业会计准则——基本准则》没有对现金流量表要素和所有者权益变动表要素做出规定，而是针对资产负债表与利润表规定了资产、负债、所有者权益、收入、费用、利润六项要素。

（一）资产

1. 资产的确认

资产是指企业过去的交易或者事项形成的、由企业拥有或者控制的、预期会给企业带来经济利益的资源。企业过去的交易或者事项包括购买、生产、建造行为或其他交易或者事项。预期在未来发生的交易或者事项不形成资产。由企业拥有或者控制，是指企业享有某项资源的所有权，或者虽然不享有某项资源的所有权，但该资源能被企业所控制。预期会给企业带来经济利益，是指直接或者间接导致现金和现金等价物流入企业的潜力。

满足上述规定的资产定义的资源，在同时满足以下条件时，确认为资产：

（1）与该资源有关的经济利益很可能流入企业。

（2）该资源的成本或者价值能够可靠地计量。

符合资产定义和资产确认条件的项目，应当列入资产负债表；符合资产定义，但不符合资产确认条件的项目，不应当列入资产负债表。

2. 资产的类别

任何企业要进行正常的经营活动，都必须拥有一定数量和结构的资产。为了正确反映企业的财务状况，通常将企业的全部资产按其流动性划分为流动资产与非流动资产两大类。流动资产是指那些可以合理地预期将在一年内转换为现金或被销售、耗用的资产，主要包括货币资金、预付款项、应收票据、应收账款、其他应收款、应收款项融资、存货、交易性金融资产、衍生金融资产、合同资产、持有待售资产、一年内到期的非流动资产、其他流动资产。除流动资产以外的所有其他资产统称为非流动资产，包括固定资产、无形资产、长期待摊费用、债权投资、其他债权投资、长期应收款、长期股权投资、其他权益工具投资、其他非流动金融资产、投资性房地产、在建工程、生产性生物资产、油气资产、开发支出、商誉、递延所得税资产、其他非流动资产。

3. 资产的计价

企业财务会计要正确反映企业各项资产的增减变动及其结存情况。这就要求对于企业在一定时期内增加与减少的资产以及期末结存的资产进行正确的计价。因此,会计上对企业资产的计价包括三个方面的内容:

(1)资产增加时,确定按什么样的金额入账,即要确定资产的入账金额。

(2)资产减少时,确定按什么样的金额从账面上减计资产。

(3)会计期末编制财务会计报告时,确定结存资产的金额,即要确定在资产负债表上,按什么样的金额列示各项资产。

资产计价时需要遵循以下原则:

(1)资产的入账价格。长期以来,会计上奉行资产入账按实际(历史)成本计价的原则。

(2)资产减少与期末结存的计价。企业持有的各项资产如果发生减值,一般应按规定计提相应的减值准备。在我国,除法律、行政法规和国家统一的会计制度另有规定外,企业一律不得自行调整资产的账面价值。

(3)期末编制财务会计报告时,列示各项资产。在资产负债表上,各项资产往往分别按历史成本、可变现净值、现值或公允价值等计价。

(二)负债

1. 负债的确认

负债是指企业过去的交易或者事项形成的、预期会导致经济利益流出企业的现时义务。现时义务是指企业在现行条件下已承担的义务。未来发生的交易或者事项形成的义务,不属于现时义务,不应当确认为负债。

符合上述规定的负债定义的义务,在同时满足以下条件时,确认为负债:

(1)与该义务有关的经济利益很可能流出企业。

(2)未来流出的经济利益的金额能够可靠地计量。

符合负债定义和负债确认条件的项目,应当列入资产负债表;符合负债定义、但不符合负债确认条件的项目,不应当列入资产负债表。

2. 负债的特点

基于负债的定义,需要强调负债的以下几个基本特点:

(1)负债是现时存在的、由过去的经济业务所产生的经济责任。未来经济业务可能产生的经济负担,不是会计上的负债。例如,企业管理部门决定今后购买资产,这项决定的实施属于未来的经济业务,其本身并不产生现存的义务,因而不属于企业现在的负债。

(2)负债是能够用货币确切计量或合理估计的经济责任。负债通常有一个可确定的到期偿付金额,或者虽无确切金额,但有一个合理的估计数。反之,若金额无法确定或估计,就不是会计上的负债。

(3)负债有确切的受款人和付款时间,或者受款人和付款时间可以在合理的范围内进行估计确定。反之,如果无法确定或合理估计受款人和付款时间,就不是会计上的负债。

3. 负债的类别

负债按其偿还期的长短可分为流动负债与非流动负债。流动负债是指偿还期在一年或长于一年的一个营业周期以内的债务,主要包括短期借款、应付票据、应付账款、应付职工薪酬、应交税费、应付利润及其他应付款等。非流动负债则是指流动负债以外的负债,主要包括长期借款、应付债券和长期应付款等。

(三)所有者权益

所有者权益是指企业资产扣除负债后由所有者享有的剩余权益。公司的所有者权益又称为股东权益。

所有者权益的来源包括所有者投入的资本、直接计入所有者权益的利得和损失、留存收益等。直接计入所有者权益的利得和损失,是指不应计入当期损益、会导致所有者权益发生增减变动的、与所有者投入资本或者向所有者分配利润无关的利得或者损失。利得是指由企业非日常活动所形成的、会导致所有者权益增加的、与所有者投入资本无关的经济利益的流入。损失是指由企业非日常活动所发生的、会导致所有者权益减少的、与向所有者分配利润无关的经济利益的流出。

所有者权益金额取决于资产和负债的计量。所有者权益项目应当列入资产负债表。

提示

所有者权益包括实收资本、资本公积、盈余公积、未分配利润等。其中,资本公积包括资产评估增值、资本溢价、外币折算差额、接受捐赠等。

(四)收入

1. 收入的定义与范围

收入有广义与狭义之分,我国《企业会计准则——基本准则》采用的是狭义的收入概念。狭义的收入是指企业在日常活动中形成的、会导致所有者权益增加的、与所有者投入资本无关的经济利益的总流入。它主要包括营业收入、投资效益等。营业收入是指企业由于销售商品、提供劳务及让渡资产使用权等日常活动所形成的经济利益的总流入,它有各种各样的名称,如销售收入、服务费收入、使用费收入和租金收入等。投资效益是指企业对外投资所获取的投资报酬,如债券投资的利息收入、股票投资的股利收入等。

2. 收入的确认

收入只有在经济利益很可能流入从而导致企业资产增加或者负债减少、且经济利益的流入额能够可靠计量时才能予以确认。这就意味着,在确认收入的同时,要确认资产的增加或负债的减少。例如,企业销售商品,确认销售收入增加,同时要确认库存现金、银行存款或应收账款等资产项目的增加。如果现在销售的商品,原来已经预收货款,则在确认销售收入增加的同时,还要确认预收贷款负债的减少。

符合收入定义和收入确认条件的项目,应当列入利润表。

（五）费用

费用是指企业在日常活动中发生的、会导致所有者权益减少的、与向所有者分配利润无关的经济利益的总流出。

费用只有在经济利益很可能流出从而导致企业资产减少或者负债增加、且经济利益的流出额能够可靠计量时才能予以确认。

企业为生产产品、提供劳务等发生的可归属于产品成本、劳务成本等的费用，应当在确认产品销售收入、劳务收入等时，将已销售产品、已提供劳务的成本等计入当期损益。

企业发生的支出不产生经济利益的，或者即使能够产生经济利益但不符合或者不再符合资产确认条件的，应当在发生时确认为费用，计入当期损益。

企业发生的交易或者事项导致其承担了一项负债而又不确认为一项资产的，应当在发生时确认为费用，计入当期损益。

符合费用定义和费用确认条件的项目，应当列入利润表。

（六）利润

利润是指企业在一定会计期间的经营成果。利润包括收入减去费用后的净额、直接计入当期利润的利得和损失等。

直接计入当期利润的利得和损失，是指应当计入当期损益、会导致所有者权益发生增减变动的、与所有者投入资本或者向所有者分配利润无关的利得或者损失。

利润金额取决于收入和费用、直接计入当期利润的利得和损失金额的计量。

由于会计上将利润定义为广义收入与广义费用之间的差额（收入小于费用，则为亏损），必须将企业在该会计期间内所获得的收入与所产生的费用加以抵消。可见，利润的确认与计量，也就是收入与费用的确认与计量。

提示

反映企业某一时点财务状况的会计要素有资产、负债和所有者权益，也称为静态会计要素。而反映企业某一时期经营成果的会计要素有收入、费用和利润，也称为动态会计要素。

四、会计工作的环节和内容

（一）会计工作大致环节

（1）根据原始凭证或原始凭证汇总表填制记账凭证。

（2）根据收付记账凭证登记现金日记账和银行存款日记账。

（3）根据记账凭证登记明细分类账。

（4）根据记账凭证汇总、编制科目汇总表。

（5）根据科目汇总表登记总账。

（6）期末，根据总账和明细分类账编制资产负债表和利润表。

企业设置账簿时必须严格遵守相关法律法规，企业账簿要对实际情况有全面的记录，保证其真实性和完整性。如果企业的规模小，业务量不多，可以不设置明细分类账，直接将逐笔业务登记总账。实际会计实务要求会计人员每发生一笔业务就要登记入明细分类账中。而总账中的数额是直接将科目汇总表的数额抄过去。

（二）会计工作的内容

会计工作的内容可大致总结，如下表所示。

工作项目	具体内容
原始凭证	收集、整理原始凭证；编制原始凭证汇总表
记账凭证	填制记账凭证；编制丁字账；编制凭证汇总表
日记账	登记现金日记账、银行存款日记账
明细账	登记各类明细账，包括三栏式明细账、多栏式明细账、数量金额式明细账、固定资产明细账等
总账	登记总账；编制试算平衡表
财务报表	编制财务报表，如资产负债表、利润表、现金流量表、所有者权益变动表等

五、会计计量

（一）会计计量属性

根据《企业会计准则——基本准则》，企业在将符合确认条件的会计要素登记入账并列报于会计报表及其附注（又称财务报表，下同）时，应当按照规定的会计计量属性进行计量，确定其金额。

会计计量属性主要包括：

（1）历史成本。在历史成本计量下，资产按照购置时支付的现金或者现金等价物的金额，或者按照购置资产时所付出的对价的公允价值计量。负债按照因承担现时义务而实际收到的款项或者资产的金额，或者承担现时义务的合同金额，或者按照日常活动中为偿还负债预期需要支付的现金或者现金等价物的金额计量。

（2）重置成本。在重置成本计量下，资产按照现在购买相同或者相似资产所需支付的现金或者现金等价物的金额计量。负债按照现在偿付该项债务所需支付的现金或者现金等价物的金额计量。

（3）可变现净值。在可变现净值计量下，资产按照其正常对外销售所能收到现金或者现金等价物的金额扣减该资产至完工时估计将要发生的成本、估计的销售费用，以及相关税费后的金额计量。

（4）现值。在现值计量下，资产按照预计从其持续使用和最终处置中所产生的未来净现金流入量的折现金额计量。负债按照预计期限内需要偿还的未来净现金流出量的折现金额计量。

（5）公允价值。在公允价值计量下，资产和负债按照市场参与者在计量日发生的有序交易中，出售资产所能收到或者转移负债所需支付的价格计量。

企业在对会计要素进行计量时,一般应当采用历史成本,采用重置成本、可变现净值、现值、公允价值计量的,应当保证所确定的会计要素金额能够取得并可靠计量。

专家解读

计量属性是指所予计量的某一要素的特性方面。例如公路的长度、矿石的质量、土地的面积等。从会计角度,计量属性反映的是会计要素金额的确定基础。

(二)会计信息质量特征

会计信息质量特征是对企业财务报告中所提供会计信息质量的基本要求,它主要包括真实性、相关性、可理解性、可比性、实质重于形式、重要性、谨慎性(稳健性)和及时性等。

1. 真实性(可靠性)

企业应当以实际发生的交易或者事项为依据进行会计确认、计量和报告,如实反映符合确认和计量要求的各项会计要素及其他相关信息,保证会计信息真实可靠、内容完整。

为了贯彻真实性(可靠性)要求,企业应当做到:

(1)以实际发生的交易或者事项为依据进行确认、计量和报告,将符合会计要素定义及其确认条件的资产、负债、所有者权益、收入、费用和利润等如实反映在财务报表中,不得根据虚构的、没有发生的或者尚未发生的交易或者事项进行确认、计量和报告。

(2)在符合重要性和成本效益原则的前提下,保证会计信息的完整性。其中包括应当编制的报表及其附注内容等应当保持完整,不能随意遗漏或者减少应予披露的信息,与使用者决策相关的有用信息都应当充分披露。

(3)包括在财务报告中的会计信息应当是中立的、无偏的。如果企业在财务报告中为了达到事先设定的结果或效果,通过选择或列示有关会计信息以影响决策和判断的,这样的财务报告信息就不是中立的。

2. 相关性

企业提供的会计信息应当与财务会计报告使用者的经济决策需要相关,有助于财务会计报告使用者对企业过去、现在或者未来的情况做出评价或者预测。

3. 可理解性

企业提供的会计信息应当清晰明了,便于财务会计报告使用者理解和使用。

专家解读

可理解性,是指会计记录信息必须清晰、简明,便于理解和使用。要在保证会计信息的客观性与相关性的前提下,力求会计信息简明易懂。当然,要真正发挥会计信息的作用,还需要使用者具备一定的会计专业知识。

4. 可比性(统一性)

企业提供的会计信息应当具有可比性。

同一企业不同时期发生的相同或者相似的交易或者事项，应当采用一致的会计政策，不得随意变更。确需变更的，应当在附注中说明。

不同企业发生的相同或者相似的交易或者事项，应当采用规定的会计政策，确保会计信息口径一致、相互可比。

5. 实质重于形式

企业应当按照交易或者事项的经济实质进行会计确认、计量和报告，不应仅以交易或者事项的法律形式为依据。

专家解读

有时候交易或事项的法律形式并不能真实反映其实质内容，因此，为了真实反映企业的财务状况和经营成果，就不能仅仅根据交易或事项的外在表现形式来进行会计确认、计量和报告，而应反映其经济实质。

6. 重要性

企业提供的会计信息应当反映与企业财务状况、经营成果和现金流量等有关的所有重要交易或者事项。

7. 谨慎性（稳健性）

企业对交易或者事项进行会计确认、计量和报告应当保持应有的谨慎，不应高估资产或者收益、低估负债或者费用。例如企业对应收账款提取坏账准备，体现了会计核算的谨慎性。

专家解读

谨慎性也称为稳健性，在对某一会计事项有多种不同的处理方法可供选择时，应尽可能选择一种不导致高估资产或收入的做法，以免损害企业的财务实力，防止会计信息使用者对企业的财务状况与经营成果持盲目乐观的态度。

8. 及时性

企业对于已经发生的交易或者事项，应当及时进行会计确认、计量和报告，不得提前或者延后。

在会计确认、计量和报告过程中贯彻及时性，一是要求及时收集会计信息，即在经济交易或者事项发生后，及时收集整理各种原始单据或者凭证；二是要求及时处理会计信息，即按照会计准则的规定，及时对经济交易或者事项进行确认或者计量，并编制财务报告；三是要求及时传递会计信息，即按照国家规定的有关时限，及时地将编制的财务报告传递给财务报告使用者，便于其及时使用和决策。

六、会计核算

（一）基本要求

根据《中华人民共和国会计法》，各单位必须根据实际发生的经济业务事项进行会计核算,填制会计凭证,登记会计账簿,编制财务会计报告。任何单位不得以虚假的经济业务事项或者资料进行会计核算。会计核算主要遵循衡量会计质量、确认和计量、起修正作用的原则。

下列经济业务事项,应当办理会计手续,进行会计核算:

(1)款项和有价证券的收付。

(2)财物的收发、增减和使用。

(3)债权债务的发生和结算。

(4)资本、基金的增减。

(5)收入、支出、费用、成本的计算。

(6)财务成果的计算和处理。

(7)需要办理会计手续、进行会计核算的其他事项。

会计凭证包括原始凭证和记账凭证。办理上述所列的经济业务事项,必须填制或者取得原始凭证并及时送交会计机构。

会计年度自公历 1 月 1 日起至 12 月 31 日止。

会计核算以人民币为记账本位币。业务收支以人民币以外的货币为主的单位,可以选定其中一种货币作为记账本位币,但是编报的财务会计报告应当折算为人民币。

会计凭证、会计账簿、财务会计报告和其他会计资料,必须符合国家统一的会计制度的规定。使用电子计算机进行会计核算的,其软件及其生成的会计凭证、会计账簿、财务会计报告和其他会计资料,也必须符合国家统一的会计制度的规定。任何单位和个人不得伪造、变造会计凭证、会计账簿及其他会计资料,不得提供虚假的财务会计报告。

会计机构、会计人员必须按照国家统一的会计制度的规定对原始凭证进行审核,对不真实、不合法的原始凭证有权不予接受,并向单位负责人报告;对记载不准确、不完整的原始凭证予以退回,并要求按照国家统一的会计制度的规定更正、补充。

原始凭证记载的各项内容均不得涂改;原始凭证有错误的,应当由出具单位重开或者更正,更正处应当加盖出具单位印章。原始凭证金额有错误的,应当由出具单位重开,不得在原始凭证上更正。

记账凭证应当根据经过审核的原始凭证及有关资料编制。

会计账簿登记,必须以经过审核的会计凭证为依据,并符合有关法律、行政法规和国家统一的会计制度的规定。会计账簿包括总账、明细账、日记账和其他辅助性账簿。

会计账簿应当按照连续编号的页码顺序登记。会计账簿记录发生错误或者隔页、缺号、跳行的,应当按照国家统一的会计制度规定的方法更正,并由会计人员和会计机构负责人(会计主管人员)在更正处盖章。

使用电子计算机进行会计核算的,其会计账簿的登记、更正,应当符合国家统一的会计制度的规定。

各单位发生的各项经济业务事项应当在依法设置的会计账簿上统一登记、核算,不得违反相关法律、法规和国家统一的会计制度的规定私设会计账簿登记、核算。

各单位应当定期将会计账簿记录与实物、款项及有关资料相互核对,保证会计账簿记录与实物及款项的实有数额相符、会计账簿记录与会计凭证的有关内容相符、会计账簿之间相对应的记录相符、会计账簿记录与会计报表的有关内容相符。

各单位采用的会计处理方法，前后各期应当一致，不得随意变更；确有必要变更的，应当按照国家统一的会计制度的规定变更，并将变更的原因、情况及影响在财务会计报告中说明。

单位提供的担保、未决诉讼等或有事项，应当按照国家统一的会计制度的规定，在财务会计报告中予以说明。

（二）会计核算的前提

根据《企业会计准则——基本准则》的有关规定，财务会计的基本前提包括以下几点：

(1)企业应当对其本身发生的交易或者事项进行会计确认、计量和报告。

(2)企业会计确认、计量和报告应当以持续经营为前提。

(3)企业应当划分会计期间，分期结算账目和编制财务会计报告。会计期间分为年度和中期。中期是指短于一个完整的会计年度的报告期间。

(4)企业会计应当以货币计量。

(5)企业应当以权责发生制为基础进行会计确认、计量和报告。

财务会计的基本前提，也称为财务会计的基本假设或会计假设，它是指组织财务会计工作必须具备的前提条件，离开了这些条件，就不能有效地开展会计工作。财务会计的基本前提也是财务会计的理论基础，离开这些前提条件，就不能构建财务会计的理论体系。财务会计的基本前提是从会计实践中抽象出来的，其最终目的是保证会计信息的有用性。会计核算的基本前提可概括为会计主体、持续经营、会计期间、货币计量四项。会计核算的基础是权责发生制。

1. 会计主体

会计主体，是指企业会计确认、计量和报告的空间范围。为了向财务报告使用者反映企业财务状况、经营成果和现金流量，提供与其决策有用的信息，会计核算和财务报告的编制应当集中于反映特定对象的活动，并将其与其他经济实体区别开来，才能实现财务报告的目标。

明确会计主体，才能划定会计所要处理的各项交易或事项的范围。在会计工作中，只有那些影响企业本身经济利益的各项交易或事项才能加以确认、计量和报告，那些不影响企业本身经济利益的各项交易或事项则不能加以确认、计量和报告。会计工作中通常所讲的资产、负债的确认，收入的实现，费用的发生等，都是针对特定会计主体而言的。

明确会计主体，才能将会计主体的交易或者事项与会计主体所有者的交易或者事项以及其他会计主体的交易或者事项区分开来。例如，企业所有者的经济交易或者事项是属于企业所有者主体所发生的，不应纳入企业会计核算的范围，但是企业所有者投入企业的资本或者企业向所有者分配的利润，则属于企业主体所发生的交易或者事项，应当纳入企业会计核算的范围。

2. 持续经营

持续经营是指作为会计主体的企业，其经营活动将按照既定的目标持续下去，在可以预见的将来，不会面临破产、进行清算。这是绝大多数企业所处的正常状况，这样的会计主体，其所有资产将按照预定的目标在正常的经营过程中被使用或出售，它所承担的债务也将如期偿还。财务会计的一系列方法都是以会计主体持续经营为前提的。例如，只有在持续经营的前提下，企业的资产才能按历史成本计价，固定资产才可以按其使用年限计提折旧。

如果企业不具备持续经营的前提条件，而是已经或即将停止营业、进行清算，则需要处理其全部资产，清理其全部债权债务。在这种情况下，会计处理要采用所谓的清算基础。

3. 会计期间

会计期间与持续经营共同确定了会计确认、计量和报告的时间长度。对于持续经营的企业来说，既然在可以预见的将来，它不会面临停业清算，企业就不能等到结束其经营活动时才去进行结算和编制财务会计报告。为了定期反映企业的经营成果和财务状况，向有关各方提供信息，需要划分会计期间，即人为地把持续不断的企业生产经营活动，划分为较短的经营期间。会计期间通常为一年，称为会计年度。

从理论上讲，将会计年度的起讫点定在企业经营活动的淡季（如果有的话）比较适宜，因为在企业经营活动的淡季，各项会计要素的变化较小，便于对会计要素进行计量，特别是便于计算确定本会计年度的盈亏，而且由于淡季的经营业务较少，会计人员有较为充裕的时间办理年度结算业务，便于及时编制财务会计报告。《企业会计准则——基本准则》规定，会计期间分为年度和中期。中期是指短于一个完整的会计年度的报告期间，如季度和月份。

4. 货币计量

货币计量，是指会计主体在会计确认、计量和报告时以货币计量的手段，反映会计主体的生产经营活动。

在会计的确认、计量和报告过程中，之所以选择货币为基础进行计量，是由货币的本身属性决定的。货币是商品的一般等价物，是衡量一般商品价值的共同尺度，具有价值尺度、流通手段、贮藏手段和支付手段等特点。其他计量单位，如重量、长度等，只能从一个侧面反映企业的生产经营情况，无法在总量上进行汇总和比较，不便于会计计量和经营管理。所以，《企业会计准则——基本准则》规定，会计确认、计量和报告选择货币作为计量单位。

5. 权责发生制

现代企业财务会计以采用权责发生制为基本前提或基本假设。权责发生制也称为应计制，它要求对会计主体在一定期间内发生的各项业务，凡符合收入确认标准的本期收入，不论其款项是否收到，均应作为本期收入处理；凡符合费用确认标准的本期费用，不论其款项是否付出，均应作为本期费用处理。反之，凡不符合收入确认标准的款项，即使在本期收到，也不能作为本期收入处理；凡不符合费用确认标准的款项，即使在本期付出，也不能作为本期费用处理。显然，权责发生制所反映的经营成果与现金的收付是不一致的。

企业应当以权责发生制为基础进行会计确认、计量和报告。在真实地反映企业的财务状况和经营成果方面，权责发生制相比收付实现制具有较大的优越性。

典型例题

【单选题】根据《企业会计准则》,企业应当以权责发生制为基础进行会计确认,实行权责发生制的前提是(　　)。

A. 会计分期假设和收付实现　　B. 会计分期假设和持续经营

C. 持续经营和公允价值核算　　D. 历史成本和公允价值核算

B。【解析】权责发生制是以会计分期假设和持续经营为前提的会计基础。

【单选题】某企业2020年11月30日销售货物10万元(当月无其他销售),当年11月31日收到银行转账货款2万元,12月3日收到银行转账货款8万元。按照权责发生制,该企业11月份应计销售收入为(　　)万元。

A. 0　　B. 2

C. 10　　D. 12

C。【解析】权责发生制也称为应计制,它要求对会计主体在一定期间内发生的各项业务,凡符合收入确认标准的本期收入,不论其款项是否收到,均应作为本期收入处理。故该企业11月份应计销售收入为10万元。

七、会计等式

(一)会计基本等式

各项会计要素之间存在一定的数量关系。反映各会计要素之间数量关系的等式,叫作会计等式。会计等式揭示了各会计要素之间的联系,它是复式记账、进行试算平衡及编制会计报表的理论依据。

企业要进行正常的生产经营活动,必须拥有一定数量的资产。这些资产的来源渠道有两个:一是由所有者提供;二是由债权人提供。所有者和债权人为企业提供了资产,就理所当然地对企业资产享有要求权。这种对企业资产的要求权,在会计上称为“权益”。

资产和权益是同一经济资源的两个不同方面,即一方面是归会计主体所拥有或支配的各项资产,另一方面是经济资源提供者对资产的一系列要求的权益。没有资产就没有权益,同样,没有权益也就没有资产,二者相互依存。从数量上看,有一定数额的资产必然有一定数额的权益,反之,有一定数额的权益也必定有一定数额的资产。也就是说,资产与权益在任何时点都必然保持恒等关系,这种恒等关系用公式表示为“资产 = 权益”。

权益可以进一步分为债权人权益和所有者权益。债权人权益是债权人对权益资产的要求权。站在企业角度来看,就是企业将来应归还债权人的债务,会计上称为“负债”因此上述会计等式可以进一步表示为“资产 = 负债 + 所有者权益”。

“资产 = 负债 + 所有者权益”称为资产负债表会计等式,它直接反映出资金运动三个静态要素之间的内在联系和企业在某一时点的财政情况。在任何一个会计期间开始时,企业的资产、负债与所有者权益之间都存在上述数量关系。由于该等式是会计等式中最通用和最一般的形式，所以通常也被称为会计基本等式，它是复式记账的理论基础，也是编制资产负债表的依据。

随着企业经营活动的进行，在会计期间内企业一方面会取得收入（广义），并因此而增加资产（或减少负债）；另一方面要发生各种各样的费用（广义），并因此而减少资产（或增加负债）。因此，企业在会计期间（结账之前），原来的会计等式就转化为“资产 = 负债 + 所有者权益 +（收入 - 费用）”。

（二）经济业务与会计等式的运用

经济业务又称会计事项，是指在经济活动中使会计要素发生增减变动的交易或者事项。交易是一个企业与其他企业、单位之间经济往来而发生的经济业务，如由所有者投入资本、向银行借款、向供应单位供货、向客户销货、与其他单位进行款项结算等；事项是企业内部活动，是需要进行账务处理的经济业务，如生产经营过程中耗用原材料、固定资产折旧、支付工人工资等。

企业在生产经营过程中，每天都会发生多种多样的经济业务，从而引起会计要素的增减变动，但任何一项经济业务都会引起“资产 = 负债 + 所有者权益”这一会计等式中左方（即资产）或右方（即权益）某一项目的增加和另一项目的等额减少，或者引起会计等式左右两方有关项目发生等额的增加或减少。但无论怎样都不会影响资产与权益的恒等关系。

会计等式也称会计恒等式，是运用数学平衡式描述会计对象的具体内容（会计要素）之间数量关系的表达式。会计等式分为静态会计等式、动态会计等式、综合会计等式。具体内容如下：

（1）静态会计等式是指由静态会计要素——资产、负债、所有者权益组合而成的反映企业一定时点（月末、季末、年末）的财务状况的等式。其表达式为“资产 = 负债 + 所有者权益”。它直接反映出资金运动三个静态要素之间的内在联系和企业在某一时点的财政情况，在编制资产负债表时发挥重要作用。

（2）动态会计等式是指由动态会计要素——收入、费用、利润组合而成的反映企业一定会计期间经营成果的会计等式。其表达式为“收入 - 费用 = 利润”。它直接反映出资金运动三个动态要素之间的内在联系和企业在某一时点的财政情况，在编制利润表时发挥重要作用。

（3）综合会计等式。收入最终会导致企业所有者权益的增加，费用最终会导致企业所有者权益的减少，利润在未分配之前其本质属于企业的所有者权益。在静态会计等式和动态会计等式的基础上，还可以组合成综合会计等式。其表达式为“资产 = 负债 +（所有者权益 + 收入 - 费用）”。

八、会计监督

（一）会计监督的概念

会计核算与会计监督是相辅相成、辩证统一的。会计核算是会计的首要职能，是会计监督的基础和前提条件,没有会计核算所提供的各种信息,监督就失去了依据;而会计监督又是会计核算的质量保证,只有核算没有监督,就难以保证核算所提供信息的质量,会计核算的作用就难以发挥。可见,会计是通过核算为管理提供会计信息,又通过监督直接履行管理职能,两者必须结合起来发挥作用,才能正确、及时、完整地反映经济活动。

核算和监督贯穿于会计工作的全过程,是会计管理活动的重要呈现形式。会计核算和监督必须连续、系统、全面。其中,连续是指确认、计量、记录和报告等经济活动要连续进行,不能有任何中断;系统是指要采用一系列专门的方法,遵循一定的程序,科学有序地对会计信息进行分门别类的加工处理;全面是指要对所有的会计信息进行确认、计量、记录和报告,不能有任何遗漏。

会计在对经济活动进行核算和监督的过程中,形成了一套完整的独特方法,如复式记账、填制和审核会计凭证、登记账簿、成本计算、编制财务报表等会计核算方法。这些方法是在长期实践中总结出来的,构成了一个完整的方法体系。

(二)会计监督职能的类型及特点

会计监督职能也称控制职能,是指会计人员在进行会计核算的同时,对特定主体经济业务的真实性、合法性和合理性进行审查的功能。会计监督是会计的基本职能之一,是我国经济监督体系的重要组成部分。

会计监督职能特点:

(1)会计监督具有强制性和严肃性,它以国家的财经法规、财经纪律以及特定单位的计划、预算等为准绳,对会计主体经济活动的合法性、合理性进行监督。

(2)会计监督主要通过价值指标进行。

(3)会计监督要对会计主体经济活动的全过程进行监督,包括事前监督、事中监督和事后监督。事前监督是对将要发生的经济活动进行会计监督,事中监督是对正在发生的经济活动进行会计监督,事后监督是对已经发生的经济活动进行会计监督。事前监督是为防患于未然,在行政机关和国家公务员的行政行为实施之前,对其抽象行政行为或具体行政行为的合法性和可行性实施的监督。事中监督是为了及时发现问题,纠正偏差,在行政机关和国家公务员实施行政行为的过程中,对其行为的正确性和规范性实施的监督。事后监督是为了总结经验教训,在行政机关和国家公务员的行政行为实施完毕以后,对其行为的正确性和有效性实施的监督。因此,应结合具体情况,灵活选择监督的方法。

(三)会计监督的相关规定

根据《中华人民共和国会计法》,会计监督的相关规定如下:

(1)各单位应当建立、健全本单位内部会计监督制度。单位内部会计监督制度应当符合下列要求:记账人员与经济业务事项和会计事项的审批人员、经办人员、财物保管人员的职责权限应当明确,并相互分离、相互制约;重大对外投资、资产处置、资金调度和其他重要经济业务事项的决策和执行的相互监督、相互制约程序应当明确;财产清查的范围、期限和组织程序应当明确;对会计资料定期进行内部审计的办法和程序应当明确。

专家解读

会计的基本职能之一是进行会计监督，而在会计监督中又可区分为内部会计监督、社会会计监督和国家会计监督，三者结合形成一个会计监督体系。单位内部会计监督制度的基本要求，是根据内部会计监督的基本目标和基本规则来确定的。

(2)单位负责人应当保证会计机构、会计人员依法履行职责，不得授意、指使、强令会计机构、会计人员违法办理会计事项。会计机构、会计人员对违反《中华人民共和国会计法》和国家统一的会计制度规定的会计事项，有权拒绝办理或者按照职权予以纠正。

(3)会计机构、会计人员发现会计账簿记录与实物、款项及有关资料不相符的，按照国家统一的会计制度的规定有权自行处理的，应当及时处理；无权处理的，应当立即向单位负责人报告，请求查明原因，做出处理。

(4)任何单位和个人对违反《中华人民共和国会计法》和国家统一的会计制度规定的行为，有权检举。收到检举的部门有权处理的，应当依法按照职责分工及时处理；无权处理的，应当及时移送有权处理的部门处理。收到检举的部门、负责处理的部门应当为检举人保密，不得将检举人姓名和检举材料转给被检举单位和被检举人个人。

(5)有关法律、行政法规规定，须经注册会计师进行审计的单位，应当向受委托的会计师事务所如实提供会计凭证、会计账簿、财务会计报告和其他会计资料以及有关情况。任何单位或者个人不得以任何方式要求或者示意注册会计师及其所在的会计师事务所出具不实或者不当的审计报告。财政部门有权对会计师事务所出具审计报告的程序和内容进行监督。

(6)财政部门对各单位的下列情况实施监督：

①是否依法设置会计账簿。

②会计凭证、会计账簿、财务会计报告和其他会计资料是否真实、完整。

③会计核算是否符合《中华人民共和国会计法》和国家统一的会计制度的规定。

④从事会计工作的人员是否具备专业能力、遵守职业道德。

在对第②项所列事项实施监督，发现重大违法嫌疑时，国务院财政部门及其派出机构可以向与被监督单位有经济业务往来的单位和被监督单位开立账户的金融机构查询有关情况，有关单位和金融机构应当给予支持。

(7)财政、审计、税务、人民银行、证券监管、保险监管等部门应当依照有关法律、行政法规规定的职责，对有关单位的会计资料实施监督检查。监督检查部门对有关单位的会计资料依法实施监督检查后，应当出具检查结论。有关监督检查部门已经做出的检查结论能够满足其他监督检查部门履行本部门职责需要的，其他监督检查部门应当加以利用，避免重复查账。

(8)依法对有关单位的会计资料实施监督检查的部门及其工作人员对在监督检查中知悉的国家秘密和商业秘密负有保密义务。

(9)各单位必须依照有关法律、行政法规的规定，接受有关监督检查部门依法实施的监督检查，如实提供会计凭证、会计账簿、财务会计报告和其他会计资料以及有关情况，不得拒绝、隐匿、谎报。

第二节 成本与费用

一、费用

（一）费用的概念

费用，是指企业在日常活动中发生的、会导致所有者权益减少的、与向所有者分配利润无关的经济利益的总流出。

费用只有在经济利益很可能流出从而导致企业资产减少或者负债增加，且经济利益的流出额能够可靠计量时才能予以确认。

企业为生产产品、提供劳务等发生的可归属于产品成本、劳务成本等的费用，应当在确认产品销售收入、劳务收入等时，将已销售产品、已提供劳务的成本等计入当期损益。

企业发生的支出不产生经济利益的，或者即使能够产生经济利益但不符合或者不再符合资产确认条件的，应当在发生时确认为费用，计入当期损益。

企业发生的交易或者事项导致其承担了一项负债而又不确认为一项资产的，应当在发生时确认为费用，计入当期损益。

符合费用定义和费用确认条件的项目，应当列入利润表。

专家解读

在工程建设中，特别是施工过程中，工程费用是指施工企业进行建筑安装工程施工所发生的各项费用支出。费用仅仅指与商品或劳务的提供相联系的耗费，这是一种狭义的概念。而广义的费用包括各种费用和损失，如其他业务成本等。

（二）费用的分类

1. 按照经济内容进行分类

（1）外购材料费用，主要包括需要外购的原材料、主要材料、辅助材料、配件、耗材及周转材料等费用。

（2）外购燃料费用，主要包括需要外购的固体、液体和气体等各种燃料费用。

（3）外购动力费用，主要包括需要外购的热力、电力、蒸汽等各种动力费用。

（4）职工薪酬，主要包括企业所有应计入生产费用的职工工资和企业按职工工资的一定比例计提并计入费用的职工福利费。

（5）折旧费，指固定资产按照使用情况的折旧费用。

（6）利息支出，指应计入施工企业费用的各种负债的利息支出，扣除存款利息收入的净额，外币业务发生的汇兑损失扣除汇兑收益的净额，以及商业汇票的贴现利息支出。

（7）税金，指计入施工企业成本费用的各种税金，包括房产税、车船使用税、印花税、土地使用税等。

(8)其他支出,指不属于以上的各类支出,如劳动保护费、保险费、设备租赁费等。

链接

资本性支出是指通过它所取得的财产或劳务的效益,可以给予多个会计期间所发生的那些支出。其主要包括长期投资支出、企业购置和建造固定资产、无形资产及其他资产的支出等。

收益性支出是指支出的效益与本会计年度或一个营业周期相关的支出,是指企业单位在经营过程中发生的、其效益仅与本会计年度相关的、由本年收益补偿的各项支出。这些支出发生时,都应记入当年有关成本费用科目。主要包括外购材料支出、营业费用(销售费用)、管理费用等。

2. 按照经济用途进行分类

(1)生产费用,包括直接人工费、直接材料费、机械使用费、其他直接费用(包括施工现场二次搬运费、场地清理费、水电费等)、间接费用(包括管理人员工资、奖金、福利费和劳动保护费等)。

(2)期间费用,包括管理费用、财务费用、营业费用。

(三)费用特征

一般意义上的费用是指企业为获取收益,而耗用一定数量的商品或劳务,代表企业为了达到盈利目标所耗费的努力。它一般具备以下特征:

(1)费用最终会导致企业资源的减少,这种减少具体表现为企业的资金支出。其实质是企业资金的减少或者企业负债的增加,是企业实际的现金或非现金的支出(如支付工资、承担支付销售费用或消耗原材料等),以及预期的现金支出(如承担一项未来履行的负债)。如果将现金及其等价物视作企业未来经济利益的最终体现,则费用会导致企业资源的减少。

(2)费用最终将得到补偿。费用是企业生产经营过程中发生的各种耗费。就资金运动形式来看表现为资金耗费,但属于资金垫支,因此所耗费的资金必须能够收回即得到补偿。

(3)费用的表现形式是降低所有者在企业运营中取得的利益。一般而言,企业的所有者权益会随着收入的增长而增加;相反,费用的增加会减少所有者权益。但是所有者权益减少也不一定都列入费用,如企业偿债性支出和向投资者分配利润,显然减少了所有者权益,但不能归入费用。

专家解读

无论费用是否包括损失,都应具有以下特征:

(1)费用最终会导致企业资源的减少,这种减少具体表现为企业的资金支出。从这个意义上说,费用本质是一种资源流出企业,它与资源流入企业所形成的收入相反,它也可理解为资产的耗费,其目的是为了取得收入,从而获得更多资产。

(2)费用的表现形式是降低所有者在企业运营中取得的利益。

(3)费用可能表现为企业资金的减少,或企业负债的增加,或者二者兼而有之。

二、成本

（一）成本的概念

成本是指企业为生产产品、提供劳务而发生的各种耗费。

企业应当根据本企业的生产经营特点和管理要求，找到能满足本企业的成本核算对象、成本项目和成本计算方法。成本核算对象、成本项目以及成本计算方法一经确定，不得随意变更，如需变更，应当根据管理权限，经股东大会或董事会，或经理（厂长）会议或类似机构批准，并在会计报表附注中予以说明。

专家解读

工程成本是承包人为实施合同工程并达到质量标准，在确保安全施工的前提下，必须消耗或使用的人工、材料、工程设备、施工机械台班及其管理等方面发生的费用和按规定缴纳的规费和税金。

（二）成本的分类

根据工程特点和成本管理要求进行分类：

（1）工程预算成本，包括属于工程成本的各项费用、不属于工程成本的管理费用、财务费用、计划利润和税金等。

（2）工程计划成本，反映企业在计划内的成本水平，它与预算成本的差额，是企业降低成本的目标。

（3）工程实际成本，实际施工生产费用，实际成本同计划成本比较，可考核成本计划完成情况，同预算成本比较，可反映企业管理水平。

（三）成本的内容

根据《企业会计准则第 15 号——建造合同》，合同成本应当包括从合同签订开始至合同完成止所发生的、与执行合同有关的直接费用和间接费用。

1. 直接费用

合同的直接费用应当包括下列内容：

（1）耗用的材料费用，主要包括施工生产过程中耗用的构成工程实体或有助于形成工程实体的原材料、辅助材料、构配件、零件、半成品的成本和周转材料的摊销及租赁费用。周转材料是指企业在施工过程中能多次使用并可基本保持原来的实物形态而逐渐转移其价值的材料，如施工中使用的模板、挡板和脚手架等。

（2）耗用的人工费用，主要包括从事工程建造的人员的工资、奖金、津贴补贴、职工福利费等职工薪酬。

（3）耗用的机械使用费，主要包括施工生产过程中使用自有施工机械所发生的机械使用费、租用外单位施工机械支付的租赁费和施工机械的安装、拆卸和进出场费。

（4）其他直接费用，是指其他可以直接计入合同成本的费用，主要包括有关的设计和技术援助费用、施工现场材料的二次搬运费、生产工具和用具使用费、检验试验费、工程定位复测费、工程点交费用、场地清理费用等。

2. 间接费用

间接费用是企业下属的施工单位或生产单位为组织和管理施工生产活动所发生的费

用,如管理人员薪酬、劳动保护费、固定资产折旧费及修理费、物料消耗、取暖费、水电费、办公费、差旅费、财产保险费、工程保修费、排污费等。

直接费用在发生时直接计入合同成本,间接费用在资产负债表日按照系统、合理的方法分摊计入合同成本。间接费用一般按直接费的百分比(水电安装工程、设备安装工程按人工费的百分比)进行分配或者按各成本核算对象间接费定额加权分配。合同完成后处置残余物资取得的收益等与合同有关的零星收益,应当冲减合同成本。合同成本不包括应当计入当期损益的管理费用、销售费用和财务费用。

提示

间接费用按各成本核算对象间接费定额加权分配的表达式为:某项工程本期应分配的施工间接费用=[该项工程本期实际发生的直接费(或人工费)×该项工程规定的施工间接费用定额]×本期实际发生的施工间接费用/∑[各项工程本期实际发生的直接费(或人工费)×各项工程规定的施工间接费用定额]。

链接

企业为履行合同发生的成本,不属于其他企业会计准则规范范围且同时满足下列条件的,应当作为合同履约成本确认为一项资产:

(1)该成本与一份当前或预期取得的合同直接相关,包括直接人工、直接材料、制造费用(或类似费用)、明确由客户承担的成本以及仅因该合同而发生的其他成本。

(2)该成本增加了企业未来用于履行履约义务的资源。

(3)该成本预期能够收回。

三、费用与成本的关系

企业应当合理划分期间费用和成本的界限。期间费用应当直接计入当期损益;成本应当计入所生产的产品、提供劳务的成本。企业应将当期已销产品或已提供劳务的成本转入当期的费用;商品流通企业应将当期已销商品的进价转入当期的费用。

企业在生产经营过程中所耗用的各项材料,应按实际耗用数量和账面单价计算,计入成本、费用。

企业应支付职工的工资,应当根据规定的工资标准、工时、产量记录等资料,计算职工工资,计入成本、费用。企业按规定给予职工的各种工资性质的补贴,也应计入各工资项目。企业应当根据国家规定,计算提取应付福利费,计入成本、费用。

企业在生产经营过程中所发生的其他各项费用,应当以实际发生数计入成本、费用。凡应当由本期负担而尚未支出的费用,作为预提费用计入本期成本、费用;凡已支出,应当由本期和以后各期负担的费用,应当作为待摊费用,分期摊入成本、费用。

成本与费用既相互联系又相互区别。主要表现在以下几个方面:

(1)成本是对象化所形成的费用,生产成本是相对于一定的产品而言所发生的费用。它是按照产品品种等成本计算对象对当期发生的费用进行归集所形成的,费用的发生过程也就是产品成本的形成过程。

(2)费用指某一期间为进行生产而发生的费用,它与一定的期间相联系;产品成本指为生产某一产品或几种产品而消耗的费用，它与一定种类和数量的产品相联系。一定时期的费用可能分属与不同的产品类别，一定类别的产品成本可能由多个期间的费用组成。

（3）成本和费用是相互转化的，企业在一定期间发生的直接费用按照成本计算对象进行归集；间接费用则通过分配计入各成本计算对象，使本期发生的费用予以对象化，转化为成本。在产品完工结转产成品并通过销售后，成本则转化为一定期间的销售成本，成为费用计入当期损益。

（4）成本和费用是与企业支出相区别的。成本和费用是企业为获得收入而预先做出的一种资金垫付，它通过企业的生产经营活动又得到收回，从而又投入到资金循环中；而支出则不同，它代表企业的一种现金性质的流出，这种流出的现金其中的一部分可能得到收回，而另一部分可能退出企业。

专家解读

成本是针对一定的成本核算对象（如某工程）而言的；费用则是针对一定的期间而言的。

四、固定资产

（一）固定资产的定义

固定资产，是指同时具有下列特征的有形资产：

（1）为生产商品、提供劳务、出租或经营管理而持有的。

（2）使用寿命超过一个会计年度。

使用寿命，是指企业使用固定资产的预计期间，或者该固定资产所能生产产品或提供劳务的数量。

固定资产同时满足下列条件的，才能予以确认：

（1）与该固定资产有关的经济利益很可能流入企业。

（2）该固定资产的成本能够可靠地计量。

固定资产的各组成部分具有不同使用寿命或者以不同方式为企业提供经济利益，适用不同折旧率或折旧方法的，应当分别将各组成部分确认为单项固定资产。

与固定资产有关的后续支出，符合固定资产确认条件的，应当计入固定资产成本；不符合固定资产确认条件的，应当在发生时计入当期损益。

（二）固定资产的价值

固定资产在取得时，应按取得时的成本入账。取得时的成本包括买价、进口关税、运输和保险等相关费用，以及为使固定资产达到预定可使用状态前所必要的支出。固定资产取得时的成本应当根据具体情况分别确定：

（1）购置的不需要经过建造过程即可使用的固定资产，按实际支付的买价、包装费、运输费、安装成本、交纳的有关税金等，作为入账价值。外商投资企业因采购国产设备而收到税务机关退还的增值税款，冲减固定资产的入账价值。

（2）自行建造的固定资产，按建造该项资产达到预定可使用状态前所发生的全部支出，作为入账价值。

(3)投资者投入的固定资产,按投资各方确认的价值,作为入账价值。

(4)融资租入的固定资产,按租赁开始日租赁资产的原账面价值与最低租赁付款额的现值两者中较低者,作为入账价值。

(5)在原有固定资产的基础上进行改建、扩建的,按原固定资产的账面价值,加上由于改建、扩建而使该项资产达到预定可使用状态前发生的支出,减去改建、扩建过程中发生的变价收入,作为入账价值。

(6)企业接受的债务人以非现金资产抵偿债务方式取得的固定资产,或以应收债权换入固定资产的,按应收债权的账面价值加上应支付的相关税费,作为入账价值。涉及补价的,按以下规定确定受让的固定资产的入账价值:

①收到补价的,按应收债权的账面价值减去补价,加上应支付的相关税费,作为入账价值。

②支付补价的,按应收债权的账面价值加上支付的补价和应支付的相关税费,作为入账价值。

(7)以非货币性交易换入的固定资产,按换出资产的账面价值加上应支付的相关税费,作为入账价值。涉及补价的,按以下规定确定换入固定资产的入账价值:

①收到补价的,按换出资产的账面价值加上应确认的收益和应支付的相关税费减去补价后的余额,作为入账价值。

②支付补价的,按换出资产的账面价值加上应支付的相关税费和补价,作为入账价值。

(8)接受捐赠的固定资产,应按以下规定确定其入账价值:

①捐赠方提供了有关凭据的,按凭据上标明的金额加上应支付的相关税费,作为入账价值。

②捐赠方没有提供有关凭据的,同类或类似固定资产存在活跃市场的,按同类或类似固定资产的市场价格估计的金额,加上应支付的相关税费,作为入账价值;同类或类似固定资产不存在活跃市场的,按该接受捐赠的固定资产的预计未来现金流量现值,作为入账价值。

③如受赠的系旧的固定资产,按照上述方法确认的价值,减去按该项资产的新旧程度估计的价值损耗后的余额,作为入账价值。

(9)盘盈的固定资产,按同类或类似固定资产的市场价格,减去按该项资产的新旧程度估计的价值损耗后的余额,作为入账价值。

(10)经批准无偿调入的固定资产,按调出单位的账面价值加上发生的运输费、安装费等相关费用,作为入账价值。

固定资产的入账价值中,还应当包括企业为取得固定资产而交纳的契税、耕地占用税、车辆购置税等相关税费。

(三)固定资产的折旧

所建造的固定资产已达到预定可使用状态,但尚未办理竣工决算的,应当自达到预定可使用状态之日起,根据工程预算、造价或者工程实际成本等,按估计的价值转入固定资产,并按关于计提固定资产折旧的规定,计提固定资产的折旧。待办理了竣工决算手续后再作调整。

下列固定资产应当计提折旧:

(1)房屋和建筑物。

(2)在用的机器设备、仪器仪表、运输工具、工具器具。

(3)季节性停用、大修理停用的固定资产。

(4)融资租入和以经营租赁方式租出的固定资产。

达到预定可使用状态应当计提折旧的固定资产,在年度内办理竣工决算手续的,按照实际成本调整原来的暂估价值,并调整已计提的折旧额,作为调整当月的成本、费用处理。如果在年度内尚未办理竣工决算的,应当按照估计价值暂估入账,并计提折旧;待办理了竣工决算手续后,再按照实际成本调整原来的暂估价值,调整原已计提的折旧额,同时调整年初留存收益各项目。

下列固定资产不计提折旧:

(1)房屋、建筑物以外的未使用、不需用固定资产。

(2)以经营租赁方式租入的固定资产。

(3)已提足折旧继续使用的固定资产。

(4)按规定单独估价作为固定资产入账的土地。

企业应当根据固定资产的性质和消耗方式,合理地确定固定资产的预计使用年限和预计净残值,并根据科技发展、环境及其他因素,选择合理的固定资产折旧方法,按照管理权限,经股东大会或董事会,或经理(厂长)会议或类似机构批准,作为计提折旧的依据。同时,按照法律、行政法规的规定报送有关各方备案,并备置于企业所在地,以供投资者等有关各方查阅。企业已经确定并对外报送,或备置于企业所在地的有关固定资产预计使用年限和预计净残值、折旧方法等,一经确定不得随意变更,如需变更,仍然应当按照上述程序,经批准后报送有关各方备案,并在会计报表附注中予以说明。

平均年限法、工作量法和加速折旧法是企业进行固定资产折旧时常用的方法。折旧方法一经确定,不得随意变更。如需变更,应当在会计报表附注中予以说明。

企业因更新改造等原因而调整固定资产价值的,应当根据调整后价值,预计尚可使用年限和净残值,按选用的折旧方法计提折旧。

对于接受捐赠旧的固定资产,企业应当按照确定的固定资产入账价值、预计尚可使用年限,预计净残值,按选用的折旧方法计提折旧。

融资租入的固定资产,应当采用与自有应计折旧资产相一致的折旧政策。能够合理确定租赁期届满时将会取得租赁资产所有权的,应当在租赁资产尚可使用年限内计提折旧;无法合理确定租赁期届满时能够取得租赁资产所有权的,应当在租赁期与租赁资产尚可使用年限两者中较短的期间内计提折旧。

企业一般应按月提取折旧,当月增加的固定资产,当月不提折旧,从下月起计提折旧;当月减少的固定资产,当月照提折旧,从下月起不提折旧。

固定资产提足折旧后,不论能否继续使用,均不再提取折旧;提前报废的固定资产,也不再补提折旧。所谓提足折旧,是指已经提足该项固定资产应提的折旧总额。应提的折旧总额为固定资产原价减去预计残值加上预计清理费用。

(四)固定资产折旧的方法

1. 折旧年限

根据《中华人民共和国企业所得税法实施条例》,除国务院财政、税务主管部门另有规定外,固定资产计算折旧的最低年限如下:

(1)房屋、建筑物,为20年。

(2)飞机、火车、轮船、机器、机械和其他生产设备,为10年。

(3)与生产经营活动有关的器具、工具、家具等,为5年。

(4)飞机、火车、轮船以外的运输工具,为4年。

(5)电子设备,为3年。

2. 折旧的方法

(1)平均年限法。平均年限法又称直线法,是将固定资产的折旧均衡地分摊到各期的方法。采用这种方法计算的每期折旧额均是等额的。计算公式为

$$固定资产年折旧额=\frac{固定资产原值-预计净残值}{预计使用年限}=\frac{应计折旧额}{预计使用年限}$$

$$固定资产月折旧额=固定资产年折旧额/12$$

$$年折旧率=\frac{1-预计净残值率}{预计使用年限}\times 100\%$$

或

$$年折旧率=\frac{固定资产原值-预计净残值}{预计使用年限\times 固定值产原值}\times 100\%$$

$$月折旧率=年折旧率/12$$

$$月折旧额=固定资产原值\times 月折旧率$$

固定资产在不同使用年限提供的经济效益是不同的。一般来讲,固定资产在其使用前期工作效率相对较高,所带来的经济利益也就较多;而在其使用后期,工作效率一般呈下降趋势,因而,所带来的经济利益也就逐渐减少。平均年限法不考虑这一因素,明显是不合理的。

固定资产在不同的使用年限发生的维修费用也不一样。固定资产的维修费用将随着其使用时间的延长而不断增大,而平均年限法也没有考虑这一因素。当固定资产各期的负荷程度相同,各期应分摊相同的折旧费,这时采用平均年限计算折旧是合理的。但是,若固定资产各期负荷程度不同,采用平均年限法计算折旧时,则不能反映固定资产的实际使用情况,提取的折旧数与固定资产的损耗程度也不相符。

(2)工作量法。工作量法是根据实际工作量计提折旧额的一种方法。这种方法弥补平均年限法只考虑使用时间,不考虑使用强度的缺点,其计算公式为

$$单位工作量折旧额=\frac{固定资产原值\times(1-残值率)}{预计总工作量}$$

$$某项固定资产月折旧额=该项固定资产当月工作量\times 单位工作量折旧额$$

专家解读

工作量法计算固定资产折旧额中施工企业常用的有:

(1)按照行驶里程计算折旧,计算公式为

$$单位里程折旧额=\frac{固定资产原值\times(1-残值率)}{总行驶里程}=\frac{应计折旧额}{总行驶里程}$$

(2)按台班计算折旧,计算公式为

$$每台班折旧额=\frac{固定资产原值\times(1-残值率)}{工作总台班数}=\frac{应计折旧额}{工作总台班数}$$

（3）加速折旧法。加速折旧法也称为快速折旧法或递减折旧法。其特点是在固定资产有效使用年限的前期多提折旧，后期少提折旧，从而相对加快折旧的速度，以使固定资产成本在有效使用年限中加快得到补偿。加速折旧的计提方法有多种，常用的有双倍余额递减法和年数总和法。

①双倍余额递减法是指在不考虑固定资产残值的情况下，将每期固定资产的期初账面净值乘以一个固定不变的百分率，计算折旧额的一种加速折旧的方法。计算公式为

$$\text{年折旧率} = \frac{2}{\text{预计的折旧年限}} \times 100\%$$

$$\text{月折旧率} = \text{年折旧率}/12$$

$$\text{月折旧额} = \text{固定资产账面净值} \times \text{月折旧率}$$

由于双倍余额递减法不考虑固定资产的残值收入，因此，在应用这种方法时必须注意不能使固定资产的账面折余价值降低到它的预计残值收入以下，即实行双倍余额递减法计提折旧的固定资产，应当在其固定资产折旧年限到期以前两年内，将固定资产净值扣除预计净残值后的余额平均摊销。

②年数总和法又称合计年限法，是将固定资产的原值减去净残值后的净额乘以一个逐年递减的分数来计算每年的折旧额，这个分数的分子代表固定资产尚可使用的年数，分母代表使用年数的逐年数字总和。计算公式为

$$\text{年折旧率} = \frac{\text{尚可使用年限}}{\text{预计使用年限的年数总和}} \times 100\%$$

或

$$\text{年折旧率} = \frac{\text{预计使用年限} - \text{已使用年限}}{\text{预计使用年限} \times (\text{预计使用年限} + 1)/2} \times 100\%$$

$$\text{月折旧率} = \text{年折旧率}/12$$

$$\text{月折旧额} = (\text{固定资产原值} - \text{预计净残值}) \times \text{月折旧率}$$

五、无形资产

（一）无形资产的定义

无形资产，是指企业为生产商品或者提供劳务、出租给他人、或为管理目的而持有的、没有实物形态的非货币性长期资产。无形资产分为可辨认无形资产和不可辨认无形资产。可辨认无形资产包括专利权、非专利技术、商标权、著作权、土地使用权等；不可辨认无形资产是指商誉。

企业自创的商誉，以及未满足无形资产确认条件的其他项目，不能作为无形资产。

（二）无形资产的确认

资产满足下列条件之一的，符合无形资产定义中的可辨认性标准：

（1）能够从企业中分离或者划分出来，并能单独或者与相关合同、资产或负债一起，用于出售、转移、授予许可、租赁或者交换。

(2)源自合同性权利或其他法定权利,无论这些权利是否可以从企业或其他权利和义务中转移或者分离。

无形资产同时满足下列条件的,才能予以确认:

(1)与该无形资产有关的经济利益很可能流入企业。

(2)该无形资产的成本能够可靠地计量。

企业在判断无形资产产生的经济利益是否很可能流入时,应当对无形资产在预计使用寿命内可能存在的各种经济因素作出合理估计,并且应当有明确证据支持。

企业无形项目的支出,除下列情形外,均应于发生时计入当期损益:

(1)符合本准则规定的确认条件、构成无形资产成本的部分。

(2)非同一控制下企业合并中取得的、不能单独确认为无形资产、构成购买日确认的商誉的部分。

企业内部研究开发项目的支出,应当区分研究阶段支出与开发阶段支出。研究是指为获取并理解新的科学或技术知识而进行的独创性的有计划调查。开发是指在进行商业性生产或使用前,将研究成果或其他知识应用于某项计划或设计,以生产出新的或具有实质性改进的材料、装置、产品等。

企业内部研究开发项目研究阶段的支出,应当于发生时计入当期损益。企业内部研究开发项目开发阶段的支出,同时满足下列条件的,才能确认为无形资产:

(1)完成该无形资产以使其能够使用或出售在技术上具有可行性。

(2)具有完成该无形资产并使用或出售的意图。

(3)无形资产产生经济利益的方式,包括能够证明运用该无形资产生产的产品存在市场或无形资产自身存在市场,无形资产将在内部使用的,应当证明其有用性。

(4)有足够的技术、财务资源和其他资源支持,以完成该无形资产的开发,并有能力使用或出售该无形资产。

(5)归属于该无形资产开发阶段的支出能够可靠地计量。

企业取得的已作为无形资产确认的正在进行中的研究开发项目,在取得后发生的支出应当按照相关的规定处理。企业自创商誉以及内部产生的品牌、报刊名等,不应确认为无形资产。

(三)无形资产的摊销

无形资产应当自取得当月起在预计使用年限内分期平均摊销,计入损益。如预计使用年限超过了相关合同规定的受益年限或法律规定的有效年限,该无形资产的摊销年限按如下原则确定:

(1)合同规定受益年限但法律没有规定有效年限的,摊销年限不应超过合同规定的受益年限。

(2)合同没有规定受益年限但法律规定有效年限的,摊销年限不应超过法律规定的有效年限。

(3)合同规定了受益年限,法律也规定了有效年限的,摊销年限不应超过受益年限和有效年限两者之中较短者。

(4)合同没有规定受益年限,法律也没有规定有效年限的,摊销年限不应超过10年。

企业购入或以支付土地出让金方式取得的土地使用权,在尚未开发或建造自用项目前,作为无形资产核算,并按规定的期限分期摊销。房地产开发企业开发商品房时,应将土地使用权的账面价值全部转入开发成本;企业因利用土地建造自用某项目时,将土地使用权的账面价值全部转入在建工程成本。

企业出售无形资产,应将所得价款与该项无形资产的账面价值之间的差额,计入当期损益。企业出租的无形资产,应当按照有关收入确认原则确认所取得的租金收入;同时,确认出租无形资产的相关费用。

提示

根据《企业会计准则第6号——无形资产》,企业应当在每个会计期间对使用寿命不确定的无形资产的使用寿命进行复核。如果有证据表明无形资产的使用寿命是有限的,应当估计其使用寿命,并按本准则规定处理。

六、成本核算要求

(一)适应企业的管理体制,合理组织成本核算

施工企业应结合自身的规模和管理体制,建立和完善成本核算体制。目前我国施工企业一般实行公司、分公司(工程处、工区)和项目部(施工队)三级管理体制,小型施工企业通常实行公司、项目部两级管理体制。成本核算的组织也应与此相适应,实行统一领导,分级核算。

在实行三级管理制的企业,工程成本的计算工作一般在分公司完成。由项目部计算各工程的直接费成本,并分析工料成本升降的原因;分公司分配间接费用并计算工程成本,编制成本报表,进行成本分析;公司汇总计算企业的全部工程成本,汇总成本报表,进行全面成本分析。在实行两级管理的小型施工企业,一般由项目部计算直接成本,公司核算全部工程成本。

(二)严格遵守成本开支范围,划清各项费用开支的界限

企业进行生产经营活动,要发生各种各样的费用支出。成本开支范围规定了费用是否计入成本。为了正确核算施工生产过程中发生的各项费用支出,正确计算工程成本,施工企业应严格遵守成本开支范围,正确划分下列各项费用开支的界限:

(1)划清生产费用支出与非生产费用支出的界限。

(2)划清工程成本和期间费用的界限。

(3)划清本期工程成本与非本期工程成本的界限。凡本期支付应由本期成本负担的耗费,全部计入本期成本;本期已经支付但应由以后各期共同负担的耗费,应分摊计入以后期间的成本;本期虽未支付,但应由本期负担的耗费,应估价计入本期成本。企业应按

受益原则，正确核算各期的成本费用，严禁利用待摊和预提的方法人为地调节工程成本。

(4)划清不同成本核算对象的费用界限。为了分析和考核各单位工程成本计划的执行情况，企业必须分别计算各项工程的实际成本。根据建造合同的具体情况和管理要求，按照确定的工程成本核算对象设置成本明细账，归集发生的各项施工费用。为真实反映各工程的成本水平，以为凡是能够分清具体承担对象的费用，直接计入该成本核算对象；凡是不能分清具体承担对象的费用，应选择合理的方法，分配计入受益的成本核算对象。

(5)划清已完工程成本与未完工程成本的界限。工程施工周期与会计核算期间的不一致性，往往导致期末时有未完施工存在。因此在进行工程成本核算时，还应将各成本核算对象归集的费用在已完工程和未完工程之间进行分配，计算出已完工程成本，以便与工程预算成本进行比较，考核成本节超，加强成本管理。

（三）建立、健全成本管理制度

1. 建立、健全定额管理制度

定额是在正常施工条件下，完成单位合格产品所消耗的人力、物力、财力的数量标准。施工企业使用的定额包括预算定额和施工定额两种。

2. 建立、健全各项原始记录

原始记录是直接记载和反映各种成本费用的发生时间、地点、用途、金额的原始资料，是进行工程成本核算的基础。成本核算的原始记录主要包括工程任务单、材料领(退)料单、考勤表、机械使用记录、未完施工盘点单等。如果原始记录不全或数字不准确，工程成本核算就失去了客观依据。因此，必须建立、健全各项原始记录的填制和审核制度，为工程成本核算提供真实可靠的原始资料。

3. 建立、健全内部结算制度

为了适应分级管理、分级核算的组织管理体制，分析和考核各内部单位的经营成果，应建立、健全内部结算制度。内部结算应以合理的内部价格为依据。正确制定和使用内部结算价格，有利于分清各内部单位的经济责任，考核各内部单位的成本管理水平，提高全面成本管理的综合效益。内部结算价格应保持相对稳定，但也要定期修订，使之尽量适应各个时期的实际情况。

4. 建立、健全物资管理制度

对于各种财产物资的收发、领退以及在不同工程成本核算对象之间的转移，都应经过计量和验收，办理必要的凭证手续，防止冒领滥用。对于库存以及施工现场堆放的各种材料物资，应定期进行清查盘点，防止丢失、损坏和积压浪费。对于施工过程中产生的废料和边角料，应尽可能回收利用。对期末的已领未用材料，应及时办理退料或“假退料”手续，以正确计算材料费用。

专家解读

工程成本核算，就是将工程施工过程中发生的各项生产费用，如支付给工人的工资、耗用的各种材料、使用机械设备所发生的机械使用费等，根据内部有关部门提供的手续、完备的凭证资料，通过“工程施工”科目进行汇总，然后再直接计入或分配计入有关的成本核算对象，计算出各工程的实际成本。

七、成本核算对象和成本项目

（一）成本核算对象

工程成本核算对象，是在成本核算时选择的归集施工生产费用的目标。合理确定工程成本核算对象，是正确进行工程成本核算的前提。

由于产品工艺、生产方式、成本管理等要求不同，产品项目不等于成本核算对象。一般情况下，生产一种或几种产品的，以产品品种为成本核算对象，分批、单件生产的产品，以每批或每件产品为成本核算对象，多步骤连续加工的产品，以每种产品及各生产步骤为成本核算对象，产品规格繁多的，可将产品结构、耗用原材料和工艺过程基本相同的各种产品，适当合并作为成本核算对象。

成本核算对象确定后，在成本核算过程中不能任意变更。所有原始记录都必须按照确定的成本核算对象填写清楚，以便于归集和分配施工生产费用。

（二）成本项目

根据《企业产品成本核算制度（试行）》，建筑企业一般按照订立的单项合同确定成本核算对象。单项合同包括建造多项资产的，企业应当按照企业会计准则规定的合同分立原则，确定建造合同的成本核算对象。为建造一项或数项资产而签订一组合同的，按合同合并的原则，确定建造合同的成本核算对象。

建筑企业一般设置直接人工、直接材料、机械使用费、其他直接费用和间接费用等成本项目。建筑企业将部分工程分包的，还可以设置分包成本项目。

（1）直接人工，是指按照国家规定支付给施工过程中直接从事建筑安装工程施工的工人以及在施工现场直接为工程制作构件和运料、配料等工人的职工薪酬。

（2）直接材料，是指在施工过程中所耗用的、构成工程实体的材料、结构件、机械配件和有助于工程形成的其他材料以及周转材料的租赁费和摊销等。

（3）机械使用费，是指施工过程中使用自有施工机械所发生的机械使用费，使用外单位施工机械的租赁费，以及按照规定支付的施工机械进出场费等。

（4）其他直接费用，是指施工过程中发生的材料搬运费、材料装卸保管费、燃料动力费、临时设施摊销、生产工具用具使用费、检验试验费、工程定位复测费、工程点交费、场地清理费，以及能够单独区分和可靠计量的为订立建造承包合同而发生的差旅费、投标费等。

（5）间接费用，是指企业各施工单位为组织和管理工程施工所发生的费用。

（6）分包成本，是指按照国家规定开展分包，支付给分包单位的工程价款。

专家解读

项目成本核算一般以每一独立编制施工图预算的单位工程为对象，但也可以按照承包工程项目的规模、现场等情况，结合成本控制的要求，以下列方法来划分核算对象：

（1）一个单位工程由几个施工单位共同施工时，各施工单位都应以同一单位工程为成本核算对象，各自核算自行完成的部分。

（2）规模大、工期长的单位工程，可以将工程划分为若干部位，以分部位的工程作为成本核算对象。

（3）同一建设项目，由同一施工单位施工，并在同一施工地点，属于同一建设项目，可得各个单位工程合并作为一个成本核算对象。

（4）改建、扩建的零星工程，可根据实际情况和管理需要，以一个单项工程为成本核算对象，或将同一施工地点的若干个工程量较少的单项工程合并作为一个成本核算对象。

八、成本核算程序

（一）工程成本核算的账户设置

工程成本核算的程序，是指进行工程成本核算一般应采用的步骤。施工企业对施工过程中发生的各项施工费用，应按其用途和发生地点进行归集。对不能分清受益对象的费用，还需要采用合理的方法分配计入各工程成本核算对象。为了核算和监督各项施工费用的发生和分配情况，正确计算工程成本，施工企业应设置下列会计账户。

1. “工程施工”账户

本账户应按建造合同分别设置“合同成本”和“合同毛利”等进行明细核算：

（1）“工程施工-合同成本”账户。该账户核算企业进行工程施工发生的各项施工生产费用，并确定各个成本核算对象的成本。其借方登记施工过程中实际发生的直接费和应负担的间接费，贷方登记工程竣工后与“工程结算”账户对冲的费用，期末借方余额表示工程自开工至本期累计发生的施工费用。

（2）“工程施工-合同毛利”账户。该账户核算各个成本核算对象各期确认的毛利。其借方登记期末确认的工程毛利，贷方登记确认的工程亏损，期末借方余额表示工程自开工至本期累计确认的毛利，期末若为贷方余额，则表示工程自开工至本期累计确认的亏损。工程竣工后，本账户应与“工程结算”账户对冲后结平。

2. “工程施工-间接费用”账户

该账户核算企业所属各施工单位为组织和管理施工生产而发生的不能直接计入工程成本的费用。其借方登记实际发生的费用，贷方登记月末分配计入各成本核算对象的费用，期末一般无余额。

3. “生产成本-辅助生产成本”账户

该账户核算工业企业内部为基本生产服务而进行的产品和劳务供应所产生的费用。其借方登记实际发生的费用，贷方登记生产完工验收入库的产品成本或者按受益对象分配结转的费用，期末借方余额表示在产品的成本。

4. “机械作业”账户

该账户是指企业（建造承包商）及其内部独立核算的施工单位、机械站和运输队使用自有施工机械和运输设备进行机械作业（包括机械化施工和运输作业等）所发生的各项费用的一个科目。其借方登记实际发生的费用，贷方登记期末按受益对象分配结转的费用，期末一般没有余额。

5. “工程结算”账户

该账户是指施工企业按照承包合同和已完工程量向建设单位办理工程价清算所产生的费用，期末贷方余额反映企业尚未完工建造合同已办理结算的累计金额。该账户为“工程施工”账户的抵销账户，建造合同完工后，两账户同一核算对象的余额应一致，两账户对冲结平。

（二）工程成本核算程序

不同的成本费用账户，在工程成本核算中起着不同的作用。根据它们的核算内容和使用方法，可以将工程成本核算的基本程序概述如下：

（1）归集各项生产费用。即将本期发生的各项生产费用，按其用途和发生地点，归集到有关成本、费用账户中。

（2）分配辅助生产费用。期末，将归集在“生产成本-辅助生产成本”账户的费用向各受益对象分配，计入“机械作业”“工程施工”等账户。

（3）分配机械作业费用。期末，将归集在“机械作业”账户的费用向各受益对象分配，计入“工程施工”各有关明细账户。

（4）分配施工间接费用。期末，将归集在“工程施工-间接费用”账户的费用向各工程分配，计入“工程施工”各有关明细账户。

（5）计算和结转工程成本。期末，计算本期已完工程或竣工工程的实际成本，并将竣工工程的实际成本从“工程施工”账户转出，与“工程结算”账户的余额对冲。尚未竣工工程的实际成本仍然保留在“工程施工”账户，不予结转。

专家解读

工程成本核算的程序可归结为：

（1）确定成本核算对象，设置成本核算科目，开设成本明细账。

（2）核算与分配各项生产费用。

（3）计算期末工程成本。

（4）计算年度合同费用。

（5）计算竣工单位工程的实际成本和预算成本，编制单位工程竣工成本决算。

九、成本核算原则

工程成本核算应遵循的原则：

(1)合法性原则。指计入成本的费用都必须符合法律、法规、制度等的规定。不合规定的费用不能计入成本。

(2)可靠性原则。包括真实性和可核实性。真实性是指所提供的成本信息与客观的经济事项相一致,不应掺假或人为地提高、降低成本。可核实性是指成本核算资料按一定的原则由不同的会计人员加以核算,都能得到相同的结果。真实性和可核实性是为了保证成本核算信息的正确可靠。

(3)相关性原则。包括成本信息的有用性和及时性。有用性是指成本核算要为管理当局提供有用的信息,为成本管理、预测、决策服务。及时性是指强调信息取得的时间性,及时的信息反馈,可及时地采取措施,改进工作,而这时的信息往往成为徒劳无用的资料。

(4)分期核算原则。企业为了取得一定期间所生产产品的成本,必须将生产活动按一定阶段(如月、季、年)划分为各个时期,分别计算各期产品的成本。成本核算的分期,必须与会计年度的分月、分季、分年相一致,这样可以便于利润的计算。

(5)权责发生制原则。应由本期成本负担的费用,不论是否已经支付,都要计入本期成本;不应由本期成本负担的费用(即已计入以前各期的成本,或应由以后各期成本负担的费用),虽然在本期支付,也不应计入本期成本,以便正确提供各项的成本信息。

(6)实际成本计价(核算)原则。生产所耗用的原材料、燃料、动力要按实际耗用数量的实际单位成本计算、完工产品成本的计算要按实际发生的成本计算。虽然原材料、燃料、产成品的账户可按计划成本(或定额成本、标准成本)加、减成本差异,以调整到实际成本。

(7)一致(贯)性原则。成本核算所采用的方法,前后各期必须一致,以使各期的成本资料有统一的口径,前后连贯,互相可比。

(8)重要性原则。对于成本有重大影响的项目应作为重点,力求精确。而对于那些不太重要的琐碎项目,则可以从简处理。

(9)谨慎性原则。企业对交易或者事项进行会计确认、计量和报告应当保持应有的谨慎,不应高估资产或者收益、低估负债或者费用。企业对应收账款提取坏账准备,体现了会计核算的谨慎原则。

(10)配比原则。在工程成本核算时,为取得本期收入而发生的成本和费用应与本期实现的收入在同一时期内确认入账,不得提前或延后,以便考核项目经营成果和正确计算。

十、工程实际成本的核算

工程施工过程中发生的各项施工费用,应按确定的成本核算对象和规定的成本项目进行归集和分配。能够分清受益对象的费用,直接计入受益对象的成本;不能分清受益对象的费用,采用一定的方法分配计入各受益对象的成本,最后计算出各项工程的实际总成本。这是施工企业会计核算的重要内容。

合同成本应当包括从合同签订开始至合同完成止所发生的、与执行合同有关的直接费用和间接费用。合同的直接费用应当包括下列内容:耗用的材料费用;耗用的人工费用;耗用的机械使用费;其他直接费用,指其他可以直接计入合同成本的费用。

间接费用是企业下属的施工单位或生产单位为组织和管理施工生产活动所发生的费用。直接费用在发生时直接计入合同成本,间接费用在资产负债表日按照系统、合理的方法分摊计入合同成本。合同完成后处置残余物资取得的收益等与合同有关的零星收益,应当冲减合同成本。合同成本不包括应当计入当期损益的管理费用、销售费用和财务费用。因订立合同而发生的有关费用,应当直接计入当期损益。

(一)人工费核算

工程成本中的人工费,是指支付给直接从事工程施工的建筑安装工人和在施工现场运料、配料等辅助工人的各种薪酬和发生的劳动保护费等。

由于人工费性质和内容的不同,人工费计入成本的方法也不同。企业应按以下原则确定各成本核算对象的人工费成本:

(1)计件工资,一般都能分清受益对象,应直接计入各成本核算对象。

(2)计时工资和加班工资,如果施工项目只有一个单位工程,或根据用工记录能够分清受益对象的,应直接计入各成本核算对象;如果不能分清受益对象,则应根据用工记录分配。

(3)其他薪酬,包括各种奖金、工资性津贴、职工福利费、社会保险费、住房公积金、工会经费和职工教育经费、非货币性福利等,应按照合理的方法分配计入各成本核算对象。

(二)材料费核算

工程成本中的材料费是指在工程施工过程中耗用的构成工程实体的主要材料、结构构件的实际成本,有助于工程形成的其他材料的实际成本,以及周转材料的摊销额和租赁费用。

施工现场储存的材料,除了用于工程施工外,还可能用于搭建临时设施,或者用于其他非生产方面。企业必须根据发出材料的用途,严格划分工程用料和其他用料的界限,只有直接用于工程施工的材料才能计入工程成本。

施工生产中耗用的材料,品种多、数量大、领用频繁。因此,企业应根据发出材料的有关原始凭证进行整理、汇总,并应区分以下不同情况进行核算:

(1)凡领用时能点清数量并能分清用料对象的,应在有关领料凭证(领料单、限额领料单)上注明领料对象,直接计入各成本核算对象。

(2)领用时虽能点清数量,但属于集中配料或统一下料的材料,如油漆、玻璃等,应在领料凭证上注明“工程集中配料”字样,月末根据耗用情况,编制“集中配料耗用计算单”,据以分配计入各成本核算对象。

(3)领料时既不易点清数量,又难以分清耗用对象的材料,如砖、瓦、灰、砂、石等大堆材料,可根据具体情况,由材料员或施工现场保管员验收保管,月末通过实地盘点,倒算出本月实耗数量,编制“大堆材料耗用计算单”,据以计入各成本核算对象。

(4)周转使用的模板、脚手架等周转材料,应根据各受益对象的实际在用数量和规定的摊销方法,计算当期摊销额,并编制“周转材料摊销分配表”,据以计入各成本核算对象。对租用的周转材料,则应按实际支付的租赁费直接计入各成本核算对象。

(5)施工中的残次材料和包装物品等,应尽量回收利用,填制“废料交库单”估价入账,并冲减工程成本。

(6)按月计算工程成本时,月末对已经办理领料手续,但尚未耗用,下月份仍需要继续使用的材料,应进行盘点,办理“假退料”手续,以冲减本期工程成本。

(7)工程竣工后的剩余材料,应填写“退料单”或用红字填写“领料单”,据以办理材料退库手续,并冲减工程成本。

(三)机械使用费核算

工程成本中的机械使用费,是指在施工过程中使用自有施工机械和运输设备发生的费用,租入施工机械支付的租赁费,以及施工机械的安装、拆卸和进出场费等。

1. 租入机械使用费的核算

从外单位或本企业其他内部独立核算单位租入施工机械支付的租赁费,根据“机械租赁费结算单”所列金额,直接计入各工程成本核算对象。如果租入机械为两个或两个以上的工程服务,可按各工程使用的台班数分配计入各成本核算对象。

2. 自有机械使用费的核算

(1)自有机械使用费的归集。企业使用自有施工机械或运输设备进行机械施工发生的各项费用,应通过“机械作业”账户归集,月末再按一定的方法分配计入各受益对象的成本中。

(2)自有机械使用费的分配,应通过编制“自有机械使用费分配表”进行。

3. 施工机械安装、拆卸和进出场费的核算

施工机械的安装、拆卸和进出场费,是指将机械运到施工现场、运离施工现场和在施工现场范围内转移的运输、安装、拆卸、试车等费用,以及为使用施工机械而建造的基础、底座、工作台、行走轨道等费用。这些费用如果数额不大,可以于发生时直接计入“机械作业”账户,列作当月工程成本;如果数额较大,受益期较长,可以通过“长期待摊费用”账户分期摊入各期工程成本。

(四)其他直接费核算

其他直接费是指在施工过程中发生的除了人工费、材料费、机械使用费以外的直接与工程施工有关的各种费用,主要包括设计与技术援助费、特殊工种培训费、施工现场材料二次搬运费、生产工具用具使用费、检验试验费、工程定位复测费、工程点交费、场地清理费以及冬雨季施工增加费、夜间施工增加费等。其他直接费可分为以下三种情况进行核算:

(1)发生时能分清受益对象的费用,可直接计入各成本核算对象。

(2)发生时不能分清受益对象的费用,应采用适当的方法分配计入各成本核算对象。

(3)发生时难于同成本中的其他项目区分的费用(如冬雨季施工中的防雨、保温材料费,夜间施工的电器材料及电费,流动施工津贴,场地清理费,材料二次搬运费中的人工费、机械使用费等),为了简化核算手续,可于费用发生时列入“人工费”“材料费”“机械使用费”等项目核算。但在期末进行成本分析时,应将预算成本中的有关费用按一定的方法从“其他直接费”调至“人工费”“材料费”“机械使用费”等项目,以利于成本分析和考核。

(五)间接费用核算

间接费用是企业下属的各施工单位(分公司、工区、施工队、项目部等)为组织和管理工程施工所发生的各项费用。一般难以分清受益对象,费用发生时先在“工程施工-间接费用”

账户中归集,期末再按一定标准分配计入各成本核算对象。“工程施工-间接费用”明细账应采用多栏式账页,按费用项目设置和登记。

间接费用的分配标准,应与预算取费相一致。一般情况下,建筑工程的施工间接费以直接费为标准分配,安装、装饰等工程的施工间接费以人工费为标准分配。根据施工工程的具体情况,间接费用的分配方法,主要有以下几种:

(1)直接费比例法,即以各工程发生的直接费为标准分配间接费用的一种方法。

(2)人工费比例法,即以各工程发生的人工费为标准分配间接费用的一种方法。

(3)多步计算法,如果一个施工单位在同一时期内既进行建筑工程施工,又进行安装工程施工,其间接费用的分配应分两步进行。

十一、期间费用的核算

(一)管理费用的核算

1.管理费用的内容

管理费用是指建筑安装企业组织施工生产和经营管理所需的费用。内容包括:

(1)管理人员工资:是指按规定支付给管理人员的计时工资、奖金、津贴补贴、加班加点工资及特殊情况下支付的工资等。

(2)办公费:是指企业管理办公用的文具、纸张、账表、印刷、邮电、书报、办公软件、现场监控、会议、水电、烧水和集体取暖降温(包括现场临时宿舍取暖降温)等费用。

(3)差旅交通费:是指职工因公出差、调动工作的差旅费、住勤补助费,市内交通费和误餐补助费,职工探亲路费,劳动力招募费,职工退休、退职一次性路费,工伤人员就医路费,工地转移费以及管理部门使用的交通工具的油料、燃料等费用。

(4)固定资产使用费:是指管理和试验部门及附属生产单位使用的属于固定资产的房屋、设备、仪器等的折旧、大修、维修或租赁费。

(5)工具用具使用费:是指企业施工生产和管理使用的不属于固定资产的工具、器具、家具、交通工具和检验、试验、测绘、消防用具等的购置、维修和摊销费。

(6)劳动保险和职工福利费:是指由企业支付的职工退职金、按规定支付给离休干部的经费,集体福利费、夏季防暑降温、冬季取暖补贴、上下班交通补贴等。

(7)劳动保护费:是企业按规定发放的劳动保护用品的支出。如工作服、手套、防暑降温饮料以及在有碍身体健康的环境中施工的保健费用等。

(8)检验试验费:是指施工企业按照有关标准规定,对建筑以及材料、构件和建筑安装物进行一般鉴定、检查所发生的费用,包括自设试验室进行试验所耗用的材料等费用。不包括新结构、新材料的试验费,对构件做破坏性试验及其他特殊要求检验试验的费用和建设单位委托检测机构进行检测的费用,对此类检测发生的费用,由建设单位在工程建设其他费用中列支。但对施工企业提供的具有合格证明的材料进行检测不合格的,该检测费用由施工企业支付。

(9)工会经费:是指企业按《中华人民共和国工会法》规定的全部职工工资总额比例计提的工会经费。

(10)职工教育经费:是指按职工工资总额的规定比例计提,企业为职工进行专业技术和职业技能培训,专业技术人员继续教育、职工职业技能鉴定、职业资格认定以及根据需要对职工进行各类文化教育所发生的费用。

(11)财产保险费:是指施工管理用财产、车辆等的保险费用。

(12)税金:是指企业按规定缴纳的房产税、车船使用税、土地使用税、印花税等。

(13)其他:包括技术转让费、技术开发费、投标费、业务招待费、绿化费、广告费、公证费、法律顾问费、审计费、咨询费、保险费等。

专家解读

根据《企业会计准则第14号——收入》,企业应当在下列支出发生时,将其计入当期损益:管理费用;非正常消耗的直接材料、直接人工和制造费用(或类似费用),这些支出为履行合同发生,但未反映在合同价格中;与履约义务中已履行部分相关的支出;无法在尚未履行的与已履行的履约义务之间区分的相关支出。

2. 管理费用的核算方法

为了核算和监督管理费用的发生情况,企业应设置"管理费用"账户进行总分类核算,并按费用项目设置专栏进行明细核算。其借方登记发生的各项费用,贷方登记期末转入"本年利润"账户的管理费用,结转后本账户期末应无余额。

企业内部独立核算单位发生的属于公司经费的有关费用,应在"工程施工-间接费用"账户核算;发生的除公司经费以外的上述有关费用,应列作管理费用,直接计入当期损益。

(二)财务费用的核算

1. 财务费用的内容

财务费用是指企业为筹集生产经营所需资金而发生的各项费用。具体包括:

(1)利息支出(减利息收入),指企业向银行借款或发行债券应付的利息减去银行存款利息收入后的净额。需要注意的是:因购建或生产满足资本化条件的资产发生的应予以资本化的借款费用,应计入有关资产的购建成本。允许冲抵利息支出的利息收入,仅指企业存于开户银行的存款利息收入。企业将闲置资金借给其他企业而获取的利息收入,不能冲抵财务费用,应列入投资收益。

(2)汇兑损失(减汇兑收益),指企业在生产经营期间的外汇结算业务,由于汇率变动以及不同货币兑换所发生的汇兑损失与汇兑收益的差额。

(3)支付金融机构的手续费,指企业因筹资和办理各种结算业务而支付给金融机构的各种手续费用。

(4)发生的现金折扣,指企业为了鼓励债务人在规定的期限内付款而给予债务人的债务扣除。企业取得的现金折扣应作为减项处理。

2. 财务费用的核算方法

为了核算和监督财务费用的发生情况,企业应设置"财务费用"账户进行总分类核算,并按费用项目设置专栏进行明细分类核算。其借方登记发生的各项财务费用,贷方登记取得的利息收入和汇兑收益,以及期末转入“本年利润”账户的金额,结转后本账户期末应无余额。

专家解读

在建筑安装工程费用项目组成中,管理费用包括财务费、城市维护建设税、教育费附加、地方教育附加等。但在财务会计中,这几项费用分别在财务费用和应交税金中核算。

工程成本结算方法的确定通常依据工程价款的结算方式,主要有工程成本竣工结算法、工程成本月份结算法和工程成本分段结算法。建筑安装工程价款的结算方法,可采取按月结算、分段结算、竣工后一次结算,或按照合同双方约定的其他方式。工程价款竣工后一次结算方法适用于规模较小、工期较短的工程。

第三节　收　　入

一、收入概述

(一)收入的定义

根据《企业会计准则第14号——收入》,收入,是指企业在日常活动中形成的、会导致所有者权益增加的、与所有者投入资本无关的经济利益的总流入。收入是利润的来源,获取收入是企业日常经营活动中最重要的目标之一。其中,日常活动是指企业为完成其经营目标所从事的经常性活动以及与之相关的其他活动。

企业为完成其经营目标所从事的经常性活动,例如,工业企业制造并销售产品、商品流通企业销售商品、咨询公司提供咨询服务、保险公司签发保单、商业银行对外贷款、软件公司为客户开发软件、安装公司提供安装服务、租赁公司出租资产、建筑企业提供建造服务等。

企业发生的与经常性活动相关的其他活动,例如,工业企业对外出售不需用的原材料、对外转让无形资产使用权(其他业务收入)所形成的经济利益的总流入也构成收入;用闲置资金对外投资(投资收益)等所形成的经济利益的净流入也构成收入。

美国财务会计准则委员会(FASB)的定义:“收入是一个主体因销售或生产产品、提供劳务或从事构成其持续的主要或中心经营活动的其他业务而形成的资产流入,或其他资产价值的增加或负债的清偿(或兼而有之)。”

(二)狭义收入与广义收入的构成

狭义的收入,仅指营业收入,按照企业经营业务的主次分为主营业务收入、其他业务收入。其中,主营业务收入是指企业根据营业执照上规定的主要业务范围,为完成其经营目标而从事日常活动所取得的收入。例如施工企业收到的工程价款、转让施工技术取得的收入、销售材料价款的收入，均应计入企业收入。其他业务收入，是指企业在生产经营过程中取得的除主营业务收入以外的各项收入。

广义的收入，除包括狭义的营业收入外，还包括投资收益、补贴收入、营业外收入等。

专家解读

（1）主营业务收入和其他业务收入的划分。一般按照营业执照上规定的主营业务和兼营业务作为标准。在实际工作中，如果营业执照上注明的兼营业务量较大，且经常发生，根据实质重于形式原则也可将其视为主营业务，将取得的收入作为主营业务收入处理。其次，主营业务收入和其他业务收入的划分，对不同企业来说，是相对的概念。例如，提供劳务，对安装公司来说属于主营业务，而对于建筑企业来说，属于其他业务。

（2）区分狭义收入中的其他业务收入、广义收入中的营业外收入。其他业务收入仍包括在业务收入之内，即属于经营的营业收入。而营业外收入主要包括：非货币性资产交换利得、出售无形资产收益、债务重组利得、企业合并损益、盘盈利得、因债权人原因确实无法支付的应付款项、政府补助、教育费附加返还款、罚款收入、捐赠利得等。

（三）收入的特征

收入的特征，以及对应收入各特征中不属于收入的款项，如下表所示。

收入的特征	不能计入收入的款项
收入产生于企业持续的日常活动，其具有经常性，可合理预期	非日常活动的流入，从偶然的交易和事项中产生的不算收入。例如：因设备陈旧而处置所得视为偶发事件，不算收入
收入的实质是企业净资产的增加，表现为企业资产的增加或负债的减少，或两者同时发生，这必然导致所有者权益的增加	所有者投入（权益投资）不算收入。例如：股东出资虽然会导致所有者权益增加，但不算收入
收入只包括企业自有资金流入产生的经济利益	非本企业自有资金流入产生的效益，不算收入。代收的款项，一方面增加企业的资产，同时也相应增加了负债，因此不能给企业带来经济利益的流入，所有者权益不能产生实质性增加，从而不能作为企业的收入。例如：代扣职工个人所得税

（续表）

收入的特征	不能计入收入的款项
收入的取得必然有企业相应的付出来对应，这是由会计中“配比原则”决定的。任何收入都是企业先期垫付费用的回报： (1)销售商品的收入是与企业制造或取得商品的成本相对应，需要企业先行制造商品或垫付购买。 (2)提供劳务取得收入同样需要企业垫付一定的劳务费用，例如工资	没有垫付费用或者找不到与之相对应成本的经济利益流入不属于收入。例如：企业接受捐赠就不能列入收入，不能计入当期损益，而是直接计入所有者权益
收入作为会计核算中的一个虚账户，本身不代表资源，而是作为企业正常经营过程中销售产品、提供劳务或让渡资产使用权引起经济利益流入的统计数。它作为一个会计要素，既有统计的性质，同时又包含了经济性质。这种经济性质表现在：收入既包含产品或劳务成本的补偿，也包含了通过交换为市场认可的、由主体所创造的新价值	—

（四）收入的分类

按照企业经营业务的主次分为主营业务收入、其他业务收入。具体划分已在广义收入与狭义收入的构成中阐述。

建造（施工）企业，按照收入形成的原因分为销售商品收入、提供劳务收入、让渡资产使用权收入、建造合同收入，具体内容如下表所示。

收入类型	内容
销售商品收入	是指企业销售商品、产品、原材料、包装物、低值易耗品以及其他存货取得的收入。建筑企业包括产品销售和材料销售两类，施工企业销售自行加工的商品混凝土的收入属于产品销售
提供劳务收入	是指企业从事建筑安装、修理修配、交通运输、仓储租赁、金融保险、邮电通信、咨询经纪、文化体育、科学研究、技术服务、教育培训、餐饮住宿、中介代理、卫生保健、机械作业、设计业务、社区服务、旅游、娱乐、加工以及其他劳务服务活动取得的收入
让渡资产使用权收入	主要包括利息收入、使用费收入，另外还包括出租资产收取的租金、进行债券投资取得的利息、进行股权投资取得的现金股利收入等
建造合同收入	应在完成合同规定的工程形象进度或工程阶段，与发包单位进行工程价款结算时，确认为工程收入的实现

二、收入的确认

（一）识别与客户的合同

1. 合同存在的条件

当企业与客户之间的合同同时满足下列条件时，企业应当在客户取得相关商品控制权时确认收入：

（1）合同各方已批准该合同并承诺将履行各自义务。

（2）该合同明确了合同各方与所转让商品或提供劳务（以下简称“转让商品”）相关的权利和义务。

（3）该合同有明确的与所转让商品相关的支付条款。

（4）该合同具有商业实质，即履行该合同将改变企业未来现金流量的风险、时间分布或金额。

（5）企业因向客户转让商品而有权取得的对价很可能收回。

在合同开始日即满足上述条件的合同，企业在后续期间无需对其进行重新评估，除非有迹象表明相关事实和情况发生重大变化。合同开始日通常是指合同生效日。

2. 未满足标准的合同的会计处理

对于不能同时满足上述收入确认的五个条件的合同，企业只有在不再负有向客户转让商品的剩余义务（例如，合同已完成或取消），且已向客户收取的对价（包括全部或部分对价）无需退回时，才能将已收取的对价确认为收入；否则，应当将已收取的对价作为负债进行会计处理。没有商业实质的非货币性资产交换，不确认收入。

3. 对合同的持续评估

对于在合同开始日即满足上述收入确认条件的合同，企业在后续期间无需对其进行重新评估，除非有迹象表明相关事实和情况发生重大变化。

对于不满足上述收入确认条件的合同，企业应当在后续期间对其进行持续评估，以判断其能否满足这些条件。

4. 合同合并

企业与同一客户（或该客户的关联方）同时订立或在相近时间内先后订立的两份或多份合同，在满足下列条件之一时，应当合并为一份合同进行会计处理：

（1）该两份或多份合同基于同一商业目的而订立并构成一揽子交易。

（2）该两份或多份合同中的一份合同的对价金额取决于其他合同的定价或履行情况。

（3）该两份或多份合同中所承诺的商品（或每份合同中所承诺的部分商品）构成相关规定的单项履约义务。

5. 合同变更

企业应当区分下列三种情形对合同变更分别进行会计处理：

（1）合同变更增加了可明确区分的商品及合同价款，且新增合同价款反映了新增商品单独售价的，应当将该合同变更部分作为一份单独的合同进行会计处理。

（2）合同变更不属于第（1）条规定的情形，且在合同变更日已转让的商品或已提供的服务(以下简称“已转让的商品”)与未转让的商品或未提供的服务(以下简称“未转让的商品”)之间可明确区分的,应当视为原合同终止,同时,将原合同未履约部分与合同变更部分合并为新合同进行会计处理。

(3)合同变更不属于第(1)条规定的情形,且在合同变更日已转让的商品与未转让的商品之间不可明确区分的,应当将该合同变更部分作为原合同的组成部分进行会计处理,由此产生的对已确认收入的影响,应当在合同变更日调整当期收入。

上述所称合同变更,是指经合同各方批准对原合同范围或价格作出的变更。

(二)识别合同中的单项履约义务

履约义务,是指合同中企业向客户转让可明确区分商品的承诺。履约义务既包括合同中明确的承诺,也包括由于企业已公开宣布的政策、特定声明或以往的习惯做法等导致合同订立时客户合理预期企业将履行的承诺。企业为履行合同而应开展的初始活动,通常不构成履约义务,除非该活动向客户转让了承诺的商品。

企业向客户转让一系列实质相同且转让模式相同的、可明确区分商品的承诺,也应当作为单项履约义务。

企业向客户承诺的商品同时满足下列条件的,应当作为可明确区分商品:

(1)客户能够从该商品或服务本身或者从该商品或服务与其他易于获得资源一起使用中受益。

(2)企业向客户转让该商品或服务的承诺与合同中其他承诺可单独区分。

下列情形通常表明企业向客户转让该商品的承诺与合同中其他承诺不可单独区分:

(1)企业需提供重大的服务以将该商品与合同中承诺的其他商品整合成合同约定的组合产出转让给客户。

(2)该商品将对合同中承诺的其他商品予以重大修改或定制。

(3)该商品与合同中承诺的其他商品具有高度关联性。

(三)履行各单项履约义务时确认收入

合同开始日,企业应当对合同进行评估,识别该合同所包含的各单项履约义务,并确定各单项履约义务是在某一时段内履行,还是在某一时点履行,然后,在履行了各单项履约义务时分别确认收入。

企业应当根据实际情况,首先判断履约义务是否满足在某一时段内履行的条件,如不满足,则该履约义务属于在某一时点履行的履约义务。

对于在某一时段内履行的履约义务,企业应当选取恰当的方法来确定履约进度;对于在某一时点履行的履约义务,企业应当综合分析控制权转移的迹象,判断其转移时点。

1. 在某一时段内履行履约义务的收入确认

满足下列条件之一的,属于在某一时段内履行履约义务,相关收入应当在该履约义务履行的期间内确认:

(1)客户在企业履约的同时即取得并消耗企业履约所带来的经济利益。企业在进行判断时,可以假定在企业履约的过程中更换为其他企业继续履行剩余履约义务,如果该继续履行合同的企业实质上无需重新执行企业累计至今已经完成的工作,则表明客户在企业履约的同时即取得并消耗了企业履约所带来的经济利益。

(2)客户能够控制企业履约过程中在建的商品。企业在履约过程中创建的商品包括在产品、在建工程、尚未完成的研发项目、正在进行的服务等,由于客户控制了在建的商品,客户在企业提供商品的过程中获得其利益,因此该履约义务属于在某一时段内履行的履约义务。

(3)企业履约过程中所产出的商品具有不可替代用途,且该企业在整个合同期间内有权就累计至今已完成的履约部分收取款项。在判断商品是否具有不可替代用途时,企业既应当考虑合同限制,也应当考虑实际可行性限制,但无需考虑合同被终止的可能性。

专家解读

企业在整个合同期内,有权就累计至今已完成的履约部分收取款项,是指在由于客户或其他方原因终止合同的情况下,企业有权就累计至今已完成的履约部分收取能够补偿其已发生成本和合理利润的款项,并且该权利具有法律约束力。需要强调的是,合同终止必须是由于客户或其他方(即由于企业未按照合同承诺履约之外的其他原因)而非企业自身的原因所致,在整个合同期间内的任一时点,企业均应当拥有此项权利。

对于在某一时段内履行的履约义务,企业应当在该段时间内按照履约进度确认收入,但是,履约进度不能合理确定的除外。企业应当考虑商品的性质,采用产出法或投入法确定恰当的履约进度。其中,产出法是根据已转移给客户的商品对于客户的价值确定履约进度;投入法是根据企业为履行履约义务的投入确定履约进度。对于类似情况下的类似履约义务,企业应当采用相同的方法确定履约进度。

当履约进度不能合理确定时,企业已经发生的成本预计能够得到补偿的,应当按照已经发生的成本金额确认收入,直到履约进度能够合理确定为止。

2. 在某一时点履行履约义务的收入确认

对于在某一时点履行的履约义务,企业应当在客户取得相关商品控制权时点确认收入。在判断客户是否已取得商品控制权时,企业应当考虑下列迹象:

(1)企业就该商品享有现时收款权利,即客户就该商品负有现时付款义务。

(2)企业已将该商品的法定所有权转移给客户,即客户已拥有该商品的法定所有权。

(3)企业已将该商品实物转移给客户,即客户已实物占有该商品。

(4)企业已将该商品所有权上的主要风险和报酬转移给客户,即客户已取得该商品所有权上的主要风险和报酬。

(5)客户已接受该商品。

(6)其他表明客户已取得商品控制权的迹象。

三、建造合同收入

(一)建造合同的定义与分类

建造合同,是指为建造一项或数项在设计、技术、功能、最终用途等方面密切相关的资产而订立的合同。

建造合同分为固定造价合同和成本加成合同。固定造价合同,是指按照固定的合同价或固定单价确定工程价款的建造合同。成本加成合同,是指以合同约定或其他方式议定的成本为基础,加上该成本的一定比例或定额费用确定工程价款的建造合同。

(二)分立与合并

企业通常应当按照单项建造合同进行会计处理。但是,在某些情况下,为了反映一项或一组合同的实质,需要将单项合同进行分立或将数项合同进行合并。

一项包括建造数项资产的建造合同,同时满足下列条件的,每项资产应当分立为单项合同:

(1)每项资产均有独立的建造计划。

(2)与客户就每项资产单独进行谈判,双方能够接受或拒绝与每项资产有关的合同条款。

(3)每项资产的收入和成本可以单独辨认。

追加资产的建造,满足下列条件之一的,应当作为单项合同:

(1)该追加资产在设计、技术或功能上与原合同包括的一项或数项资产存在重大差异。

(2)议定该追加资产的造价时,不需要考虑原合同价款。

一组合同无论对应单个客户还是多个客户,同时满足下列条件的,应当合并为单项合同:

(1)该组合同按一揽子交易签订。

(2)该组合同密切相关,每项合同实际上已构成一项综合利润率工程的组成部分。

(3)该组合同同时或依次履行。

(三)合同收入

合同收入应当包括下列内容:

(1)合同规定的初始收入。

(2)因合同变更、索赔、奖励等形成的收入。

合同变更,是指客户为改变合同规定的作业内容而提出的调整。合同变更款同时满足下列条件的,才能构成合同收入:

(1)客户能够认可因变更而增加的收入。

(2)该收入能够可靠地计量。

索赔款,是指因客户或第三方的原因造成的、向客户或第三方收取的、用以补偿不包括在合同造价中成本的款项。索赔款同时满足下列条件的,才能构成合同收入:

(1)根据谈判情况,预计对方能够同意该项索赔。

(2)对方同意接受的金额能够可靠地计量。

奖励款,是指工程达到或超过规定的标准,客户同意支付的额外款项。奖励款同时满足下列条件的,才能构成合同收入:

(1)根据合同目前完成情况,足以判断工程进度和工程质量能够达到或超过规定的标准。

(2)奖励金额能够可靠地计量。

(四)费用确认

在资产负债表日,建造合同的结果能够可靠估计的,应当根据完工百分比法确认合同收入和合同费用。完工百分比法,是指根据合同完工进度确认收入与费用的方法。

固定造价合同的结果能够可靠估计,是指同时满足下列条件:

(1)合同总收入能够可靠地计量。

(2)与合同相关的经济利益很可能流入企业。

(3)实际发生的合同成本能够清楚地区分和可靠地计量。

(4)合同完工进度和为完成合同尚需发生的成本能够可靠地确定。

成本加成合同的结果能够可靠估计,是指同时满足下列条件:

(1)与合同相关的经济利益很可能流入企业。

(2)实际发生的合同成本能够清楚地区分和可靠地计量。

企业确定合同完工进度可以选用下列方法:

(1)累计实际发生的合同成本占合同预计总成本的比例。

(2)已经完成的合同工作量占合同预计总工作量的比例。

(3)实际测定的完工进度。

采用累计实际发生的合同成本占合同预计总成本的比例确定合同完工进度的,累计实际发生的合同成本不包括下列内容:

(1)施工中尚未安装或使用的材料成本等与合同未来活动相关的合同成本。

(2)在分包工程的工作量完成之前预付给分包单位的款项。

在资产负债表日,应当按照合同总收入乘以完工进度扣除以前会计期间累计已确认收入后的金额,确认为当期合同收入;同时,按照合同预计总成本乘以完工进度扣除以前会计期间累计已确认费用后的金额,确认为当期合同费用。

当期完成的建造合同,应当按照实际合同总收入扣除以前会计期间累计已确认收入后的金额,确认为当期合同收入;同时,按照累计实际发生的合同成本扣除以前会计期间累计已确认费用后的金额,确认为当期合同费用。

建造合同的结果不能可靠估计的,应当分别下列情况处理:

(1)合同成本能够收回的,合同收入根据能够收回的实际合同成本予以确认,合同成本在其发生的当期确认为合同费用。

(2)合同成本不可能收回的,在发生时立即确认为合同费用,不确认合同收入。

使建造合同的结果不能可靠估计的不确定因素不复存在的,应当按照资产负债表日建造合同收入的规定确认与建造合同有关的收入和费用。

合同预计总成本超过合同总收入的,应当将预计损失确认为当期费用。

典型例题

【单选题】某施工合同项目预计总成本为3000万元，至第1年末，承包人自行施工部分累计实际发生的合同成本为1200万元，合同约定由承包人采购的已进场待安装工程设备200万元，已进场待使用的工程材料100万元，已预付分包工程款150万元（分包工作量尚未完成），则第1年末承包人的合同完工进度为（　　）。

A. 40%　　　　B. 45%

C. 48%　　　　D. 55%

A。【解析】根据累计实际发生的合同成本占合同预计总成本的比例确定合同完工进度属于完工百分比法的一种，具体计算公式为：合同完工进度 = 累计实际发生的合同成本/合同预计总成本 ×100%。采用累计实际发生的合同成本占合同预计总成本的比例确定合同完工进度的，累计实际发生的合同成本不包括下列内容：(1)施工中尚未安装或使用的材料成本等与合同未来活动相关的合同成本。(2)在分包工程的工作量完成之前预付给分包单位的款项。本题中，第1年末承包人的合同完工进度 = 1200/3000 ×100% = 40%。

第四节　利润和所得税费用

一、利润

（一）利润的定义

利润是企业的经营成果，是企业经营效果的综合反映，也是其最终成果的具体体现。利润包括收入减去费用后的净额、直接计入当期利润的利得和损失等。直接计入当期利润的利得和损失，是指应当计入当期损益、会导致所有者权益发生增减变动的、与所有者投入资本或者向所有者分配利润无关的利得或者损失。

对利润进行核算，可以及时反映企业在一定会计期间的经营业绩和获利能力，反映企业的投入产出效果和经济效益，有助于企业投资者和债权人据此进行盈利预测，做出正确的判断。

专家解读

不计入当期损益的利得和损失：接受捐赠、变卖固定资产等可直接计入资本公积，不计入收入。不计入收入的项目需记忆。

（二）营业利润的计算

净利润 = 利润总额 − 所得税费用

利润总额 = 营业利润 + 营业外收入 − 营业外支出

营业利润＝营业收入－营业成本－销售费用－管理费用－财务费用－资产减值损失－税金及附加＋公允价值变动收益(损失为负)＋投资收益(损失为负)

营业外收入－营业外支出＝营业外损益

“营业外收入”项目,是指企业处置固定资产、无形资产等活动,不是企业为完成其经营目标所从事的经常性活动,也不属于与经常性活动相关的活动,由此产生的经济利益的总流入不构成收入,应当确认为营业外收入。

“营业外收入”项目,反映企业发生的营业利润以外的收益,主要包括债务重组利得、与企业日常活动无关的政府补助、盘盈利得、捐赠利得等。

“营业外支出”项目,反映企业发生的营业利润以外的支出,主要包括公益性捐赠支出、非常损失、盘亏损失、非流动资产毁损报废损失、处置固定资产净损失等。

(三)利润分配管理

1. 利润分配的基本原则

一个建筑施工企业的利润分配不仅会影响建筑施工企业的筹资和投资决策,而且还涉及国家、企业、投资者、职工等多方面的利益关系,涉及建筑施工企业长远利益和近期利益、整体利益与局部利益等关系的处理与协调。为合理组织建筑施工企业财务活动和正确处理财务关系,建筑施工企业在进行利润分配时应遵循以下原则。

(1)依法分配原则。建筑施工企业的利润分配必须依法进行,这是正确处理各方面利益关系的关键。建筑施工企业应认真执行国家制定的关于利润分配的基本要求、一般程序和重大比例等法规,不得违反。国家有关利润分配的法律和法规主要有《中华人民共和国公司法》《中华人民共和国外商投资法》等,企业在利润分配中必须切实执行上述法律、法规。利润分配在企业内部属于重大事项,企业的章程必须在不违背国家有关规定的前提下,对本企业利润分配的原则、方法、决策程序等内容作出具体而又明确的规定,企业在利润分配中也必须按规定办事。

(2)资本保全原则。建筑施工企业的收益分配必须以资本的保全为前提。建筑施工企业的收益分配是对投资者投入资本的增值部分所进行的分配,不是投资者资本金的返还。以建筑施工企业的资本金进行分配,属于一种清算行为,而不是收益的分配。建筑施工企业必须在有可供分配留存收益的情况下进行收益分配,只有这样才能充分保护投资者的利益。按照这一原则,一般情况下,企业如果存在尚未弥补的亏损,应首先弥补亏损,再进行其他分配。

(3)兼顾各方面利益原则。利润分配是利用价值形式对社会产品的分配,直接关系到有关各方的切身利益。除依法纳税以外,投资者作为资本投入者、建筑施工企业所有者,依法享有收益分配权。职工作为利润的直接创造者,除了获得工资及奖金等劳动报酬外,还要以适当方式参与净利润的分配,如提取公益金,用于职工集体福利设施的购建开支。建筑施工企业进行收益分配时,应统筹兼顾,合理安排,维护投资者、建筑施工企业与职工的合法权益。

(4)分配与积累并重原则。建筑施工企业进行利润分配,应正确处理长远利益和近期利益的辩证关系,将二者有机结合起来,坚持分配与积累并重。考虑未来发展需要,增强建筑施工企业后劲,建筑施工企业除按规定提取法定盈余公积金以外,可适当留存一部分利润作为积累。这部分积累不仅为建筑施工企业扩大再生产筹措了资金,同时也增强了建筑施工企业抵抗风险的能力,提高了建筑施工企业经营的安全系数和稳定性,这也有利于增加所有者的回报。还可以达到以丰补欠,平抑收益分配数额波动幅度,稳定投资报酬率的效果。因而建筑施工企业在进行利润分配过程时应当正确处理分配与积累的关系。

(5)投资与收益对等原则。建筑施工企业分配利润应当体现"谁投资谁受益"、受益大小与投资比例相适应,即投资与受益对等原则,这是正确处理投资者利益关系的关键。投资者因其投资行为而享有收益权,并且其投资收益应同其投资比例相等。这就要求建筑施工企业在向投资者分配利润时,应本着平等一致的原则,按照各方投入资本的多少来进行。

2. 利润分配程序

按照公司法等法律、法规的规定,股份有限公司当年实现的利润总额,应按照国家有关规定作相应调整后,依法交纳所得税,然后按下列顺序分配:

(1)弥补以前年度亏损。以前年度亏损是指超过用所得税前的利润抵补亏损的法定期限后,仍未补足的亏损。公司的法定公积金不足以弥补以前年度亏损的,在提取法定公积金之前,应当先用当年利润弥补亏损。

(2)提取法定公积金。公司分配当年税后利润时,应当提取利润的10%列入公司法定公积金。公司法定公积金累计额为公司注册资本的50%以上的,可以不再提取。公司的法定公积金不足以弥补以前年度亏损的,在依照上述规定提取法定公积金之前,应当先用当年利润弥补亏损。公司从税后利润中提取法定公积金后,经股东会或者股东大会决议,还可以从税后利润中提取任意公积金。公司持有的本公司股份不得分配利润。

(3)提取任意公积金。根据公司法的规定,公司从税后利润中提取法定公积金后,经股东会或者股东大会决议,还可以从税后利润中提取任意公积金。

(4)向投资者分配利润或股利。

(5)未分配利润。

净利润扣除上述(1)(2)(3)(4)项后,再加上以前年度的未分配利润,即为可供普通股分配的利润,公司应按同股同权、同股同利的原则,向普通股股东支付股利。

二、企业所得税

(一)企业所得税及税率

在中华人民共和国境内,企业和其他取得收入的组织(以下统称企业)为企业所得税的纳税人,依照《中华人民共和国企业所得税法》的规定缴纳企业所得税。个人独资企业、合伙企业不适用《中华人民共和国企业所得税法》。

居民企业应当就其来源于中国境内、境外的所得缴纳企业所得税。企业所得税的税率为25%。居民企业,是指依法在中国境内成立,或者依照外国(地区)法律成立但实际管理机构在中国境内的企业。

非居民企业在中国境内设立机构、场所的,应当就其所设机构、场所取得的来源于中国境内的所得,以及发生在中国境外但与其所设机构、场所有实际联系的所得,缴纳企业所得税。非居民企业在中国境内未设立机构、场所的,或者虽设立机构、场所但取得的所得与其所设机构、场所没有实际联系的,应当就其来源于中国境内的所得缴纳企业所得税。非居民企业取得的所得,适用税率为20%。

(二)应纳税所得额

企业每一纳税年度的收入总额,减除不征税收入、免税收入、各项扣除以及允许弥补的以前年度亏损后的余额,为应纳税所得额。

企业以货币形式和非货币形式从各种来源取得的收入,为收入总额。主要包括以下内容:

(1)销售货物收入。

(2)提供劳务收入。

(3)转让财产收入。

(4)股息、红利等权益性投资收益。

(5)利息收入。

(6)租金收入。

(7)特许权使用费收入。

(8)接受捐赠收入。

(9)其他收入。

收入总额中的下列收入为不征税收入:

(1)财政拨款。

(2)依法收取并纳入财政管理的行政事业性收费、政府性基金。

(3)国务院规定的其他不征税收入。

企业实际发生的与取得收入有关的、合理的支出,包括成本、费用、税金、损失和其他支出,准予在计算应纳税所得额时扣除。

企业发生的公益性捐赠支出,在年度利润总额12%以内的部分,准予在计算应纳税所得额时扣除;超过年度利润总额12%的部分,准予结转以后3年内在计算应纳税所得额时扣除。

专家解读

企业在对公益性捐赠支出计算扣除时,应先扣除以前年度结转的捐赠支出,再扣除当年发生的捐赠支出。

典型例题

【多选题】在计算所得税时,可以列入企业其他收入的有(　　)。

A. 补贴收入

B. 违约金收入

C. 应收账款

D. 汇兑收益

E. 租金收入

ABD。【解析】收入总额中的其他收入的内容除了选项A,B,D外,还包括企业资产溢余收入、坏账损失处理后又收回的应收款项、逾期未退包装物押金收入、确实无法偿付的应付款项、债务重组收入等。

在计算应纳税所得额时,下列支出不得扣除:

(1)向投资者支付的股息、红利等权益性投资收益款项。

(2)企业所得税税款。

(3)税收滞纳金。

(4)罚金、罚款和被没收财物的损失。

(5)企业发生的公益性捐赠支出规定以外的捐赠支出。

(6)赞助支出。

(7)未经核定的准备金支出。

(8)与取得收入无关的其他支出。

在计算应纳税所得额时,企业按照规定计算的固定资产折旧,准予扣除。下列固定资产不得计算折旧扣除:

(1)房屋、建筑物以外未投入使用的固定资产。

(2)以经营租赁方式租入的固定资产。

(3)以融资租赁方式租出的固定资产。

(4)已足额提取折旧仍继续使用的固定资产。

(5)与经营活动无关的固定资产。

(6)单独估价作为固定资产入账的土地。

(7)其他不得计算折旧扣除的固定资产。

在计算应纳税所得额时,企业按照规定计算的无形资产摊销费用,准予扣除。下列无形资产不得计算摊销费用扣除:

(1)自行开发的支出已在计算应纳税所得额时扣除的无形资产。

(2)自创商誉。

(3)与经营活动无关的无形资产。

(4)其他不得计算摊销费用扣除的无形资产。

在计算应纳税所得额时,企业发生的下列支出作为长期待摊费用,按照规定摊销的,准予扣除:

(1)已足额提取折旧的固定资产的改建支出。

(2)租入固定资产的改建支出。

(3)固定资产的大修理支出。

(4)其他应当作为长期待摊费用的支出。

企业对外投资期间,投资资产的成本在计算应纳税所得额时不得扣除。企业使用或者销售存货,按照规定计算的存货成本,准予在计算应纳税所得额时扣除。企业转让资产,该项资产的净值,准予在计算应纳税所得额时扣除。

企业在汇总计算缴纳企业所得税时,其境外营业机构的亏损不得抵减境内营业机构的盈利。企业纳税年度发生的亏损,准予向以后年度结转,用以后年度的所得弥补,但结转年限最长不得超过5年。

(三)应纳税额

企业的应纳税所得额乘以适用税率,减除依照《中华人民共和国企业所得税法》关于税收优惠的规定减免和抵免的税额后的余额,为应纳税额。

企业取得的下列所得已在境外缴纳的所得税税额,可以从其当期应纳税额中抵免,抵免限额为该项所得依照《中华人民共和国企业所得税法》规定计算的应纳税额;超过抵免限额的部分,可以在以后5个年度内,用每年度抵免限额抵免当年应抵税额后的余额进行抵补:

(1)居民企业来源于中国境外的应税所得。

(2)非居民企业在中国境内设立机构、场所,取得发生在中国境外但与该机构、场所有实际联系的应税所得。

居民企业从其直接或者间接控制的外国企业分得的来源于中国境外的股息、红利等权益性投资收益,外国企业在境外实际缴纳的所得税税额中属于该项所得负担的部分,可以作为该居民企业的可抵免境外所得税税额,在上述规定的抵免限额内抵免。

(四)税收优惠

国家对重点扶持和鼓励发展的产业和项目,给予企业所得税优惠。企业的下列收入为免税收入:

(1)国债利息收入。

(2)符合条件的居民企业之间的股息、红利等权益性投资收益。

(3)在中国境内设立机构、场所的非居民企业从居民企业取得与该机构、场所有实际联系的股息、红利等权益性投资收益。

(4)符合条件的非营利组织的收入。

企业的下列所得,可以免征、减征企业所得税:

(1)从事农、林、牧、渔业项目的所得。

(2)从事国家重点扶持的公共基础设施项目投资经营的所得。

(3)从事符合条件的环境保护、节能节水项目的所得。

(4)符合条件的技术转让所得。

(5)非居民企业在中国境内未设立机构、场所的,或者虽设立机构、场所但与其所设机构、场所没有实际联系的所得。

符合条件的小型微利企业,减按20%的税率征收企业所得税。国家需要重点扶持的高新技术企业,减按15%的税率征收企业所得税。

民族自治地方的自治机关对本民族自治地方的企业应缴纳的企业所得税中属于地方分享的部分,可以决定减征或者免征。自治州、自治县决定减征或者免征的,须报省、自治区、直辖市人民政府批准。

企业的下列支出,可以在计算应纳税所得额时加计扣除:

(1)开发新技术、新产品、新工艺发生的研究开发费用。

(2)安置残疾人员及国家鼓励安置的其他就业人员所支付的工资。

创业投资企业从事国家需要重点扶持和鼓励的创业投资,可以按投资额的一定比例抵扣应纳税所得额。

企业的固定资产由于技术进步等原因,确需加速折旧的,可以缩短折旧年限或者采取加速折旧的方法。

企业综合利用资源，生产符合国家产业政策规定的产品所取得的收入，可以在计算应纳税所得额时减计收入。

企业购置用于环境保护、节能节水、安全生产等专用设备的投资额，可以按一定比例实行税额抵免。

（五）特别纳税调整

企业与其关联方之间的业务往来，不符合独立交易原则而减少企业或者其关联方应纳税收入或者所得额的，税务机关有权按照合理方法调整。企业与其关联方共同开发、受让无形资产，或者共同提供、接受劳务发生的成本，在计算应纳税所得额时应当按照独立交易原则进行分摊。

企业可以向税务机关提出与其关联方之间业务往来的定价原则和计算方法，税务机关与企业协商、确认后，达成预约定价安排。

企业向税务机关报送年度企业所得税纳税申报表时，应当就其与关联方之间的业务往来，附送年度关联业务往来报告表。税务机关在进行关联业务调查时，企业及其关联方，以及与关联业务调查有关的其他企业，应当按照规定提供相关资料。

企业不提供与其关联方之间业务往来资料，或者提供虚假、不完整资料，未能真实反映其关联业务往来情况的，税务机关有权依法核定其应纳税所得额。

由居民企业，或者由居民企业和中国居民控制的设立在实际税负明显低于规定税率水平的国家（地区）的企业，并非由于合理的经营需要而对利润不作分配或者减少分配的，上述利润中应归属于该居民企业的部分，应当计入该居民企业的当期收入。

企业从其关联方接受的债权性投资与权益性投资的比例超过规定标准而发生的利息支出，不得在计算应纳税所得额时扣除。

企业实施其他不具有合理商业目的的安排而减少其应纳税收入或者所得额的，税务机关有权按照合理方法调整。

第五节　企业财务报表

一、财务报表的构成

财务报表是对企业财务状况、经营成果和现金流量的结构性表述。财务报表至少应当包括下列组成部分：

（1）资产负债表。

（2）利润表。

（3）现金流量表。

（4）所有者权益（或股东权益，下同）变动表。

（5）附注。

财务报表上述组成部分具有同等的重要程度。

二、财务报表列报的基本要求

（一）持续经营

企业应当以持续经营为基础，根据实际发生的交易和事项，按照《企业会计准则——基本准则》和其他各项会计准则的规定进行确认和计量，在此基础上编制财务报表。企业不应以附注披露代替确认和计量，不恰当的确认和计量也不能通过充分披露相关会计政策而纠正。

如果按照各项会计准则规定披露的信息不足以让报表使用者了解特定交易或事项对企业财务状况和经营成果的影响时，企业还应当披露其他的必要信息。

在编制财务报表的过程中，企业管理层应当利用所有可获得信息来评价企业自报告期末起至少 12 个月的持续经营能力。

评价时需要考虑宏观政策风险、市场经营风险、企业目前或长期的盈利能力、偿债能力、财务弹性，以及企业管理层改变经营政策的意向等因素。

评价结果表明对持续经营能力产生重大怀疑的，企业应当在附注中披露导致对持续经营能力产生重大怀疑的因素及企业拟采取的改善措施。

企业如有近期获利经营的历史且有财务资源支持，则通常表明以持续经营为基础编制财务报表是合理的。

企业正式决定或被迫在当期或将在下一个会计期间进行清算或停止营业的，则表明以持续经营为基础编制财务报表不再合理。在这种情况下，企业应当采用其他基础编制财务报表，并在附注中声明财务报表未以持续经营为基础编制的事实、披露未以持续经营为基础编制的原因和财务报表的编制基础。

（二）权责发生制

除现金流量表按照收付实现制原则编制外，企业应当按照权责发生制原则编制财务报表。

（三）列报的一致性

财务报表项目的列报应当在各个会计期间保持一致，不得随意变更，但下列情况除外：

（1）会计准则要求改变财务报表项目的列报。

（2）企业经营业务的性质发生重大变化或对企业经营影响较大的交易或事项发生后，变更财务报表项目的列报能够提供更可靠、更相关的会计信息。

（四）重要项目单独列报

性质或功能不同的项目，应当在财务报表中单独列报，但不具有重要性的项目除外。

性质或功能类似的项目，其所属类别具有重要性的，应当按其类别在财务报表中单独列报。

某些项目的重要性程度不足以在资产负债表、利润表、现金流量表或所有者权益变动表中单独列示，但对附注却具有重要性，则应当在附注中单独披露。

重要性，是指在合理预期下，财务报表某项目的省略或错报会影响使用者据此做出经济决策的，该项目具有重要性。

重要性应当根据企业所处的具体环境，从项目的性质和金额两方面予以判断，且对各项目重要性的判断标准一经确定,不得随意变更。判断项目性质的重要性,应当考虑该项目在性质上是否属于企业日常活动、是否显著影响企业的财务状况、经营成果和现金流量等因素;判断项目金额大小的重要性,应当考虑该项目金额占资产总额、负债总额、所有者权益总额、营业收入总额、营业成本总额、净利润、综合收益总额等直接相关项目金额的比重或所属报表单列项目金额的比重。

(五)其他要求

财务报表中的资产项目和负债项目的金额、收入项目和费用项目的金额、直接计入当期利润的利得项目和损失项目的金额不得相互抵销,但其他会计准则另有规定的除外。

一组类似交易形成的利得和损失应当以净额列示,但具有重要性的除外。

资产或负债项目按扣除备抵项目后的净额列示,不属于抵销。

非日常活动产生的利得和损失,以同一交易形成的收益扣减相关费用后的净额列示更能反映交易实质的,不属于抵销。

当期财务报表的列报,至少应当提供所有列报项目上一个可比会计期间的比较数据,以及与理解当期财务报表相关的说明,但其他会计准则另有规定的除外。

财务报表的列报项目发生变更的,应当至少对可比期间的数据按照当期的列报要求进行调整,并在附注中披露调整的原因和性质,以及调整的各项目金额。对可比数据进行调整不切实可行的,应当在附注中披露不能调整的原因。不切实可行,是指企业在作出所有合理努力后仍然无法采用某项会计准则规定。

企业应当在财务报表的显著位置至少披露下列各项:

(1)编报企业的名称。

(2)资产负债表日或财务报表涵盖的会计期间。

(3)人民币金额单位。

(4)财务报表是合并财务报表的,应当予以标明。

企业至少应当按年编制财务报表。年度财务报表涵盖的期间短于一年的,应当披露年度财务报表的涵盖期间、短于一年的原因以及报表数据不具可比性的事实。

专家解读

《企业会计准则第 30 号——财务报表列报》规定,在财务报表中单独列报的项目,应当单独列报。其他会计准则规定单独列报的项目,应当增加单独列报项目。

三、资产负债表

资产负债表,是指企业在一定日期(通常为各会计期末)的财务状况(即资产、负债和业主权益的状况)的主要会计报表。

(一)资产负债表列报的要求

1. 分类别列报

资产负债表列报应当如实反映企业在资产负债表日所拥有的资源、所承担的负债及所有者所拥有的权益。资产负债表应当按照资产、负债和所有者权益三大类别分类列报。

2. 资产和负债按流动性列报

资产负债表上资产和负债应当按照流动性分别分为流动资产和非流动资产、流动负债和非流动负债列示。流动性通常按资产的变现或耗用时间长短或者负债的偿还时间长短来确定。企业应当先列报流动性强的资产或负债，再列报流动性弱的资产或负债。

提示

资产负债表中资产项目是按资产流动性由大到小的顺序排列的。

3. 列报相关的合计、总计项目

资产负债表中的资产类至少应当列示流动资产和非流动资产，以及资产的合计项目；负债类至少应当列示流动负债、非流动负债，以及负债的合计项目；所有者权益类应当列示所有者权益的合计项目。但是，按照企业的经济性质列报“流动资产合计”“非流动资产合计”“流动负债合计”“非流动负债合计”等项目不切实可行的，则无须列报这些项目。比如，金融企业等特殊行业企业的资产和负债按照流动性顺序列报的情况。

资产负债表遵循了“资产 = 负债 + 所有者权益”这一会计恒等式，把企业在特定时日所拥有的经济资源和与之相对应的企业所承担的债务及偿债以后属于所有者的权益充分反映出来。所有者权益（或股东权益）会受到企业资产的影响。例如某企业有一笔无法回收的应收账款，在会计核算上作为坏账被注销，而债务不变，则反映在资产负债表上的结果是所有者权益（或股东权益）减少。资产负债表应当分别列示资产总计项目和负债与所有者权益之和的总计项目，并且这二者的金额应当相等。

（二）资产的列报

1. 流动资产和非流动资产的划分

资产和负债应当分别作为流动资产和非流动资产、流动负债和非流动负债列示。

金融企业等销售产品或提供服务不具有明显可识别营业周期的企业，其各项资产或负债按照流动性列示能够提供可靠且更相关信息的，可以按照其流动性顺序列示。从事多种经营的企业，其部分资产或负债按照流动和非流动列报；其他部分资产或负债按照流动性列示能够提供可靠且更相关信息的，可以采用混合的列报方式。

对于同时包含资产负债表日后一年内（含一年，下同）和一年之后预期将收回或清偿金额的资产和负债单列项目，企业应当披露超过一年后预期收回或清偿的金额。

资产满足下列条件之一的，应当归类为流动资产：

（1）预计在一个正常营业周期中变现、出售或耗用。

（2）主要为交易目的而持有。

（3）预计在资产负债表日起一年内变现。

（4）自资产负债表日起一年内，交换其他资产或清偿负债的能力不受限制的现金或现金等价物。

流动资产以外的资产应当归类为非流动资产，并应按其性质分类列示。被划分为持有待售的非流动资产应当归类为流动资产。

2. 正常营业周期

正常营业周期，是指企业从购买用于加工的资产起至实现现金或现金等价物的期间。正常营业周期通常短于一年。因生产周期较长等导致正常营业周期长于一年的，尽管相关资产往往超过一年才变现、出售或耗用，仍应当划分为流动资产。正常营业周期不能确定的，应当以一年（12 个月）作为正常营业周期。

（三）负债的列报

1. 流动负债和非流动负债的划分

负债满足下列条件之一的，应当归类为流动负债：

（1）预计在一个正常营业周期中清偿。

（2）主要为交易目的而持有。

（3）自资产负债表日起一年内到期应予以清偿。

（4）企业无权自主地将清偿推迟至资产负债表日后一年以上。负债在其对手方选择的情况下可通过发行权益进行清偿的条款与负债的流动性划分无关。

企业对资产和负债进行流动性分类时，应当采用相同的正常营业周期。企业正常营业周期中的经营性负债项目即使在资产负债表日后超过一年才予清偿的，仍应当划分为流动负债。经营性负债项目包括应付账款、应付职工薪酬等，这些项目属于企业正常营业周期中使用的营运资金的一部分。

流动负债以外的负债应当归类为非流动负债，并应当按其性质分类列示。被划分为持有待售的非流动负债应当归类为流动负债。

专家解读

> 如果贷款人在资产负债表日或之前同意提供在资产负债表日后一年以上的宽限期，在此期限内企业能够改正违约行为，且贷款人不能要求随时清偿的，在资产负债表日的此项负债并不符合流动负债的判断标准，应当归类为非流动负债。

2. 资产负债表日

对于在资产负债表日起一年内到期的负债，企业有意图且有能力自主地将清偿义务展期至资产负债表日后一年以上的，应当归类为非流动负债；不能自主地将清偿义务展期的，即使在资产负债表日后、财务报告批准报出日前签订了重新安排清偿计划协议，该项负债仍应当归类为流动负债。

企业在资产负债表日或之前违反了长期借款协议，导致贷款人可随时要求清偿的负债，应当归类为流动负债。

贷款人在资产负债表日或之前同意提供在资产负债表日后一年以上的宽限期，在此期限内企业能够改正违约行为，且贷款人不能要求随时清偿的，该项负债应当归类为非流动负债。

3. 资产负债表应单独列示的项目

资产负债表中的资产类至少应当包括流动资产和非流动资产的合计项目，按照企业的经营性质不切实可行的除外。

资产负债表中的负债类至少应当包括流动负债、非流动负债和负债的合计项目，按照企业的经营性质不切实可行的除外。

资产负债表中资产类、负债类应单独列示的项目如下表所示。

类型	分类	内容
资产	流动资产	货币资金、一年内到期的非流动资产、交易性金融资产、持有待售资产、衍生金融资产、合同资产、应收票据、存货、其他应收款、应收账款、预付款项、应收款项融资、其他流动资产
	非流动资产	债权投资、递延所得税资产、其他债权投资、长期待摊费用、长期应收款、商誉、长期股权投资、开发支出、其他权益工具投资、无形资产、其他非流动金融资产、使用权资产、投资性房地产、油气资产、固定资产、生产性生物资产、在建工程、其他非流动资产
负债	流动负债	短期借款、一年内到期的非流动负债、交易性金融负债、持有待售负债、衍生金融负债、其他应付款、应付票据、应交税费、应付账款、应付职工薪酬、预收款项、合同负债、其他流动负债
	非流动负债	长期借款、递延所得税负债、应付债券、递延收益、租赁负债、预计负债、长期应付款

（四）所有者权益的列报

资产负债表中的所有者权益类至少应当单独列示反映下列信息的项目：

(1)实收资本(或股本，下同)。

(2)资本公积。包括接受捐赠、资本溢价、资产评估增值、外币折算差额等。

(3)盈余公积。

(4)未分配利润。

(5)其他综合收益、其他权益工具、专项储备。

在合并资产负债表中，应当在所有者权益类单独列示少数股东权益。资产负债表中的所有者权益类应当包括所有者权益的合计项目。资产负债表应当列示资产总计项目，负债和所有者权益总计项目。

专家解读

根据《关于修订印发合并财务报表格式（2019 版）的通知》，在原合并资产负债表和合并所有者权益变动表中分别增加了“专项储备”行项目和列项目。专项储备用于核算高危行业企业按照规定提取的安全生产费以及维持简单再生产费用等具有类似性质的费用。

（五）资产负债表的结构

一般企业资产负债表采用账户式的格式，即左侧列报资产方，右侧列报负债方和所有者权益方，且资产负债表中的资产各项目的合计等于负债和所有者权益各项目的合计。

企业需要提供比较资产负债表，以便报表使用者通过比较不同时点资产负债表的数据，掌握企业财务状况的变动情况及发展趋势。资产负债表还就各项目再分为“年初余额”和“期末余额”两栏分别填列。

企业如有下列情况，应当在资产负债表中调整或增设相关项目：

（1）高危行业企业如有按国家规定提取的安全生产费的，应当在资产负债表所有者权益项下“其他综合收益”项目和“盈余公积”项目之间增设“专项储备”项目，反映企业提取的安全生产费期末余额。

（2）企业如有划分为持有待售的非流动资产及划分为持有待售的处置组中的资产，应当在资产负债表资产项下“存货”项目和“一年内到期的非流动资产”项目之间增设“划分为持有待售的资产”项目，反映资产负债表日划分为持有待售的非流动资产及划分为持有待售的处置组中的资产的期末余额；如有划分为持有待售的处置组中的负债，应当在资产负债表负债项下“其他应付款”项目和“一年内到期的非流动负债”项目之间增设“划分为持有待售的负债”项目，反映资产负债表日划分为持有待售的处置组中的负债的期末余额。

（3）企业衍生金融工具业务具有重要性的，应当在资产负债表资产项下“以公允价值计量且其变动计入当期损益的金融资产”项目和“应收票据”项目之间增设“衍生金融资产”项目，在资产负债表负债项下“以公允价值计量且其变动计入当期损益的金融负债”项目和“应付票据”项目之间增设“衍生金融负债”项目，分别反映企业衍生工具形成资产和负债的期末余额。

四、利润表

（一）利润表的内容

企业在利润表中应当对费用按照功能分类，分为从事经营业务发生的成本、管理费用、销售费用和财务费用等。

利润表是反映企业在一定会计期间的经营成果的报表，反映了企业经营业绩的主要来源和构成。

利润表主要反映以下几方面的内容：

（1）营业收入，由主营业务收入和其他业务收入组成。

（2）营业利润，营业收入减去营业成本（主营业务成本、其他业务成本）、税金及附加、销售费用、管理费用、财务费用、资产减值损失，加上公允价值变动收益、投资收益、资产处置收益、其他收益，即为营业利润。

（3）利润总额，营业利润加上营业外收入，减去营业外支出，即为利润总额。

（4）净利润，利润总额减去所得税费用，即为净利润，按照经营可持续性具体分为“持续经营净利润”和“终止经营净利润”两项。

（5）其他综合收益，具体分为“以后会计期间不能重分类进损益的其他综合收益项目”和“以后会计期间在满足规定条件时将重分类进损益的其他综合收益项目”两类，并以扣除相关所得税影响后的净额列报。

（6）综合收益总额，净利润加上其他综合收益税后净额，即为综合收益总额。

（7）每股收益，包括基本每股收益和稀释每股收益两项指标。

（二）利润表的列报

利润表的列报应当充分反映企业经营业绩的主要来源和构成，有助于使用者判断净利润的质量及其风险，有助于使用者预测净利润的持续性，从而做出正确的决策。

1. 一般企业利润表的列报格式

常见的利润表结构主要有单步式和多步式两种。在我国,企业利润表采用的基本上是多步式结构,即通过对当期的收入、费用、支出项目按性质加以归类,按利润形成的主要环节列示一些中间性利润指标,便于使用者理解企业经营成果的不同来源。

企业需要提供比较利润表,以便报表使用者通过比较不同期间利润表的数据,判断企业经营成果的未来发展趋势。利润表还就各项目再分为"本期金额"和"上期金额"两栏分别填列。

2. 一般企业利润表的列报方法

企业应当根据损益类科目和所有者权益类有关科目的发生额填列利润表"本年金额"栏,具体包括如下情况:

(1)"营业收入""营业成本""税金及附加""销售费用""管理费用""财务费用""资产减值损失""公允价值变动收益""投资收益""营业外收入""营业外支出""所得税费用"等项目,应根据有关损益类科目的发生额分析填列。

(2)"其中:对联营企业和合营企业的投资收益""其中:非流动资产处置利得""其中:非流动资产处置损失"等项目,应根据"投资收益""营业外收入""营业外支出"等科目所属的相关明细科目的发生额分析填列。

(3)"其他综合收益的税后净额"项目及其各组成部分,应根据"其他综合收益"科目及其所属明细科目的本期发生额分析填列。

(4)"营业利润""利润总额""净利润""综合收益总额"项目,应根据本表中相关项目计算填列。

(5)"基本每股收益"和"稀释每股收益"两个指标是向资本市场广大投资者反映上市公司(公众公司)每一股普通股所创造的收益水平。对资本市场广大投资者(股民)而言,是反映投资价值的重要指标,是投资决策最直观最重要的参考依据,是广大投资者关注的重点。鉴于此,将这两项指标作为利润表的表内项目列示,同时要求在附注中详细披露计算过程,以供投资者投资决策参考。这两项指标应当按照《企业会计准则第 34 号——每股收益》的规定计算填列。

企业应当根据上年同期利润表"本期金额"栏内所列数字填列本年度利润表的"上期金额"栏。如果企业上年该期利润表规定的项目的名称和内容与本期不一致,应当对上年该期利润表相关项目的名称和金额按照本期的规定进行调整,填入"上期金额"栏。

(三)利润表的作用

编制利润表的主要目的是将企业经营成果的信息,提供给各种报表使用者,以供他们作为决策的依据或参考。利润表的作用主要表现在以下几个方面:

(1)通过利润表可以分析判断企业损益变化的趋势。

(2)通过利润表可以了解企业一定期间的收入实现和费用耗费情况。

(3)通过利润表可以考核企业的经营成果以及利润计划的执行。

五、现金流量表

（一）现金流量表的概述

根据《企业会计准则第 31 号——现金流量表》，现金流量表是指反映企业在一定会计期间现金和现金等价物流入和流出的报表，是按照收付实现制编制的企业财务报告。

现金，是指企业库存现金以及可以随时用于支付的存款。现金等价物，是指企业持有的期限短、流动性强、易于转换为已知金额现金、价值变动风险很小的投资。

典型例题

【多选题】在编制企业财务报告中的现金流量表时，可视为现金和现金等价物的有（　　）。

A. 可随时用于支付的其他货币资金　　B. 可转换定期存单

C. 银行承兑汇票　　D. 企业短期购入的可流通的股票

E. 3 个月到期的国库券

ABCE。【解析】现金是指企业库存现金以及可以随时用于支付的存款。现金等价物是指企业持有的期限短、流动性强、易于转换为已知金额现金、价值变动风险很小的投资。可随时用于支付的其他货币资金符合现金的定义。可转换定期存单、银行承兑汇票、3 个月到期的国库券均符合现金等价物的定义。企业短期购入的可流通的股票，其变现金额不确定，价值变动风险大，不符合现金等价物的定义。

合并现金流量表的编制和列报，适用《企业会计准则第 33 号——合并财务报表》。

（二）现金流量表的内容

现金流量表应当分别对经营活动、投资活动和筹资活动列报现金流量。现金流量应当分别按照现金流入和现金流出总额列报。但是，下列各项可以按照净额列报：

（1）代客户收取或支付的现金。

（2）周转快、金额大、期限短项目的现金流入和现金流出。

（3）金融企业的有关项目，包括短期贷款发放与收回的贷款本金、活期存款的吸收与支付、同业存款和存放同业款项的存取、向其他金融企业拆借资金，以及证券的买入与卖出等。

自然灾害损失、保险索赔等特殊项目，应当根据其性质，分别归并到经营活动、投资活动和筹资活动现金流量类别中单独列报。

外币现金流量以及境外子公司的现金流量，应当采用现金流量发生日的即期汇率或按照系统合理的方法确定的、与现金流量发生日即期汇率近似的汇率折算。汇率变动对现金的影响额应当作为调节项目，在现金流量表中单独列报。

1. 经营活动现金流量

企业应当采用直接法列示经营活动产生的现金流量。经营活动，是指企业投资活动和筹资活动以外的所有交易和事项。直接法，是指通过现金收入和现金支出的主要类别列示经营活动的现金流量。

有关经营活动现金流量的信息，可以通过下列途径之一取得：

(1)企业的会计记录。

(2)根据下列项目对利润表中的营业收入、营业成本以及其他项目进行调整：

①当期存货及经营性应收和应付项目的变动。

②固定资产折旧、无形资产摊销、计提资产减值准备等其他非现金项目。

③属于投资活动或筹资活动现金流量的其他非现金项目。

经营活动产生的现金流量至少应当单独列示反映下列信息的项目：

(1)销售商品、提供劳务收到的现金。

(2)收到的税费返还。

(3)收到其他与经营活动有关的现金。

(4)购买商品、接受劳务支付的现金。

(5)支付给职工以及为职工支付的现金。

(6)支付的各项税费。

(7)支付其他与经营活动有关的现金。

金融企业可以根据行业特点和现金流量实际情况，合理确定经营活动现金流量项目的类别。

2. 投资活动现金流量

投资活动，是指企业长期资产的购建和不包括在现金等价物范围的投资及其处置活动。投资活动产生的现金流量至少应当单独列示反映下列信息的项目：

(1)收回投资收到的现金。

(2)取得投资收益收到的现金。

(3)处置固定资产、无形资产和其他长期资产收回的现金净额。

(4)处置子公司及其他营业单位收到的现金净额。

(5)收到其他与投资活动有关的现金。

(6)购建固定资产、无形资产和其他长期资产支付的现金。

(7)投资支付的现金。

(8)取得子公司及其他营业单位支付的现金净额。

(9)支付其他与投资活动有关的现金。

3. 筹资活动现金流量

筹资活动，是指导致企业资本及债务规模和构成发生变化的活动。

专家解读

这里所说的资本，既包括实收资本（股本），也包括资本溢价（股本溢价）；这里所说的债务，指对外举债，包括向银行借款、发行债券以及偿还债务等。通常情况下，应付账款、应付票据等商业应付款等属于经营活动，不属于筹资活动。

筹资活动产生的现金流量至少应当单独列示反映下列信息的项目：

(1)吸收投资收到的现金。

(2)取得借款收到的现金。

(3)收到其他与筹资活动有关的现金。

(4)偿还债务支付的现金。

(5)分配股利、利润或偿付利息支付的现金。

(6)支付其他与筹资活动有关的现金。

典型例题

【多选题】下列活动中，属于施工企业经营性活动的有(　　)。

A. 承发包工程　　B. 提供劳务

C. 购建固定资产　　D. 购买材料物资

E. 销售商品

ABDE。【解析】现金流量表由三部分组成，分别是经营活动产生的现金流量、投资活动产生的现金流量和筹资活动产生的现金流量。施工企业的经营活动的内容除了选项A,B,D,E外，还包括接受劳务、经营性租赁、支付税费等。

4. 汇率变动对现金及现金等价物的影响

编制现金流量表时，应当将企业外币现金流量及境外子公司的现金流量折算成记账本位币。企业外币现金流量及境外子公司的现金流量，应当采用现金流量发生日的即期汇率或按照系统合理的方法确定的、与现金流量发生日即期汇率近似的汇率折算。汇率变动对现金的影响额应当作为调节项目，在现金流量表中单独列报。

汇率变动对现金的影响，指企业外币现金流量及境外子公司的现金流量折算成记账本位币时，所采用的是现金流量发生日的即期汇率或按照系统合理的方法确定的、与现金流量发生日即期汇率近似的汇率，而现金流量表“现金及现金等价物净增加额”项目中外币现金净增加额是按资产负债表日的即期汇率折算的。这两者的差额即为汇率变动对现金的影响。

在编制现金流量表时，对当期发生的外币业务，也可不必逐笔计算汇率变动对现金的影响，可以通过现金流量表补充资料中“现金及现金等价物净增加额”与现金流量表中“经营活动产生的现金流量净额”“投资活动产生的现金流量净额”“筹资活动产生的现金流量净额”三项之和比较，其差额即为“汇率变动对现金的影响额”。

(三)现金流量表的作用

(1)现金流量表能够说明企业一定期间内现金流入和流出的原因。

(2)现金流量表能够说明企业的偿债能力和支付股利的能力。通常情况下，报表阅读者比较关注企业的获利情况，并且往往以获取利润的多少作为衡量标准，企业获利多少在一定程度上表明了企业具有一定的现金支付能力。但是，企业一定期间内获得的利润并不代表企业真正具有的偿债或支付能力。

(3)现金流量表能够分析企业未来获取现金的能力。通过应收、其他应收款以及投资产生的现金等都可以了解到。

(4)现金流量表能够分析企业投资和理财活动对经营成果和财务状况的影响。现金流量表提供一定时期现金流入和流出的动态财务信息,表明企业在报告期内由经营活动、投资活动和筹资活动获得现金,企业获得的这些现金是如何运用的,能够说明资产、负债、净资产变动的原因,对资产负债表和利润表起到补充说明的作用。现金流量表是连接资产负债表和利润表的桥梁。

(5)现金流量表能够提供不涉及现金的投资和筹资活动的信息。现金流量表除了反映企业与现金有关的投资和筹资活动外,还通过附注方式提供不涉及现金的投资和筹资活动方面的信息,使会计报表使用者能够全面了解和分析企业的投资和筹资活动。

六、所有者权益变动表

(一)所有者权益变动表的内容

所有者权益变动表应当反映构成所有者权益的各组成部分当期的增减变动情况。综合收益和与所有者(或股东,下同)的资本交易导致的所有者权益的变动,应当分别列示。与所有者的资本交易,是指企业与所有者以其所有者身份进行的、导致企业所有者权益变动的交易。

所有者权益变动表至少应当单独列示反映下列信息的项目:

(1)综合收益总额。在合并所有者权益变动表中还应单独列示归属于母公司所有者的综合收益总额和归属于少数股东的综合收益总额。

(2)会计政策变更和前期差错更正的累积影响金额。

(3)所有者投入资本和向所有者分配利润等。

(4)按照规定提取的盈余公积。

(5)所有者权益各组成部分的期初和期末余额及其调节情况。

(二)所有者权益变动表的作用

所有者权益变动表能全面反映一定时期所有者权益变动的情况,不仅包括所有者权益总量的增减变动,还包括所有者权益增减变动的重要结构性信息,特别是要反映直接计入所有者权益的利得和损失,让报表使用者准确理解所有者权益增减变动的根源。

所有者权益变动表体现的是一种全面收益观念,它是架于资产负债表和利润表之间的桥梁,一方面展示了资产负债表中所有者权益变动的原因和具体内容,另一方面又是对利润表的补充,同时还把绕过利润表而直接在资产负债表中列示的项目和内容充分披露出来。

七、财务报表附注

(一)财务报表附注的内容

财务报表附注是对在资产负债表、利润表、现金流量表和所有者权益变动表等报表中列示项目的文字描述或明细资料,以及对未能在这些报表中列示项目的说明等。

财务报表附注应当披露财务报表的编制基础,相关信息应当与资产负债表、利润表、现金流量表和所有者权益变动表等报表中列示的项目相互参照。

财务报表附注一般应当按照下列顺序至少披露：

(1)企业的基本情况。包括：

①企业注册地、组织形式和总部地址。

②企业的业务性质和主要经营活动。

③母公司及集团最终母公司的名称。

④财务报告的批准报出者和财务报告批准报出日，或者以签字人及其签字日期为准。

⑤营业期限有限的企业，还应当披露有关其营业期限的信息。

专家解读

如果企业已在财务报表其他部分披露了财务报告的批准报出者和批准报出日信息，则无须重复披露；或者已有相关人员签字批准报出财务报告，可以其签名及其签字日期为准。

(2)财务报表的编制基础。企业应当根据规定判断企业是否持续经营，并披露财务报表是否以持续经营为基础编制。

(3)遵循企业会计准则的声明。企业应当声明编制的财务报表符合企业会计准则的要求，真实、完整地反映了企业的财务状况、经营成果和现金流量等有关信息，以此明确企业编制财务报表所依据的制度基础。如果企业编制的财务报表只是部分地遵循了企业会计准则，附注中不得做出这种表述。

(4)重要会计政策和会计估计。重要会计政策的说明，包括财务报表项目的计量基础和在运用会计政策过程中所做的重要判断等。重要会计估计的说明，包括可能导致下一个会计期间内资产、负债账面价值重大调整的会计估计的确定依据等。企业应当披露采用的重要会计政策和会计估计，并结合企业的具体实际披露其重要会计政策的确定依据和财务报表项目的计量基础，及其会计估计所采用的关键假设和不确定因素。

(5)会计政策、会计估计变更和差错更正的说明。企业应当按照《企业会计准则第28号——会计政策、会计估计变更和差错更正》的规定，披露会计政策和会计估计变更以及差错更正的情况。

(6)报表重要项目的说明。企业应当按照资产负债表、利润表、现金流量表、所有者权益变动表及其项目列示的顺序，对报表重要项目的说明采用文字和数字描述相结合的方式进行披露。报表重要项目的明细金额合计，应当与报表项目金额相衔接。企业应当在附注中披露费用按照性质分类的利润表补充资料，可将费用分为耗用的原材料、职工薪酬费用、折旧费用、摊销费用等。

(7)或有和承诺事项、资产负债表日后非调整事项、关联方关系及其交易等需要说明的事项。

(8)有助于财务报表使用者评价企业管理资本的目标、政策及程序的信息。

(二)会计报表附注的作用

会计报表附注是会计报表的重要组成部分，是对会计报表本身无法或难以充分表达的内容和项目所做的补充说明和详细解释。其作用概括起来可以分为以下几点：

(1)拓展了企业财务信息的内容，打破了三张主要报表内容必须符合会计要素的定义，又必须同时满足相关性和可靠性的限制。

(2)突破了揭示项目必须用货币加以计量的局限性。

(3)充分满足了企业财务报告是为其使用者提供有助于经济决策的信息的要求，增进了会计信息的可理解性。

(4)提高会计信息的可比性。比如，通过揭示会计政策的变更原因及事后的影响，可以使不同行业或同一行业不同企业的会计信息的差异更具可比性，从而便于进行对比分析。

第六节 财务分析

一、财务分析方法

财务分析是以会计核算和报表资料及其他相关资料为依据，采用一系列专门的分析技术和方法，对企业等经济组织过去和现在有关筹资活动、投资活动、经营活动的偿债能力、盈利能力和营运能力状况等进行分析与评价，为企业的投资者、债权者、经营者及其他关心企业的组织或个人了解企业过去、评价企业现状、预测企业未来，并为做出正确决策提供准确的信息或依据的经济应用学科。

(一)比率分析法

比率分析法是财务分析的最基本、最重要的方法。比率分析法实质上是将影响财务状况的两个相关因素联系起来，通过计算比率，反映它们之间的关系，借以评价企业财务状况和经营状况的一种财务分析方法。

根据分析的目的和要求的不同，比率分析主要有以下三种：

(1)构成比率，又称结构比率，是某个经济指标的各个组成部分与总体的比率，反映部分与总体的关系。其计算公式为构成比率 = 某个组成部分数额/总体数额。

(2)效率比率，它是某项经济活动中所费与所得的比率，反映投入与产出的关系。利用效率比率指标，可以进行得失比较，考察经营成果，评价经济效益。

(3)相关比率，它是根据经济活动客观存在的相互依存、相互联系的关系，以某个项目和与其有关但又不同的项目加以对比所得的比率，反映有关经济活动的相互关系。

常用的财务分析比率通常有偿债能力比率、营运能力比率、盈利能力比率和发展能力比率。

(二)趋势分析法

趋势分析法又称水平分析法，是根据企业连续几年或几个时期的分析资料，通过对指数或完成率的计算，确定分析期各有关项目的变动情况和趋势并预测企业未来发展前景的一种财务分析方法。

趋势分析法的一般步骤是：

(1)计算趋势比率或指数。

(2)根据指数计算结果，评价与判断企业各项指标的变动趋势及其合理性。

(3)预测未来的发展趋势。

趋势分析法运用时可以采用的方式有重要财务指标的比较（不同时期财务指标的比较可采用定基动态比率和环比动态比率）、按绝对金额编制的比较财务报表、按相对比率编制比较财务报表。

（三）因素分析法（找原因）

因素分析法是按照分析指标与其影响因素之间的关系，按照一定的程序和方法，确定各因素对分析指标差异影响程度的一种技术方法。

因素分析法根据其分析特点可分为连环替代法和差额计算法两种。确定各因素对该指标的影响程度，一般用比率的形式给出。

1. 连环替代法

连环替代法的程序由以下几个步骤组成：

(1)确定分析指标与其影响因素之间的关系。列出分析指标和影响因素之间的关系式：

$$总资产报酬率=总资产产值率\times产品销售率\times销售利润率$$

或
$$总资产报酬率=\frac{总产值}{平均资产总额}\times\frac{销售净额}{总产值}\times\frac{息税前利润}{销售净额}\times100\%$$

该关系式既说明影响分析指标的因素，又说明这些因素和分析指标之间的关系和顺序。

(2)根据分析指标的报告期数值与基期数值列出两个关系式或指标体系，确定分析对象。具体如下：

基期总资产报酬率=基期资产产值率×基期产品销售率×基期销售利润率

实际总资产报酬率=实际资产产值率×实际产品销售率×实际销售利润率

(3)连环顺序替代，计算替代结果。以基期指标体系为计算基础，用实际指标体系中的每一因素的实际数按顺序替代其相应的基期数，每次替代一个因素，替代后的因素被保留下来，并相应确定计算结果。

(4)比较各因素的替代结果，确定各因素对分析指标的影响程度。将每次替代所计算的结果与这一因素被替代前的结果进行对比，二者的差额就是替代因素对分析对象的影响程度。

(5)检验分析结果。即将各因素对分析指标的影响额相加，其代数和应为分析对象。

应用连环替代法应注意的问题：

(1)因素分解的相关性问题。

(2)分析前提的假定性（假定其他因素不变，因此分解时减少各因素之间的相互影响）。

(3)因素替代的顺序性。

(4)顺序替代的连环性。

2. 差额计算法

连环替代法可简化成差额计算法的形式。差额计算法因素分析的原理与连环替代法是相同的,区别只在于分析程序上。差额计算法将连环替代法的第三步骤和第四步骤合并为一个步骤进行,即直接利用各影响因素的实际数与基期数的差额,在假定其他因素不变的条件下,计算各因素对分析指标的影响程度。

这个步骤的基本点是:确定各因素实际数与基期数之间的差额,并在此基础上乘以排列在该因素前面各因素的实际数和排列在该因素后面各因素的基期数,所得出的结果就是该因素变动对分析指标的影响数。

典型例题

【单选题】某企业1月份人工成本计划值为21.6万元,实际值为24.2万元。构成该成本的三个因素的重要性排序和基本参数如下表所示。则"单位产品人工消耗量"变动对人工成本的影响为(　　)元。

项目	单位	计划值	实际值
产品产量	件	180	200
单位产品人工消耗量	工日/件	12	11
人工单价	元/工日	100	110

A. －18 000　　B. －20 000

C. －22 000　　D. －26 000

B。【解析】利用差额计算法计算,按题表顺序,排在单位产品人工消耗量前面的产品产量应用实际值200计算;单位产品人工消耗量按实际值与计划值的差额计算,即实际值减计划值;排在单位产品人工消耗量后面的人工单价应用计划值100计算。即"单位产品人工消耗量"变动对人工成本的影响:$200\times(11-12)\times100=-20\ 000$(元)。

二、比率分析法的应用

(一)财务比率分析的特点

财务比率分析的特点如下:

(1)可以恰当地反映企业过去或当前的财务活动和财务状况。

(2)可以超出本企业规模和行业间的差别进行观察比较。

(3)有利于具体分析企业财务业绩和财务状况。

(4)计算简单。

(二)偿债能力比率分析

1.短期偿债能力比率的构成

短期偿债能力是指企业偿付流动负债的能力。短期偿债能力比率是衡量企业当前财务能力,特别是流动资产变现能力的重要标志。反映企业短期偿债能力的指标主要有:流动比率、速动比率、现金比率。

(1)流动比率,是指流动资产与流动负债的比率。一般要求流动比率保持在2∶1的水平,即200%的水平。其计算公式为

流动比率 = 流动资产/流动负债

(2)速动比率,是指速动资产与流动负债的比率。速动比率是对流动比率的补充,一般速动比率保持在1:1较为适宜。其计算公式为

速动比率 = 速动资产/流动负债

或　　速动比率 =(流动资产 - 存货)/流动负债

或　　速动比率 =(货币资金 + 交易性金融资产 + 应收票据及应收账款 + 其他应收款)/流动负债

(3)现金比率,是指现金和现金等价物与流动负债的比率。该比率又称为现金流动负债比率。它比速动比率更能体现企业资产的流动性及债务的偿还能力,是对流动比率更进一步的补充。其计算公式为

现金比率 = 现金和现金等价物/流动负债

2. 长期偿债能力比率的构成

长期偿债能力比率用来衡量企业偿还长期债务的能力。主要包括利息保障倍数、资产负债率、股东权益比率、权益乘数等。

(1)利息保障倍数,是指企业息税前利润(利润总额 + 利息支出)与利息费用的比率。一般来说,该比率应大于1,该比率越高,企业就有可能增加负债,否则企业就不能借入资金。其计算公式为

利息保障倍数 = 息税前利润/利息费用

(2)资产负债率,又称负债比率,是指企业负债总额对资产总额的比率。该比率越高,表明企业偿还债务的能力越弱;反之,则偿还能力越强。当资产负债率大于100%时,表明企业资不抵债。其计算公式为

$$资产负债率 = \frac{负债总额}{资产总额} \times 100\%$$

(3)股东权益比率,又称所有者权益比率,是指股东权益与资产总额的比率。其计算公式为

$$所有者权益比率 = \frac{股东权益}{资产总额} \times 100\%$$

该比率与资产负债率是从两个不同的侧面来反映企业的长期财务状况。这两个比率之间的关系用公式表示如下:

所有者权益比率 + 资产负债率 = 1

(4)权益乘数,是指资产总额相当于股东权益的倍数。它用来衡量企业的财务风险。其计算公式为

$$权益乘数 = \frac{资产总额}{股东权益} = \frac{1}{1 - 资产负债率}$$

提示

产权比率和权益乘数易混淆，两者区别如下：产权比率 = 负债总额/股东权益 × 100%。权益乘数 = 资产总额/股东权益 × 100%。产权比率表明每 1 元股东权益应承担的负债数额，而权益乘数表明每 1 元股东权益所享有的资产数额。这两个指标，一个是承担债务，一个是享有资产。

(5)到期债务本息偿付比率，是指经营现金净流量与本期到期债务本息的比率。该比率应大于 1，小于 1 说明企业经营活动产生的现金不足以偿付本期到期的债务及利息支出。其计算公式为

$$到期债务本息偿付比率 = \frac{经营现金净流量}{本期到期债务本息} \times 100\%$$

(三)获利(盈利)能力比率分析

获利(盈利)能力比率分析是用来说明企业获得利润的能力，其主要指标有：营业净利率、成本费用利润率、总资产报酬率、净资产收益率、盈利现金比率、资本保值增值率等。获利能力指标越高越好，说明企业的获利能力越强。

一般来说，分析企业的获利能力就是分析企业在正常经营情况下的获利能力，非正常的营业状况也会影响企业的收益，但不能说明企业的正常获利能力。因此，在分析企业获利能力时，应剔除以下几个因素：将要停止或已经停止的营业项目、重大事故或法律更改等特别项目、会计准则和财务制度变更带来的累积影响、证券买卖等非正常经营项目等。

1. 营业净利率

营业净利率是指企业净利润与营业收入的比率。它用来衡量企业营业收入的获利水平。其计算公式为

$$营业净利率 = \frac{净利润}{营业收入} \times 100\%$$

2. 成本费用利润率

成本费用利润率是指企业利润与成本费用的比率。它用来衡量企业为了取得利润而付出的代价。其计算公式为

$$成本费用利润率 = \frac{利润总额}{成本费用总额} \times 100\%$$

3. 总资产净利率

总资产净利率是指企业净利润与企业资产平均总额的比率。它用来衡量企业利用债权人和所有者权益总额所取得盈利的重要指标。其计算公式为

$$总资产净利率 = \frac{净利润}{平均总资产} \times 100\%$$

$$平均总资产 = \frac{期初总资产 + 期末总资产}{2}$$

总资产净利率数值越高，则表明企业全部资产的利用效率越高，盈利能力越强。

4. 净资产收益率

净资产收益率又称权益净利率，是指净利润与平均净资产的比率。它用来衡量企业运用投资者投入资本的获利能力。其计算公式为

$$净资产收益率=\frac{净利润}{平均净资产}\times 100\%$$

$$=\frac{净利润}{平均股东权益}\times 100\%$$

$$平均净资产=\frac{期初股东权益+期末股东权益}{2}$$

5. 盈利现金比率

盈利现金比率是指经营现金净流量与净利润的比率，若该比率小于1，说明企业虽盈利但现金短缺。其计算公式为

$$盈利现金比率=\frac{经营现金净流量}{净利润}\times 100\%$$

6. 资本保值增值率

资本保值增值率用于衡量投资者投入企业资本的完整性和保全性，该比率等于1，为资本保值；该比率大于1，为资本增值。其计算公式为

$$资本保值增值率=\frac{期末所有者权益总额}{期初所有者权益总额}\times 100\%$$

（四）营运能力比率分析

营运能力比率用来评价企业在资产管理方面的效率，通常指资产的周转速度。营运能力比率主要包括应收账款周转率、存货周转率、流动资产周转率和总资产周转率等。通常各周转率指标越高越好，说明企业资产的利用效果好，周转速度快。

1. 应收账款周转率

应收账款周转率反映应收账款的流动程度，即应收账款周转的快慢程度。分析中，可以将应收账款周转率与应收账款周转天数（应收账款周转天数为反指标，越小越好）结合分析。其计算公式为

$$应收账款周转率（次）=\frac{赊销或销售收入净额}{平均应收账款余额}$$

$$应收账款周转天数=\frac{日历天数}{应收账款周转率}$$

$$=\frac{日历天数\times 平均应收账款余额}{赊销或销售收入净额}$$

$$平均应收赊账余额=\frac{期初应收赊账余额+期末应收赊账余额}{2}$$

2. 存货周转率

存货周转率用来衡量企业在一定时期内存货资产的周转次数。分析中，常常与存货周转天数结合使用。其计算公式为

$$存货周转率（次）=\frac{主营业务收入}{平均存货成本}$$

$$存货周转天数=\frac{日历天数}{存货周转率}$$

$$平均存货成本=\frac{期初存货成本+期末存货成本}{2}$$

3. 流动资产周转率

流动资产周转率用来衡量流动资产周转的速度。分析中，可以与流动资产周转天数结合起来进行评价。其计算公式为

$$流动资产周转率(次)=\frac{主营业务收入}{流动资产平均占用额}$$

$$流动资产周转天数=\frac{日历天数}{流动资产周转率}$$

$$流动资产平均占用额=\frac{期初流动资产+期末流动资产}{2}$$

4. 总资产周转率

总资产周转率用来衡量总资产的周转速度。分析中，常常与总资产周转天数结合应用。其计算公式为

$$总资产周转率(次)=\frac{主营业务收入}{总资产平均占用额}$$

$$总资产周转天数=\frac{日历天数}{总资产周转率}$$

$$总资产平均占用额=\frac{期初总资产+期末总资产}{2}$$

（五）发展能力比率分析

1. 销售增长率（营业增长率）

销售增长率是企业本年销售收入增长额与上年销售收入总额的比率。该指标反映了企业销售收入的变化情况，是评价企业成长性和市场竞争力的重要指标。该比率大于零，表示企业本年销售收入增加；反之，表示销售收入减少。该比率越高，说明企业销售收入的成长性越好，企业发展能力越强。其计算公式为

销售增长率=本年销售收入增长额/上年销售收入总额

2. 资本积累率

资本积累率是指企业本年度所有者权益增长额同年初所有者权益的比率。该指标反映了企业当年所有者权益的变化水平，体现了企业资本的积累能力，是评价企业发展潜力的重要财务指标。该比率越高，说明企业资本积累能力越强，企业发展能力也越好。其计算公式为

资本积累率=本年度所有者权益增长额/年初所有者权益

3. 利润增长率

利润增长率是指企业本年利润总额增长额与上年利润总额的比率。该指标反映了企业盈利能力的变化情况，该比率越高，说明企业的成长性越好，发展能力越强。其计算公式为

利润增长率=本年利润总额增长额/上年利润总额

典型例题

【单选题】某企业资产负债表日的流动资产总额为 300 万元(其中货币资金 60 万元,存货 160 万元,应收账款等 80 万元),流动负债总额为 80 万元,则该企业的速动比率为(　　)。

A. 0.75　　B. 1.25

C. 1.75　　D. 3.75

C。【解析】速动资产 = 流动资产 - 存货 = 300 - 160 = 140(万元),速动比率 = 速动资产/流动负债 = 140/80 = 1.75。

【单选题】企业应收账款周转率与上一年度相比有明显提高,说明该企业的经营状况是(　　)。

A. 企业管理效率降低　　B. 更容易发生坏账损失

C. 收回赊销账款能力减弱　　D. 应收账款收回速度变快

D。【解析】应收账款周转率反映应收账款的流动程度,即应收账款周转的快慢程度。应收账款周转率越高,表明企业应收账款收回速度越快,企业的管理效率越好。

三、杜邦分析法

杜邦分析法通过几种主要的财务比率之间的内在关系来综合分析企业的财务状况,是一种用来评价公司盈利能力和股东权益回报水平,从财务角度评价企业绩效的一种经典方法。其基本思想是将企业净资产收益率逐级分解为多项财务比率乘积,这样有助于深入分析比较企业经营业绩。

杜邦分析法中的几种主要的财务指标关系为

$$净资产收益率 = 总资产净利率 \times 权益乘数$$

$$总资产净利率 = 销售净利率 \times 总资产周转率$$

即

$$净资产收益率 = 销售净利率 \times 总资产周转率 \times 权益乘数$$

净资产收益率是一个综合性最强的财务分析指标,是杜邦分析系统的核心。它与企业财务管理目标的相关性最大,它由企业的销售净利率、总资产周转率和权益乘数所决定。

总资产净利率是影响权益净利率的最重要的指标,具有很强的综合性,而总资产净利率又取决于销售净利率和总资产周转率的高低。总资产周转率是反映总资产的周转速度。对资产周转率的分析,需要对影响资产周转的各因素进行分析,以判明影响公司资产周转的主要问题在哪里。销售净利率反映销售收入的收益水平。扩大销售收入、降低成本费用是提高企业销售利润率的根本途径,而扩大销售,同时也是提高资产周转率的必要条件和途径。

权益乘数表示企业的负债程度,反映了公司利用财务杠杆进行经营活动的程度。资产负债率高,权益乘数就大,这说明公司负债程度高,公司会有较多的杠杆利益,但风险也高;反之,资产负债率低,权益乘数就小,这说明公司负债程度低,公司会有较少的杠杆利益,但相应所承担的风险也低。

典型例题

【单选题】某企业2020年实现净利润为1 000万元，销售收入为10 000万元，总资产周转率为0.8，权益乘数为1.5。不考虑其他因素，采用杜邦财务分析体系计算的净资产收益率是（　　）。

A. 10%　　B. 12%　　C. 15%　　D. 100%

B。【解析】在财务指标综合分析方法中，比较典型的是杜邦财务分析法。净资产收益率是一个综合性最强的财务分析指标，是杜邦分析系统的核心。净资产收益率＝销售净利率×总资产周转率×权益乘数。则该企业采用杜邦财务分析体系计算的净资产收益率＝1 000/10 000×0.8×1.5＝12%。

第七节　筹资管理

一、企业筹资分类

企业筹集资金的方式很多，按照筹资主体划分，可分为企业筹资和项目融资；按照筹资期限划分，可分为短期筹资（1年以内）和长期筹资（1年以上）；按照渠道划分，可分为所有者权益（主权资金、权益资金、自有资金）和负债（负债资金、借入资金）；按照资金来源划分，可分为内部融资和外部融资。

专家解读

项目融资是以项目为主体发起的筹资。项目融资主要根据项目的预期收益、资产以及政府扶持措施的力度来安排融资。项目贷款人可以在贷款的某个特定阶段对项目借款人实行追索。项目融资是投资人资产负债表之外的融资，可以帮助投资者将贷款安排为一种非公司负债性融资。项目融资可将多样化的信用支持分配到项目未来的各个风险点，从而规避和化解不确定项目风险，即信用结构比较灵活。如将贷款的信用支持分配到与项目相关的各个方面，提高债务承受能力，从而规避和化解不确定项目风险，减少贷款人对投资者资信和项目资产外的其他资产的依赖。

短期筹资是指期限在一年以内的筹款，是为满足企业临时性流动资金需要而进行的筹资活动。企业的短期资金一般是通过流动负债的方式取得，短期筹资也称为流动负债筹资或短期负债筹资。短期筹资通常有如下特点：筹资成本较低、筹资速度快、筹资弹性好、筹资风险高。短期筹资的最主要形式包括商业信用和短期借款。

长期筹资一般可分为长期负债筹资和长期股权筹资。其中，长期负债筹资又可分为长期借款筹资、长期债券筹资、融资租赁和可转换债券筹资。

企业要申请长期借款应当具备以下条件：

专家解读

（1）企业具有法人资格并独立进行核算、自负盈亏。

（2）企业的经营方向应当与国家产业政策相符，紧跟经济大环境。

（3）企业具有一定的物质和财产保证，其担保企业有一定的经济实力。

（4）企业具有偿债能力。

（5）企业具有良好的经济效益和健全的财务管理制度。

（6）有银行账户，办理结算。

与长期债券筹资相比，长期借款筹资具有筹资速度快、筹资手续相对简单、筹资时间短、借款弹性大等优点。

二、企业筹资的基本原则

企业筹资是一项重要而复杂的工作，为了有效地筹集企业所需资金，必须遵循以下基本原则：

(1)合理确定资金需要量。

(2)资金筹措及时。

(3)掌握资金的投资方向。

(4)认真选择筹资渠道，降低资金成本。

三、筹资渠道与方式

企业筹资的渠道，即企业筹集资本来源的方向与通道，体现着资本的源泉和流量。主要有国家财政、银行信贷、非银行金融机构、其他企业、个人、企业自留等。

企业筹资方式，是指企业筹集资本所采取的具体形式和工具，体现着资本的属性和期限。企业筹资方式有内源筹资和外源筹资两种。以企业自有资金、应付息税以及未使用或者未分配专项基金为资金来源的属于内源筹资，如企业留存收益、应收账款、闲置资产变卖得到的资金、利用未分配的利润等。外源筹资方式主要有：

(1)权益筹资。吸收直接投资、发行股票、留存收益。

(2)负债筹资。银行借款、发行债券、商业信用、融资租赁。

(3)混合筹资。可转换债券、认股权证。

外源筹资又分直接筹资和间接筹资两种方式。发行股票和企业债券筹资属于直接筹资。向商业银行申请贷款，委托信托公司进行证券化筹资属于间接筹资。

筹资渠道与方式的对应关系如下表所示。

方式 渠道	吸收直接投资	发行股票	留存收益	银行借款	发行债券	商业信用	融资租赁
国家财政	√	√					
银行信贷				√			

（续表）

方式 渠道	吸收直接投资	发行股票	留存收益	银行借款	发行债券	商业信用	融资租赁
非银行金融机构	√	√		√	√		√
其他企业	√	√			√	√	√
居民资金	√	√			√		
企业内资	√		√				

专家解读

资金筹措应说明项目资金来源方式和金额（或比例）；资金筹措方式主要包括建设单位自筹、政府财政投资、借款、发行债券等。如果有借入资金，说明借入资金的借贷条件，包括借贷利率、偿还期、宽限期、贷款币种和汇率，以及贷款偿还方式。

四、权益资金的筹集

（一）吸收直接投资

吸收直接投资是指企业按照“共同投资、共同经营、共担风险、共享利润”的原则来吸收国家、法人、个人、外商投入资金的一种筹资方式。

1. 出资方式

（1）现金出资。

（2）实物出资。

（3）工业产权出资，以专有技术、商标权、专利权等无形资产所进行的投资。

（4）土地使用权出资。

除现金外，其他出资方式都需要作价公平合理。

2. 吸收直接投资的程序

（1）确定筹资数量。

（2）寻求投资单位。

（3）协商投资事项。

（4）签署投资协议。

（5）共享投资利润。

3. 吸收直接投资的特点

（1）优点。有利于增加企业信誉和偿债能力；有利于尽快形成生产力；筹资速度快；有利于降低财务风险。

（2）缺点。资金成本高；容易分散企业的控制权。

（二）发行普通股筹资

1. 股票的概念及种类

股票是股份公司为筹集自有资金而发行的有价证券，是公司签发的证明股东所持有股份的凭证，它代表了股东对股份制公司的所有权。

普通股是股份公司发行的具有管理权而股利不固定的股票，是股份制企业筹集权益资金的最主要的方式。

股票按照不同的方式划分为不同的种类：

(1)按股东权利和义务分为普通股和优先股。

(2)按股票票面是否记名分为记名股票和不记名股票。

(3)按股票票面是否标明金额分为面值股票和无面值股票。

(4)按发行对象和上市地区分为 A 股、B 股、H 股和 N 股。

2. 普通股筹资的特点

(1)优点。筹资风险小，没有固定的利息负担和到期日；与负债相比，其筹资限制少，可以提供长期稳定的资金来源；可以提高公司的举债能力；增强企业信誉。

(2)缺点。资金成本高；容易分散控制权；会被投资者视为消极的信号，引起股价下跌。

（三）发行优先股筹资

优先股是指在分配公司股利、剩余财产方面比普通股股票具有优先权的股票。具有债权与权益双重性质。

1. 优先股的权利

(1)优先分配股利权。

(2)优先分配剩余财产权。

(3)管理权(涉及优先股的问题)。

2. 优先股的特点

(1)优点。没有固定的到息日，不用偿还本金；股利的支付既固定又具有弹性；可以提高公司的举债能力；优先股一般无表决权，不会分散普通股东的控制权。

(2)缺点。成本高；限制条件多。

五、负债资金的筹集

（一）银行借款筹资

1. 银行借款筹资及其种类

银行借款筹资是由企业根据借款合同从有关银行或非银行金融机构借入所需资金的一种筹资方式。

按照不同的方式划分为不同的种类：

(1)按借款期限分为短期借款(1 年以内)、中期借款(1 ~ 5 年)、长期借款(5 年以上)。

(2)按借款有无担保分为信用借款、抵押借款、票据贴现。

(3)按提供贷款机构分为商业银行贷款、政策性银行贷款。

2. 银行借款程序

(1)企业提出申请。

(2)银行进行审查(信用等级的评估、调查、审批)。

(3)签订借款合同(条款主要有:基本、违约、保证、其他条款)。

(4)企业取得借款。

(5)企业偿还借款。

3. 信用条件

(1)信用额度,即借款企业与银行在协议中规定的借款最高限额。

(2)周转信贷协议,即银行承诺借款一定额度给企业,如果企业没有贷够足够的额度,则对剩余部分付一定的承诺费。如果企业信誉恶化,即使签订了信贷协定,企业也可能得不到借款。所以不是任何时候都必须满足企业的借款要求。

(3)补偿性余额,即贷款发放银行要求借款企业以低息或者无息的形式,按贷款总额或实际借用额一定百分比(一般为10% ~20%)的贷款额存入贷款发放银行当中。补偿性余额会使企业实际利率高于名义利率。

$$实际利率 = 名义利率/(1 - 补偿性余额比率) \times 100\%$$

(4)借款抵押,即申请贷款企业以有价证券或其他财产作抵押品,向银行申请并由银行按抵押品价值的一定比例计算发放的贷款。银行向财务风险较大、信誉不好的企业发放贷款,往往需要有抵押品。

(5)偿还方式。贷款偿还的两种方式为一次偿还(银行不愿意)和定期等额偿还(企业不愿意)。

(6)以实际交易为贷款条件。

4. 付息方式

(1)利随本清法,即还本时付息。

(2)贴现法,即借款时把利息全扣掉,到期还本。

(3)加息法,即借款期内分期偿还本息和。

企业短期筹资时,贴现法和加息法贷款的实际利率高于名义利率。

5. 银行借款筹资的特点

(1)优点。法筹资速度快;借款成本较低;借款弹性较大;可以发挥财务杠杆的作用。

(2)缺点。筹资风险大;限制条款较多;筹资数额有限。

(二)发行债券筹资

1. 债券的概念及种类

债券,是债务人依照法律程序发行,承诺按约定的利率和日期支付利息,并在特定日期偿还本金的有价证券。债券的基本要素包括面值、期限、利率、价格:

(1)面值。表明公司在到期日对债券持有人应支付的本金额,是计算债券利息的依据。包括币种和票面金额两项内容。

(2)期限。债券上载明的偿还债券本金的期限。

(3)利率。债券利息与债券面值的比率。由于与发行时的市场利率可能不一致,因此也称"名义利率"或"票面利率"。

(4)还本付息方式。本金的偿还一般有到期一次偿还或分期偿还等;利息的支付一般包括到期一次支付、每年一次或半年一次等。

债券按照不同的方式划分为不同的种类:

(1)按照有无抵押担保,可分为信用债券、抵押债券、担保债券。

(2)按照是否记名,可分为记名债券、无记名债券。

(3)按照可否转换为股票,可分为可转换债券、不可转换债券。

(4)按照其他分类,可分为无息债券(折价发行)、浮动利率债券(通货膨胀)、收益债券(无利不分,获利时累计付息)。

2. 债券的发行

根据《中华人民共和国证券法》和《公司债券发行试点办法》的有关规定,发行公司债券,应当符合下列条件:

(1)公司的生产经营符合法律、行政法规和公司章程的规定,募集的资金投向符合国家产业政策。

(2)本次发行后累计公司债券余额不超过最近一期期末净资产额的 40%;金融类公司的累计公司债券余额按金融企业的有关规定计算。

(3)最近 3 个会计年度实现的年均可分配利润不少于公司债券 1 年的利息。

(4)债券的利率不超过国务院限定的利率水平。

(5)公司内部控制制度健全,内部控制制度的完整性、合理性、有效性不存在重大缺陷。

(6)经资信评估机构评级,债券信用级别良好。

债券发行价格是债券有效期限内企业未来现金流出按市场利率的折现值,即企业未来应付利息和本金折现值之和。公司债券的发行价格通常有以下 3 种情况:

(1)等价。发行价格 = 票面价格。

(2)溢价。发行价格 > 票面价格。

(3)折价。发行价格 < 票面价格。

3. 债券的偿还

债券的偿还时间按其实际发生与规定的到期日之间的关系,分为提前偿还与到期偿还两类,其中后者又包括分批偿还和一次偿还两种。

提前偿还又称提前赎回或收回,是指在债券尚未到期之前就予以偿还。只有在公司发行债券的契约中明确规定了有关允许提前偿还的条款,公司才可以进行此项操作。提前偿还所支付的价格通常要高于债券的面值,并随到期日的临近而逐渐下降,具有提前偿还条款的债券可使公司筹资有较大的弹性。当公司资金有结余时,可提前赎回债券;当预测利率下降时,也可提前赎回债券,而后以较低的利率来发行新债券。

分批偿还的发行费用高,便于发行。

偿还形式主要有现金、用新债换旧债、债转股等。

4. 债券筹资的特点

(1)优点。债券成本较低;保障股东控制权;可发挥财务杠杆作用;具有一定的灵活性。

(2)缺点。财务风险较大;限制条件较多;筹资额有限。

六、商业信用筹资

商业信用是指企业在正常的经营活动和商品交易中由于延期付款或预收账款所形成的企业常见的信贷关系。具体形式包括应付账款、应付票据、预收账款等。

商业信用的条件包括:预收货款;延期付款,但不提供现金折扣;延期付款,但早付款有现金折扣。如果销货单位提供现金折扣,购买单位应尽量争取获得此项折扣,因为丧失现金折扣的机会成本很高。

商业信用筹资的优点主要有商业信用非常方便,如果没有现金折扣,或企业不放弃现金折扣,则利用商业信用筹资没有实际成本,限制少;缺点主要有商业信用的时间一般较短,如果企业取得现金折扣,则时间会更短,如果放弃现金折扣,则要付出较高的资金成本。

典型例题

【单选题】下列短期负债筹资方式中,不属于商业信用形式的是(　　)。

A. 应付账款　　B. 预收账款

C. 应付票据　　D. 短期借款

D。【解析】短期筹资的最主要形式包括商业信用和短期借款。其中,商业信用筹资的具体形式包括应付账款、应付票据、预收账款等。

【单选题】某施工企业按 2/10、n/30 的条件购入钢材 20 万元,企业在第 20 天支付了全部货款 20 万元,那么该企业放弃现金折扣的成本为(　　)。

A. 24.49%　　B. 36.73%

C. 48.98%　　D. 73.47%

B。【解析】放弃现金折扣的成本 = [折扣百分比/(1 - 折扣百分比)] × [360/(信用期 - 折扣期)],由题意可知,施工企业按 2/10、n/30 的条件购入钢材,则放弃现金折扣的成本 = [2%/(1 - 2%)] × [360/(30 - 10)] = 36.73%。

七、融资租赁

根据《企业会计准则第 21 号——租赁》,租赁,是指在一定期间内,出租人将资产的使用权让与承租人以获取对价的合同。出租人应当在租赁开始日将租赁分为融资租赁和经营租赁。

融资租赁是指实质上转移了与租赁资产所有权有关的几乎全部风险和报酬的租赁。其所有权最终可能转移,也可能不转移。

经营租赁是指除融资租赁以外的其他租赁。

一项租赁属于融资租赁还是经营租赁取决于交易的实质,而不是合同的形式。如果一项租赁实质上转移了与租赁资产所有权有关的几乎全部风险和报酬,出租人应当将该项租赁分类为融资租赁。

一项租赁存在下列一种或多种情形的，通常分类为融资租赁：

(1)在租赁期届满时，租赁资产的所有权转移给承租人。

(2)承租人有购买租赁资产的选择权，所订立的购买价款与预计行使选择权时租赁资产的公允价值相比足够低，因而在租赁开始日就可以合理确定承租人将行使该选择权。

(3)资产的所有权虽然不转移，但租赁期占租赁资产使用寿命的大部分。

(4)在租赁开始日，租赁收款额的现值几乎相当于租赁资产的公允价值。

(5)租赁资产性质特殊，如果不作较大改造，只有承租人才能使用。

一项租赁存在下列一项或多项迹象的，也可能分类为融资租赁：

(1)若承租人撤销租赁，撤销租赁对出租人造成的损失由承租人承担。

(2)资产余值的公允价值波动所产生的利得或损失归属于承租人。

(3)承租人有能力以远低于市场水平的租金继续租赁至下一期间。

融资租赁的租金应由租赁资产的成本、出租人承办租赁业务的费用、租赁资产成本的利息、出租人提供租赁服务的利润构成。

八、资金成本

(一)资金成本的含义

资金成本指企业为取得资金使用权所支付的费用，它是一种机会成本，通常以相对数资金成本率表示。资金成本包括资金筹集费和资金使用费。

(1)筹资费用，通常在投资开始时一次性支付，在使用过程中不再支付，跟使用资金的长短没有必然的联系。包括代理发行费、手续费、印刷费、公证费等。

(2)资金使用费用，又称资金占用费用，在使用过程中支付，使用时间越长，支付的越多。如利息(如银行借款利息、债券利息)、股利等。

资金成本率的计算公式为

$$K=\frac{D}{P-F}=\frac{D}{P(1-f)}$$

式中 K——资金成本率；

D——资金使用费；

P——筹资总额；

F——筹资费用；

f——筹资费用率。

(二)资金成本的作用

资金成本是企业筹资决策的主要依据，评价项目投资的重要标准，并可以作为衡量企业经营成果的尺度：

(1)拟投资项目最低投资收益率低于资金成本，从资金成本角度考虑不宜投资。

(2)拟投资项目应选择满足资金需求且资金成本最低的筹资方式。

(3)企业全部投资收益率低于综合资金成本，说明经营业绩欠佳，需要改善经营。

常用的资金成本有个别资金成本、加权平均资金成本和边际资金成本。其中,个别资金成本是比较各种筹资方式优劣的一个尺度。加权平均资金成本是进行资本结构决策的基本依据。边际资金成本是比较选择追加筹资方案的重要依据。

典型例题

【单选题】某施工企业向银行借款 5 000 万元,借款期限 2 年,借款年利率 4%,每年计算并支付利息,到期一次偿还本金,企业适用的所得税率 25%。则这笔借款的资金成本率为(　　)。

A. 1%　　　　B. 3%

C. 4%　　　　D. 8%

B。**【解析】**资金成本(通常也叫资金成本率)指企业为筹集和使用资金而付出的代价,它是一种机会成本,通常以相对数资金成本率表示。资金成本率的计算公式为:资金成本率 = 资金使用费/(筹资总额 - 筹资费用)。则该笔资金的资金成本率 = [5 000 × 4% × (1 - 25%)]/(5 000 - 0) = 3%。

(三)资金成本的计算

1. 个别资金成本的计算

个别资金成本的计算公式为

$$个别资金成本 = \frac{年用资费用}{筹资额 \times (1 - 筹资费用率)}$$

(1)债券资金成本。

债券资金成本中的利息在税前支付,具有减税效应,但筹资费用一般较高,其计算公式为

$$债券资金成本 = \frac{面值 \times 利率 \times (1 - 所得税率)}{筹资额 \times (1 - 筹资费率)}$$

(2)长期借款资金成本。

长期借款资金成本中的利息也在税前支付,具有减税效应,且借款手续费较低,其计算公式为

$$长期借款资金成本 = \frac{借款利息 \times (1 - 所得税率)}{(1 - 筹资费率)}$$

(3)优先股资金成本。

优先股筹资作为权益性筹资,它同普通股筹资、留存收益筹资一样不具有减税效应,因此其成本也不作税收扣除。优先股资金成本的计算公式为

$$优先股资金成本 = \frac{优先股股利}{优先股总额 \times (1 - 筹资费率)}$$

(4)普通股资金成本。

如果每年股利固定,普通股资金成本的计算公式为

$$普通股资金成本 = \frac{每年固定股利}{普通股金额 \times (1 - 筹资费率)}$$

如果股利不固定，而是以一个固定的年增长率增加，则普通股资金成本的计算公式为

$$普通股资金成本=\frac{第一年股利}{普通股金额\times(1-筹资费率)}+年增长率$$

其中，普通股金额按发行价计算。

(5)留存收益成本。

留存收益成本除了无筹资费用外，基本同于普通股资金成本。普通股股利固定情况下的计算公式为

$$留存收益成本=\frac{每年固定股利}{普通股金额}$$

普通股股利在固定增长率递增情况下的计算公式为

$$留存收益成本=\frac{第一年股利}{普通股金额}+年增长率$$

2. 加权平均资金成本（综合资金成本）

加权平均资金成本，是指分别以各种资金成本为基础，以各种资金占全部资金的比重为权数计算出来的综合资金成本。其计算公式为

$$K_w=\sum_{j=1}^{n}W_jK_j$$

式中 K_w——综合资金成本；

W_j——第 j 种资金占总资金的比例；

K_j——第 j 种资金的成本。

3. 边际资金成本

边际资金成本是指资金每增加一个单位而增加的成本（边际资本成本就是取得 1 元新资本的成本，筹措的资金增加时边际资金成本会上升）。资金的边际成本也是按加权平均法计算的，其权数应为市场价值权数，不应使用账面价值权数。

边际资金成本的计算：

(1)计算筹资突破点。筹资突破点是指在现有资金结构下，按某资金成本可以筹集到的资金总额，又称筹资总额分界点。其计算公式为

$$突破点=\frac{可用某一特定成本筹集到的某种资金额}{该种资金在资金结构中所占的比重}$$

(2)计算边际资金成本。根据计算出的分界点，可得出若干组新的筹资范围，对各筹资范围分别计算加权平均资金成本，即可得到各种筹资范围的边际资金成本。

九、资本结构的分析

(一)资本结构的定义

资本结构，是指企业各种资本价值构成及其比例关系。资本结构是企业筹资决策的核

心问题，企业应综合考虑有关影响因素，运用适当的方法确定最佳资本结构，并在以后追加筹资中继续保持。资本结构理论包括净收益理论、净营业收益理论、MM理论、代理理论和等级筹资理论等。

(1)广义的资本结构指全部资本的构成，即自有资本和负债资本的对比关系。

(2)狭义的资本结构是指自有资本与长期负债资本的对比关系，而将短期债务资本作为营业资本管理。

(二)资本结构综合体现

目前，企业的资本结构问题备受关注，因为资本结构作为企业的价值构成，包含着企业的一系列结构问题，是企业在财务决策和规划中对以下各种结构的综合反映：筹资效益结构、筹资风险结构、筹资产权结构、筹资成本结构、筹资时间结构、筹资空间结构。

资本结构是对企业预期收益、资金成本、筹资风险以及产权分布等加以系统的、综合的、概括的结果。资本结构设计是企业筹资过程中在财务杠杆效应、筹资成本与筹资风险等各要素之间寻求一种合理的均衡。资本结构合理与否在很大程度上决定企业的偿债和再筹资能力及未来盈利能力。

目前，大多数企业研究的资本结构通常是指企业长期负债和所有者权益的比重(在股份公司是指长期负债和股东权益的比例)。资本结构问题总的来说是负债比例问题，即在企业的总资本中负债占有多大比例。

(三)资本结构的影响因素

资本结构的影响因素复杂，大致分为内部因素和外部因素两种。具体如下表所示。

内部因素	营业收入、成长性、资产结构、盈利能力、管理层偏好、财务灵活性以及股权结构等
外部因素	税率、利率、资本市场、行业特征等

具体影响如下表所示。

项目	负债水平
收益与现金流量波动大的企业	负债水平低
成长性好的企业	负债水平低
盈利能力强的企业	负债水平低
一般用途资产比例高，特殊用途资产比例低	负债水平高
财务灵活性大的企业	负债能力强

企业实际资本结构往往受企业自身状况、政策条件及市场环境多种因素的共同影响，并同时伴随着企业管理层的偏好与主观判断，使资本结构的决策难以形成统一的原则与模式。

十、资本结构的调整

（一）资本结构调整的直接原因

（1）成本过高。原有资本结构的加权资本过高，从而使得利润下降，它是资本结构调整的主要原因之一。

（2）风险过大。原有资本结构引起的偿债风险也是资本结构调整的主要原因之一。

（3）弹性不足。弹性是指企业在进行资本结构调整时原有结构应有的灵活性。弹性不足时，企业要调整结构也很难；反过来，也正是由于弹性不足而促使企业要进行资本结构调整。

（4）约束机制。不同的筹资方式，投资者对筹资方的使用约束是不同的。约束过严，在一定意义上有损于企业财务自主权，有损于企业灵活调动与使用资金。因此，有时企业宁愿承担较高的代价而选择那些使用约束相对较宽的筹资方式，这也是促使企业进行资本结构调整的原因之一。

（二）资本结构调整的方法

1. 增量调整

增量调整，即通过增加筹资数量，从增加总资产的方式来调整资本结构。具体情况如下：

（1）在债务资本过高时，通过追加主权资本投资来改善资本结构。

（2）在债务资本过低时，通过追加负债筹资规模来提高负债筹资比重。

（3）在主权资本过低时，可通过筹措主权资本来扩大投资，提高主权资本比重。

2. 减量调整

减量调整，即通过减少资产总额的方式来调整资本结构。具体情况如下：

（1）在主权资本过高时，通过减资来降低其比重。

（2）在债务资本过高时，利用税后留存归还债务，用以减少总资产，并相应减少债务比重。

3. 存量调整

存量调整，即在不改变现有资产规模的基础上，根据目标资本结构要求，对现有资本结构进行必要的调整。具体情况如下：

（1）在债务资本过高时，将部分债务资本转化为主权资本。

（2）在债务资本过高时，将长期债务收兑或是提前归还，而筹集相应的主权资本额。

（3）在主权资本过高时，通过减资并增加相应的负债额来调整资本结构。

专家解读

在企业工程项目财务管理实践中，企业资本结构由于成本过高、风险过大、弹性不足或约束过严等原因造成资本结构不合理，还需要进行资本结构优化的调整。

十一、资本结构的决策方法

（一）最优资本结构的衡量标准

(1)综合资金成本最低。

(2)筹集的资金充裕,确保企业长短期经营和发展所需。

(3)使股票市价上升,股东财富最大,企业总体价值最大。

(4)企业财务风险最小。

（二）资金成本比较法

资金成本比较法,是指在不考虑各种融资方式在数量与比例上的约束以及财务风险差异时,通过计算各种基于市场价值的长期融资组合方案的加权平均资金成本,并根据计算结果选择加权平均资金成本最小的融资方案,确定相对最优的资本结构。

资金成本比较法的优缺点如下:

(1)优点。测算过程简单。

(2)缺点。仅以资金成本最低为选择标准,没有考虑财务风险。

（三）每股收益无差别点法

每股收益无差别点法判断资本结构是否合理,是通过分析每股收益的变化来衡量;该方法认为能提高每股收益的资本结构是合理的,反之则不够合理。但每股收益的高低不仅受资本结构的影响,还受到销售水平的影响。处理以上三者的关系,可以运用融资的每股收益无差别点进行分析。

每股收益无差别点法的优缺点如下:

(1)优点。只考虑每股收益最高,简单且容易理解。

(2)缺点。没有考虑风险因素。

（四）企业价值比较法

公司的最佳资本结构应当能够使公司的总价值最高,而不一定是每股盈余最大的资本结构。同时,在公司总价值最大的资本结构下,公司的资金成本也一定是最低的。

第八节　流动资产财务管理

流动资产是指可以在一年内(含一年)变现或耗用的资产。流动资产一般包括现金、短期投资、应收票据、应收账款、其他应收款、存货、预付款项及其他流动资产。

一、现金管理

我国会计惯例所称现金为狭义的现金,即库存现金,是可由企业任意支配使用的纸币、硬币,不包括已经指定用途或依法律或契约受有限制者。在财务管理上可作为现金管理的有库存现金、银行存款、银行本票等。有价证券是用于证明持有人或该证券指定的特定主体对特定财产拥有所有权或债权的凭证。有价证券是虚拟资本的一种形式,它本身没价值,但有价格。有价证券有广义与狭义两种概念。广义的有价证券包括商品证券、货币证券和资本证券。狭义的有价证券仅指资本证券。有价证券是一种具有一定票面金额,证明持券人有权按期取得一定收入,并可自由转让和买卖的所有权或债权证书,通常简称为证券。主要形式有股票和债券两大类。债券又可分为企业债券、国家公债和不动产抵押债券等。有价证券本身并没有价值,只是由于它能为持有者带来一定的股息或利息收入,因而可以在证券市场上自由买卖和流通,客观上具有了交易价值。

(一)现金的财务管理

财务管理对企业来说就是研究企业对资金的筹集、计划、使用和分配,应着重研究资金的筹集和如何控制合理使用,确保现金的最大净流入量,也就是取得最佳经济效益。

1. 现金管理的目的

企业置存现金是为了满足交易性需要、预防性需要和投机性需要:

(1)交易性需要,是指为了日常业务的支付而保管现金。企业经常得到收入,支出也经常发生,两者不能同步同量。当收入多于支出,形成现金置存;当收入少于支出,则必须借入现金。为了使工程继续进行,企业必须保持适当的现金结余。

(2)预防性需要,是指保留现金以防止意外支出。企业可能会产生意外的开支。现金流量不确定性越高,现金的预防金额就越大。相反,企业的现金流的可预测性越高,现金的预防性现金也会越小。此外,预防性现金数额还与企业的贷款能力有关,如果企业能够特别容易地借用短期资金,则同样可以减少预防性现金的金额,若不能,则应该扩大预防现金的金额。

(3)投机性需要,是指在有机会购买廉价原材料或其他资产的情况下,使用置存现金大量购买,或者在适当的时机购买价格有利的股票或其他有价证券等。当然,除了投资企业以外,其他企业为投机性需要置存的专用现金不多,如果在遇到普通的购物机会的情况下,经常设法去筹集临时的资金。但是,拥有相当大的现金,确实会为突然的大量采购提供方便。

企业持有现金是为了满足日常的交易性需要,以防发生意外时支付现金的预防性需要以及有偶然购买机会时的投机性需要。企业持有现金将付出机会成本、管理成本和短缺成本。所以,企业现金管理的目的就是要在资产的流动性和盈利能力之间做出选择。

2. 现金管理中存在的问题及解决方法

现金管理不仅仅是指现金的支出,主要是指现金的分配,一些企业由于自身其他的财务管理环节出现的问题,导致了资金不足,现金使用受到影响。而一些企业快速发展,它的收入能够收回大量的现金,但对这些现金管理不科学,使许多现金固定不动,没有发挥其原本能够创造的企业效益。

因此,在现金管理中针对以上可能出现的问题,具体解决方法如下:

(1)加强财务风险意识。企业要寻求提高财务管理水平的首要任务就是提升风险意识,提高风险控制及应对能力。一方面要从企业的管理人员出发,从自身的管理态度及观点上进行科学的调整,认识并加强对风险财务管理重要性的学习;另一方面要根据企业自身的经营状况,将财务管理中的风险预算作为重要内容来落实到每个岗位上,从财务人员的每一项职责单位做起,全面地保持良好的风险管理态度。

(2)注重财务内部控制。企业的管理人员要全面地掌握企业自身的财务管理状况,因此就要加强自身的管理控制。无论何种规模的企业,其管理及发展都应当以内部的财务管理内容为根本,来决定或控制其他方面的管理。企业的内部财务控制要求企业从财务管理的制度、财务计算方法、人员分配及岗位职责等多个角度,来实现对内部的管理控制。另外还应当加强企业在风险预算、评估等管理内容的重视力度,通过科学的风险管理办法为企业应对风险做出充分准备,以便更好地控制随时可能出现的风险。

(3)注重财务外部控制。财务管理的每一个财务支出环节都是最为关键的管理内容,财务预算是有效发挥企业财务功能,利用资源最大化手段,发挥其最佳效用的关键。预算化管理符合现在信息社会对财务管理的客观要求,是不是能够抓住机会把握信息是能否驾驭市场的关键。企业加强财务预算不仅要从企业自身的经营状况与特点出发,更要结合国际上先进的预算管理制度或方法,将预算的流程、计算方法、预算方案等信息全面考虑在内,使企业的预算不仅停留在资金层面,更将企业的固定资源或投入产出等内容,做出统一运算,综合性评估企业的预算水平,并实施科学资金投入方案。

(4)加强应收账款管理。科学管理和安排企业的应收账款及款项回收:一方面要通过有效的回款收回手段,按时完成应当到期收回的款项任务;另一方面要加强对合作企业或客户的信用状况分析和调查,对于一些有恶劣合作行为的客户应当改变合作策略,例如增加订金比例等方式,保证企业的利益受到尽量少的损失,或者对特别恶劣的客户直接选择停止合作。另外自身还要建立起完善的客户回款情况统计,建立完善的拖款应对策略,从而最大化避免企业经济损失。

(5)完善企业现金流管理。企业的现金管理首先要完全掌握企业的现金持有和流动现状,然后对于资金流动不足方面,要加强资金支持,使企业的正常运营行为不受影响,而对于企业的现金持有业务方面,要最大化发挥其流动价值,在保证基本的企业运转前提下,进一步提高现金的流动水平,从而科学控制企业的现金管理,使其能够发挥最高的经济效益。还可以成立一个财务管理小组,小组成员包括项目的所有业务部门,来加强各项业务之间的交流和信息的传递,这就提高了财务部门的工作效率,财务管理水平会得到明显的提高。

3.现金管理的相关规定

(1)规定现金的适用范围。

(2)规定库存现金限额。

(3)不得坐支现金。

(4)不得出租、出借账户。

(5)不得签发空头支票和远期支票。

(6)不得套用银行信用。

(7)不得保存账外公款,包括不得将公款以个人名义存入银行和保存账外现钞等各种形式的账外公款。

4. 现金收支管理的手段

现金收支管理的目的是提高现金的使用效率,可以采用的手段如下:

(1)现金流量同步。现金流量同步是指尽量使现金流入与现金流出发生的时间一致,从而使持有的用于日常交易性需求的现金量降到最低水平。

(2)合理使用现金浮游量。现金浮游量是指企业存款帐户上存款余额和银行账簿上企业存款帐户余额之间的差额,也就是企业和银行之间的未达账项。企业应合理预测现金浮游量,有效利用时间差,提高现金的使用效率。重视利用现金流量表中筹资与支付能力的分析来揭示企业在金融市场上的筹措资金能力以及偿付债务或现金的能力。

(3)缩短应收账款的时间。应收账款是商业信用的主要类型,利用应收账款能够有效地吸引客户,扩大企业销售规模,增加销售收入。缩短应收账款的时间是改善企业现金流量最直接的手段。

(4)推迟应付账款的支付期。企业在不影响公司信誉的前提下,充分使用供货方提供的信用优惠,延迟应该支付款项的期限。权衡折扣优惠和急需现金之间的利弊得失。

(二)最佳现金持有量的确定

最佳现金持有量是指持有这一金额的现金,对企业最为有利,能最好地处理各种利害关系。最佳现金持有量的确定方法主要有周转期法、成本分析模式、存货模式、安全系数法和随机模式等。下面主要解释成本分析模式及存货模式。

1. 成本分析模式

成本分析法是通过分析企业持有现金的机会成本、管理成本、短缺成本之和,把总成本最低的方案作为最佳现金持有量的方法。

(1)机会成本。机会成本是指企业为从事某项经营活动而放弃另一项经营活动的机会,或利用一定资源获得某种收入时所放弃的另一种收入。机会成本是企业因持有现金而不能赚取投资收益的机会损失。实际中,可以用企业的资金成本替代。现金持有量越大,机会成本就越高。

(2)管理成本。管理成本是企业持有现金发生的管理费用,如管理人员工资、福利和安全措施费用等。这些成本都是按照企业经营管理的各种要求,根据财务成本和其他有关资料进行不同的归类、分析和调整分别计算出来的,其目的是进行专题的成本分析和某一方面的经营管理。管理成本是一种固定成本,其与现金持有量没有固定的比例关系。

(3)短缺成本。短缺成本是企业因现金短缺而蒙受的损失。现金短缺成本随现金持有量的增加而下降,随现金持有量的减少而上升。

上述三项成本值之和最小的现金持有量,就是最佳现金持有量。

2. 存货模式

存货模式是将企业现金的持有成本与现金和有价证券的转换成本进行权衡,求得总成本最低的现金余额,从而得出最佳现金持有量。存货模式是假设在企业的现金多余时,将其全部投资于短期有价证券,短期有价证券可以随时转换为现金。一般地,企业持有的现金越多,其机会成本越高,短期有价证券的转换次数越少,其转换成本就越低。反之,现金持有量越少,其机会成本就越低,短期有价证券的转换次数越多,其转换成本就越高。持有现金的机会成本与转换成本之和最低时的现金持有量就是最佳现金持有量。

(三)现金的日常控制

1. 现金的日常控制方法

(1)建立、健全现金收支管理责任制。

(2)调度好日常的现金。

(3)控制现金收支进度,检查和分析现金收支预算的执行情况。

(4)抓住重点,掌握现金收支规律。

2. 现金日常管理的策略

(1)加速现金回收。分析经济上的可行性,采用适当的现金折扣;发出货物后,及时办理收款手续;加快客户汇款、承付、开出支票等的速度;收到支票、汇票、本票等后从速处理,使款项及早入银行存款户;专人办理大额收款等。

(2)推迟现金支付。

(3)力争现金流入与现金流出同步。

3. 现金安全管理工作方法

(1)遵守国家规定的现金使用范围。

(2)核定库存现金限额。

(3)严格现金存取手续,不得坐支现金。

(4)钱账分管,会计、出纳分管。

(5)建立现金交接手续和查库制度。

二、应收账款

(一)应收账款管理概述

应收账款是企业因对外赊销产品、材料、提供劳务等应向购货方或接受劳务的单位收取的款项,是商业信用的直接产物,其管理目标是求得利润。企业的应收款项包括应收账款、应收票据、其他应收款等,但通常以应收账款作为研究对象。

1. 产生应收账款的原因

发生应收账款的原因,主要有以下几种:

(1)不了解业主的资信情况,轻信承诺。在建筑企业渐多、不规范的市场竞争过程中,企业为承揽任务,部分工程以压低标价、垫付资金获取中标。在实际施工过程中业主资金不到位,往往采取先赊后付方式付款,在这期间缺乏对业主资金状况的了解,直到业主无力偿还,形成死账、呆账。

(2)业主以种种理由不予办理最终施工决算。如以质量问题、资料不全等为由拖欠款项,致使有些工程竣工后要等待 2 ~ 3 年时间才能予以决算。

(3)内部控制制度不严密,权责不够明确造成应收账款回收的动力不足。应收账款的难度产生于在施工过程中应收账款的清理。有些项目负责人片面强调利润指标,忽视了单位的现金流量,忽视了"应收账款现金回收率"这一个指标,从未考虑应收账款带来的问题和潜在的危机,单纯为了追求现场的施工进度而忽视对业主的资金清理,例如有的分包单位利用与业主关系密切之便,直接将工程款委托划走,致使应收账款无从结算,破坏了企业正常工程结算程序,产生了许多不应产生的应收账款,最终造成有大量的应收账款收不回。在施工项目的后期阶段,企业缺少必要的内部控制制度,并且落实不到位,往往引起经办人员的工作责任心不强,本来通过努力可以收回的部分欠款,由于责任落实不到位,错过时机,给单位带来损失,最终无法追究责任。

(4)施工单位负责人员调动,工作交接不清,致使相关人员调走后,给结算工作增添了难度,应收账款清欠工作无人负责,造成欠款长期挂账。一个工程项目的施工,尽量保证项目负责人、计核人员、财务人员三个部门的人员稳定,这样有利于应收账款的管理工作。

2. 应收账款的成本

应收账款的成本是指企业持有应收账款付出的代价。应收账款的成本包括:

(1)机会成本。机会成本一般按照有价证券的利息率计算,也可以参考银行借款利息率。

$$应收账款机会成本 = 应收账款占用资金 \times 资金成本率$$

$$应收账款占用资金 = 应收账款平均余额 \times 变动成本率$$

$$应收账款平均余额 = 日销售额 \times 平均收现期$$

(2)管理成本。它是因应收账款产生的实际费用,主要包括应收账款的收账费用、应收账款的坏账损失、调查客户信用情况的费用、应收账款的核算费用、延期付款的催款费用,以及其他管理费用。

(3)坏账成本。坏账成本一般与应收账款数量和收现期同方向变化,即应收账款越多,收现期越长,坏账成本就越大。

只有当应收账款所增加的盈利超过所增加的成本时,才应当实施应收账款赊销。

3. 收账政策的制定

发生应收账款后,企业必须采取各种措施,保证按期收回费用。否则,滞纳时间过长,发生坏账,对企业造成损害。这些措施包括对应收账款的回收情况的监督、贷款损失的事前准备和适当的政策制定。

企业对各种到期账簿的回收方式,包括准备为此付出的代价,这就是其收账的政策。例如,对过期较短的顾客,不予过多地打扰,以免将来失去这一客户;对过期稍长的顾客,可措辞委婉地写信催款;对过期较长的顾客,频繁地写信催款并电话催询;对过期很长的顾客,可在催款时措辞严厉,必要时提请有关部门仲裁或提请诉讼等。

催收账款要发生费用,某些催款方式的费用还会很高(如诉讼费)。一般来说,收账的花费越大,收账措施越有力,可收回的账款越多,坏账损失也就越小。因此制定收账政策,又要在收账费用和所减少坏账损失之间作出权衡。制定有效、得当的收账政策很大程度上靠有关人员的经验;从财务管理的角度讲,也有一些量化的方法可以参照。根据收账政策的优劣在于应收账款总成本最小化的道理,可以通过比较各收账方案成本的大小对其加以选择。

因此，企业应对回款情况实施严密的监督，如实施对应收票据及应收账款回收情况的监督，可以通过编制账龄分析表进行。

（二）信用政策分析

1. 信用标准

信用标准是指公司决定授予客户信用所要求的最低标准，代表公司愿意承担的最大的付款风险的金额。如果客户达不到该项信用标准，就不能享受公司按商业信用赋予的各种优惠，或只能享受较低的信用优惠，这是客户获得企业商业信用所应具备的最低条件。

企业在设定某一客户的信用标准时，往往先要评估其赖账的可能性。这可以通过“5C”系统来进行。“5C”，即品质（Character）、能力（Capacity）、资本（Capital）、抵押（Collateral）和条件（Condition）。

（1）品质，是指客户履约的可能性，这是决定是否给予客户信用的首要因素，主要通过了解客户以往的付款履约记录进行评价。

（2）能力，是指客户的偿债能力，客户流动资产越多，转换为现金付款的能力越强。另外，要注意客户流动资产的质量，看库存是否过多、过时或质量降低，影响其变现能力和支付能力的情况。

（3）资本，反映了客户的经济实力与财务状况的优劣，是客户偿付债务的最终保证。

（4）抵押，是指客户提供的可作为资信安全保证的资产。

（5）条件，是指不利经济环境对客户偿付能力的影响及客户是否具有较强的应变能力。

2. 信用期间

信用期间是客户从购买到支付的时间或者企业允许给客户的支付期间。例如，一个企业允许客户在购买后 50 天内支付，则信用期间为 50 天。信用期间过短，吸引客户是不充分的，从而在竞争中销售额下降了。如果信用期间过长，对销售增加是有利的，但只考虑到销售增长而盲目地放宽信用期间，收益会因增加的费用被抵销，这可能会导致利润下降。因此，企业必须慎重地进行讨论，确定适当的信用期间。

信用期间的确定，主要是分析改变现行信用期间的收入和成本的影响。延长信用期间会增加销售额，产生有利的影响，且应收账款、收账费用和坏账损失增加，会产生不利影响。在前者大于后者的情况下，可以延长信用期间，否则不宜延长。如果缩短信用期间，则情况与之相反。

3. 现金折扣政策

现金折扣是一种鼓励购买者快速支付他们账单的价格削减方式，其期限在净期限内变更。现金折扣的基本表达方式如“2/10，n/60”，2/10 表示若客户能够在发票开出后的 10 日内付款，可以享受 2% 的现金折扣；n/60 表示付款的最后期限为 60 天，此时付款无优惠，即按全价付款。

由于现金折扣直接影响企业的现金流量，所以必须在会计中反映。企业选择采用现金折扣的方式，需结合信用期间共同考虑。核算现金折扣的方法有总价法、净价法和备抵法。我国新企业会计准则要求采用总价法入账，不允许采用净价法。

三、存货

（一）存货管理的概述

根据《企业会计准则第1号——存货》，存货，是指企业在日常活动中持有以备出售的产成品或商品、处在生产过程中的在产品、在生产过程或提供劳务过程中耗用的材料和物料等。

对于建筑施工企业而言，存货具有自身的独特性，这也就使得其构成也具有自身的独特性，其存货主要包含原材料、周转材料、差额存货。

企业总有储存存货的需要，并因此占用或多或少的资金。这种存货的需要出自以下原因：

(1)保证生产或销售的经营需要。

(2)出自价格的考虑。零购物资的价格往往较高，而整批购买在价格上常有优惠。

存货管理的目标就是要尽力在各种存货成本与存货效益之间做出权衡，达到两者的最佳结合。从而在充分发挥存货功能的基础上，降低存货成本。

在企业里，存货管理是影响企业生存和发展的一个重要因素。存货占用了企业资产很大的一部分，因此，存货管理水平是一个企业管理水平的重要体现，存货核算是否具备合理性，对于企业的财务状况和经营成果都将具有决定性的意义。如果我们能够从采购环节、存货管理、存货的核算管理、存货的管理模式等方面做好企业的存货管理，这将有利于企业在激烈的市场竞争中站稳脚跟，获得长久的生存和发展，这是具有重要的现实意义的。

企业的存货管理是指存货的信息管理及在信息管理基础上的决策分析，对存货进行有效控制，最终提高企业的经济效益、增强企业的竞争力和综合实力，以最低的成本提供企业维持生产经营活动所需要的存货。

在一个企业里，存货通常是在一定的营业周期内通过出售或者消耗等途径而成为企业的库存现金、银行存款等资产，所以说存货的流动性比较强。而企业的存货管理是指企业对本身所拥有的存货这一资源进行相关的信息管理及相应的决策分析，通过对存货的合理合法管理，实现对企业存货这一资产的有效控制，提高企业资金的运营效率，使得企业在经济效益、社会效益，以及市场竞争力乃至综合实力等各个方面有所提高，所以说，科学合理的存货管理对于一个企业的生存和发展是具有重要意义的。

（二）存货成本与决策

1. 存货成本

存货应当按照成本进行初始计量。企业储备存货有关的成本包括：

(1)取得成本，是指为了取得某种存货而支出的成本。取得成本主要包括订货成本和购置成本两部分。订货成本指取得订单的成本，如办公费用、差旅费用、电报电话费用等支出，订货成本又分为变动成本与固定成本，变动成本与订货次数有关，如差旅费、邮费等，固定成本则与订货次数无关，如采购人员的基本工资等。

(2)储存成本,是指存货在储存过程中发生的费用。储存成本包括存货占用资金所计的利息、仓库费用、保险费用、存货破损和变质损失等。储存成本可以按照与储存数额的关系分为变动性储存成本和固定性储存成本两类。其中,固定性储存成本总额的大小随存货数量和储存时间的变动而变动,与存货储存数额的多少没有直接联系,这类成本属于决策的无关成本,如仓库折旧、仓库职工的固定月工资等;而变动性储存成本则与存货储存数额呈正比例变动关系,这类成本属于决策的相关成本,如存货资金的应计利息、存货的破损和变质损失、存货的保险费用等。假设储存单位存货的变动成本是固定的,则储存成本与订货批量同方向变化而与订货次数成反方向变化。

(3)缺货成本,又称亏空成本,是指由于存货供应中断而造成的损失。缺货成本包括材料供应中断造成的停工损失、产成品库存缺货造成的拖欠发货损失和丧失销售机会的损失(还应包括需要主观估计的商誉损失)等;如果生产企业以紧急采购代用材料解决库存材料中断之急,那么缺货成本表现为紧急额外购入成本(紧急额外购入的开支会大于正常采购的开支)。缺货成本能否作为决策的相关成本,应视企业是否允许出现存货短缺的不同情形而定。若允许缺货,则缺货成本便与存货数量反向相关,即属于决策相关成本;反之,若企业不允许发生缺货情形,此时缺货成本为零,也就无须加以考虑。

2. 存货决策

存货的决策涉及决定进货项目、选择供应单位、决定进货时间和决定进货批量四项内容。财务部门的职责是决定进货时间和进货批量;销售部门、采购部门和生产部门的职责是决定进货项目和选择供应单位。

存货经济采购批量的计算公式为

$$Q^* = \sqrt{2KD/K_2}$$

式中 Q^*——经济订货量;

K——每次订货的变动成本;

D——存货年需要量;

K_2——单位储存成本。

典型例题

【单选题】某施工企业所需的一种材料,年度采购总量为 2 000 吨,材料单价为 1 000 元/吨,一次订货成本为 3 000 元,材料的年平均储存成本为 100 元/吨,则该材料的经济采购批量为(　　)吨。

A. 244.95　　B. 346.41

C. 666.67　　D. 1 000.00

B。【解析】根据存货经济采购批量公式 $Q^* = \sqrt{2KD/K_2}$,可得该材料的经济采购批量 $= \sqrt{2 \times 3\,000 \times 2\,000/100} = 346.41$(吨)。

（三）存货管理的方法

1. 存货储存期控制

存货储存期控制包括存货保本储存期控制和存货保利储存期控制两项内容。其计算公式为

存货保本储存天数=（毛利－固定储存费－税金及附加）/每日变动储存费

存货保利储存天数=（毛利－固定储存费－税金及附加－目标利润）/每日变动储存费

2. 存货 ABC 分类控制

进行存货分类的标准主要有两个，即金额标准和品种数量标准，其中金额标准是基本，品种数量标准仅供参考。划分时按照公司确定的标准通过列表、计算、排序等具体步骤确定各种物品所属类别。

一般将金额巨大、品种数量较少的划分为 A 类，其管理方法为分品种重点管理；将金额一般、品种数量相对较多的划分为 B 类，其管理办法为分类别一般控制；将品种数量繁多，价值金额却很小的划分为 C 类，其管理办法为按总额灵活掌握。

第三章 建设工程估价

第一节 建设项目总投资

一、建设工程估价的概述

（一）工程估价的含义

“工程估价”一词起源于国外，目前在我国又称为“工程计价”，可理解为对工程建设不同阶段所对应的工程造价的估算、确定的过程及结果。工程估价是指工程估价人员在建设项目实施的各个阶段，根据估价目的，遵循工程计价原则和程序，采用科学的计价方法，结合估价经验等，对投资项目最可能实现的合理价格做出科学的计算，从而确定工程造价。

业主或委托的咨询单位编制的工程估算、设计单位编制的概算、咨询单位编制的标底、承包商及分包商提出的报价，都是工程估价的不同形式。

（二）工程估价的特点

由于建筑产品具有单件性、固定性以及生产周期长等特点，这就决定了工程估价具有以下特点。

1. 单件性

任何一项建设项目都有特定的用途、功能、规模，这就决定了每一项建设项目的结构、造型、内外装饰等都会有不同的要求，直接表现为工程造价上的差异性。即不存在工程造价完全相同的两项建设项目。因此，对建设项目必须进行单件估价，这与一般产品的批量生产有着明显的不同。

2. 动态性

建设项目从决策到竣工验收直到交付使用，都有一个较长的建设周期，期间由于许多来自社会和自然的不可控因素的影响，必然会导致工程造价的变动。例如，物价变化、不利的自然条件、人为因素等均会影响到工程造价。

因此，工程造价在整个建设期内都处在不确定的状态之中，直到竣工决算后才能最终确定工程的实际造价。

3. 层次性

一个建设项目往往含有多个能够独立发挥设计生产效能的单项工程；一个单项工程又

是由多个能够独立组织施工、各自发挥专业效能的单位工程组成。

与此相适应，工程造价可以分为：建设项目总造价、单项工程造价和单位工程造价。单位工程造价还可以细分为分部工程造价和分项工程造价（如下图所示）。

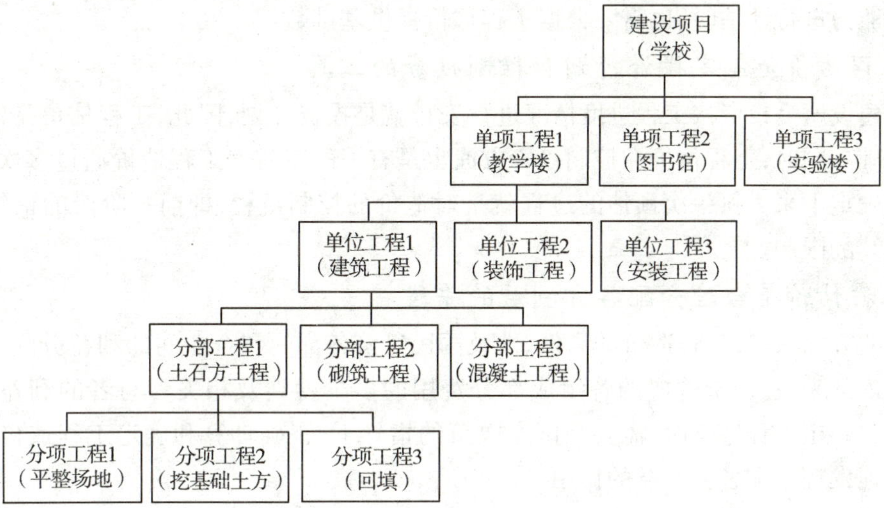

4. 阶段性（多次性）

建设项目规模大、周期长、造价高，需要在建设程序的各个阶段进行计价。阶段性估价的过程也是一个逐步深化、逐步细化和逐步接近实际造价的过程（如下图所示）。

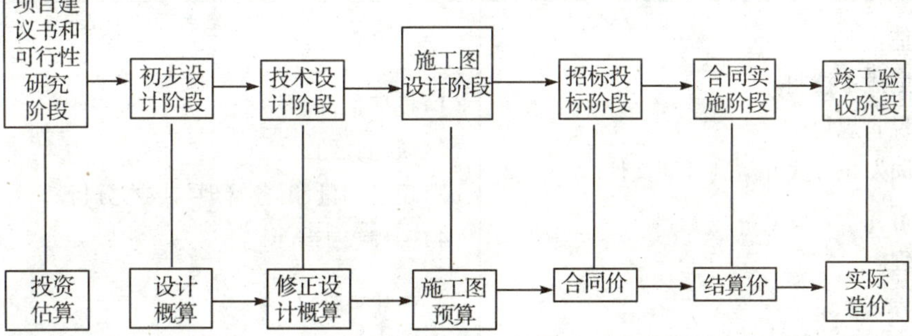

（三）工程估价的作用

工程估价工作包含工程造价确定和控制的内容，是进行工程造价管理的基础，概括地说，工程估价具有以下作用。

1. 工程估价是投资项目决策的依据

建设工程具有投资大、生产和使用周期长以及一次性等特点，所以项目的决策尤为重要。工程估价确定的数额直接影响着项目的初始投资费用。投资者的财务能力是决策者首先要考虑的问题，因此工程估价是项目财务分析和经济评价的重要依据，也是投资项目决策的依据。

2. 工程估价是筹集建设资金的依据

在市场经济条件下，项目的投资者需要有较强的筹资能力，以保证工程建设有充足的资金供应。工程估价确定了建设资金的需要量，从而为筹集资金提供了依据。金融机构对项目的偿还能力进行评估时，也需要根据工程估价提供基础数据。

3. 工程估价是制定投资计划和控制投资的工具

工程建设所需投资按工程进度情况进行安排就是投资计划，因此，工程估价是制定投资计划的基础。同时，工程估价在控制投资方面也是有力的工具。工程造价通过多次预估，最后由决算确定下来。每一次预估的过程就是对造价的控制过程，即前一阶段的估算是对下一阶段估算的限制。

4. 工程估价是合理分配各方利益的手段

从大的方面来说，工程造价的高低，涉及国民经济各部门和企业间的利益分配。从某一具体项目内部来说，造价构成的各组成部分费用的多少就涉及相关参与者的利益的大小。工程估价在确定工程造价时，需要在国家政策的指导下，正确计算和确定工程造价，使工程估价更好地发挥分配各方利益的作用。

（四）工程估价的内容

工程估价的工作内容涉及建设项目的全过程，根据估价师服务对象不同，工作内容也有不同侧重点，如下表所示。

受雇于业主的估价师的工作内容	受雇于承包商的估价师的工作内容
(1)开发评估。 (2)合同前期成本控制。 (3)融资与税收规划。 (4)选择合同发包方式并编制合同文件。 (5)投标分析。 (6)合同管理。 (7)竣工结算	(1)投标报价。 (2)谈判签约。 (3)现场测量、财务管理与成本分析。 (4)工程竣工结算

（五）工程估价的计价模式

目前国际上通用的工程估价的计价模式大体有 3 种，分别为：

(1)英联邦制的计价模式。

(2)日本的计价模式。

(3)美国的计价模式。

我国工程估价的计价模式可以分为：定额计价模式和工程量清单计价模式。

二、建设项目总投资费用项目组成

建设项目总投资是指为完成工程项目建设并达到使用要求或生产条件，在建设期内预计或实际投入的总费用,包括工程造价、增值税、资金筹措费和流动资金。生产性建设项目总投资包括建设投资、建设期利息和流动资金三部分,非生产性建设项目总投资包括建设投资和建设期利息两部分,其中建设投资和建设期利息构成固定资产投资,而固定资产投资又包括静态投资和动态投资两部分。其中,静态投资包括建筑安装工程费、工程建设其他费、设备及工器具购置费和基本预备费;动态投资包括价差预备费、建设期利息等。

建设项目总投资 = 工程造价 + 增值税 + 资金筹措费 + 流动资金

(一)工程造价

工程造价是指工程项目在建设期预计或实际支出的建设费用,包括工程费用、工程建设其他费用和预备费。

工程造价 = 工程费用(不含税) + 工程建设其他费用(不含税) + 预备费(不含税)

1. 工程费用

工程费用是指建设期内直接用于工程建造、设备购置及其安装的费用,包括建筑工程费、设备购置费和安装工程费。计算公式为

工程费用 = 建筑工程费 + 设备购置费 + 安装工程费

建筑工程费是指建筑物、构筑物及与其配套的线路、管道等的建造、装饰费用。安装工程费是指设备、工艺设施及其附属物的组合、装配、调试等费用。建筑工程费和安装工程费包括直接费、间接费和利润。

直接费是指施工过程中耗费的构成工程实体或独立计价措施项目的费用,以及按综合计费形式表现的措施费用。直接费包括人工费、材料费、施工机具使用费和其他直接费。

人工费是指直接从事建筑安装工程施工作业的生产工人的薪酬。包括工资性收入、奖金、津贴补贴、加班加点工资及特殊情况下发生的工资等。

材料费是指工程施工过程中耗费的各种原材料、半成品、构配件的费用,以及周转材料等的摊销、租赁费用。

施工机具使用费是指施工作业所发生的施工机械、仪器仪表使用费或其租赁费。包括施工机械使用费和施工仪器仪表使用费:

(1)施工机械使用费是指施工机械作业所发生的使用费或租赁费。施工机械使用费以施工机械台班耗用量与施工机械台班单价的乘积表示,施工机械台班单价由折旧费、检修费、维护费、安拆费及场外运费、人工费、燃料动力费及其他费组成。

(2)施工仪器仪表使用费是指工程施工所发生的仪器仪表使用费或租赁费。施工仪器仪表使用费以施工仪器仪表台班耗用量与施工仪器仪表台班单价的乘积表示,施工仪器仪表台班单价由折旧费、维护费、校验费和动力费组成。

其他直接费是指为完成建设工程施工,发生于该工程施工前和施工过程中的按综合计费形式表现的措施费用。内容包括冬雨季施工增加费、夜间施工增加费、二次搬运费、检验试验费、工程定位复测费、工程点交费、场地清理费、特殊地区施工增加费、文明(绿色)施工费、施工现场环境保护费、临时设施费、工地转移费、已完工程及设备保护费、安全生产费等。

间接费是指施工企业为完成承包工程而组织施工生产和经营管理所发生的费用。内容

包括管理人员薪酬、办公费、差旅交通费、施工单位进退场费、非生产性固定资产使用费、工具用具使用费、劳动保护费、财务费、税金,以及其他管理性的费用。

利润是指企业完成承包工程所获得的盈利。

设备购置费是指购置或自制的达到固定资产标准的设备、工器具及生产家具等所需的费用。设备购置费分为外购设备费和自制设备费。外购设备是指设备生产厂制造符合规定标准的设备。自制设备是指按订货要求,并根据具体的设计图纸自行制造的设备。

2. 工程建设其他费用

工程建设其他费用是指建设期发生的与土地使用权取得整个工程项目建设以及未来生产经营有关的,除工程费用、预备费、增值税、资金筹措费、流动资金以外的费用。主要包括土地使用费和其他补偿费、建设管理费、可行性研究费、专项评价费、研究试验费、勘察设计费、场地准备费和临时设施费、引进技术和进口设备材料其他费、工程保险费、联合试运转费、特殊设备安全监督检验费、市政公用配套设施费、专利及专有技术使用费、生产准备费等。

(1)土地使用费和其他补偿费。土地使用费是指建设项目使用土地应支付的费用,包括建设用地费和临时土地使用费,以及由于使用土地发生的其他有关费用,如水土保持补偿费等。建设用地费是指为获得工程项目建设用地的使用权而在建设期内发生的费用。取得土地使用权有出让、划拨和转让 3 种方式。临时土地使用费是指临时使用土地发生的相关费用,包括地上附着物和青苗补偿费、土地恢复费以及其他税费等。

建设用地费包括征收农用地的土地补偿费、安置补助费以及土地使用权出让金等。

《中华人民共和国土地管理法》规定,征收土地应当给予公平、合理的补偿,保障被征地农民原有生活水平不降低、长远生计有保障。征收土地应当依法及时足额支付土地补偿费、安置补助费以及农村村民住宅、其他地上附着物和青苗等的补偿费用,并安排被征地农民的社会保障费用。征收农用地的土地补偿费、安置补助费标准由省、自治区、直辖市通过制定公布区片综合地价确定。制定区片综合地价应当综合考虑土地原用途、土地资源条件、土地产值、土地区位、土地供求关系、人口以及经济社会发展水平等因素,并至少每 3 年调整或者重新公布一次。

《中华人民共和国土地管理法实施条例》规定,建设项目施工、地质勘查需要临时使用土地的,应当尽量不占或者少占耕地。临时用地由县级以上人民政府自然资源主管部门批准,期限一般不超过 2 年;建设周期较长的能源、交通、水利等基础设施建设使用的临时用地,期限不超过 4 年;法律、行政法规另有规定的除外。土地使用者应当自临时用地期满之日起 1 年内完成土地复垦,使其达到可供利用状态,其中占用耕地的应当恢复种植条件。

其他补偿费是指项目涉及的对房屋、市政、铁路、公路、管道、通信、电力、河道、水利、厂区、林区、保护区、矿区等不附属于建设用地的相关建构筑物或设施的补偿费用。

(2)建设管理费。建设管理费是指为组织完成工程项目建设在建设期内发生的各类管理性质费用。包括建设单位管理费、代建管理费、工程监理费、监造费、招标投标费、设计评审费、特殊项目定额研究及测定费、其他咨询费、印花税等。

建设单位管理费是指建设单位从项目开工之日起至办理竣工财务决算之日止发生的管理性质的开支。包括:不在原单位发工资的工作人员工资、基本养老保险费、基本医疗保险费、失业保险费、办公费、差旅交通费、劳动保护费、工具用具使用费、固定资产使用费、零星购置费、招募生产工人费、技术图书资料费、印花税、业务招待费、施工现场津贴、竣工验收费和其他管理性质开支。计算公式为

建设单位管理费 = 工程费用 × 建设单位管理费费率

工程费用 = 设备工器具购置费 + 建筑安装工程费用

工程监理费是指建设单位委托工程监理单位实施工程监理的费用。

代建管理费是指代建单位组织实施代建项目的管理费用和代建单位实施代建项目的正常经营费用，不包括项目审批和建设过程中政府规定应当缴纳的费用、与代建项目有关的招标代理费用等相关咨询服务费用。

(3)可行性研究费。可行性研究费是指在工程项目投资决策阶段，对有关建设方案、技术方案或生产经营方案进行的技术经济论证，以及编制、评审可行性研究报告等所需的费用。

(4)专项评价费。专项评价费是指建设单位按照国家规定委托有资质的单位开展专项评价及有关验收工作发生的费用。包括环境影响评价及验收费、安全预评价及验收费、职业病危害预评价及控制效果评价费、地震安全性评价费、地质灾害危险性评价费、水土保持评价及验收费、压覆矿产资源评价费、节能评估费、危险与可操作性分析及安全完整性评价费以及其他专项评价及验收费。

(5)研究试验费。研究试验费是指为建设项目提供和验证设计参数、数据、资料等进行必要的研究和试验，以及设计规定在施工中必须进行试验、验证所需要的费用。包括自行或委托其他部门的专题研究、试验所需人工费、材料费、试验设备及仪器使用费等。不包括应由科技三项费用(即新产品试制费、中间试验费和重要科学研究补助费)开支的费用和应在建筑安装费中列支的施工企业对建筑材料、构件和建筑物进行一般鉴定、检查所发生的费用，以及应由勘察设计费或工程费用中开支的费用。

(6)勘察设计费。勘察费是指勘察人根据发包人的委托，收集已有资料、现场踏勘、制定勘察纲要，进行勘察作业，以及编制工程勘察文件和岩土工程设计文件等收取的费用。设计费是指设计人根据发包人的委托，提供编制建设项目初步设计文件、施工图设计文件、非标准设备设计文件、竣工图文件等服务所收取的费用。

(7)场地准备费和临时设施费。场地准备费是指为使工程项目的建设场地达到开工条件，由建设单位组织进行的场地平整等准备工作而发生的费用。临时设施费是指建设单位为满足施工建设需要而提供的未列入工程费用的临时水、电、路、讯、气等工程和临时仓库等建(构)筑物的建设、维修、拆除、摊销费用或租赁费用，以及铁路、码头租赁等费用。建设场地的大型土石方工程应进入工程费用中的总图运输费用中。此项费用不包括已列入建筑安装工程费用中的施工单位临时设施费用。

提示

新建项目的场地准备和临时设施费应根据实际工程量估算，或按工程费用的比例计算。改扩建项目一般只计拆除清理费。场地准备及临时设施费 = 工程费用 × 费率 + 拆除清理费。发生拆除清理费时可按新建同类工程造价或主材费、设备费的比例计算。凡可回收材料的拆除工程采用以料抵工方式冲抵拆除清理费。

(8)引进技术和进口设备材料其他费。引进技术和进口设备材料其他费是指引进技术和设备发生的但未计入引进技术费和设备材料购置费的费用。包括图纸资料翻译复制费、备品备件测绘费、出国人员费用、来华人员费用、银行担保及承诺费、进口设备材料国内检验费等。

(9)特殊设备安全监督检验费。特殊设备安全监督检验费是指对在施工现场安装的列入国家特种设备范围内的设备(设施)检验检测和监督检查所发生的应列入项目开支的费用。

(10)市政公用配套设施费。市政公用配套设施费是指使用市政公用设施的工程项目,按照项目所在地政府有关规定建设或缴纳的市政公用设施建设配套费用。

(11)联合试运转费。联合试运转费是指新建或新增生产能力的工程项目,在交付生产前按照批准的设计文件规定的工程质量标准和技术要求,对整个生产线或装置进行负荷联合试运转所发生的费用净支出。包括试运转所需材料、燃料及动力消耗、低值易耗品、其他物料消耗、机械使用费、联合试运转人员工资、施工单位参加试运转人工费、专家指导费,以及必要的工业炉烘炉费。

$$联合试运转费 = 联合试运转费用支出 - 联合试运转收入$$

不发生试运转或试运转收入大于(或等于)费用支出的工程,不列此项费用。

可按建筑工程费与安装工程费之和的比例计算:

$$联合试运转费 = (建筑工程费 + 安装工程费) \times 联合试运转费费率$$

联合试运转费费率根据项目特点确定。

个别新工艺、新产品项目联合试运转发生的费用由建设单位组织编制投料试车计划和预算,经投资主管部门审定后列入设计概算。

联合试运转费不包括应由设备安装工程费用开支的调试及试车费用,以及在试运转中暴露出来的因施工原因或设备缺陷等发生的处理费用。

试运行期按照以下规定确定:引进国外设备项目按建设合同中规定的试运行期执行;国内一般性建设项目试运行期原则上按照批准的设计文件所规定的期限执行。个别行业的建设项目试运行期需要超过规定试运行期的,应报项目设计文件审批机关批准。试运行期一经确定,各建设单位应严格按规定执行,不得擅自缩短或延长。

(12)工程保险费。工程保险费是指在建设期内对建筑工程、安装工程、机械设备和人身安全进行投保而发生的费用。包括建筑安装工程一切险、工程质量保险、进口设备财产保险和人身意外伤害险等。

(13)专利及专有技术使用费。专利及专有技术使用费是指在建设期内取得专利、专有技术、商标、商誉和特许经营的所有权或使用权发生的费用。包括工艺包费、设计及技术资料费、有效专利、专有技术使用费、技术保密费和技术服务费等;商标权、商誉和特许经营权费;软件费等。

(14)生产准备费。生产准备费是指在建设期内,建设单位为保证项目正常生产而发生的人员培训费、提前进厂费,以及投产使用必备的办公、生活家具用具及工器具等的购置费用。生产准备费计算时,新建项目按设计定员为基数,改扩建项目按新增设计定员为基数。

(15)其他费用。其他费用指以上费用之外,根据工程建设需要必须发生的其他费用。

3. 预备费

预备费是指在建设期内因各种不可预见因素的变化而预留的可能增加的费用，包括基本预备费和价差预备费。

（1）基本预备费的计算公式为

基本预备费 =（工程费用 + 工程建设其他费用）× 基本预备费费率

基本预备费费率由工程造价管理机构根据项目特点综合分析后确定。

基本预备费是指在项目实施中可能发生难以预料的支出，需要预先预留的费用，又称不可预见费。主要指设计变更及施工过程中可能增加工程量的费用。

（2）价差预备费的计算公式为

$$P=\sum_{t=1}^{n}I_t[(1+f)^m(1+f)^{0.5}(1+f)^{t-1}-1]$$

式中　P——价差预备费；

n——建设期年份数；

I_t——建设期第 t 年的投资计划额，包括工程费用、工程建设其他费用及基本预备费，即第 t 年的静态投资计划额；

f——投资价格指数；

t——建设期第 t 年；

m——建设前期年限（从编制概算到开工建设年数）。

价差预备费中的投资价格指数按国家颁布的计取，当前暂时为零，计算式中 $(1+f)^{0.5}$ 表示建设期第 t 年当年投资分期均匀投入考虑涨价的幅度，对设计建设周期较短的项目价差预备费计算公式可简化处理。特殊项目或必要时可进行项目未来价差分析预测，确定各时期投资价格指数。

（二）增值税

增值税是指应计入建设项目总投资内的增值税额。增值税应按工程费、工程建设其他费、预备费和资金筹措费分别计取。

链接

在计算增值税应纳税额时，下列项目的进项税额不得从销项税额中抵扣：

（1）用于简易计税方法计税项目、免征增值税项目、集体福利或者个人消费的购进货物、劳务、服务、无形资产和不动产。

（2）非正常损失的购进货物，以及相关的劳务和交通运输服务。

（3）非正常损失的在产品、产成品所耗用的购进货物（不包括固定资产）、劳务和交通运输服务。

（4）国务院规定的其他项目。

（三）资金筹措费

资金筹措费是指在建设期内应计的利息和在建设期内为筹集项目资金发生的费用。包括各类借款利息、债券利息、贷款评估费、国外借款手续费及承诺费、汇兑损益、债券发行费用及其他债务利息支出或融资费用。

自有资金额度应符合国家或行业有关规定。

建设期利息：根据不同资金来源及利率分别计算。

$$Q=\sum_{j=1}^{n}(P_{j-1}+A_j/2)i$$

式中　Q——建设期利息；

P_{j-1}——建设期第$(j-1)$年末贷款累计金额与利息累计金额之和；

A_j——建设期第j年贷款金额；

i——贷款年利率；

n——建设期年数。

其他方式资金筹措费用按发生额度或相关规定计列。

专家解读

例：某新建项目，建设期为3年，分年均衡进行贷款，第一年贷款300万元，第二年贷款600万元，第三年贷款400万元，年利率为12%，计算建设期贷款利息。

解：$q_1=0.5A_1\times i=0.5\times300\times12\%=18$（万元）；

$q_2=(P_1+0.5A_2)\times i=(300+18+0.5\times600)\times12\%=74.16$（万元）；

$q_3=(P_2+0.5A_3)\times i=(300+18+600+74.16+0.5\times400)\times12\%=143.06$（万元）；

建设期贷款利息：$18+74.16+143.06=235.22$（万元）。

（四）流动资金

流动资金系指运营期内长期占用并周转使用的营运资金，不包括运营中需要的临时性营运资金。流动资金的估算方法有扩大指标估算法和分项详细估算法两种。

1. 扩大指标估算法

扩大指标估算法是参照同类企业的流动资金占营业收入、经营成本的比例或者是单位产量占用营运资金的数额估算流动资金，其计算公式为

流动资金额＝各种费用基数×相应的流动资金所占比例（或占营运资金的数额）

式中，各种费用基数是指年营业收入，年经营成本或年产量等。

2. 分项详细估算法

分项详细估算法可简化计算，其计算公式为

流动资金＝流动资产－流动负债

流动资产＝应收账款＋预付账款＋存货＋库存现金

流动负债＝应付账款＋预收账款

专家解读

例：某建设项目估算建安工程费 5 000 万元，设备购置费 3 000 万元，工程建设其他费用 2 000 万元，已知基本预备费率 5%，项目建设前期年限为 1 年，建设期为 3 年，各年投资计划额为：第一年完成投资 20%，第二年 60%，第三年 20%。各年投资价格上涨率为 6%，求该项目工程费用、静态投资、价差预备费、建设投资。

解：工程费用 = 5 000 + 3 000 = 8 000（万元）；

基本预备费 =（5 000 + 3 000 + 2 000）×5% = 500（万元）；

静态投资 = 5 000 + 3 000 + 2 000 + 500 = 10 500（万元）；

建设期第一年完成投资 = 10 500 ×20% = 2 100（万元）；

第一年价差预备费：$P_1 = 2\,100 \times [(1+0.06)(1+0.06)^{0.5} - 1] = 191.8$（万元）；

建设期第二年完成投资 = 10 500 ×60% = 6 300（万元）；

第二年价差预备费：$P_2 = 6\,300 \times [(1+0.06)(1+0.06)^{0.5}(1+0.06) - 1] = 987.9$（万元）；

建设期第三年完成投资 = 10 500 ×20% = 2 100（万元）；

第三年价差预备费：$P_3 = 2\,100 \times [(1+0.06)(1+0.06)^{0.5}(1+0.06)^2 - 1] = 475.1$（万元）；

建设期的价差预备费 = 191.8 + 987.9 + 475.1 = 1 654.8（万元）；

建设投资 = 10 500 + 1 654.8 = 12 154.8（万元）。

三、建筑安装工程费用项目组成（按费用构成要素划分）

建筑安装工程费按照费用构成要素划分：由人工费、材料（包含工程设备，下同）费、施工机具使用费、企业管理费、利润、规费和增值税组成。其中人工费、材料费、施工机具使用费、企业管理费和利润包含在分部分项工程费、措施项目费、其他项目费中。

（一）人工费

人工费是指按工资总额构成规定，支付给从事建筑安装工程施工的生产工人和附属生产单位工人的各项费用。内容包括：

（1）计时工资或计件工资：是指按计时工资标准和工作时间或对已做工作按计件单价支付给个人的劳动报酬。

（2）奖金：是指对超额劳动和增收节支支付给个人的劳动报酬。如节约奖、劳动竞赛奖等。

（3）津贴补贴：是指为了补偿职工特殊或额外的劳动消耗和因其他特殊原因支付给个人的津贴，以及为了保证职工工资水平不受物价影响支付给个人的物价补贴。如流动施工津贴、特殊地区施工津贴、高温（寒）作业临时津贴、高空津贴等。

（4）加班加点工资：是指按规定支付的在法定节假日工作的加班工资和在法定日工作时间外延时工作的加点工资。

(5)特殊情况下支付的工资:是指根据国家法律、法规和政策规定,因病、工伤、产假、计划生育假、婚丧假、事假、探亲假、定期休假、停工学习、执行国家或社会义务等原因按计时工资标准或计时工资标准的一定比例支付的工资。

(二)材料费

材料费是指施工过程中耗费的原材料、辅助材料、构配件、零件、半成品或成品、工程设备的费用。内容包括:

(1)材料原价:是指材料、工程设备的出厂价格或商家供应价格。

(2)运杂费:是指材料、工程设备自来源地运至工地仓库或指定堆放地点所发生的全部费用。

(3)运输损耗费:是指材料在运输装卸过程中不可避免的损耗。

(4)采购及保管费:是指为组织采购、供应和保管材料、工程设备的过程中所需要的各项费用。包括采购费、仓储费、工地保管费、仓储损耗。

工程设备是指构成或计划构成永久工程一部分的机电设备、金属结构设备、仪器装置及其他类似的设备和装置。

(三)施工机具使用费

施工机具使用费是指施工作业所发生的施工机械、仪器仪表使用费或其租赁费。

1.施工机械使用费

施工机械使用费以施工机械台班耗用量乘以施工机械台班单价表示,施工机械台班单价应由下列七项费用组成:

(1)折旧费:是指施工机械在规定的使用年限内,陆续收回其原值的费用。

(2)大修理费(检修费):是指施工机械在规定的耐用总台班内,按规定的检修间隔进行必要的检修,以恢复其正常功能所需的费用。

(3)经常修理费(维护费):是指施工机械在规定的耐用总台班内,按规定的维护间隔进行各级维护和临时故障排除所需的费用。包括为保障机械正常运转所需替换设备与随机配备工具附具的摊销和维护费用,机械运转中日常保养所需润滑与擦拭的材料费用及机械停滞期间的维护和保养费用等。

(4)安拆费及场外运费:安拆费是指施工机械(大型机械除外)在现场进行安装与拆卸所需的人工、材料、机械和试运转费用以及机械辅助设施的折旧、搭设、拆除等费用;场外运费指施工机械整体或分体自停放地点运至施工现场或由一施工地点运至另一施工地点的运输、装卸、辅助材料及架线等费用。

(5)人工费:是指机上司机(司炉)和其他操作人员的人工费。

(6)燃料动力费:是指施工机械在运转作业中所消耗的各种燃料及水、电等。

(7)税费:是指施工机械按照国家规定应缴纳的车船使用税、保险费及年检费等。

2.仪器仪表使用费

仪器仪表使用费是指工程施工所需使用的仪器仪表的摊销及维修费用。

(四)企业管理费

企业管理费是指建筑安装企业组织施工生产和经营管理所需的费用。内容包括:

（1）管理人员工资：是指按规定支付给管理人员的计时工资、奖金、津贴补贴、加班加点工资及特殊情况下支付的工资等。

（2）办公费：是指企业管理办公用的文具、纸张、账表、印刷、邮电、书报、办公软件、现场监控、会议、水电、烧水和集体取暖降温（包括现场临时宿舍取暖降温）等费用。

（3）差旅交通费：是指职工因公出差、调动工作的差旅费、住勤补助费，市内交通费和误餐补助费，职工探亲路费，劳动力招募费，职工退休、退职一次性路费，工伤人员就医路费，工地转移费以及管理部门使用的交通工具的油料、燃料等费用。

（4）固定资产使用费：是指管理和试验部门及附属生产单位使用的属于固定资产的房屋、设备、仪器等的折旧、大修、维修或租赁费。

（5）工具用具使用费：是指企业施工生产和管理使用的不属于固定资产的工具、器具、家具、交通工具和检验、试验、测绘、消防用具等的购置、维修和摊销费。

（6）劳动保险和职工福利费：是指由企业支付的职工退职金、按规定支付给离休干部的经费，集体福利费、夏季防暑降温、冬季取暖补贴、上下班交通补贴等。

（7）劳动保护费：是企业按规定发放的劳动保护用品的支出。如工作服、手套、防暑降温饮料以及在有碍身体健康的环境中施工的保健费用等。

（8）检验试验费：是指施工企业按照有关标准规定，对建筑以及材料、构件和建筑安装物进行一般鉴定、检查所发生的费用，包括自设试验室进行试验所耗用的材料等费用。不包括新结构、新材料的试验费，对构件做破坏性试验及其他特殊要求检验试验的费用和建设单位委托检测机构进行检测的费用，对此类检测发生的费用，由建设单位在工程建设其他费用中列支。但对施工企业提供的具有合格证明的材料进行检测不合格的，该检测费用由施工企业支付。

（9）工会经费：是指企业按《工会法》规定的全部职工工资总额比例计提的工会经费。

（10）职工教育经费：是指按职工工资总额的规定比例计提，企业为职工进行专业技术和职业技能培训，专业技术人员继续教育、职工职业技能鉴定、职业资格认定以及根据需要对职工进行各类文化教育所发生的费用。

（11）财产保险费：是指施工管理用财产、车辆等的保险费用。

（12）财务费：是指企业为施工生产筹集资金或提供预付款担保、履约担保、职工工资支付担保等所发生的各种费用。

（13）税金：是指企业按规定缴纳的房产税、车船使用税、土地使用税、印花税等。

（14）城市维护建设税：城市维护建设税以纳税人依法实际缴纳的增值税、消费税税额为计税依据。城市维护建设税的计税依据应当按照规定扣除期末留抵退税退还的增值税税额。城市维护建设税税率如下：纳税人所在地在市区的，税率为7%；纳税人所在地在县城、镇的，税率为5%；纳税人所在地不在市区、县城或者镇的，税率为1%。

（15）教育费附加：教育费附加是以各单位和个人实际缴纳的增值税、消费税、营业税的税额为计征依据。

$$应缴的教育费附加税 = （实缴增值税 + 实缴消费税）\times 3\%$$

(16)地方教育附加:地方教育附加要全面开征,各地区要加强收入征管,依法足额征收,不得随意减免。地方教育附加统一按增值税、消费税实际缴纳税额的2%征收。

(17)其他:包括技术转让费、技术开发费、投标费、业务招待费、绿化费、广告费、公证费、法律顾问费、审计费、咨询费、保险费等。

(五)利润

利润是指施工企业完成所承包工程获得的盈利。

(六)规费

规费是指按国家法律、法规规定,由省级政府和省级有关权力部门规定必须缴纳或计取的费用。包括社会保险费、住房公积金。其他应列而未列入的规费,按实际发生计取。

1. 社会保险费

(1)养老保险费:是指企业按照规定标准为职工缴纳的基本养老保险费。

(2)失业保险费:是指企业按照规定标准为职工缴纳的失业保险费。

(3)医疗保险费:是指企业按照规定标准为职工缴纳的基本医疗保险费。

(4)生育保险费:是指企业按照规定标准为职工缴纳的生育保险费。

(5)工伤保险费:是指企业按照规定标准为职工缴纳的工伤保险费。

2. 住房公积金

住房公积金是指企业按规定标准为职工缴纳的住房公积金。

(七)增值税

增值税是以商品(含应税劳务)在流转过程中产生的增值额作为计税依据而征收的一种流转税。从计税原理上说,增值税是对商品生产、流通、劳务服务中多个环节的新增价值或商品的附加值征收的一种流转税。实行价外税,也就是由消费者负担,有增值才征税,没增值不征税。增值税是对销售货物或者提供加工、修理修配劳务以及进口货物的单位和个人就其实现的增值额征收的一个税种。建筑安装工程税前工程造价为人工费、材料费、施工机具使用费、企业管理费、利润和规费之和。

四、建筑安装工程费用项目组成(按造价形成划分)

建筑安装工程费按照工程造价形成由分部分项工程费、措施项目费、其他项目费、规费、增值税组成,分部分项工程费、措施项目费、其他项目费包含人工费、材料费、施工机具使用费、企业管理费和利润。

(一)分部分项工程费

分部分项工程费是指各专业工程的分部分项工程应予列支的各项费用。

专业工程是指按现行国家计量规范划分的房屋建筑与装饰工程、仿古建筑工程、通用安装工程、市政工程、园林绿化工程、矿山工程、构筑物工程、城市轨道交通工程、爆破工程等各类工程。

分部分项工程指按现行国家计量规范对各专业工程划分的项目。如房屋建筑与装饰工程划分的土石方工程、地基处理与桩基工程、砌筑工程、钢筋及钢筋混凝土工程等。

各类专业工程的分部分项工程划分见现行国家或行业计量规范。

（二）措施项目费

措施项目费是指为完成建设工程施工，发生于该工程施工前和施工过程中的技术、生活、安全、环境保护等方面的费用。内容具体如下。

1. 安全文明施工费

(1)环境保护费：是指施工现场为达到环保部门要求所需要的各项费用。

(2)文明施工费：是指施工现场文明施工所需要的各项费用。

(3)安全施工费：是指施工现场安全施工所需要的各项费用。

(4)临时设施费：是指施工企业为进行建设工程施工所必须搭设的生活和生产用的临时建筑物、构筑物和其他临时设施费用。包括临时设施的搭设、维修、拆除、清理费或摊销费等。

(5)建筑工人实名制管理费：是指施工企业为实施建筑工人实名制管理所需的费用。

2. 夜间施工增加费

夜间施工增加费是指因夜间施工所发生的夜班补助费、夜间施工降效、夜间施工照明设备摊销及照明用电等费用。

3. 二次搬运费

二次搬运费是指因施工场地条件限制而发生的材料、构配件、半成品等一次运输不能到达堆放地点，必须进行二次或多次搬运所发生的费用。

4. 冬雨季施工增加费

冬雨季施工增加费是指在冬季或雨季施工需增加的临时设施、防滑、排除雨雪，人工及施工机械效率降低等费用。

5. 已完工程及设备保护费

已完工程及设备保护费是指竣工验收前，对已完工程及设备采取的必要保护措施所发生的费用。

6. 工程定位复测费

工程定位复测费是指工程施工过程中进行全部施工测量放线和复测工作的费用。

7. 特殊地区施工增加费

特殊地区施工增加费是指工程在沙漠或其边缘地区、高海拔、高寒、原始森林等特殊地区施工增加的费用。

8. 大型机械设备进出场及安拆费

大型机械设备进出场及安拆费是指机械整体或分体自停放场地运至施工现场或由一个施工地点运至另一个施工地点，所发生的机械进出场运输及转移费用以及机械在施工现场进行安装、拆卸所需的人工费、材料费、机械费、试运转费和安装所需的辅助设施的费用。

9. 脚手架工程费

脚手架工程费是指施工需要的各种脚手架搭、拆、运输费用以及脚手架购置费的摊销(或租赁)费用。

措施项目及其包含的内容详见各类专业工程的现行国家或行业计量规范。

(三)其他项目费

1. 暂列金额

暂列金额是指建设单位在工程量清单中暂定并包括在工程合同价款中的一笔款项。用于施工合同签订时尚未确定或者不可预见的所需材料、工程设备、服务的采购,施工中可能发生的工程变更、合同约定调整因素出现时的工程价款调整以及发生的索赔、现场签证确认等的费用。

2. 计日工

计日工是指在施工过程中,施工企业完成建设单位提出的施工图纸以外的零星项目或工作所需的费用。

3. 总承包服务费

总承包服务费是指总承包人为配合、协调建设单位进行的专业工程发包,对建设单位自行采购的材料、工程设备等进行保管以及施工现场管理、竣工资料汇总整理等服务所需的费用。

(四)规费

定义同按费用构成要素划分建筑安装工程费用项目组成。

(五)增值税

定义同按费用构成要素划分建筑安装工程费用项目组成。

五、建筑安装工程费用的计算方法

(一)各费用构成要素参考计算方法

1. 人工费

计算公式(1)为

$$人工费=\sum(工日消耗量\times日工资单价)$$

日工资单价=[生产工人平均月工资(计时、计件)+平均月(奖金+津贴补贴+特殊情况下支付的工资)]/年平均每月法定工作日

注:计算公式(1)主要适用于施工企业投标报价时自主确定人工费,也是工程造价管理机构编制计价定额确定定额人工单价或发布人工成本信息的参考依据。

计算公式(2)为

$$人工费=\sum(工程工日消耗量\times日工资单价)$$

注:计算公式(2)适用于工程造价管理机构编制计价定额时确定定额人工费,是施工企业投标报价的参考依据。

日工资单价是指施工企业平均技术熟练程度的生产工人在每工作日（国家法定工作时间内）按规定从事施工作业应得的日工资总额。

工程造价管理机构确定日工资单价应通过市场调查、根据工程项目的技术要求，参考实物工程量人工单价综合分析确定，最低日工资单价不得低于工程所在地人力资源和社会保障部门所发布的最低工资标准的：普工 1.3 倍、一般技工 2 倍、高级技工 3 倍。

工程计价定额不可只列一个综合工日单价，应根据工程项目技术要求和工种差别适当划分多种日人工单价，确保各分部工程人工费的合理构成。

2. 材料费

（1）材料费计算公式为

$$材料费=\sum(材料消耗量\times材料单价)$$

$$材料单价=[(材料原价+运杂费)\times[1+运输损耗率(\%)]]\times[1+采购保管费率(\%)]$$

（2）工程设备费计算公式为

$$工程设备费=\sum(工程设备量\times工程设备单价)$$

$$工程设备单价=(设备原价+运杂费)\times[1+采购保管费率(\%)]$$

3. 施工机具使用费

（1）施工机械使用费计算公式为

$$施工机械使用费=\sum(施工机械台班消耗量\times机械台班单价)$$

机械台班单价 = 台班折旧费 + 台班大修费（台班检修费）+ 台班经常修理费（台班维护费）+ 台班安拆费及场外运费 + 台班人工费 + 台班燃料动力费 + 台班车船税费

注：工程造价管理机构在确定计价定额中的施工机械使用费时，应根据《建筑施工机械台班费用计算规则》结合市场调查编制施工机械台班单价。施工企业可以参考工程造价管理机构发布的台班单价，自主确定施工机械使用费的报价，如租赁施工机械，计算公式为：施工机械使用费 = Σ（施工机械台班消耗量 × 机械台班租赁单价）。

（2）施工机械台班检修费计算公式为

$$施工机械台班检修费=\frac{一次检修费\times检修次数}{耐用总台班}$$

（3）施工机械台班折旧费计算公式为

$$施工机械台班折旧费=\frac{预算价格\times(1-残值率)}{耐用总台班}$$

（4）仪器仪表使用费计算公式为

$$仪器仪表使用费=工程使用的仪器仪表摊销费+维修费$$

4. 企业管理费费率

（1）以分部分项工程费为计算基础：

$$企业管理费费率(\%)=\frac{生产工人年平均管理费}{年有效施工天数\times人工单价}\times人工费占分部分项工程费比例(\%)$$

（2）以人工费和机械费合计为计算基础：

$$企业管理费费率(\%)=\frac{生产工人年平均管理费}{年有效施工天数\times(人工单价+每一工日机械使用费)}\times100\%$$

(3) 以人工费为计算基础：

$$企业管理费费率(\%)=\frac{生产工人年平均管理费}{年有效施工天数\times 人工单价}\times 100\%$$

注：上述计算公式适用于施工企业投标报价时自主确定管理费，是工程造价管理机构编制计价定额确定企业管理费的参考依据。

工程造价管理机构在确定计价定额中企业管理费时，应以定额人工费或(定额人工费 + 定额机械费)作为计算基数，其费率根据历年工程造价积累的资料，辅以调查数据确定，列入分部分项工程和措施项目中。

5. 利润

施工企业根据企业自身需求并结合建筑市场实际自主确定，列入报价中。

工程造价管理机构在确定计价定额中利润时，应以定额人工费或(定额人工费 + 定额机械费)作为计算基数，其费率根据历年工程造价积累的资料，并结合建筑市场实际确定，以单位(单项)工程测算，利润在税前建筑安装工程费的比重可按不低于5%且不高于7%的费率计算。利润应列入分部分项工程和措施项目中。

6. 规费

社会保险费和住房公积金应以定额人工费为计算基础，根据工程所在地省、自治区、直辖市或行业建设主管部门规定费率计算。

$$社会保险费和住房公积金=\sum[工程定额人工费\times 社会保险费和住房公积金费率(\%)]$$

式中，社会保险费和住房公积金费率可以按照每万元发承包价的生产工人人工费和管理人员工资含量与工程所在地规定的缴纳标准综合分析取定。

7. 增值税

2019 年 3 月 20 日，财政部、税务总局、海关总署发布《关于深化增值税改革有关政策的公告》，增值税一般纳税人(以下称纳税人)发生增值税应税销售行为或者进口货物，原适用16%税率的，税率调整为13%；原适用10%税率的，税率调整为9%。纳税人购进农产品，原适用10%扣除率的，扣除率调整为9%。纳税人购进用于生产或者委托加工13%税率货物的农产品，按照10%的扣除率计算进项税额。

增值税计税方法，包括一般计税方法和简易计税方法。

(1) 当采用一般计税方法时，建筑业的增值税税率为9%，计算公式为

$$增值税销项税额=税前造价\times 9\%$$

建筑安装工程税前工程造价为人工费、材料费、施工机具使用费、企业管理费、利润和规费之和。各费用项目均不包含增值税可抵扣进项税额的价格计算。

(2) 当采用简易计税方法时，建筑业的增值税税率为3%，计算公式为

$$增值税=税前造价\times 3\%$$

建筑安装工程税前工程造价为人工费、材料费、施工机具使用费、企业管理费、利润和规费之和。各费用项目均已包含增值税进项税额的含税价格计算。

典型例题

【单选题】施工企业采购的某建筑材料出厂价为 3 500 元/吨，运费为 400 元/吨，运输损耗率为 2%，采购保管费率为 5%，则计入建筑安装工程材料费的该建筑材料单价为（　　）元/吨。

A. 3 745.0　　　　B. 3 748.5

C. 4 173.0　　　　D. 4 176.9

D。【解析】材料单价 =[（材料原价 + 运杂费）×（1 + 运输损耗率）]×[1 + 采购保管费率] =(3 500 +400)×(1 +2%)×(1 +5%) =4 176.9（元/吨）。

【多选题】关于增值税的说法，错误的有（　　）。

A. 当采用一般计税方法时，建筑业增值税税率为 3%

B. 小规模纳税人发生应税行为适用一般计税方法计税

C. 当采用简易计税方法时，建筑业增值税税率为 9%

D. 增值税的计税方法包括一般计税方法和简易计税方法

E. 建筑安装工程费用的增值税是指国家税法规定应计入建筑安装工程造价内的增值税销项税额

ABC。【解析】建筑安装工程费用的增值税是指国家税法规定应计入建筑安装工程造价内的增值税销项税额。增值税的计税方法包括一般计税方法和简易计税方法，当采用一般计税方法时，建筑业的增值税税率为 9%；当采用简易计税方法时，建筑业的增值税税率为 3%。一般纳税人发生应税行为适用一般计税方法计税，小规模纳税人发生应税行为适用简易计税方法计税。

（二）建筑安装工程计价参考计算方法

1. 分部分项工程费

$$分部分项工程费 = \sum(分部分项工程量 \times 综合单价)$$

式中，综合单价包括人工费、材料费、施工机具使用费、企业管理费和利润以及一定范围的风险费用（下同）。

2. 措施项目费

国家计量规范规定应予计量的措施项目，其计算公式为：

$$措施项目费 = \sum(措施项目工程量 \times 综合单价)$$

国家计量规范规定不宜计量的措施项目计算方法如下。

（1）安全文明施工费：

$$安全文明施工费 = 计算基数 \times 安全文明施工费费率(\%)$$

计算基数应为定额基价（定额分部分项工程费 + 定额中可以计量的措施项目费）、定额人工费或（定额人工费 + 定额机械费），其费率由工程造价管理机构根据各专业工程的特点综合确定。

（2）夜间施工增加费：

$$夜间施工增加费 = 计算基数 \times 夜间施工增加费费率(\%)$$

(3)二次搬运费：

二次搬运费 = 计算基数 × 二次搬运费费率(%)

(4)冬雨季施工增加费：

冬雨季施工增加费 = 计算基数 × 冬雨季施工增加费费率(%)

(5)已完工程及设备保护费：

已完工程及设备保护费 = 计算基数 × 已完工程及设备保护费费率(%)

上述(2)～(5)项措施项目的计费基数应为定额人工费或(定额人工费 + 定额机械费)，其费率由工程造价管理机构根据各专业工程特点和调查资料综合分析后确定。

3. 其他项目费

暂列金额由建设单位根据工程特点，按有关计价规定估算，施工过程中由建设单位掌握使用、扣除合同价款调整后如有余额，归建设单位。

计日工由建设单位和施工企业按施工过程中的签证计价。

总承包服务费由建设单位在招标控制价(即最高投标限价，下同)中根据总包服务范围和有关计价规定编制，施工企业投标时自主报价，施工过程中按签约合同价执行。

4. 规费和税金

建设单位和施工企业均应按照省、自治区、直辖市或行业建设主管部门发布标准计算规费和税金，不得作为竞争性费用。

六、建筑安装工程计价程序

(一)建设单位工程招标控制价计价程序

工程名称：　　　　　　　　　　　　　　　　标段：

序号	内容	计算方法	金额/元
1	分部分项工程费	按计价规定计算	
1.1			
1.2			
1.3			
1.4			
1.5			
2	措施项目费	按计价规定计算	
2.1	其中：安全文明施工费	按规定标准计算	

（续表）

序号	内容	计算方法	金额/元
3	其他项目费		
3.1	其中:暂列金额	按计价规定估算	
3.2	其中:专业工程暂估价	按计价规定估算	
3.3	其中:计日工	按计价规定估算	
3.4	其中:总承包服务费	按计价规定估算	
4	规费	按规定标准计算	
5	税金(扣除不列入计税范围的工程设备金额)	(1+2+3+4)×规定税率	
招标控制价合计=1+2+3+4+5			

(二)施工企业工程投标报价计价程序

工程名称:　　　　　　　　　　　　标段:

序号	内容	计算方法	金额/元
1	分部分项工程费	自主报价	
1.1			
1.2			
1.3			
1.4			
1.5			
2	措施项目费	自主报价	
2.1	其中:安全文明施工费	按规定标准计算	
3	其他项目费		
3.1	其中:暂列金额	按招标文件提供金额计列	
3.2	其中:专业工程暂估价	按招标文件提供金额计列	
3.3	其中:计日工	自主报价	
3.4	其中:总承包服务费	自主报价	
4	规费	按规定标准计算	

（续表）

序号	内容	计算方法	金额/元
5	税金(扣除不列入计税范围的工程设备金额)	(1+2+3+4)×规定税率	
投标报价合计=1+2+3+4+5			

(三)竣工结算计价程序

工程名称:　　　　　　　　　　　　标段:

序号	汇总内容	计算方法	金额/元
1	分部分项工程费	按合同约定计算	
1.1			
1.2			
1.3			
1.4			
1.5			
2	措施项目	按合同约定计算	
2.1	其中:安全文明施工费	按规定标准计算	
3	其他项目		
3.1	其中:专业工程结算价	按合同约定计算	
3.2	其中:计日工	按计日工签证计算	
3.3	其中:总承包服务费	按合同约定计算	
3.4	索赔与现场签证	按发承包双方确认数额计算	
4	规费	按规定标准计算	
5	税金(扣除不列入计税范围的工程设备金额)	(1+2+3+4)×规定税率	
竣工结算总价合计=1+2+3+4+5			

七、设备购置费的组成及计算

(一)设备购置费的概念

设备购置费是指购置或自制的达到固定资产标准的设备、工器具及生产家具等所需的费用。设备购置费分为外购设备费和自制设备费。外购设备是指设备生产厂制造，符合规定标准的设备。自制设备是指按订货要求，并根据具体的设计图纸自行制造的设备。

设备购置费由设备原价和设备运杂费构成，其计算公式为

设备购置费 = 设备原价 + 设备运杂费

式中，设备原价指国内采购设备的出厂（场）价格，或国外采购设备的抵岸价格；设备运杂费指除设备原价之外的关于设备采购、运输、途中包装及仓库保管等方面支出费用的总和。当设备由设备成套公司供应，则成套公司的服务费在估价时应计入设备运杂费中。

（二）国产设备原价的构成及计算

国产设备原价通常指的是设备制造厂的交货价，或订货合同价或出厂价。国产设备原价分为国产标准设备原价和国产非标准设备原价。

（1）国产标准设备原价。国产标准设备原价有两种，即带有备件的原价和不带有备件的原价。在计算时，一般采用带有备件的原价。

（2）国产非标准设备原价。国产非标准设备原价有多种不同的计算方法，如综合单价法、成本计算估价法、定额估价法、系列设备插入估价法、分部组合估价法等。非标准国产设备原价的计算方法应简便，并使估算价接近实际出厂价。

按成本计算估价法，国产非标准设备的原价由以下各项组成：

（1）材料费。其计算公式为

材料费 = 材料净重 ×（1 + 加工损耗系数）× 每吨材料综合价

（2）加工费。包括生产工人工资和工资附加费、燃料动力费、设备折旧费、车间经费等。其计算公式为

加工费 = 设备总重（吨）× 设备每吨加工费

（3）辅助材料费。其计算公式为

辅助材料费 = 设备总重 × 辅助材料费指标

（4）专用工具费。其计算公式为

专用工具费 = [（1）~（3）] × 专用工具费费率

（5）废品损失费。其计算公式为

废品损失费 = [（1）~（4）] × 废品损失费费率

（6）外购配套件费。按设备设计图纸所列的外购配套件的名称、型号、规格、数量、重量，根据相应的价格加运杂费计算。

（7）包装费。其计算公式为

包装费 = [（1）~（6）] × 包装费费率

（8）利润。其计算公式为

利润 = [（1）~（5）+（7）] × 利润率

(9)税金。主要指增值税,其计算公式为

增值税 = 当期销项税额 - 进项税额

当期销项税额 = 销售额 × 适用增值税率

当期销项税额 = [(1) ~ (8)] × 适用增值税率

(10)国产非标准设备设计费,按国家规定的设计费收费标准计算。

综上,单台国产非标准设备原价的计算公式为

单台国产非标准设备原价 = {[(材料费 + 加工费 + 辅助材料费) × (1 + 专用工具费费率) × (1 + 废品损失费费率) + 外购配套件费] × (1 + 包装费费率) - 外购配套件费} × (1 + 利润率) + 销项税额 + 非标准设备设计费 + 外购配套件费

(三)进口设备原价的构成及计算

进口设备的原价是指进口设备的抵岸价,即抵达买方边境港口或边境车站,且交完关税为止形成的价格。

1. 进口设备交货类别

进口设备交货类别有内陆交货类、目的地交货类、装运港交货类。

我国进口设备采用最多的交货价为装运港船上交货价 FOB(离岸价格),运费在内价 CFR,运费、保险费在内价 CIF(到岸价格)。

(1)装运港船上交货价。装运港船上交货价亦称为离岸价格(FOB)。费用划分与风险转移的分界点为货物越过船舷。

卖方的基本义务有:

①办理出口清关手续,自负风险和费用,领取出口许可证及其他官方文件。

②在约定的日期或期限内,在合同规定的装运港,按港口惯常的方式,把货物装上买方指定的船只,并及时通知买方。

③承担货物在装运港越过船舷之前的一切费用和风险。

④向买方提供商业发票和证明货物已交至船上的装运单据或具有同等效力的电子单证。

买方的基本义务有:

①负责租船订舱,按时派船到合同约定的装运港接运货物,支付运费,并将船期、船名及装船地点及时通知卖方。

②负担货物在装运港越过船舷后的各种费用以及货物灭失或损坏的一切风险。

③负责获取进口许可证或其他官方文件,以及办理货物入境手续。

④受领卖方提供的各种单证,按合同规定支付货款。

(2)成本加运费。成本加运费亦称为运费在内价(CFR)。其风险分界点为货物越过船舷;费用分界点为卖方支付运费。

卖方的基本义务有：

①提供合同规定的货物，负责订立运输合同并租船订舱，在合同规定的装运港和规定的期限内，将货物装上船并及时通知买方，支付运至目的港的运费。

②负责办理出口清关手续，提供出口许可证或其他官方批准的文件。

③承担货物在装运港越过船舷之前的一切费用和风险。

④按合同规定提供正式有效的运输单据、发票或具有同等效力的电子单证。

买方的基本义务有：

①承担货物在装运港越过船舷后的一切风险及运输途中因遭遇风险所引起的额外费用。

②在合同规定的目的港受领货物，办理进口清关手续，交纳进口税。

③受领卖方提供的各种约定的单证，并按合同规定支付货款。

(3)成本加保险费、运费。成本加保险费、运费亦称为到岸价格(CIF)。

卖方义务：除与 CFR 相同外，还应办理货物在运输途中最低险别的海运保险，并应支付保险费。

买方义务：除保险这项义务外，买方的义务与 CFR 相同。

2. 进口设备到岸价的计算

(1)进口设备到岸价。进口设备到岸价的计算公式为

进口设备到岸价(CIF)＝离岸价格(FOB)＋国际运费＋运输保险费

＝运费在内价(CFR)＋运输保险费

国际运费，即从装运港(站)到达我国抵达港(站)的运费。

国际运费＝原币货价×运费率

＝单位运价×运量

运输保险费是由保险人(保险公司)与被保险人(出口人或进口人)订立保险契约，在被保险人交付议定的保险费后，保险人根据保险契约的规定对货物在运输过程中发生的承保责任范围内的损失给予经济上的补偿。这是一种财产保险，计算公式为

运输保险费＝[原币货价(FOB)＋国际运费]/(1－保险费费率)×保险费费率

(2)进口从属费的构成及计算。进口设备从属费是指进口设备在办理进口手续过程中发生的应计入设备原价的银行财务费、外贸手续费、进口关税、消费税、进口环节增值税及进口车辆的车辆购置税等。

进口从属费＝银行财务费＋外贸手续费＋关税＋消费税＋进口环节增值税＋车辆购置税

银行财务费，一般是指中国银行手续费。银行财务费费率一般为0.4%～0.5%。

银行财务费＝离岸价格(FOB)×人民币外汇汇率×银行财务费费率

外贸手续费，是指按规定计取的外贸手续费。外贸手续费费率一般为1%～1.5%。

外贸手续费＝到岸价格(CIF)×人民币外汇汇率×外贸手续费费率

关税，是指海关对进出国境或关境的货物和物品征收的一种税。进口关税税率按我国

海关总署发布的进口关税税率计算。

关税 = 到岸价格(CIF) × 人民币外汇汇率 × 进口关税税率

增值税,是指对从事进口贸易的单位和个人,在进口商品报关进口后征收的税种。进口应税产品均按组成计税价格和增值税税率直接计算应纳税额,增值税税率根据规定的税率计算,目前进口设备适用的税率为13%。

专家解读

2019年3月5日,国务院总理李克强作2019年政府工作报告时提出,将制造业等行业现行16%的税率降至13%,将交通运输业、建筑业等行业现行10%的税率降至9%,确保主要行业税负明显降低。

增值税 = [到岸价格(CIF) + 关税 + 消费税] × 增值税税率

消费税,是指对部分进口设备(如轿车、摩托车等)征收的一种税。消费税税率根据规定的税率计算。

消费税 = [到岸价格(CIF) × 人民币外汇汇率 + 关税]/(1 − 消费税税率) × 消费税税率

海关监管手续费,是指海关对经核准予以减税、免税进口货物或保税进口货物,按国家政策规定实施监督管理和提供服务而收取的一种手续费用。海关监管手续费一般为0.3%。

海关监管手续费 = 到岸价格(CIF) × 海关监管手续费费率

车辆购置附加税,是指进口车辆需缴纳的进口车辆购置附加税。

车辆购置税 = [到岸价格(CIF) + 关税 + 消费税 + 增值税] × 车辆购置税税率

(3)设备运杂费的构成及计算。设备运杂费的构成包括运费和装卸费、包装费(为运输而进行的)、设备供销部门手续费、采购与仓库保管费。

①运费和装卸费。国产设备运费和装卸费指由设备制造厂交货地点起至工地仓库(或施工组织设计指定的需要安装设备的堆放地点)止所发生的运费和装卸费;进口设备运费和装卸费指由我国到岸港口或边境车站起至工地仓库(或施工组织设计指定的需要安装设备的堆放地点)止所发生的运费和装卸费。

②包装费。在设备原价中未包含的,为运输而进行的包装支出的费用。

③设备供销部门手续费。按有关部门规定的统一费率计算。

④采购与仓库保管费。采购、验收、保管和收发设备所发生的各种费用,包括设备采购人员、保管人员和管理人员的工资、工资附加费、办公费、差旅交通费、设备供应部门办公和仓库所占固定资产使用费、工具用具使用费、劳动保护费、检验试验费等。

设备运杂费的计算公式为

设备运杂费 = 设备原价 × 设备运杂费费率

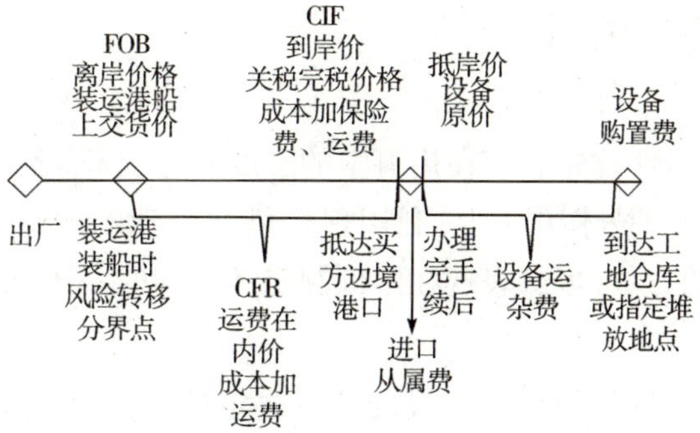

（四）工具、器具及生产家具购置费的构成和计算

工具、器具及生产家具购置费，是指新建或扩建项目初步设计规定的，保证初期正常生产必须购置的没有达到固定资产标准的设备、仪器、工卡模具、器具、生产家具和备品备件等的购置费用。一般以设备购置费为计算基数，按照部门或行业规定的工具、器具及生产家具费率计算。其计算公式为

工器具及生产家具购置费 = 设备购置费 × 定额费率

第二节　建设工程定额

一、建设工程定额的概念

建设工程定额是指在正常的施工条件下，完成一定计量单位的合格产品所必需的劳动力、材料、机械台班和资金消耗的标准数量。这种标准数量反映的是在一定的社会生产力发展水平条件下，完成工程建设中的某项合格产品与各种生产消费之间特定的数量关系，这种数量关系体现出正常施工条件、合理的施工组织、合格产品下各种生产要素消耗的社会平均合理水平。

二、建设工程定额的本质和作用

工程定额的本质，是调控资金分配资源的一种技术依据，是在建设市场上寻求合作伙伴进行公平交易的经济指标，是处理经济技术纠纷维护社会公正的评判标准，也是衡量劳动生产率高低、技术先进与否的社会标准。建设工程定额的作用如下：

（1）建设工程定额是编制工程计划、组织和管理施工的重要依据。

（2）建设工程定额是明确建设工程造价的依据。

（3）建设工程定额是总结先进生产方法的手段。

（4）建设工程定额是建设工程企业实行经济责任制及编制招标标底和投标报价的依据。

（5）建设工程定额是建设工程企业降低工程成本进行经济分析的依据。

三、建设工程定额的特性

（一）科学性

建设工程定额的科学性首先表现在用科学的态度制定定额，客观实际，力求定额水平合理；其次表现在制定定额的技术方法上，利用现代科学管理的成就，形成一套系统的、完整的、在实践中行之有效的方法；再次表现在定额制定和贯彻的一体化。

（二）系统性

建设工程定额的系统性是由工程建设的特点决定的。工程建设具有庞大的系统性，类别多、层次多，要求有为之相适应的多种性，多层性的定额。

（三）统一性

建设工程定额的统一性，主要是由国家对经济发展的有计划的宏观调控职能决定的。国民经济的发展，需要借助某些标准、定额、参数等，对工程进行规划、组织、调节、控制，所以要求这些标准、定额、参数等在一定范围内是统一的尺度，才能实现上述职能，才能利用它对项目的决策、设计方案、投标报价、成本控制进行比选和评价。

（四）权威性

建设工程定额的权威性在一些情况下具有经济法规性质。权威性反映统一的意志和统一的要求，也反映信誉和信赖程度以及定额的严肃性。工程建设定额的权威性的客观基础是定额的科学性，只有科学的定额才具有权威。

（五）稳定性和实效性

建设工程定额反映的是一定时期的生产力水平，一旦与生产力发展不适应时就必须修改。从一段时间来看，定额是稳定的，从长期来看，定额是变动的。

四、工程定额的分类

工程定额是一个综合概念，是工程建设中各类定额的总称。

（一）按生产要素划分

按生产要素划分施工定额，如下图所示。

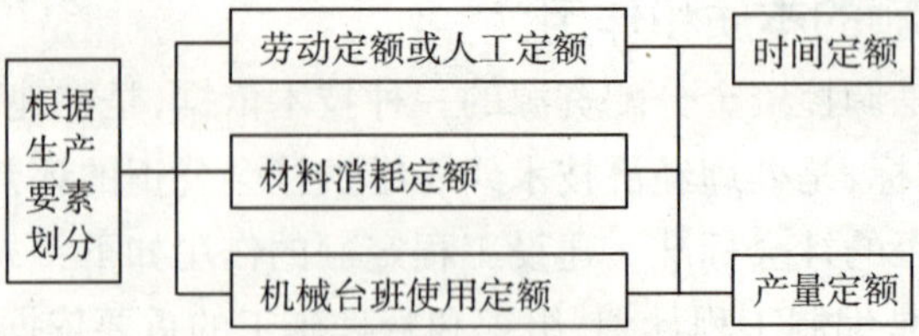

1. 劳动定额

劳动定额，也称工时定额或人工定额，是指在合理的劳动组织条件下，工人以社会平均熟练程度和劳动强度在单位时间内生产合格产品的数量。

劳动定额有两种基本表示形式：时间定额和产量定额。

2. 材料消耗定额

材料消耗定额，是指在生产（施工）组织和生产（施工）技术条件正常，材料供应符合技术要求，合理使用材料的条件下，完成单位合格产品，所需一定品种规格的建筑或构、配件消耗量的标准数量。包括净用在产品中的数量和在施工过程中发生的自然和工艺性质的损耗量。

3. 机械台班使用定额

机械台班使用定额，是指施工机械在正常的生产（施工）和合理的人机组合条件下，由熟悉机械性能、有熟练技术的工人或工人小组操纵机械时，该机械在单位时间内的生产效率或产品数量。也可以表述为该机械完成单位合格产品或某项工作所必需的工作时间。

机械台班定额有两种表现形式：机械台班产量定额和机械时间定额。

劳动定额、材料消耗定额、机械台班使用定额反映了社会平均必需消耗的水平，它是制定各种实用性定额的基础，因此也称为基础定额。

（二）按定额的测定对象和用途划分

按定额的测定对象和用途划分施工定额，如下图所示。

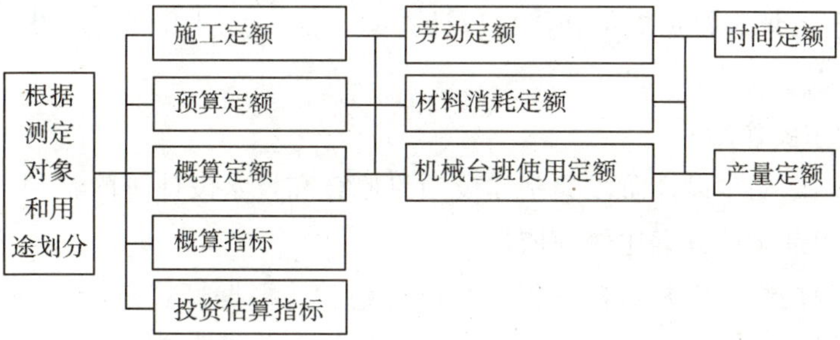

1. 施工定额

施工定额，是以同一性质的施工过程为测定对象，表示某一施工过程中的人工、主要材料和机械消耗量。它以工序定额为基础综合而成，在施工企业中，用来编制班组作业计划，签发工程任务单，限额领料卡以及结算计件工资或超额奖励，材料节约奖等。施工定额是企业内部经济核算的依据，也是编制预算定额的基础。

施工定额的主要作用有：

（1）施工定额是施工单位编制施工组织设计和施工作业计划的依据。

（2）施工定额是组织和指挥施工生产的有效工具。

（3）施工定额是计算工人劳动报酬的依据。

（4）施工定额是企业激励工人的目标条件。

（5）施工定额有利于推广先进技术。

（6）施工定额是编制施工预算，加强企业成本管理和经济核算的基础。

（7）施工定额是编制工程建设定额体系的基础。

2. 预算定额

预算定额，是以工程中的分项工程，即在施工图纸上和工程实体上都可以区分开的产品为测定对象，其内容包括人工、材料和机械台班使用量等三个部分。经过计价后，可编制定额基价。预算定额在施工企业被广泛用于编制施工准备计划，编制工程材料预算，确定工程造价，考核企业内部各类经济指标等。因此，预算定额是用途最广泛的一种定额。

预算定额的主要作用有：

(1)预算定额是编制施工图预算、确定和控制项目投资、建筑安装工程造价的基础。

(2)预算定额是对设计方案进行技术经济比较，进行技术经济分析的依据。

(3)预算定额是编制施工组织设计的依据。

(4)预算定额是工程结算的依据。

(5)预算定额是施工企业进行经济活动分析的依据。

(6)预算定额是编制概算定额和估算指标的基础。

(7)预算定额是合理编制标底、投标报价的基础。

3. 概算定额

概算定额，是以预算定额的合并与归纳，用于在初步设计深度条件下，编制设计概算，控制设计项目总造价，评定投资效果和优化设计方案。它是编制扩大初步设计概算、确定建设项目投资额的依据。

概算定额的主要作用有：

(1)概算定额是初步设计阶段编制建设项目概算和技术设计阶段编制、修正的依据。

(2)概算定额是设计方案比较的依据。

(3)概算定额是编制主要材料需要量的计算基础。根据概算定额所列出材料消耗量指标计算工程用料数量，可在施工图设计之前提出供应计划，为材料的采购、供应做好准备。

(4)概算定额是编制概算指标和投资估算指标的依据。

4. 概算指标

概算指标，是以整个建筑物为对象编制的定额，是比概算定额更加综合的指标。其指标一般以建筑面积或体积或万元造价为计量单位表示各种资源(人工、材料、机械台班及其资金等)的消耗数量标准。概算指标数据是以预算定额、概算定额和已竣工工程的预(决)算资料为依据确定的。

概算指标的主要作用有：

(1)概算指标是设计单位在方案设计阶段编制投资估算、选择设计方案的依据。

(2)概算指标是基建部门编制基本建设投资计划和估算主要材料需用量的依据。

(3)概算指标是施工单位编制施工计划，确定施工方案和进行经济核算的依据。

5. 投资估算指标

投资估算指标，是以在编制项目建议书、可行性研究报告和编制设计任务书阶段进行投资估算、计算投资需要量时使用的一种定额。它具有较强的综合性、概括性，往往以独立的单项工程或完整的工程项目为计算对象。它的概略程度与可行性研究阶段相适应。主要作用是为项目决策和投资控制提供依据，是一种扩大的技术经济指标。投资估算指标是确定和控制建设项目全过程各项投资支出的技术经济指标。其范围涉及建设前期、建设实施期和竣工验收交付使用期等各个阶段的费用支出，内容因行业不同而各异，一般可分为建设项目综合指标、单项工程指标和单位工程指标 3 个层次。

建设工程投资估算指标是编制建设项目建议书、可行性研究报告等前期工作阶段投资估算的依据，也可以作为编制固定资产长远规划投资额的参考。投资估算指标为完成项目建设的投资估算提供依据和手段，它在固定资产的形成过程中起着投资预测、投资控制、投资效益分析的作用，是合理确定项目投资的基础。

各种定额间的关系比较，如下表所示。

定额分类	施工定额	预算定额	概算定额	概算指标	投资估算指标
对象	工序	分项工程	扩大的分项工程	整个建筑物或构筑物	独立的单项工程或完整的工程项目
用途	编制施工预算	编制施工图预算	编制扩大初步设计概算	编制初步设计概算	编制投资估算
项目划分	最细	细	较粗	粗	最粗
定额水平	平均先进	社会平均			
定额性质	生产性定额	计价性定额			

（三）按制定单位和执行范围划分

按制定单位和执行范围划分施工定额，如下图所示。

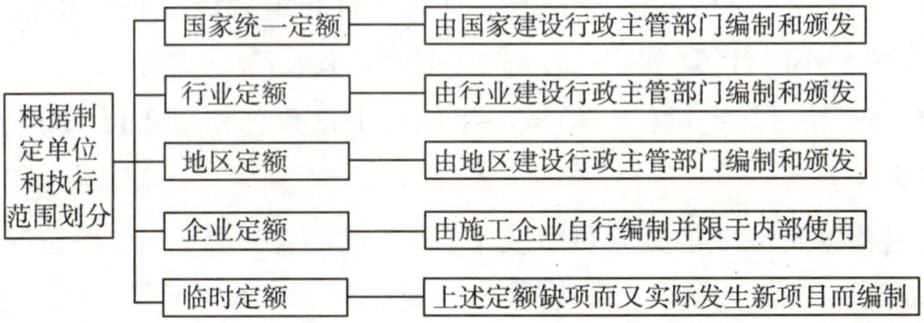

（1）全国统一定额，是由国务院有关部门制定和颁发的定额，它不分地区，全国适用。

（2）地区定额，是由各省、自治区、直辖市在国家统一指导下，结合本地区特点编制的定额，只在本地区范围内执行。

（3）行业定额，是由各行业结合本行业特点，在国家统一指导下编制的具有较强行业或专业特点的定额，一般只在本行业内部使用。

（4）企业定额，是由企业自行编制，只限于本企业内部使用的定额，如施工企业及附属的加工厂、车间编制的用于企业内部管理、成本核算、投标报价的定额，以及对外实行独立经济核算的单位，如预制混凝土和金属结构厂、大型机械化施工公司、机械租赁站等编制的不纳入建筑安装工程定额系列之内的定额标准、出厂价格、机械台班租赁价格等。

(5)临时定额，也称一次性定额，它是因上述定额中缺项而又实际发生的新项目而编制的。一般由施工企业提出测定资料，与建设单位或设计单位协商议定，只作为一次使用，并同时报主管部门备查，以后陆续遇到此类项目时，经过总结和分析，往往成为补充或修订正式统一定额的基本资料。

（四）按构成工程造价性质划分

按构成工程造价性质划分施工定额，如下图所示。

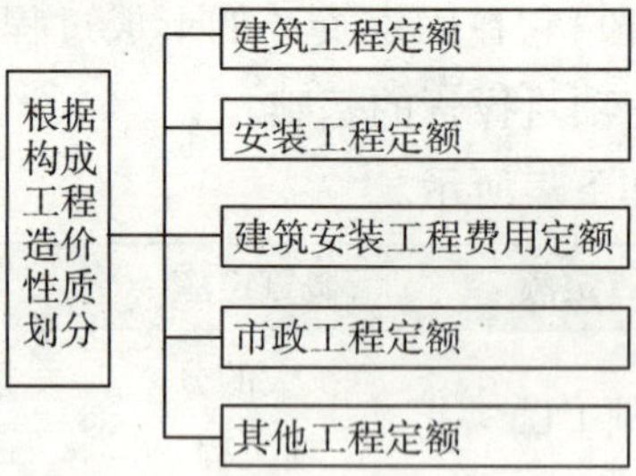

五、劳动定额

（一）劳动定额的表现形式和计算方法

劳动定额一般以产量定额形式来表现，也可以时间定额来表现。时间定额中规定的工作时间包括基本工作时间、辅助工作时间、准备与结束工作时间、不可避免中断时间与休息时间。

1. 时间定额

时间定额也称为人工定额，是指某种专业的工人班组或个人，在正常施工条件下，完成一定计量单位质量合格产品所需消耗的工作时间。时间定额以工日为单位，即单位产品的工日。每一工日按8小时计算，如：工日/m^3，工日/t。其计算公式为

单位产品时间定额（工日）= 小组成员工日数总和/小组台班产量

2. 产量定额

产量定额，是指某种专业的工人班组或个人，在正常施工条件下，单位时间（一个工日）完成合格产品数量。产量定额以产品数量为计量单位，如：m^3/工日、t/工日、m^2/工日。其计算公式为

每一个工日产量定额 = 产品数量/消耗的总工日数

3. 时间定额和产量定额的关系

时间定额和产量定额互为倒数，只要确定了时间定额就能直接求得产量定额。即：

时间定额 × 产量定额 = 1

时间定额 = 1/产量定额

产量定额 = 1/时间定额

专家解读

例：20名瓦工砌砖墙，工作4 h共计完成30 m^3的墙体，试确定其时间定额和产量定额。

解：产量定额 $=30/[20\times(4/8)]=3$（m^3/工日）。

时间定额 $=1/3=0.333$（工日/m^3）。

（二）劳动定额的制定

1. 划分施工过程

首先要将施工过程按以下形式划分：

（1）工序，是指一个工人（班组）在一个工作地点对同一劳动对象连续进行的生产活动。特点是工人工具和材料均不变。如钢筋制作是一个施工过程，若分别由不同的小组（个人）分别完成搬运、调直、切断和弯曲，则钢筋制作的施工过程就分搬运、调直、切断、弯曲四道工序。

（2）工作过程，是指由同一工人（班组）完成的，在技术操作上互相联系的几道工序的组合。如钢筋制作的施工过程，若由同一小组（个人）依次完成搬运、调直、切断和弯曲，则钢筋制作的施工过程就是一个工作过程。

（3）综合工作过程，是指在工艺或操作上直接相关，最终为共同完成同一产品而同时进行的几个工作过程的组合。如墙面抹灰的施工过程，就是由搅拌砂浆、运砂浆、抹灰等几个同时或交叉进行的施工过程综合而成的一个复合工作过程。

2. 确定工人工作时间

工人在工作班内消耗的工作时间，分为两大类，即定额时间（必须消耗的时间）和非定额时间（损失时间）。具体如下图所示。

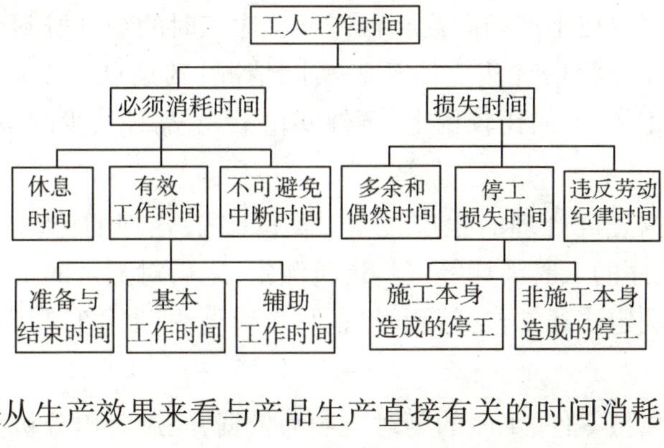

基本工作时间是从生产效果来看与产品生产直接有关的时间消耗。其长短和工作量大小成正比。

辅助工作时间是为保证基本工作顺利而做的与施工过程技术操作没有直接关系的时间。其长短与工作量大小有关。

准备与结束工作时间是执行任务前的准备工作或任务完成后的结束工作所需的时间。其长短与工作量大小无关,与工作内容有关。

不可避免的中断所消耗的时间是由于施工工艺特点的制约无法避免而引起的工作中断所消耗的时间。

休息时间是工人为使体力恢复,在工作过程中必要的片刻休息和解决生理需要所造成的时间损失。

确定的基本工作时间、辅助工作时间、准备与结束时间、不可避免中断时间与休息时间之和,就是劳动定额的时间定额。根据时间定额可以计算出产量定额,时间定额与产量定额互成倒数。

工序作业时间 = 基本工作时间 + 辅助工作时间

规范时间 = 准备与结束工作时间 + 不可避免中断时间 + 休息时间

工序作业时间 = 基本工作时间 + 辅助工作时间 = 基本工作时间/(1 - 辅助工作时间%)

定额时间 = 工序作业时间 + 规范时间 = 工序作业时间/(1 - 规范时间%)

提示

停工损失时间中,因施工本身原因造成的停工在拟定定额时不应该计算,因非施工本身造成的停工在拟定定额时应该给予适当的考虑。

(三)劳动定额制定的方法

1. 经验估计法

经验估计法是根据生产实践经验,依照有关技术文件或实物,并考虑现有条件,分析估算定额。其优点是简便易行,工作量小,制定定额快;其缺点是受工作人员主观因素的影响很大,定额准确性差。它主要应用于多品种小批量生产、单件生产、新产品试制、临时性生产的情况。

2. 统计分析法

统计分析法是根据以往生产相同或相似产品工序工时的统计资料,经过整理、分析计算确定定额。其优点是比经验估计法更能反映实际情况;其缺点是定额水平不够先进合理。一般应用在生产比较正常、产品比较稳定、条件变化不大、品种较少的情况下。

3. 技术测定法

技术测定法是根据先进合理的生产技术、操作工艺、合理的劳动组织和正常的生产条件,对施工过程中各工序的工时消耗等资料进行测定,之后对测定的资料进行科学的分析制定出人工定额。技术测定法通常包括:测时法、写实记录法、工作日写实法、简易测定法。

4. 比较类推法

比较类推法是以典型零件、工序的工时定额为依据,经过对比分析推算出同类零件或工序定额。其优点是能保持定额水平的平衡和准确性;其缺点是制定典型零件或工序的定额标准时,工作量较大,若典型代表件选择不准,会影响工时定额的可靠性。新产品试制、单件小批量生产以及同类型产品规格多、工作量小、工序重复的施工过程多采用这种方法。

5. 定额标准资料法

定额标准资料法是以系统成套的时间定额标准为基础，通过对作业要素的分解，找出一一对应的项目与时间值，最后求出零件（或工序、工步、操作）时间定额。其优点是使用标准资料制定定额比较简便，而且定额水平也比较准确；其缺点是制定定额标准资料的工作量大，一般由行业管理单位组织编制。这种方法适用范围广，在品种多，零件多、工序多的情况下采用更为适宜。

（四）劳动定额的计算

时间定额 = 基本工作时间/（1 - 规范时间%）

其中，规范时间为准备与结束时间、休息时间、不可避免的中断时间占定额时间的百分比之和。

专家解读

例：人工挖路基土方，土壤为普通土，挖 1 m^3 需消耗基本工作时间 60 min，辅助工作时间占工作班连续时间的 2%，准备与结束工作时间占工作班连续时间的 2%，不可避免的中断时间占工作班连续时间的 1%，休息时间占工作班连续时间的 15%。

问题：

1. 计算该人工挖普通土劳动定额的时间定额。
2. 计算该人工挖普通土劳动定额的产量定额。

解：1. 时间定额

假定完成 1 m^3 普通土开挖需要的工作班延续时间为 x；

则 x = 基本工作时间 + 辅助工作时间 + 准备与结束工作时间 + 中断时间 + 休息时间；

$x = 60 + 2\%x + 2\%x + 1\%x + 15\%x$；

$x = 60/(1 - 2\% - 2\% - 1\% - 15\%) = 75\ (\text{min})$。

若每工日按 8 h 计算，则人工挖 1 m^3 普通土需要的时间定额为：$x/(60/8) = 75/(60/8) = 0.156\ 25$（工日/$m^3$）。

2. 产量定额

产量定额 = 1/时间定额 = 1/0.156 25 = 6.40（m^3/工日）。

六、材料消耗定额

（一）材料消耗定额定义和计算

材料消耗定额指在合理的施工条件下，生产一定质量合格的单位产品所必须消耗的一定品种规格的材料。建筑工程材料分为实体消耗材料和周转性材料。

（1）实体消耗材料是指直接构成工程实体所消耗的材料，包括主要材料、辅助材料和零星材料。

(2)周转性材料是指在施工中多次使用而逐渐消耗的工具性材料，它不构成工程实体。例如脚手架、模板等。

(二)实体消耗性材料的组成和制定方法

建筑工程实体消耗性材料由材料净耗量和损耗量组成。表示为

$$\text{材料的消耗量}=\text{材料的净用量}+\text{材料的损耗量}$$

$$=\text{材料的净用量}\times(1+\text{材料的损耗率})$$

$$\text{材料的损耗率}=\text{材料的损耗量}/\text{材料的净用量}\times 100\%$$

实体消耗性材料的制定方法主要包括理论计算法、实验室实验法、统计分析法和现场观察法。例如采用理论计算法计算砖砌体材料用量。

标准砖砌体中，砌 1 m^3 标准砖墙的净用砖量计算公式为

$$A=\{1/[\text{墙厚}\times(\text{砖长}+\text{灰缝})\times(\text{砖厚}+\text{灰缝})]\}\times K$$

其中 K=墙厚的砖数×2(墙厚的砖数是0.5砖墙、1砖墙、1.5砖墙等)。

专家解读

例：计算1.5标准砖外墙每 m^3 砌体中砖和砂浆的消耗量。（砖和砂浆损耗率均为2%，标准砖尺寸240 mm × 115 mm × 53 mm，灰缝10 mm。）

解：砖的净用量 $A=(1.5\times2)/[(0.24+0.01)\times(0.053+0.01)\times 0.365]=522$（块）。

砖的消耗量 $=522\times(1+2\%)=533$（块）。

砂浆的净用量 $B=1-(522\times0.24\times0.115\times0.053)=0.236$（$m^3$）。

砂浆的消耗量 $=0.236\times(1+2\%)=0.24$（m^3）。

(三)周转性材料的计算

周转性材料在施工中不是一次性消耗完，而是随着周转次数的增加，逐渐消耗，不断补充。因此，定额中周转性材料消耗量应采用一次性使用量和摊销量两个指标表示，且考虑回收因素。摊销量是指周转材料使用一次在单位产品上的消耗量，即应分摊到每一单位分项工程或结构构件上的周转材料消耗量。周转性材料消耗定额一般与下面四个因素有关：

(1)一次使用量，第一次投入使用时的材料数量。根据构件施工图与施工验收规范计算。一次使用量供建设单位和施工单位申请备料和编制施工作业计划使用。

(2)损耗率，在第二次和以后各次周转中，每周转一次因损坏不能复用，必须另作补充的数量占一次使用量的百分比，又称平均每次周转补损率。用统计法和观测法来确定。

(3)周转次数，按施工情况和过去经验确定。

(4)回收量，平均每周转一次平均可以回收材料的数量。这部分数量应从摊销量中扣除。

提示

周转使用量的计算公式为：周转使用量＝一次使用量×[1＋(周转次数－1)×补损率]/周转次数。

七、机械台班消耗定额

机械台班消耗定额是指在合理的劳动组织和合理使用施工机械的正常施工条件下，完成一定计量单位质量合格产品所需消耗的机械工作时间，或者是机械工作一定的时间所产生的合理产品数量。机械台班消耗定额以一台机械工作 8 h 工作班为计量单位。

(一)机械台班消耗定额的表现形式和计算方法

机械台班消耗定额的表现形式有机械时间定额和机械台班产量定额。

机械时间定额(单位/台班)＝1/机械台班产量定额

机械台班产量定额(单位/产品数量的计量单位)＝1/机械时间定额

机械时间定额×机械台班产量定额＝1

同时机械作业必须由人工配合，所以还会延伸出机械台班人工配合定额。

单位产品的时间定额(单位/工日)＝小组成员工日数总和/机械台班产量定额

(二)机械工作时间的分析

机械工作时间的消耗分为两大类，即定额时间(必须消耗的时间)和非定额时间(损失时间)。具体如下图所示。

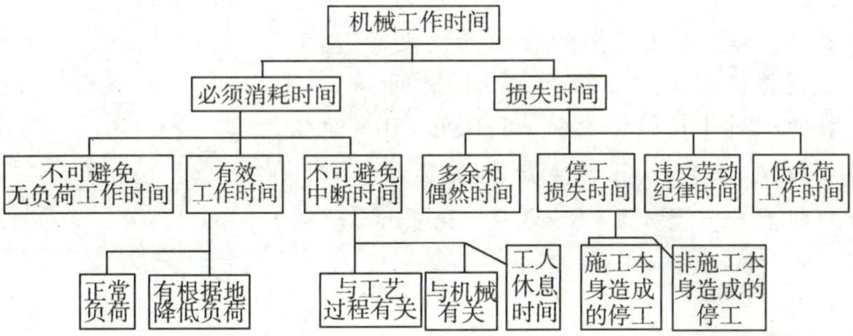

提示

不可避免的无负荷工作时间是指由施工过程的特点和机械结构的特点造成的机械无负荷工作时间，如筑路机在工作区末端调头所消耗的时间。汽车运输质量轻而体积大的货物时，不能充分利用载重吨位因而不得不在低于其计算负荷下工作的时间属于有根据地降低负荷下的工作时间。由于人工装料数量不足引起的机械不能满负荷工作的时间属于低负荷下的工作时间。

（三）机械台班消耗定额的制定

1. 拟定正常施工条件

拟定正常施工条件包括合理安排工作的地点、确定施工机械的作业方式、确定配合作业的施工小组的组织，以及制定合理的机械工作班制度等。

2. 确定机械净工作效率

确定机械净工作效率即确定出机械在纯工作一小时所能产生的正常生产效率情况。

3. 确定正常利用系数

正常利用系数是指在施工作业队伍里正常情况下机械对于作业时间的利用效率，是考虑了在生产中各种不可避免的停歇时间（如加燃料、换班、中间休息等），不可避免的无负荷工作时间之后实际台班工作时间与机械工作班时间的比值。

机械利用系数 = 工作班净工作时间/机械工作班时间

4. 计算施工机械定额台班

施工机械台班产量定额 = 机械生产率 × 工作班延续时间 × 机械利用系数

施工机械时间定额 = 1/施工机械台班产量定额

5. 拟定工人小组定额时间

拟定人工小组额时间指施工班组为协同施工机械作业所消耗的全部工作时间。

工人小组定额时间 = 施工机械时间定额 × 工人小组的人数

专家解读

例：某工程现场采用出料容量 500 L 的混凝土搅拌机，每一次循环中，装料、搅拌、出料、中断所需要的时间分别为 1 min、3 min、1 min、1 min，机械时间利用系数为 0.9，求该机械的台班产量定额。

解：该搅拌机一次循环的正常延续时间 =1 +3 +1 +1 =6 min =0.1（h）。

该搅拌机工作 1 h 循环次数 =1/0.1 =10（次）。

该搅拌机纯工作 1 h 正常生产率 =10 ×500 =5 000 L =5（m^3）。

则搅拌机台班产量 =5 ×8 ×0.9 =36（m^3/台班）。

八、预算定额

（一）预算定额的概念

预算定额是指在合理的施工组织、正常的施工条件下，生产一定计量单位的分项工程或结构构件所需的人工材料、机械台班的社会平均消耗量标准。是计算建筑安装产品价格的基础。它是在施工定额的基础上适当合并相应施工定额的工程内容，进行综合扩大而编制形成的。预算定额作为一项综合性定额，是由组成分项工程的各工序的消耗量综合而成的。

（二）预算定额的作用

预算定额的作用主要体现在以下方面：

（1）预算定额是编制施工图预算、确定建筑安装工程造价的基础。

(2)预算定额是工程结算的依据。

(3)预算定额是对设计方案和施工方案进行技术经济评价的依据。

(4)预算定额是施工单位进行经济活动分析的依据。

(5)预算定额是编制概算定额的基础。

(6)预算定额是合理编制招标标底、投标报价的基础。

(三)预算定额的编制原则

1. 按社会平均水平确定预算定额

预算定额是确定和控制建筑安装工程造价的主要依据,所以必须要按照价值规律的客观要求,按生产过程中所消耗的社会必要劳动时间确定定额水平。预算定额的社会平均水平,是在正常的施工条件下,合理的组织施工、选用工艺条件及平均的劳动熟练程度和劳动强度下,完成单位分项工程基本构造要素所需的劳动时间。

2. 简明适用

对主要的、比较常用的、价值量大的工程项目,分项工程划分要细;对次要的、不常用的、价值量小的工程项目,分项工程划分则可以相对简单一些。

3. 统一性和差别性相结合

从全国统一市场规范计价行为出发,由国务院建设行政主管部门管理预算定额的制定规划和组织实施,并负责全国统一定额的制定或修订即为统一性。在统一性基础上,各部门和省、自治区、直辖市主管部门在自己的管辖范围内,根据本部门和地区的具体情况,相关制度和管理办法即为差别性。

(四)预算定额的编制依据

(1)国家或各省、自治区、直辖市现行的施工定额,以及现行的建筑工程预算定额等有关定额资料。

(2)现行的设计规范、施工及验收规范、质量评定标准和安全操作规程等文件。

(3)通用设计标准图集、有代表性的设计图纸等有关设计文件。

(4)有关新技术、新结构、新工艺和新材料,以及科学实验、技术测定和经济分析等最新科学技术资料。

(5)现行的工人工资标准、材料预算价格和施工机械台班费用等有关价格资料。

(五)预算定额的编制方法

1. 确定预算定额的计量单位

预算定额的计量单位,确定依据主要是分项工程和结构构件形体特征的变化规律。预算定额的计量单位关系到预算工作的繁简和准确性。因此,要正确地确定各分部分项工程的计量单位。

2. 按典型设计图纸和资料计算工程数量

通过大量工程调查统计以及根据典型设计图纸、资料和典型施工组织设计,计算其中所包括的施工过程的工程量,以便在编制预算定额时,有可能利用施工定额的劳动、机械和材料消耗指标确定预算定额所含工序的消耗量。

3. 确定人工工日消耗量

(1)基本用工。

预算定额的人工消耗量,包括基本用工和其他用工。

基本用工指完成分项工程的主要用工量。基本用工工日数量按综合取定的工程量套劳动定额计算。即:

$$基本用工 = \sum(工序工程量 \times 时间定额)$$

(2)其他用工。

其他用工包括超运距用工、辅助用工、人工幅度差。

①超运距用工指预算定额的材料运距超过劳动定额规定部分需增加的用工数量。即:

$$超运距用工 = \sum(超运距材料数量 \times 时间定额)$$

②辅助用工指材料加工等用工、筛砂子、淋石灰膏等。即:

$$辅助用工 = \sum(材料加工数量 \times 相应的时间定额)$$

③人工幅度差指在劳动定额中未包括,而在正常施工条件下不可避免但又很难准确计量的用工和各种工时损失。即:

$$人工幅度差 = (基本用工 + 超运距用工 + 辅助用工) \times 人工幅度差系数$$

人工幅度差系数通常为10% ~15%。

人工幅度差包括:在正常施工条件下,各种专业工种之间的工序搭接及土建工程与安装工程的交叉、配合中不可避免的停歇时间;施工机械在场内单位工程之间变换位置及在施工过程中移动临时水电线路引起的临时停水、停电所发生的不可避免的间歇时间;现场内单位工程之间操作地点转移影响的操作时间;工程质量检查与隐蔽工程验收而影响工人操作时间;工种交叉作业,难免造成已完工程局部损坏而增加修理用工时间;施工中不可避免的少数零星用工所需要的时间。

4. 确定材料消耗量

预算定额的材料可以大致分类如下图所示。

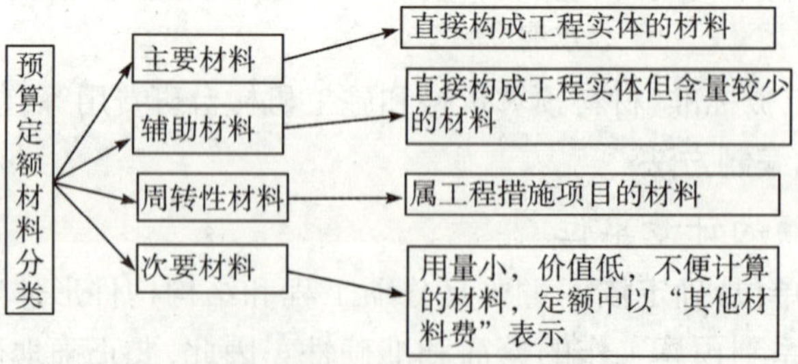

主要材料指直接构成工程实体的材料,其中也包括成品、半成品的材料。其确定方法与施工定额中的确定方法相同,计算公式为

$$材料消耗量 = 材料净用量 + 损耗量或材料消耗量$$

$$= 材料净用量 \times (1 + 材料损耗率)$$

预算定额中的材料损耗率与施工定额中的材料损耗率不同,预算定额中材料的损耗考

虑的范围比施工定额中的要广，除了正常材料施工操作过程中的损耗，还必须考虑施工现场范围内材料堆放、运输、制作等方面的损耗。

5. 确定机械台班消耗量

根据施工定额确定机械台班消耗量。即以施工定额或时间定额中机械台班产量加机械幅度差计算预算定额的机械台班消耗量。其计算公式为

预算定额机械台班消耗量 = 施工定额机械台班消耗量 ×（1 + 机械幅度差系数）

机械台班幅度差是指时间定额中未包括，而机械在合理的施工组织条件下所必需的停歇时间，内容主要包括：

（1）施工机械转移工作面及配套机械相互影响损失的时间。

（2）在正常施工情况下，机械施工中不可避免的工序间歇。

（3）工程结尾工作不饱满所损失的时间。

（4）检查工程质量影响机械操作时间。

（5）临时水电线路在施工过程中移动所发生的不可避免的工序间歇，以及临时停电停水所发生的工作间歇。

（6）冬季施工期间发动机械所需时间。

（7）不同规格、型号机械工效差。

（8）配合机械的人工在人工幅度差范围内的工作间歇从而影响工作的时间。

当施工定额缺项时，需要按机械单位时间完成的产量进行测定并经过分析后确定机械台班消耗量。

九、企业定额

企业定额是指施工企业按照本企业的实际施工技术和管理水平，以及有关工程造价资料制定的，并供本企业使用的人工、材料和机械台班消耗量标准和价格水平。

（一）企业定额与施工定额的比较

比较内容	企业定额	施工定额
编制主体	企业总部	各地区、各行业、各部门
使用范围	企业内部	社会范围
主要作用	企业内部施工管理； 工程投标报价的基础	企业定额编制的依据； 行业部门控制投标报价的依据
定额水平	企业平均先进	社会平均先进
定额性质	生产性、计价性定额	生产性定额

（二）企业定额编制的原则

企业定额编制的原则有：

（1）企业定额编制应根据现行的建筑安装工程施工验收规范、标准、安全技术操作规程、

质量技术检验评定标准,按照合理的施工组织设计和正常的施工条件,反映本企业建筑施工的技术及管理水平和施工生产力水平。

(2)为适应《建设工程工程量清单计价规范》,企业定额的工程量计算规则、项目名称、计量单位与其一致,定额子目可参考当地现行的预算定额。

(3)企业定额应尽可能采用预算定额的形式,编制单价以方便投标报价。

(4)企业定额的消耗量要体现本企业的施工管理水平,企业定额水平要高于国家、行业或地区定额。

(5)量价分离、动态管理的原则。对实体项目,要量价合一,实行限定量、浮动价和竞争费的动态管理计价模式;对措施性项目实行限定量、不计价的不完全价格形式,投标时根据不同工程特点,确定一次投入量和使用期限,从而确定该项目措施项目费用。

(6)编制和使用过程中,要补充新技术、新材料、新工艺,以缩短工期、降低成本,提高竞争力。

(7)企业定额是企业投标报价的核心资料,是企业的机密文件,要妥善保管,防止泄密。

(三)企业定额的编制程序

(1)准备工作阶段。主要任务包括拟定编制方案、抽调人员筹组班子二项。

(2)搜集资料阶段。主要任务包括普通搜集资料、专题搜集资料、现行规定搜集、积累资料搜集和专题查定及科学实验五项。

(3)定额编制阶段。主要任务包括确定编制细则、确定项目划分及工程量计算规则、定额消耗量计算、复核和测算三项。

(4)审核定稿阶段。主要任务包括审核定稿、撰写编制说明、立档成卷三项。

(四)企业定额的编制内容

从其表现形式上看,编制内容应包括编制方案,总说明,工程量计算规则,定额项目,定额水平的制定,定额水平的测算,定额编制基础资料的整理、归类和编写。企业定额施工资源消耗量的确定如下:

1.人工消耗指标的确定

企业定额的人工消耗指标的确定一般是通过定额测算法确定的。具体如下:

(1)计算预算定额人工消耗水平和企业实际人工消耗水平。选取近三年本单位承建的已竣工结算完的有代表性的工程项目计算人工工日消耗量。

预算人工工日数 = 预算人工费/综合工日单价

(2)计算功效增长率。用预算定额人工消耗量与企业实际人工消耗量对比,计算功效增长率。

预算定额完成率 = 预算人工工日数/实际工作工日数

功效增长率 = 预算定额完成率 − 1

(3)计算施工方法对人工消耗的影响。一般情况下,编制企业定额所选用的施工方法是近年来在施工中经常采用的并且以后较长期限内继续使用的施工方法。

(4)计算施工技术规范及施工验收标准对人工消耗的影响。施工技术规范及施工验收标准的变化，主要通过施工工序和施工程序的变化来体现，这种变化对人工消耗的影响一般通过现场调研取得。

（5）计算新材料、新工艺对人工消耗的影响。

（6）计算企业技术装备程度对人工消耗的影响。企业的技术装备程度不但能降低生产施工工人的劳动强度，而且是决定劳动生产率水平高低的一个重要因素。

劳动技术装备程度指标＝生产性固定资产的平均数/平均生产工人人数

设备能力利用指标＝设备实际生产能力/设备可能生产能力

劳动生产率＝劳动的技术装备程度指标×设备能力利用指标

劳动生产率指数＝企业劳动生产率/社会平均劳动生产率＝q_0/q_1

（7）其他影响因素的计算。

（8）关键项目和关键工序的调研。

（9）确定企业定额项目水平，编制人工消耗指标。

2. 材料消耗指标的确定

材料消耗指标的确定过程与人工消耗指标的确定过程基本相同。

（1）计算企业施工过程中材料消耗水平与定额水平。

（2）替代材料的计算。替代材料是指企业在施工生产过程中，采用新型材料代替过去施工（预算定额综合）的旧材料，以及由于施工方法的改变，用一部分材料代替另一部分材料。

（3）对重点项目（分项工程）和工序消耗的材料进行计算和调研。对于一些工程上经常发生的、材料消耗量大的材料或虽不大但单位价值高的项目及工序，要根据设计图中表明的材料及构造，结合理论公式和施工规范、验收标准计算消耗量，并通过现场调研进行验证。

（4）周转性材料的计算。周转性材料的消耗量按照周转使用、分次摊销的方法进行计算，具体处理方法应根据企业特点和采用的措施来确定。

（5）计算企业施工工程中材料消耗水平与定额水平的差异。

材料消耗差异＝预算材料消耗量/调后实际材料消耗量－1

（6）调整预算定额材料种类和消耗量，编制施工材料消耗量指标。

3. 施工机械台班消耗指标的确定

（1）计算预算定额机械台班消耗量水平和企业实际机械台班消耗水平。

（2）对本企业采用的新型施工机械进行统计分析。由于施工方法的改变，用机械施工代替人力施工增加的机械。临时性的企业定额不予考虑，一贯性的应予以考虑。临时性的代替，编制企业定额时应按企业水平进行还原；一贯性的，应对实际发生的机械种类和消耗量进行加工处理，替代原定额相应项目。

（3）计算设备综合利用指标，分析影响企业机械设备利用率的各种原因。

$$\begin{aligned}\text{设备综合利用指标} &= \text{设备实际产量}/\text{设备可能产量}\\ &= \frac{\text{设备实际能力}\times\text{设备实际开动时间}}{\text{设备理论能力}\times\text{设备可能开动时间}}\\ &= \text{设备能力利用指数}\times\text{设备时间利用指数}\end{aligned}$$

在编制企业定额,确定机械使用台班消耗指标时,应考虑近期企业施工机械更新换代及大修理后提高的机械利用率的因素。

(4)计算机械台班消耗的实际水平与预算定额水平的差异。

机械台班消耗差异率 = 预算机械台班消耗量/调后实际台班消耗量 - 1

(5)调整预算定额机械台班使用的种类和消耗量,编制施工机械台班消耗量指标。

4. 措施费用指标的编制

措施费用指标的编制,是通过本企业在某类工程中所采用的措施项目及其实施效果进行对比分析,选择技术可行、经济效益好的措施方案,进行经济技术分析,确定各类资源消耗量,作为本企业内部推广使用的措施费用指标。编制方法一般采用方案预算法。

5. 其他费用指标的编制

其他费用指标主要包括管理费用指标和利润指标。管理费用指标编制方法一般采用方案预算法,利润指标编制要根据建筑市场同类企业的利润水平综合取定。

提示

编制企业定额的关键是确定人、料、机的消耗量及价格。确定人工消耗量时,应根据企业环境,拟定正常状况下的施工作业条件进行计算。确定材料消耗量时,应根据企业历史数据确定材料的净用量和损耗量,进而拟定材料消耗的定额指标。人工价格一般情况下按地区劳务市场价格计算确定。材料价格按市场价格计算确定,其价格应是供货方将材料运至施工现场堆放地或工地仓库后的出库价格。施工机械使用价格通常根据市场询价、企业和项目的具体情况确定。

十、施工定额

施工定额是完成一定计量单位的某一施工过程,或基本工序所需消耗的人工、材料和施工机械台班数量标准。施工定额是定额子目划分最细的基础性定额,它以同一性质的施工过程或基本工序作为研究对象,表示生产产品数量与生产要素消耗的关系,它是预算定额的编制基础,可以直接用于施工企业组织生产和施工管理。施工定额由劳动消耗定额、材料消耗定额和施工机械台班消耗定额组成。

(一)施工定额的作用

施工定额的作用主要体现在以下方面:

(1)是编制施工组织设计和施工作业计划的依据。

(2)是施工队向班组签发任务单和限额领料单的基本依据。

(3)是贯彻经济责任制、实行按劳分配的依据。

(4)对施工预算的编制、以及加强施工企业成本的管理起到重要作用。

(5)是编制预算定额和补充单位估价表的基础。

(6)是施工企业开展劳动竞赛、提高劳动生产率的前提条件。

提示

施工定额有利于推广先进技术，作业性定额水平中包含着某些已成熟的先进的施工技术和经验。工人要达到和超过定额，就必须掌握和运用这些先进技术，注意改进工具和改进技术操作方法，注意原材料的节约，避免浪费。

（二）施工定额的编制原则

1. 水平先进的原则

平均先进水平是指在正常施工条件下，大多数施工队组和生产者经过努力能够达到和超过的水平。它低于先进水平，略高于平均水平。平均先进水平是一种可以鼓励先进，勉励中间，鞭策落后的定额水平，是编制施工定额的理想水平。

2. 简明适用的原则

简明适用，即定额结构合理、项目设置齐全、项目划分合理、定额步距大小适当、文字通俗易懂、计算方法简便、章节编排要便于基层使用。

3. 以专家为主编制定额的原则

根据实践经验总结，施工定额的编制要求有一支经验丰富、技术与管理知识全面、有一定政策水平的稳定的专家队伍。

4. 独立自主的原则

施工企业作为具有独立法人地位的经济实体，应根据企业的具体情况和要求，结合政府的技术政策和产业导向，以企业盈利为目标，自主地制定施工定额。贯彻这一原则有利于企业自主经营；有利于执行现代企业制度；有利于施工企业摆脱过多的行政干预，更好地面对建筑市场竞争的环境；也有利于促进新的施工技术和施工方法的采用。

（三）施工定额的编制依据

施工定额的编制依据有：

（1）定额。全国建筑安装工程统一劳动定额、材料消耗定额、机械台班消耗定额。

（2）规范。施工验收规范、技术安全操作规程、工程质量检查评定标准。

（3）资料。已完工程历史资料、定额测定资料。

（4）工程标准图集。

十一、概算定额

概算定额也称为扩大结构定额。它是指规定完成单位合格产品（扩大分项工程）所需的人工、材料和机械台班的消耗量标准。

（一）概算定额的作用

概算定额的作用主要体现在以下方面：

（1）概算定额是初步设计阶段编制设计概算和技术设计阶段编制修正概算的主要依据。

（2）概算定额是多种设计方案进行技术经济分析与比较的依据。

（3）概算定额是编制主要材料需要量计划的参考。

(4)概算定额是编制概算指标的依据。

(5)概算定额是施工企业编制施工组织总设计或总规划时,对生产要素提出需要量计划的依据。

(二)概算定额的构成

概算定额手册通常由文字说明和定额项目表组成。文字说明包括总说明和各分部说明。具体如下:

(1)总说明。总说明主要是介绍概算定额的作用、编制依据、编制原则、适用范围、有关规定等内容。

(2)建筑面积计算规则。建筑面积计算规则规定了计算建筑面积的范围、计算方法,不计算建筑面积的范围等。建筑面积是分析建筑工程技术经济指标的重要数据,现行建筑面积的计算规则,是由国家统一规定的。

(3)册章节说明。册章节(又称各章分部说明)主要是对本章定额运用、界限划分、工程量计算规则、调整换算规定等内容进行说明。

(4)概算定额项目表。定额项目表是概算定额的核心,反映了一定计量单位扩大结构或构件扩大分项工程的概算单价,以及主要材料消耗量的标准。

(5)附录、附件。附录、附件一般列在概算定额手册的后面,包括砂浆、混凝土配合比表,各种材料、机械台班造价表等有关资料,供定额换算、编制施工作业计划等使用。

(三)概算定额的编制步骤

概算定额的编制步骤一般分为以下三个阶段:

(1)准备阶段,主要是搜集、整理和归并原有定额的执行情况及存在问题。

(2)编制阶段,根据搜集到的信息资料,拟定新定额的编制范围、编制内容、编制细则和定额子目的划分,并对有关技术数据进行细致的测算和分析,编制出概算定额的初稿,将初稿与预算定额比较,分析两者的一致性。

(3)审批阶段,在征求有关方面的意见并修改后,形成审批稿,再经主管部门批准后颁布实施。

十二、概算指标

概算指标是以扩大分项工程为对象,反映完成规定计量单位的建筑安装工程资源消耗的经济指标。概算指标是概算定额的扩大与合并,它是以整个房屋或构筑物为对象,以更为扩大的计量单位来编制的,也包括劳动力、材料和机械台班定额三个基本部分。同时,还列出了各结构分部的工程量及单位工程(以体积计或以面积计)的造价。

(一)概算指标的作用

概算指标的作用主要体现在以下方面:

(1)概算指标可以作为编制投资估算的参考。

(2)概算指标是初步设计阶段编制概算书,确定工程概算造价的依据。

(3)概算指标中的主要材料指标可以作为匡算主要材料用量的依据。

(4)概算指标是设计单位进行设计方案比较、设计技术经济分析的依据。

(5)概算指标是编制固定资产投资计划,确定投资额和主要材料计划的依据。

(二)概算指标的表现形式

按具体内容和表示方法的不同,概算指标一般有综合指标和单项指标两种形式:

(1)综合指标是以一种类型的建筑物或构筑物为研究对象,以建筑物或构筑物的体积或面积为计量单位,综合了该类型范围内各种规格的单位工程的造价和消耗量指标而形成的,它反映的不是具体工程的指标,而是一类工程的综合指标,是一种概括性较强的指标。

(2)单项指标则是一种以典型的建筑物或构筑物为分析对象的概算指标,仅仅反映某一具体工程的消耗情况。

(三)概算指标的编制步骤

(1)分类选择有代表性的典型单位工程和图纸。

(2)根据现行预算定额编制各单位工程预算书,计算单位建筑面积的预算造价、人工、材料、机械费以及主要材料消耗量指标。

(3)编制概算指标分类表。

(4)送建设行政主管部门审批。

(四)概算定额与概算指标的区别

1. 确定各种消耗量指标的对象不同

概算定额是以单位扩大分项工程或单位扩大结构构件为对象,而概算指标则是以整个建筑物和构筑物为对象,规定所需人工、材料机械消耗和资金数量的定额指标。因此概算指标比概算定额更加综合与扩大。

2. 确定各种消耗量指标的依据不同

概算定额以现行预算定额为基础,通过计算之后才综合确定出各种消耗量指标,而概算指标中各种消耗量指标的确定,则主要来自各种预算或结算资料。

第三节　建设工程项目设计概算

建设项目设计概算是指以初步设计文件为依据,按照规定的程序、方法和依据,对建设项目总投资及其构成进行的概略计算。

建设项目设计概算是设计文件的重要组成部分,是确定和控制建设项目全部投资的文件,是编制固定资产投资计划、实行建设项目投资包干、签订承发包合同的依据,同时也是签订贷款合同、项目实施全过程造价控制管理以及考核项目经济合理性的依据。设计概算是设计单位编制和确定建设工程项目从筹建至竣工交付使用所需全部费用的文件,可分为单位工程概算、单项工程综合概算和建设工程项目总概算三级。

设计概算投资一般应控制在立项批准的设计概算以内;如果设计概算值超过控制范围,必须修改设计或重新立项审批;设计概算批准后不得任意修改和调整;如需修改或调整时,须经原批准部门同意,并重新审批。

一、建设项目设计概算的作用

建设项目设计概算经批准后是基本建设项目投资最高限额,不得随意突破其作用主要有以下几个方面:

(1)设计概算是编制建设项目投资计划、确定和控制建设项目投资额的依据。

(2)设计概算是控制施工图设计和施工图预算的依据。

(3)设计概算是衡量设计方案技术经济合理性和选择最佳设计方案的依据。

(4)设计概算是考核建设项目投资效果的依据。

二、建设项目设计概算的文件组成

建设项目设计概算文件的编制形式应视项目情况采用三级概算编制或二级概算编制形式。

(一)三级编制

三级编制(总概算、综合概算、单位工程概算)形式的设计概算文件组成:

(1)封面、签署页及目录。

(2)编制说明。

(3)总概算表。

(4)工程建设其他费用表。

(5)综合概算表。

(6)单位工程概算表。

(7)概算综合单价分析表。

(8)附件,其他表。

(二)二级编制

二级编制(总概算、单位工程概算)形式的设计概算文件组成:

(1)封面、签署页及目录。

(2)编制说明。

(3)总概算表。

(4)工程建设其他费用表。

(5)单位工程概算表。

(6)概算综合单价分析表。

(7)附件,其他表。

专家解读

建设项目总概算是指以初步设计文件为依据，在单项工程综合概算的基础上计算建设项目概算总投资的成果文件。单项工程综合概算是指以初步设计文件为依据，在单位工程概算的基础上汇总单项工程费用的成果文件。单位工程概算是指以初步设计文件为依据，按照规定的程序、方法和依据，计算单位工程费用的成果文件。

三、建设项目设计概算的编制依据

设计概算编制依据主要有以下方面：

(1)批准的可行性研究报告。

(2)工程勘察与设计文件或设计工程量。

(3)项目涉及的概算指标或定额，以及工程所在地编制同期的人工、材料、机械台班市场价格，相应工程造价管理机构发布的概算定额(或指标)。

(4)国家、行业和地方政府有关法律、法规或规定，政府有关部门、金融机构等发布的价格指数、利率、汇率、税率，以及工程建设其他费用等。

(5)资金筹措方式。

(6)正常的施工组织设计或拟定的施工组织设计和施工方案。

(7)项目涉及的设备材料供应方式及价格。

(8)项目的管理(含监理)、施工条件。

(9)项目所在地区有关的气候、水文、地质地貌等自然条件。

(10)项目所在地区有关的经济、人文等社会条件。

(11)项目的技术复杂程度以及新技术、专利使用情况等。

(12)有关文件、合同、协议等。

(13)委托单位提供的其他技术经济资料。

(14)其他相关资料。

四、建设项目总概算及单项工程综合概算的编制

(一)概算编制说明

概算编制说明应包括以下主要内容：

(1)项目概况。简述建设项目的建设地点、设计规模、建设性质(新建、扩建或改建)、工程类别、建设期(年限)、主要工程内容、主要工程量、主要工艺设备及数量等。

(2)主要技术经济指标。项目概算总投资(有引进地给出所需外汇额度)及主要分项投资、主要技术经济指标(主要单位投资指标)等。

(3)资金来源。按资金来源不同渠道分别说明，发生资产租赁的说明租赁方式及租金。

(4)编制依据。

(5)其他需要说明的问题。

(6)总说明附表。建筑、安装工程的工程费用计算程序表;进口设备材料货价及从属费用计算表;具体建设项目概算要求的其他附表及附件。

(二)总概算表

概算总投资由工程费用、工程建设其他费用、预备费及应列入项目概算总投资中的几项费用组成:

(1)第一部分,工程费用。

(2)第二部分,工程建设其他费用。

(3)第三部分,预备费。

(4)第四部分,应列入项目概算总投资中的几项费用,包括建设期利息、固定资产投资方向调节税(已停止征收)、铺底流动资金。

工程总概算价值 = (1) + (2) + (3) + (4) - 回收金额

(三)工程费用

工程费用按单项工程综合概算组成编制,采用二级编制的按单位工程概算组成编制:

(1)市政民用建设项目一般排列顺序:主体建(构)筑物、辅助建(构)筑物、配套系统。

(2)工业建设项目一般排列顺序:主要工艺生产装置、辅助工艺生产装置、公用工程、总图运输、生产管理服务性工程、生活福利工程、厂外工程。

(四)工程建设其他费用

工程建设其他费用一般按工程建设其他费用概算顺序列项。

(五)其他

应列入项目概算总投资中的费用一般包括建设期利息、铺底流动资金、固定资产投资方向调节税(已停止征收)等。

综合概算以单项工程所属的单位工程概算为基础,采用"综合概算表"进行编制,分别按各单位工程概算汇总成若干个单项工程综合概算。

对单一的、具有独立性的单项工程建设项目,按二级编制形式编制,直接编制总概算。

五、工程建设其他费用、预备费、专项费用概算编制

(一)工程建设其他费用

一般工程建设其他费用包括前期费用、建设用地费和赔偿费、建设管理费、专项评价及验收费、研究试验费、勘察设计费、场地准备及临时设施费、引进技术和进口设备材料其他费、工程保险费、联合试运转费、特殊设备安全监督检验及标定费、施工队伍调遣费、市政审查验收费及公用配套设施费、专利及专有技术使用费、生产准备及开办费等。

(二)预备费

预备费包括基本预备费和价差预备费,基本预备费以总概算第一部分"工程费用"和第二部分"工程建设其他费用"之和为基数的百分比计算。

(三)专项费用

应列入项目概算总投资中的费用:

(1)建设期利息,根据不同资金来源及利率分别计算,自有资金额度应符合国家或行业有关规定计算。

(2)铺底流动资金按国家或行业有关规定计算。

(3)固定资产投资方向调节税(已停止征收)。

六、单位工程概算的编制

单位工程概算是编制单项工程综合概算(或项目总概算)的依据,单位工程概算项目根据单项工程中所属的每个单体按专业分别编制。单位工程概算是确定单位工程建设费用的文件,是综合概算的组成部分。它分为建筑工程概算(包括土建工程、工业管道工程、特殊构筑物工程、电气照明工程等概算),设备购置及其安装工程概算(包括机械设备、电器设备等及其安装工程概算)。

(一)建筑工程单位工程概算的编制

建筑工程概算的编制方法有概算定额法、概算指标法、类似工程预算法等。

1. 概算定额法

概算定额法是指因施工图不完备,将施工中若干分项内容进行合并,按照概算定额的工程量计算规则与定额单价的估算造价方法。也称为扩大单价法或扩大结构定额法。当工程已有详细的设计图纸,建筑结构非常明确,采用的技术很成熟时,编制该单位建筑工程概算精度最高的方法是概算定额法。

概算定额法的编制步骤如下:

(1)熟悉图纸,了解设计意图、施工条件和施工方法。

(2)列出单位工程中分项工程或扩大分项工程的项目名称,并计算其工程量。

(3)确定各分部分项工程项目的概算定额单价。

(4)计算分部分项工程的直接工程费(工程量乘以概算单价可得直接工程费,套用定额时注意换算),合计得到单位工程直接工程费总和。

(5)按照有关固定标准计算措施费,措施费加上直接工程费,合计得到单位工程直接费。

(6)按照一定的取费标准计算间接费、利润和税金。

(7)计算单位工程概算造价(如每平方米建筑面积造价),单位工程概算造价为直接费、间接费、利润及税金之和。

(8)编写概算编制说明。

2. 概算指标法

概算指标法采用直接工程费指标。概算指标是一种以建筑面积或体积为单位,以整个建筑物为依据编制的定额。概算指标法是用拟建的厂房、住宅的建筑面积(或体积)乘以技术条件相同或基本相同工程的概算指标,得出直接工程费,然后按规定计算出措施费、间接费、利润和税金等,编制出单位工程概算的方法。

对于一般民用工程和中小型通用厂房工程,因初步设计文件不完备、设计深度不够、处于方案阶段,无法计算工程量时,可采用概算指标编制概算。概算指标可以按照以下几种指标进行计算:

(1)按照占设备价值的百分比(安装费率)的概算指标进行计算。其计算公式为

$$设备安装费 = 设备原价 \times 设备安装费率$$

(2)按照设备每吨安装费的概算指标计算。其计算公式为

$$设备安装费 = 设备总吨数 \times 每吨设备安装费$$

(3)按照台、套、座等为计量单位的概算指标计算。其计算公式为

设备安装费 = 设备台、套、座数 × 每台、套、座设备安装费

(4)按照设备安装工程每平方米建筑面积的概算指标计算。其计算公式为

设备安装费 = 建筑面积 × 单位面积安装费

概算指标法比概算定额法简便,其计算准确且省时。

概算指标法的编制步骤:

(1)根据初步设计图纸及设计资料,拟建项目的性质、规模、结构内容及层数等基本条件,与计算指标中的“简要说明”和“结构特征”对照,选择相应的概算指标。

(2)根据初步设计图纸计算单位工程建筑面积或体积。

(3)套用概算指标。根据选用的概算指标的内容,可选用以下两种套算方法:

①以概算指标中所规定的工程每平方米、每立方米的造价,乘以拟建单位工程建筑面积或体积,得到单位工程的直接工程费,再进行取费,在计算定额直接工程费后还应用物价指数进行调价。

②以概算指标中规定的每 100 m^2(1 000 m^3)建筑面积(体积)所消耗人工工日数、主要材料数量为依据,首先计算拟建工程人工、主要材料消耗量,再按当地当时的人工材料价格,计算直接工程费,无需调价。

(4)在求出的直接工程费后,按照利用概算定额编制概算的步骤计算出措施费、间接费、利润、税金及其他费用。

(5)将直接费、间接费、利润、税金等费用相加,得到每平方米概算单价,将其乘以拟建单位工程的建筑面积,即可得到单位工程概算造价。

(6)编写概算编制说明。

拟建工程结构特征与概算指标有局部差异时的调整:

(1)概算指标中每 m^2(m^3)造价的调整。调整公式为

结构变化修正概算指标 = 原概算指标 + 概算指标中换入结构的工程量 × 换入结构的直接费单价 − 概算指标中换出结构的工程量 × 换出结构的直接费单价

直接费 = 修正后的概算指标 × 拟建项目建筑面积(体积)

(2)概算指标中人工、材料、机械台班消耗量的调整。调整公式为

结构变化修正概算指标的工、料、机数量 = 原概算指标的工、料、机数量 + 换入结构构件工程量 × 相应定额工、料、机消耗量 − 换出结构构件工程量 × 相应定额工、料、机消耗量

设备、人工、材料、机械台班费用的调整公式为

设备、工、料、正概算费用 = 原概算指标的设备、工、料、机费用 + Σ[换入设备、工、料、机数量 × 拟建地区相应单价] − Σ[换出设备、工、料、机数量 × 拟建地区相应单价]

3. 类似工程预(决)算法

拟建工程缺少完整的初步设计方案,又着急上报设计概算,或虽有初步设计方案,但无合适的概算定额和概算指标,而拟建工程与已建成或在建工程类似,结构特征也相同时,可以采用类似工程预算法来编制单位工程概算。采用类似工程预(决)算编制概算,不受不同

单位和地区的限制，只要拟建工程项目在建筑面积、体积、结构特征和经济性方面完全或基本类似，已（在）建工程的相关数额即可采用。

（二）设备及安装工程单位工程概算

设备及安装工程概算费用的组成包括设备购置费和安装工程费。

1. 设备购置费

（1）定型或成套设备。

$$设备费 = 设备出厂价 + 运输费 + 采购保管费$$

（2）非标准设备。

$$设备费 = \Sigma 综合单价（元/吨）\times 设备单重（吨）$$

（3）进口设备。进口设备的国外运输费、国外运输保险费、关税、消费税、进口环节增值税、外贸手续费、银行财务费、国内运杂费等，按照引进货价（FOB 或 CIF）计算后计入相应的设备购置费中。

（4）超限设备运输特殊措施费。当设备质量、尺寸超过铁路、公路等交通部门所规定的限度，在运输过程中必须进行路面处理、桥涵加固、铁路设施改造或造成正常交通中断进行补偿所发生的费用，应根据超限设备运输方案计算超限设备运输特殊措施费。

2. 设备安装工程费

设备安装工程费概算的编制方法应根据初步设计深度和要求所明确的程度来采用。设备安装工程费概算的编制方法有：

（1）预算单价法。当初步设计较深，有详细的设备清单时，可直接按安装工程预算定额单价编制安装工程概算，概算编制程序基本与安装工程施工图预算相同。该方法的优点为计算的准确度较高，且比较具体。

（2）扩大单价法。当初步设计深度不够，设备清单不完备，只有主体设备或仅有成套设备重量时，可采用主体设备、成套设备的综合扩大安装单价来编制概算。

（3）设备价值百分比法（又称为安装设备百分比法）。当初步设计深度不够，只有设备出厂价而无详细规格、重量时，安装费可按占设备费的百分比计算。该法常用于价格波动不大的定型产品和通用设备产品。计算公式为

$$设备安装费 = 设备原价 \times 安装费率（\%）$$

（4）综合吨位指标法。当初步设计提供的设备清单有规格和设备重量时，可采用综合吨位指标编制概算，其综合吨位指标由相关主管部门或由设计院根据已完类似工程资料确定。该法常用于价格波动较大的非标准设备和引进设备的安装工程概算。计算公式为

$$设备安装费 = 设备吨重 \times 每吨设备安装费指标（元/吨）$$

提示

上述设备安装工程费中的(3)(4)都属于概算指标法，除此之外还包括按设备台、套等单位计量的概算指标和按设备安装工程每平方米建筑面积的概算指标。编制设备安装工程概算，当初步设计的设备清单不完备，可供采用的安装预算单价及扩大综合单价不全时，适宜采用的概算编制方法是概算指标法。

七、调整概算的编制

设计概算批准后，一般不得调整。需要调整概算时，由建设单位调查分析变更原因，报主管部门审批同意后，由原设计单位核实编制调整概算，并按有关审批程序报批。

调整概算的原因：

(1)超出原设计范围的重大变更。

(2)超出基本预备费规定范围不可抗力的重大自然灾害引起的工程变动和费用增加。

(3)超出工程造价调整预备费的国家重大政策性的调整。

影响工程概算的主要因素已经清楚，工程量完成了一定量后方可进行调整，一个工程只允许调整一次概算。

八、设计概算的审核

(一)设计概算的审核方法

设计概算的审核可采用对比分析法、主要问题复核法、查询核实法、分类整理法、联合会审法等方法。

1. 对比分析法

对比分析法能较快较好地判别设计概算的偏差程度和准确性。主要进行对比分析的内容有：

(1)对比分析建设规模、标准与立项批文。

(2)对比分析各项取费与规定标准。

(3)对比分析综合范围、内容与编制方法、规定。

(4)对比分析工程数量与设计图纸。

(5)对比分析材料、人工单价与统一信息。

(6)对比分析引进投资与报价要求。

(7)对比分析技术经济指标与同类工程等。

2. 查询核实法

查询核实法的对象一般是引进工程图纸不全、难以核算的较大投资，以及一些关键设备和设施、重要装置等。如对于图纸设计深度有疑问的，可以直接向编制人员、设计人员进行询问；对于引进设备相关费用不清楚的，可以向进出口公司等进行查询；对于主要设备的市场价格不清楚的，可以向设备供应部门等进行核实；对于一些重要装置、设施不明白的，可以向同类工程进行查询；对于复杂的建筑安装工程不了解的，可以向同类工程的相关单位进行咨询。

3. 联合会审法

采用联合会审法的基本步骤如下：

(1)联合会审前，应先由设计单位进行自审，然后由建设、承包单位进行初审，再由工程造价咨询公司进行评审，并邀请同行专家进行预审，最后由审批部门进行复审等。

(2)经过以上步骤的审查后，由有关单位和专家进行联合会审。一般由设计单位汇总相关概算编制情况及发现的问题，然后由相关单位、专家汇报初审、预审意见，对于以上问题进行分析、讨论、核实原概算出现的问题，经商讨进行处理和调整。

对于审查中发现的问题和偏差，进行分类整理，具体审核数据。对于差错较多、问题较大或不能满足要求的，责成按会审意见修改返工后，重新报批；对于无重大原则问题、深度基本满足要求,投资增减不多的,当场核定概算投资额,提价审批部门复核,正式下达审批概算。

(二)设计概算的审核内容

设计概算的审核内容主要包括以下几个方面:

(1)审核设计概算的编制依据。编制依据是否正确,包括各项定额、取费标准、有关规定是否执行现行规定(时效性),是否符合国家的编制规定(合法性),是否符合自身的适用范围(部门专业定额或地区相关定额都有各自的适用范围);是否充分反映自然条件、技术条件、经济条件,是否合理运用各种原始资料提供的数据,概算编制说明是否齐全。

(2)审核设计概算的编制深度。一般大中型项目的设计概算,应有完整的编制说明和"三级概算",并按有关规定的深度进行编制。审核各级概算的编制、校对、审核是否按规定编制并进行了相关的签署。

(3)审核工程量。工程量是一切费用计算的基础,工程量的真实性和准确性对工程投资的影响较大,应核算工程量是否合理准确,审核概算中的工程量有无多计或者重复计算,同时应注意概算定额中的工程量计算规则与工程量清单计算规则的差别性。要注意概算的特点,对概算中考虑不完善或者费用预留不足的子目进行调整和补充。总之,审核的原则是根据图纸和项目具体情况开展,科学合理,实事求是,不能以造价最低为准则。

(4)审核建设规模、标准。审核概算的投资规模、生产能力、设计标准、建设用地、建筑面积、主要设备、配套工程、设计定员等是否符合原批准可行性研究报告或立项批文的标准。

(5)审核设备规格、数量和配置。审核所选用的设备规格、数量是否与生产规模一致,材质、自动化程度有无提高标准,引进设备是否配套、合理,备用设备数量是否恰当,消防、环保设备是否计算等。还要审核设备价格是否合理、是否符合有关规定等。

(6)定额套用及取费的审核。设计概算审查时应审查定额选用、项目套用是否正确合理,应审查在定额套用中是否忽略定额综合解释,发生重复计取等问题。定额套用应与项目方案一致,材料设备价格选择可参考造价信息并进行市场询价,价格水平应合理、客观。取费应按照工程类型分专业确定,研究费用定额及取费文件,审核费用计算基数、税金费率套用是否合理等。

(7)补充定额的审核。编制的补充定额是否取值合理。

(8)审核其他费用。审核费用项目是否按国家统一规定计列,具体费率或计取标准是否按国家、行业或有关部门规定计算,有无随意列项、有无多列、交叉计列和漏列等。

单位工程设计概算包括建筑工程概算、设备安装工程概算。其中,设备安装工程概算的审核内容主要包括:

(1)审核编制依据的合法性、时效性以及适用范围。

(2)审核采用预算单价或扩大综合单价计算安装费用时的各种单价是否合适、工程量计算是否符合规则要求、是否准确无误。

(3)审核采用概算指标计算安装费时的指标是否合理、计算结果是否达到精度要求。

(4)审核需要计算安装费的设备数量及种类是否符合设计要求。

提示

根据现行规定,在审查概算的投资规模、生产能力等是否符合原批准的可行性研究报告或者立项批文时,若发现概算总投资超过原批准投资估算的10%以上,需要进一步审查超估算的原因。

（三）设计概算审核的主要步骤

1. 掌握设计概算的有关情况

要熟悉设计概算的组成内容；弄清设计概算编制的依据和方法；弄清概算各表和设计文字说明之间的相互关系；掌握设计图纸和说明书的主要内容；了解设计概算所列的工程费用的构成；收集概算定额或指标等有关规定文件资料。

2. 进行分析对比

将规定的概算定额或指标以及有关技术经济指标与设计概算进行分析对比，根据设计和概算列明的工程性质、结构类型、建设条件、费用构成、投资比例、占地面积、生产规模、建筑面积、设备数量、造价指标、劳动定员等与国内外同类工程规模进行对比分析，为审核提供线索。

3. 调整概算

对审核过程中发现的问题，应分门别类的整理清楚，分析其产生的原因，为设计概算的修正提供依据。

第四节　建设工程项目施工图预算

施工图预算是指以施工图设计文件为依据，按照规定的程序、方法和依据，在工程施工前对工程项目的工程费用进行的预测与计算。

建设项目施工图预算包括总预算、综合预算和单位工程预算。

施工图总预算是反映施工图设计阶段建设项目投资总额的造价文件，是施工图预算文件的主要组成部分。由组成该建设项目的各个单项工程综合预算和相关费用组成。施工图总预算应控制在已批准的设计总概算投资范围以内。

综合预算是反映施工图设计阶段一个单项工程（设计单元）造价的文件，是总预算的组成部分，由构成该单项工程的各个单位工程施工图预算组成。

单位工程预算是依据单位工程施工图设计文件、现行预算定额以及人工、材料和施工机械台班价格等，按照规定的计价方法编制的工程造价文件。

一、建设项目施工图预算的作用

（一）对投资方的作用

施工图预算对于投资方的作用如下：

（1）施工图预算是施工图设计阶段合理确定和有效控制工程造价的重要依据。

（2）施工图预算是工程招标控制价的依据。

（3）施工图预算是确定合同价款、拨付工程进度款及办理工程结算的依据。

（二）对施工企业的作用

施工图预算对于施工企业的作用如下：

(1)施工图预算是施工企业编制投标报价的依据。

(2)施工图预算是施工企业控制工程成本的依据。

(3)施工图预算是施工企业编制进度计划,组织材料、机具、设备和劳动力供应的依据。

(4)施工图预算是施工企业加强经营管理,搞好核算,实行对施工预算和施工图预算“两算对比”的基础。

(5)施工图预算是施工企业编制经营计划、进行施工准备的依据。

(三)对其他方面的作用

施工图预算对于其他方面的作用如下:

(1)对工程咨询企业。客观、准确地为委托方编制施工预算,可以体现该企业的专业素质,且强化投资方对工程造价的控制,有利于节约投资,提高建设项目投资效益。

(2)对工程造价管理部门。在进行相关标准的监察、工程合理造价的确认、造价指数的计算以及工程招标控制价依据的判定中,施工图预算都发挥着重要作用。

(3)对监理等中介服务企业。准确客观的施工图预算是为业主方提供投资控制的依据。

(4)对司法机关。若履行合同中发生经济纠纷,施工图预算是其按照法律程序处理、解决问题的依据。

二、建设项目施工图预算文件的组成

施工图预算根据建设项目实际情况可采用三级预算编制或二级预算编制形式。当建设项目有多个单向工程时,应采用三级预算编制形式,三级预算编制形式由建设项目施工图总预算、单项工程综合预算、单位工程施工图预算组成。当建设项目只有一个单项工程时,应采用二级预算编制形式,二级预算编制形式由建设项目施工图总预算和单位工程施工图预算组成。

(一)三级预算编制形式

三级预算编制形式的工程预算文件的组成如下:

(1)封面、签署页及目录。

(2)编制说明。

(3)总预算表。

(4)综合预算表。

(5)单位工程预算表。

(6)附件。

(二)二级预算编制形式

二级预算编制形式的工程预算文件的组成如下:

(1)封面、签署页及目录。

(2)编制说明。

(3)总预算表。

(4)单位工程预算表。

(5)附件。

三、建设项目施工图预算的编制依据

建设项目施工图预算的编制依据主要有以下方面：

(1)国家、行业、地方政府发布的计价依据、有关法律法规或规定。

(2)建设项目有关文件、合同、协议等。

(3)批准的设计概算。

(4)批准的施工图设计图纸及相关标准图集和规范。

(5)相应预算定额和地区单位估价表。

(6)合理的施工组织设计和施工方案等文件。

(7)项目有关的设备、材料供应合同,价格及相关说明书,工程造价指标指数等。

(8)项目所在地区有关的气候、水文、地质地貌等的自然条件。

(9)项目的技术复杂程度,以及新技术、专利使用情况等。

(10)项目所在地区有关的经济、人文等社会条件。

四、单位工程预算的编制

单位工程预算的编制应根据施工图设计文件、预算定额(或综合单价)以及人工、材料及施工机械台班等价格资料进行编制。主要编制方法有单价法和实物量法;其中单价法分为定额单价法和工程量清单单价法。

(一)定额单价法

定额计价法是用事先编制好的分项工程的单位估价表来编制施工图预算的方法。按施工图及计算规则计算的各分项工程的工程量,乘以相应工料机单价,汇总相加,得到单位工程的人工费、材料费、机械使用费之和;再加上按规定程序计算出来的间接费、利润和税金,便可得出单位工程的施工图预算造价。

定额单价法编制施工图预算的基本步骤如下:

1. 编制前的准备工作

编制施工图预算,不仅应严格遵守国家计价法规、政策,严格按图纸计量,还应考虑施工现场条件因素,是一项复杂而细致的工作,也是一项政策性和技术性都很强的工作,因此,编制前必须做好充分准备。准备工作主要包括两个方面:一是组织准备;二是资料的收集和现场情况的调查。

2. 熟悉图纸和预算定额以及单位估价表

图纸是编制施工图预算的基本依据。熟悉图纸不但要弄清图纸的内容,还应对图纸进行审核:图纸间相关尺寸是否有误,设备与材料表上的规格、数量是否与图示相符,详图、说明、尺寸和其他符号是否正确等,若发现错误应及时纠正。另外,还要熟悉标准图以及设计更改通知(或类似文件),这些都是图纸的组成部分,不可遗漏。通过对图纸的熟悉,要了解工程的性质、系统的组成,设备和材料的规格型号和品种,以及有无新材料、新工艺的采用。

预算定额和单位估价表是编制施工图预算的计价标准,对其适用范围、工程量计算规则及定额系数等都要充分了解,做到心中有数,这样才能使预算编制准确、迅速。

3. 了解施工组织设计和施工现场情况

编制施工图预算前,应了解施工组织设计中影响工程造价的有关内容。例如,各分部分项工程的施工方法，土方工程中余土外运使用的工具、运距，施工平面图对建筑材料、构件等堆放点到施工操作地点的距离等，以便能正确计算工程量和正确套用或确定某些分项工程的基价。这对于正确计算工程造价、提高施工图预算质量，具有重要意义。

4. 划分工程项目和计算工程量

(1)划分工程项目。划分的工程项目必须和定额规定的项目一致，这样才能正确地套用定额。不能重复列项计算，也不能漏项少算。

(2)计算并整理工程量。计算并整理的工程量必须按定额规定的工程量计算规则进行计算，该扣除部分要扣除，不该扣除的部分不能扣除。当按照工程项目将工程量全部计算完以后，要对工程项目和工程量进行整理，即合并同类项和按序排列，为套用定额、计算直接工程费和进行工料分析打下基础。

5. 套单价（计算定额基价）

套单价即将定额子项中的基价填于预算表单价栏内，并将单价乘以工程量得出合价，将结果填入合价栏。

专家解读

采用定额单价法编制施工图预算时，当分项工程的名称、规格、计量单位与定额单价中所列的内容完全一致时，可直接套用定额单价。当分项工程施工工艺条件与定额单价不一致而造成人工、机械的数量增减时，对定额的处理方法一般是调量不换价。当分项工程的主要材料品种与定额单价中规定材料不一致时，应按实际使用材料价格换算定额单价。当分项工程不能直接套用定额、不能换算和调整时，应编制补充定额单价。

6. 工料分析

工料分析即按分项工程项目，依据定额或单位估价表，计算人工和各种材料的实物耗量，并将主要材料汇总成表。工料分析的方法是首先从定额项目表中分别将各分项工程消耗的每项材料和人工的定额消耗量查出；再分别乘以该工程项目的工程量，得到分项工程工料消耗量，最后将各分项工程工料消耗量加以汇总，得出单位工程人工、材料的消耗数量。

7. 计算主材费（未计价材料费）

因为许多定额项目基价为不完全价格，即未包括主材费用在内。计算所在地定额基价费(基价合计)之后，还应计算出主材费，以便计算工程造价。

8. 按费用定额取费

即按有关规定计取措施费，以及按当地费用定额的取费规定计取间接费、利润、税金等。

9. 计算汇总工程造价

将直接费、间接费、利润和税金相加即为工程预算造价。

典型例题

【单选题】定额单价法编制施工图预算的工作主要有:①计算工程量;②套用定额单价,计算人、料、机费用;③按计价程序计取其他费用,并汇总造价;④编制工料分析表;⑤准备资料,熟悉施工图纸。正确的步骤是(　　)。

A. ④→⑤→①→②→③　　B. ⑤→①→④→②→③

C. ⑤→②→①→④→③　　D. ⑤→①→②→④→③

D。【解析】定额单价法编制施工图预算的基本步骤如下:准备资料,熟悉施工图纸→计算工程量→套用定额单价,计算人、料、机费用→编制工料分析表→按计价程序计取其他费用,并汇总造价→复核→编制说明、填写封面。

(二)工程量清单单价法

工程量清单单价法是指招标人按照设计图纸和国家统一的工程量计算规则提供工程数量,采用综合单价的形式计算工程造价的方法。该综合单价是指完成一个规定计量单位的分部分项工程量清单项目或措施清单项目所需的人工费、材料费、施工机械使用费和企业管理费与利润,以及一定范围内的风险费用。

专家解读

综合单价按照单价综合内容的不同可分为全费用综合单价和部分费用综合单价。

(三)实物量法

实物量法是指依据施工图纸和预算定额的项目划分及工程量计算规则,先计算出分部分项工程量,然后套用预算定额(实物量定额)计算出各类人工、材料、机械的实物消耗量,再根据预算编制期的人工、材料、机械价格计算出直接费,最后再依据费用定额计算其他直接费、间接费、利润和税金等。

实物量法的优点是能比较及时地将反映各种材料、人工、机械的当时当地市场单价计入预算价格,不需调价,反映当时当地的工程价格水平。

采用定额单价法和实物量法编制施工图预算的主要区别是计算人工费、材料费和施工机械使用费的方法不同。

专家解读

对于大型或复杂的建设项目,当委托多个单位共同承担其施工图预算文件的编制任务时,委托单位应指定主体承担单位,由主体承担单位负责具体编制工作的总体规划、标准的统一、编制工作的部署、资料的汇总等综合性工作,其他各单位负责其所承担的各个单项、单位工程施工图预算文件的编制。

五、施工图预算的审查

（一）施工图预算的审查内容

施工图预算文件的审查，应当委托具有相应资质的工程造价咨询机构进行。施工图预算审查的主要内容包括：

(1)审查施工图预算的编制是否符合现行国家、行业、地方政府有关法律、法规和规定要求。

(2)审查工程量计算的准确性、工程量计算规则与计价规范规则或定额规则的一致性。

(3)审查在施工图预算的编制过程中，各种计价依据使用是否恰当，各项费率计取是否正确。审查依据主要有施工图设计资料、有关定额、施工组织设计、有关造价文件规定和技术规范、规程等。

(4)审查各种要素市场价格选用是否合理。

(5)审查施工图预算是否超过概算以及进行偏差分析。

（二）施工图预算的审查方法

施工图预算的审查可采用全面审查法、标准预算审查法、分组计算审查法、对比审查法、筛选审查法、重点审查法、分解对比审查法等。

1. 全面审查法

全面审查法又叫逐项审查法，就是按预算定额顺序或施工的先后顺序，逐一地全部进行审查的方法。其具体计算方法和审查过程与编制施工图预算基本相同。该方法的优点是全面、细致，经审查的工程预算差错比较少，质量比较高，缺点是工作量大。因而在一些工程量比较小、工艺比较简单的工程，编制工程预算的技术力量又比较薄弱的，采用全面审查法的相对较多。

2. 标准预算审查法

对于利用标准图纸或通用图纸施工的工程，先集中力量，编制标准预算，以此为标准审查预算的方法。按标准图纸设计或通用图纸施工的工程一般上部结构和做法相同，可集中力量细审一份预算或编制一份预算，作为这种标准图纸的标准预算，或用这种标准图纸的工程量为标准，对照审查，而对局部不同部分作单独审查即可。这种方法的优点是时间短、效果好、好定案；缺点是只适应按标准图纸设计的工程，适用范围小。

3. 分组计算审查法

分组计算审查法是一种加快审查工程量速度的方法，把预算中的项目划分为若干组，并把相邻且有一定内在联系的项目编为一组，审查或计算同一组中某个分项工程量，利用工程量间具有相同或相似计算基础的关系，判断同组中其他几个分项工程量计算的准确程度的方法。施工图预算审查时，利用房屋建筑工程标准层建筑面积数对楼面找平层、天棚抹灰等工程量进行审查的方法就属于分组计算审查法。

4. 对比审查法

对比审查法是用已建成工程的预算或虽未建成但已审查修正的工程预算对比审查拟建的类似工程预算的一种方法。当拟建工程与已完工程采用同一施工图，但基础部分和现场施工条件不同，施工图预算审查时，对相同部分审查宜采用对比审查法。

5. 筛选审查法

筛选审查法是统筹法的一种，也是一种对比方法。建筑工程虽然有建筑面积和高度的不同，但是它们的各个分部分项工程的工程量、造价、用工量在每个单位面积上的数值变化不大，我们把这些数据加以汇集、优选，归纳为工程量、造价（价值）、用工三个单方基本值表示，并注明其适用的建筑标准。这些基本值犹如“筛子孔”，用来筛选各分部分项工程，筛下去的就不审了，没有筛下去的就意味着此分部分项的单位建筑面积数值不在基本值范围之内，应对该分部分项工程详细审查。当所审查的预算的建筑面积标准与“基本值”所适用的标准不同，就要对其进行调整，筛选法的优点是简单易懂，便于掌握，审查速度和发现问题快。但解决差错分析其原因需继续审查。因此，此法适用于住宅工程或不具备全面审查条件的工程。

6. 重点抽查法

重点抽查法是抓住工程预算中的重点进行审查的方法。审查的重点一般是工程量大或造价较高、工程结构复杂的工程，补充单位估价表，计取的各项费用（计费基础、取费标准等）。重点抽查法的优点是重点突出，审查时间短、效果好。

7. 分解对比审查法

分解对比审查法是把一个单位工程按直接费与间接费进行分解，然后再把直接费按工种和分部工程进行分解，分别与审定的标准预算进行对比分析的方法。

第五节　工程量清单编制

一、工程量清单的概念

工程量清单是载明建设工程分部分项工程项目、措施项目、其他项目的名称和相应数量以及规费、增值税项目等内容的明细清单。

二、编制工程量清单应遵循的原则

编制工程量清单应遵循的原则主要有：

（1）要满足编制招标控制价、投标报价和工程施工的需要，力求实现合理确定、有效控制工程造价的目的。

（2）要严格执行编制工程量清单的五个统一（项目编码、项目名称、项目特征、计量单位、工程量计算规则统一）。

（3）要保证编制质量，不漏项、不错项、不重项，准确计算工程量。

三、编制招标工程量清单的依据

招标工程量清单必须作为招标文件的组成部分，其准确性和完整性应由招标人负责。招标工程量清单是工程量清单计价的基础，应作为编制最高投标限价、投标报价、计算或调整工程量、索赔等的依据之一，贯穿于建设工程的招投标阶段和施工阶段。编制招标工程量清单的依据主要有：

（1）《建设工程工程量清单计价规范》和相关工程的国家计量规范。

（2）国家或省级、行业建设主管部门颁发的计价依据和办法。

（3）建设工程设计文件及相关资料。

（4）与建设工程项目有关的标准、规范、技术资料。

（5）拟定的招标文件。

（6）施工现场情况、地质水文资料、工程特点及常规施工方案。

（7）其他相关资料。

四、工程量清单的组成

- 工程量清单的组成
  - 分部分项工程量清单
    - 1.项目编码：分部分项工程清单项目编码以五级编码设置，用十二位阿拉伯数字表示。一、二、三、四级编码为全国统一；第五级编码应根据拟建工程的工程量清单项目名称设置。
    - 2.项目名称：按照《建设工程工程量清单计价规范》的项目名称结合拟建工程的实际确定。
    - 3.项目特征：按照《建设工程工程量清单计价规范》中规定的项目特征，结合技术规范、标准图集、施工图纸，按照照工程结构、使用材质及规格或安装位置等，予以详细而准确的表述和说明。
    - 4.计量单位：除各专业另有特殊规定外，计量单位应采用基本单位。当计量单位有两个或两个以上时，应根据所编工程量清单项目的特征要求，选择最适宜表现该项目特征并方便计量的单位。
    - 5.工程量：按照《建设工程工程量清单计价规范》附录中各分部工程量清单项目及计算规则计算
  - 措施项目清单
    - 是为完成工程项目施工，发生于该工程施工准备和施工过程中技术、安全文明、环境保护等方面的项目清单。措施项目分单价措施项目和总价措施项目
  - 其他项目清单
    - 其他项目清单的具体内容一般有暂列金额；暂估价，包括材料（工程设备）暂估价和专业工程暂估价；计日工；总承包服务费
  - 规费、增值税项目清单
    - 1.规费项目清单内容列项：社会保障费（养老保险费、失业保险费、医疗保险费、生育保险费、工伤保险费）；住房公积金。
    - 2.规费、增值税必须按国家或省级、行业建设主管部门的规定计算，不得作为竞争性费用

五、工程量清单编制

招标工程量清单应以单位(项)工程为单位编制,应由分部分项工程项目清单、措施项目清单、其他项目清单、规费和增值税项目清单组成。

链接

工程量清单编制程序:研究招标文件→确定项目名称→确定项目编码→确定项目特征→确定项目计量单位→计算工程量→确定工程内容→完成工程量清单。其中,项目编码、计量单位可由《建设工程工程量清单计价规范》单独确定;项目名称、项目特征、计算工程量、工程内容需要由《建设工程工程量清单计价规范》和施工组织设计、工程验收规范、施工规范共同确定。

(一)分部分项工程项目清单

分部分项工程项目清单必须载明项目编码、项目名称、项目特征、计量单位和工程量。分部分项工程项目清单必须根据相关工程现行国家计量规范规定的项目编码、项目名称、项目特征、计量单位和工程量计算规则进行编制。

1. 项目编码

工程量清单的项目编码,应采用十二位阿拉伯数字表示,同一招标工程的项目编码不得有重码。分部分项工程量清单项目编码以五级编码设置,一、二、三、四级编码为全国统一;第五级编码应根据拟建工程的工程量清单项目名称设置。各级编码代表的含义如下:

(1)第一级:一、二位表示工程分类顺序码(分二位):01 房屋建筑与装饰工程;02 仿古建筑工程;03 通用安装工程;04 市政工程;05 园林绿化工程;06 矿山工程;07 构筑物工程;08 城市轨道交通工程;09 爆破工程。

(2)第二级:三、四位表示专业工程顺序码(分二位)。

(3)第三级:五、六位表示分部工程顺序码(分二位)。

(4)第四级:七、八、九位表示分项工程项目名称顺序码(分三位)。

(5)第五级:十至十二位表示工程量清单项目名称顺序码(分三位)。

2. 项目名称

工程量清单的项目名称应按附录的项目名称结合拟建工程的实际确定。项目名称一般以工程实体而命名。

专家解读

根据专业工程《计量规范》编制招标工程量清单时,有两种不同截面的现浇混凝土矩形柱,一种是400 mm×400 mm,另一种是600 mm×400 mm,混凝土强度均为C30,其余特征相同。则在编制清单时,这两个矩形柱的清单项应分别列项,项目名称均为“现浇混凝土矩形柱”,在项目特征中注明截面尺寸。

3. 项目特征

分部分项工程量清单的项目特征是确定一个清单项目综合单价的重要依据，在编制的工程量清单中必须对其项目特征进行准确和全面的描述。

提示

工程量清单项目特征描述的重要意义在于：项目特征是区分清单项目的依据；项目特征是确定综合单价的前提；项目特征是履行合同义务的基础；项目特征决定了工程实体的实质内容，直接决定工程实体的自身价值。

项目特征由清单编制人视项目具体情况确定，以准确描述清单项目为准。不能因为工程内容有描述，就简化或取消项目特征的描述。

项目特征的描述，可以结合清单规范的附录里的内容和实际情况详细描述，也可以采用标准图集等再结合文字补充进行描述，以满足组成综合单价为前提。

提示

分部分项工程项目清单中项目特征主要涉及项目的自身特征（材质、型号、规格、品牌）、项目的工艺特征以及对项目施工方法可能产生影响的特征。

4. 计量单位

计量单位应采用基本单位，除各专业另有特殊规定外均按以下单位计量：

（1）以“t”为单位，应保留小数点后三位数字，第四位小数四舍五入。

（2）以“m、m^2、m^3、kg”为单位，应保留小数点后两位数字，第三位小数四舍五入。

（3）以“个、件、根、组、系统”为单位，应取整数。

（4）没有具体数量的项目：宗、项等。

各专业有特殊计量单位的，再另外加以说明，当计量单位有两个或两个以上时，应根据所编工程量清单项目的特征要求，选择一个最适宜表现该项目特征并方便计量的单位。

5. 工程数量的计算

工程数量应按清单规范的附录中规定的工程量计算规则计算。除另有说明外，所有清单项目的工程量应以实体工程量为准，并以完成后的净值计算；投标人投标报价时，应在单价中考虑施工中的各种损耗和需要增加的工程量。

6. 分部分项工程量清单编制应注意的问题

项目特征	（1）结合实际予以详细描述，满足确定综合单价的需要。 （2）若采用标准图集或施工图纸能够全部或部分满足项目特征描述的要求，项目特征描述可直接采用详见××图集或××图号的方式。对不能满足项目特征描述要求的部分，仍应用文字描述

（续表）

项目特征	必须描述的内容	(1)涉及正确计量的内容:如门窗洞口尺寸或框外围尺寸。 (2)涉及结构要求的内容:如混凝土构件的混凝土的强度等级。 (3)涉及材质要求的内容:如油漆的品种、管材的材质等。 (4)涉及安装方式的内容:如管道工程中的钢管的连接方式
	可不描述的内容	(1)对计量计价没有实质影响的内容:如对现浇混凝土柱的高度,断面大小等特征可以不描述。 (2)应由投标人根据施工方案确定的内容:如对石方的预裂爆破的弹孔深度及装药量的特征规定。 (3)应由投标人根据当地材料和施工要求的内容:如对混凝土构件中的混凝土拌合料使用的石子种类及粒径、砂的种类的特征规定。 (4)应由施工措施解决的内容:如对现浇混凝土板、梁的标高的特征规定
补充项目	编制工程量清单出现附录中未包括的项目,编制人应做补充,并报省级或行业工程造价管理机构备案,省级或行业工程造价管理机构应汇总报住房和城乡建设部标准定额研究所。补充项目的编码由附录的顺序码与B和三位阿拉伯数字组成,并应从XB001起顺序编制,不得重号。工程量清单中需附有补充项目的名称、项目特征、计量单位、工程量计算规则、工作内容	

（二）措施项目清单

措施项目是指为完成工程项目施工,发生于该工程施工准备前和施工过程中的技术、生活、环境保护、安全等方面的项目。

措施项目清单的编制需考虑多种因素,除工程本身的因素外,还涉及水文、气象、环境、安全等因素。由于影响措施项目设置的因素太多,计量规范不可能将施工中可能出现的措施项目一一列出。在编制措施项目清单时,因工程情况不同,出现计量规范附录中未列的措施项目,可根据工程的具体情况对措施项目清单作补充。

措施项目清单的设置,需要考虑以下因素:

(1)确定环境保护、安全文明施工、临时设施等措施项目时,可参考拟建工程的常规施工组织设计。

(2)考虑设计文件中不足以写进施工方案但要通过技术措施才能实现的内容。

(3)参考拟建工程的常规施工技术方案以确定大型机械设备进出场及安拆、混凝土模板和脚手架等措施项目。

(4)参考相关的施工规范与工程验收规范。

(5)确定招标文件中提出的某些需要通过一定的技术措施才能实现的要求等。

根据《建设工程工程量清单计价规范》,编制措施项目清单时,措施项目设置的依据有:

(1)拟建工程的常规施工组织设计。

(2)拟建工程的常规施工技术方案,确定大型机械设备进出场及安拆、混凝土模板和脚手架等措施项目。

(3)工程项目设计文件中的部分工作内容不足以写进施工方案,要通过一定的技术手段才能实现的内容。

计量规范将措施项目划分为两类:一类是不能计算工程量的项目,如文明施工和安全防护、临时设施等,就以"项"计价,称为"总价项目";另一类是可以计算工程量的项目,如脚手架、降水工程等,就以"量"计价,更有利于措施费的确定和调整,称为"单价项目"。

措施项目清单必须根据相关工程现行国家计量规范的规定编制。

总价措施项目清单与计价表,如下表所示。

工程名称:　　　　　　　　　　　　　　标段:　　　　　　　　　　　第　　页　　共　　页

序号	项目编码	项目名称	计算基础	费率/%	金额/元	调整费率/%	调整后金额/元	备注
		安全文明施工费						
		夜间施工增加费						
		二次搬运费						
		冬雨季施工增加费						
		已完工程及设备保护费						
		……						
合计								

注:a."计算基础"中安全文明施工费可为"定额基价""定额人工费"或"定额人工费+定额机械费",其他项目可为"定额人工费"或"定额人工费+定额机械费"。

b.按施工方案计算的措施费,若无"计算基础"和"费率"的数值,也可只填"金额"数值,但应在备注栏说明施工方案出处或计算方法。

(三)其他项目清单

其他项目清单指分部分项工程量清单、措施项目清单所包含的内容以外,因招标人的特殊要求而发生的与拟建工程有关的其他费用项目和相应数量的清单。其他项目清单应按照下列内容列项。

1.暂列金额

暂列金额应根据工程特点按有关计价规定估算。招标人在工程量清单中暂定并包括在合同价款中的一笔款项。用于施工合同签订时尚未确定或者不可预见的所需材料、设备、服务的采购,施工中可能发生的工程变更、合同约定调整因素出现时的工程价款调整以及发生的索赔、现场签证确认等的费用。暂列金额主要有以下几个特点:

(1)包含在合同金额。

(2)不直接归承包人所有。

(3)业主暂定金额。

(4)可能发生,也可能不发生。

暂列金额明细表,如下表所示。

工程名称：　　　　　　　　　　　　标段：　　　　　　　　　　第　页　共　页

序号	项目名称	计量单位	暂定金额/元	备注
	合计			

注：此表由招标人填写，如不能详列，也可只列暂定金额总额，投标人应将上述暂列金额计入投标总价中。

2. 暂估价

暂估价包括材料暂估单价、工程设备暂估单价、专业工程暂估价。它是招标人在工程量清单中提供的用于支付必然发生但暂时不能确定价格的材料、工程设备的单价以及专业工程的金额。

暂估价中的材料、工程设备暂估单价应根据工程造价信息或参照市场价格估算，列出明细表；专业工程暂估价应分不同专业，按有关计价规定估算。一般应是综合暂估价，应当包括除规费和增值税以外的管理费、利润、措施费等取费。

暂估价主要有以下几个特点：

(1)必然要发生。

(2)价格暂定。

(3)包含在合同金额。

材料（工程设备）暂估单价及调整表，如下表所示。

工程名称：　　　　　　　　　　　　标段：　　　　　　　　　　第　页　共　页

序号	材料（工程设备）名称、规格、型号	计量单位	数量		暂估/元		确认/元		差额±/元		备注
			暂估	确认	单价	合价	单价	合价	单价	合价	
	合计										

注：此表由招标人填写“暂估单价”，并在备注栏说明暂估价的材料、工程设备拟用在哪些清单项目上，投标人应将上述材料、工程设备暂估单价计入工程量清单综合单价报价中。

专业工程暂估价及结算价表，如下表所示。

工程名称：　　　　　　　　　　　　标段：　　　　　　　　　　第　页　共　页

序号	工程名称	工程内容	暂估金额/元	结算金额/元	差额±/元	备注
	合计					

注：此表“暂估金额”由招标人填写，投标人应将“暂估金额”计入投标总价中。结算时按合同约定结算金额填写。

3. 计日工

计日工是指在施工过程中，承包人完成发包人提出的合同范围以外的零星项目或工作，按合同中约定的综合单价计价的一种方式。计日工应列出项目名称、计量单位和暂估数量。

计日工主要有以下几个特点：

(1)可能发生，也可能不发生。

(2)一般包含在合同金额。

(3)价格确定(综合单价)。

(4)不仅仅是工日，还有材料和机械费用。

链接

编制工程量清单时，计日工表中的人工应按工种列项，材料和机械应按规格、型号详细列项。

计日工表，如下表所示。

工程名称：　　　　　　　　　　　　标段：　　　　　　　　　　第　　页　　共　　页

编号	项目名称	单位	暂定数量	实际数量	综合单价/元	合价/元	
						暂定	实际
一	人工						
1							
……							
人工小计							
二	材料						
1							
……							
材料小计							
三	施工机械						
1							
……							
施工机械小计							
四、企业管理费和利润							
总计							

注：此表项目名称、暂定数量由招标人填写，编制招标控制价时，单价由招标人按有关计价规定确定；投标时，单价由投标人自主报价，按暂定数量计算合价计入投标总价中。结算时，按发承包双方确认的实际数量计算合价。

4. 总承包服务费

总承包服务费是指总承包人为配合协调发包人进行的专业工程分包，对发包人自行采购的设备、材料等进行保管以及施工现场管理、竣工资料汇总整理等服务所需的费用。总承包服务费应列出服务项目及其内容等。总承包服务费主要有以下几个特点：

(1) 一定会发生。

(2)计算方式确定。

(3)包含在合同金额内。

总承包服务费计价表，如下表所示。

工程名称：　　　　　　　　　　　　　　　　标段：　　　　　　　　　　　　第　页　共　页

序号	项目名称	项目价值/元	服务内容	计算基础	费率/%	金额/元
1	发包人发包专业工程					
2	发包人提供材料					
……	……					
	合计	—	—		—	

注：此表项目名称、服务内容由招标人填写，编制招标控制价时，费率及金额由招标人按有关计价规定确定；投标时，费率及金额由投标人自主报价，计入投标总价中。

其他项目清单与计价汇总表，如下表所示。

工程名称：　　　　　　　　　　　　　　　　标段：　　　　　　　　　　　　第　页　共　页

序号	项目名称	金额/元	结算金额/元	备注
1	暂列金额			
2	暂估价			
2.1	材料(工程设备)暂估价/结算价	—		
2.2	专业工程暂估价/结算价			
3	计日工			
4	总承包服务费			
5	索赔与现场签证	—		
……	……			
合计				—

注：材料(工程设备)暂估单价计入清单项目综合单价，此处不汇总。

(四)规费和增值税

1. 规费

规费包括社会保险费和住房公积金。社会保险费包括养老保险费、失业保险费、医疗保险费、工伤保险费、生育保险费。社会保险费和住房公积金应以定额人工费为计算基础，根据工程所在地省、自治区、直辖市或行业建设主管部门规定费率计算。

社会保险费和住房公积金 = Σ(工程定额人工费 × 社会保险费和住房公积金费率)

式中，社会保险费和住房公积金费率可以每万元发承包价的生产工人人工费和管理人员工资含量与工程所在地规定的缴纳标准综合分析取定。

2. 增值税

增值税的内容详见本书第三章第一节。

(五)工程量清单总说明

工程量清单中总说明的内容应包括:工程概况,包括建设规模、工程特征、计划工期、施工现场实际情况、交通运输情况、自然地理条件、环境保护要求等;工程招标和分包范围;工程量清单编制依据;工程质量、材料、施工等的特殊要求;其他须说明的问题。其中,工程概况中的环境保护要求,是指避免施工中噪声污染及材料运输影响周边环境的防护要求。工程质量、材料、施工等的特殊要求包括:招标人要求拟建工程的质量达到优良或合格标准;招标人根据工程的重要性、使用功能等标准提出的对材料的要求;招标人对建设项目单项工程的施工顺序以及其他施工要求。

第六节　工程量清单计价

一、工程量清单计价概述

工程量清单计价是指具有编制招标文件能力的招标人或由招标人委托具有资质的中介机构编制反映工程实体消耗和措施性消耗的工程量清单,作为招标文件的一部分提供给投标人,由投标人依据工程量清单自主报价的计价方式。工程量清单计价是指投标人完成由招标人提供的工程量清单所需的全部费用,包括分部分项工程费、措施项目费、其他项目费、规费和增值税。工程量清单计价方式主要有三种,如下表所示。

方法	计算公式
工料单价法	人工费+材料费+施工机具使用费
综合单价法	人工费+材料费+施工机具使用费+管理费+利润
全费用单价法	人工费+材料费+施工机具使用费+管理费+利润+规费+增值税

实行工程量清单计价应采用综合单价法。工程量清单计价法亦称综合单价法,是指建设工程招标投标中,招标人按照国家统一的《建设工程工程量清单计价规范》,提供工程数量清单,由投标人依据工程量清单计算所需的全部费用,包括分部分项工程费、措施项目费、其他项目费、规费和增值税,自主报价,并按照经评审合理低价中标的工程造价计价模式。

使用国有资金投资的建设工程发承包,必须采用工程量清单计价。非国有资金投资的建设工程,宜采用工程量清单计价。国有投资的资金包括国家融资资金、国有资金为主的投资资金。

国有资金投资的工程建设项目包括:

(1)使用各级财政预算资金的项目。

(2)使用纳入财政管理的各种政府性专项建设资金的项目。

(3)使用国有企业、事业单位自有资金,并且国有资产投资者实际拥有控制权的项目。

国家融资资金投资的工程建设项目包括:

(1)使用国家发行债券所筹资金的项目。

(2)使用国家对外借款或者担保所筹资金的项目。

(3)使用国家政策性贷款的项目。

(4)国家授权投资主体融资的项目。

(5)国家特许的融资项目。

国有资金为主的工程建设项目是指国有资金占投资总额50%以上,或虽不足50%但国有投资者实质上拥有控股权的工程建设项目。

二、综合单价法

综合单价是指完成一个规定计量单位的分部分项工程量清单项目或措施清单项目所需的人工费、材料费、施工机具使用费和企业管理费与利润,以及一定范围内的风险费用。

(一)综合单价的构成

综合单价=(人工费+材料费+施工机具使用费+企业管理费+利润+由投标人承担的风险费用+其他项目清单中的材料暂估单价)/清单工程量

由投标人承担的风险费用是指根据我国工程建设特点,投标人应完全承担的风险是技术风险和管理风险,如管理费和利润的风险;应有限度承担的是市场风险,如材料价格、施工机械使用费等的风险;应完全不承担的是法律、法规、规章和政策变化的风险。综合单价中不包含规费和增值税。

(二)确定综合单价应考虑的因素

1. 风险费用

招标人要求投标人承担的风险费用,投标人应考虑进入综合单价。

2. 材料暂估价

招标文件中提供了暂估单价的材料,按暂估的单价计入综合单价。

3. 项目特征描述

(1)投标人应依据招标文件中分部分项工程量清单项目的特征描述确定清单项目的综合单价。

(2)招标文件中分部分项工程量清单特征描述与设计图纸不符时,以分部分项工程量清单项目特征描述为准,确定综合单价。

(3)当施工中施工图纸或设计变更与工程量清单项目特征描述不一致时,发承包双方应按实际施工图纸的项目特征,依据合同约定重新确定综合单价。

三、工程量清单计价

实行工程量清单计价方式的单位工程报价如下:

分部分项工程费=Σ(分部分项工程量×分部分项工程单价)

式中,分部分项工程单价由人工费、材料费、机械费、管理费、利润等组成,并考虑风险费用。

措施项目费=Σ(措施项目工程量×措施项目综合单价)

式中,措施项目包括通用项目、建筑工程措施项目、安装工程措施项目和市政工程措施项目,措施项目综合单价的构成与分部分项工程单价构成类似。

$$单位工程报价 = 分部分项工程费 + 措施项目费 + 其他项目费 + 规费 + 增值税$$

$$单项工程报价 = \sum 单位工程报价$$

$$建设项目总报价 = \sum 单项工程报价$$

(一)分部分项工程费

$$分部分项工程费 = \sum(分部分项工程量 \times 综合单价)$$

式中,综合单价包括人工费、材料费、施工机具使用费、企业管理费和利润以及一定范围的风险费用。招标文件的工程量清单中显示的工程量是编制人员按施工图图示尺寸和清单工程量计算规则计算得到的工程净量,它是招标人编制招标控制价和投标人投标报价的共同基础。投标人编制分部分项工程综合单价时,应按照下列顺序进行:确定组合定额子目并计算各子目工程量;测算人、料、机消耗量;确定人、料、机单价;计算清单项目的人、料、机总费用;计算清单项目的管理费和利润;汇总求和即可得到清单项目的综合单价。

链接

一个工程量清单项目可能对应一个定额子目也可能对应多个定额子目,当对应一个定额子目时,由于清单工程量计算规则与所采用的定额工程量计算规则的差异,可能导致计算出来的工程量不一致;当对应多个定额子目时,由于清单工程量计算的是主项工程量,可能导致与定额子目的工程量不一致。因此,清单工程量不能直接用于计价。定额子目工程量应严格按照与所采用的定额相对应的工程量计算规则计算。

(二)措施项目费

对可以计算工程量的措施项目,应按分部分项工程量清单的方式采用综合单价计价;其余的措施项目可以"项"为单位的方式计价,应包括除规费、增值税外的全部费用。计算公式为

$$措施项目费 = \sum(措施项目工程量 \times 综合单价)$$

措施项目费的计算方法一般有综合单价法、参数法计价、分包法计价三种。可以计算工程量的措施项目,如混凝土模板费、脚手架费、垂直运输费等应采用综合单价法计价。施工时必须发生,但在投标时很难具体分项预测,又无法单独列出项目内容的措施项目,如安全文明施工费、夜间施工增加费、二次搬运费、冬雨季施工增加费、已完工程及设备保护费等应采用参数法计价。可以独立分包的措施项目,如室内空气污染测试费等应采用分包法计价。

链接

措施项目费与分部分项工程费不同的地方在于措施项目费并不要求每个措施项目的综合单价必须包含人工费、材料费、施工机具使用费、企业管理费和利润中的每一项。

(三)其他项目费

其他项目费由暂列金额、暂估价、计日工、总承包服务费组成,计算公式为

$$其他项目费 = 暂列金额 + 暂估价 + 计日工 + 总承包服务费组成$$

式中,暂列金额和暂估价由招标人按估算金额确定。招标人在工程量清单中提供的暂估价的材料和专业工程,若材料属于依法必须招标的,由承包人和招标人共同通过招标确定材料单价与专业工程分包价;若材料不属于依法必须招标的,由发、承包双方协商确定单价

后计价；若专业工程不属于依法必须招标的，由发包人、总承包人与分包人按有关计价依据进行计价。

其他项目应按下列规定报价：

(1)暂列金额应按招标工程量清单中列出的金额填写。

(2)材料、工程设备暂估价应按招标工程量清单中列出的单价计入综合单价。

(3)专业工程暂估价应按招标工程量清单中列出的金额填写。

(4)计日工应按招标工程量清单中列出的项目和数量，自主确定综合单价并计算计日工金额。

(5)总承包服务费应根据招标工程量清单中列出的内容和提出的要求自主确定。

(四)规费和增值税

建设单位和施工企业均应按照省、自治区、直辖市或行业建设主管部门发布标准计算规费和增值税，不得作为竞争性费用。

专家解读

工程量清单计价的五要素：

(1)五目：分部分项工程项目、措施项目、其他项目、规费项目和增值税项目。

(2)五清单：分部分项工程量清单、措施项目清单、其他项目清单、规费项目清单、增值税项目清单。

(3)五表：分部分项工程量清单与计价表、措施项目清单与计价表(一)、措施项目清单与计价表(二)、其他项目清单与计价表、规费和增值税项目清单与计价表。

(4)五统一：分部分项工程量清单与计价表、(可计量)措施项目清单与计价表中的项目编码、项目名称、项目特征描述、计量单位和工程量计算规则。

(5)五笔钱：分部分项工程费、措施项目费、其他项目费、规费和增值税。

链接

在招投标阶段，招标工程量清单为投标人的投标竞争提供了一个平等和共同的基础。工程量清单将要求投标人完成的工程项目及其相应工程实体数量全部列出，为投标人提供拟建工程的基本内容、实体数量和质量要求等信息。这使所有投标人所掌握的信息相同，受到的待遇是客观、公正和公平的。

四、计算实例

某土石方工程，基础为C30混凝土带形基础，垫层为C20混凝土垫层，垫层底宽度为1 400 mm，挖土深度为1 900 mm，基础总长为210 m。室外设计地坪以下基础的体积为225 m^3，垫层体积为31 m^3。试用清单计价法计算挖基础土方、土方回填、余土外运等分项工程的清单项目费。

（一）清单工程量

（1）基础土方挖方总量 $=1.4\times1.9\times210=558.6(m^3)$。

（2）基础回填土工程量 $=558.6-(225+31)=302.6(m^3)$。

分部分项工程量清单，如下表所示。

工程名称：　　　　　　　　　　　　　　　标段：　　　　　　　　　　　　第　　页　　共　　页

序号	项目编码	项目名称	计量单位	工程数量
1	010101003001	挖基础土方 土壤类别：三类土 基础类别：带形基础	m^3	558.6
2	010103001001	土（石）方回填 土壤类别：三类土 人工夯填	m^3	302.6

（二）投标人报价计算

假设根据地质资料和施工方案，该基础工程土质为三类土，弃土运距为3 km，人工挖土、人工装自卸汽车运卸土方。投标人报价时采用的人工单价为30元/工日，8 t自卸汽车台班单价取380元/台班，管理费按人工费加机械费的15%计取，利润按人工费的30%计取。

1. 计价工程量

根据施工组织设计要求，需在垫层底面增加操作工作面，其宽度每边0.25 m，并且需从垫层底面放坡，放坡系数为0.3。则：

基础挖土截面积 $=(1.4+2\times0.25+0.3\times1.9)\times1.9=4.693(m^2)$；

基础土方挖方总量 $=4.693\times210=985.53(m^3)$；

基础回填量 $=985.53-(225+31)=729.53(m^3)$，人工夯填；

剩余弃土量 $=225+31=256(m^3)$；

人工装自卸汽车运卸，运距3 km。

2. 报价计算

参考综合定额得：每100 m^3 人工挖沟槽土方（三类土，挖深2 m以内）需消耗人工53.51工日；每100 m^3 人工装自卸汽车运卸弃土3 km需消耗人工11.32工日，8 t自卸汽车2.45台班；每100 m^3 基础回填土人工夯实需消耗人工26.46工日。

（1）挖基础土方：工程内容包括人工挖土方和人工装自卸汽车运卸土方（运距3 km）。

①人工挖土方（三类土，挖深2 m以内）：

人工费：$53.51/100\times30\times985.53=15\ 820.71$（元）。

②人工装自卸汽车运卸土方（运距3 km）：

人工费：$11.32/100\times30\times256=869.38$（元）；

机械费：$2.45/100\times380\times256=2\ 383.36$（元）；

合计：$869.38+2\ 383.36=3\ 252.74$（元）。

③综合：

工料机费合计：$15\ 820.71+3\ 252.74=19\ 073.45$（元）；

管理费:(人工费 + 机械费) ×15% =2 861.02(元);

利润:人工费 ×30% =(15 820.71 +869.38) ×30% =5 007.03(元);

总计:19 073.45 +2 861.02 +5 007.03 =26 941.50(元);

综合单价为:26 941.50/558.6 =48.23(元/m^3)。

(2)土(石)方回填:

①基础回填土人工夯实:

人工费:26.46/100 ×30 ×729.53 =5 791.01(元)。

②综合:

工料机费合计:5791.01(元);

管理费:(人工费 + 机械费) ×15% =868.65(元);

利润:人工费 ×30% =5 791.01 ×30% =1 737.30(元);

总计:5 791.01 +868.65 +1 737.30 =8 396.96(元);

综合单价为:8 396.96/302.6 =27.75(元/m^3)。

五、最高投标限价编制

(一)最高投标限价的一般规定

最高投标限价亦称“拦标价”或“预算控制价”,是招标人根据工程量清单计价规范计算的招标工程的工程造价,是国家或业主对招标工程发包的最高投标限价。具体规定如下:

(1)国有资金投资的建设工程招标,招标人必须编制最高投标限价。

(2)最高投标限价应由具有编制能力的招标人或受其委托具有相应资质的工程造价咨询人编制和复核。

(3)工程造价咨询人接受招标人委托编制最高投标限价,不得再就同一工程接受投标人委托编制投标报价。

(4)最高投标限价应按照《建设工程工程量清单计价规范》的相关规定编制,不应上调或下浮。

(5)当最高投标限价超过批准的概算时,招标人应将其报原概算审批部门审核。

(6)招标人应在发布招标文件时公布最高投标限价,同时应将最高投标限价及有关资料报送工程所在地或有该工程管辖权的行业管理部门工程造价管理机构备查。

(7)我国对国有资金投资项目的投资控制实行的是投资概算审批制度,国有资金投资的工程原则上不能超过批准的投资概算。

(8)最高投标限价的作用决定了最高投标限价不同于标底,无需保密。为体现招标的公平、公正性,防止招标人有意抬高或压低工程造价,招标人应在招标文件中如实公布最高投标限价,同时,招标人应将最高投标限价报工程所在地或有该工程管辖权的行业管理部门的工程造价管理机构备查。

(二)最高投标限价编制与复核的依据

最高投标限价编制与复核的依据主要有:

(1)《建设工程工程量清单计价规范》。

(2)国家或省级、行业建设主管部门颁发的计价依据、标准和办法。

(3)建设工程设计文件及相关资料。

(4)拟定的招标文件及招标工程量清单。

(5)与建设项目相关的标准、规范、技术资料。

(6)施工现场情况、工程特点及常规施工方案。

(7)工程造价管理机构发布的工程造价信息,当工程造价信息没有发布时,参照市场价。

(8)其他的相关资料。

(三)最高投标限价的其他项目费

其他项目应按下列规定计价:

(1)暂列金额应按招标工程量清单中列出的金额填写。暂列金额由招标人根据工程特点、工期长短,按有关计价规定进行估算确定,一般可以分部分项工程费的10% ~15% 为参考。

(2)暂估价中的材料、工程设备单价应按招标工程量清单中列出的单价计入综合单价。暂估价中的材料单价应按照工程造价管理机构发布的工程造价信息或参考市场价格确定。

(3)暂估价中的专业工程金额应按招标工程量清单中列出的金额填写。暂估价中的专业工程暂估价应分不同专业,按有关计价规定估算。

(4)计日工应按招标工程量清单中列出的项目根据工程特点和有关计价依据确定综合单价计算。招标人应根据工程特点,按照列出的计日工项目和有关计价依据计算。

(5)总承包服务费应根据招标工程量清单列出的内容和要求估算。招标人应根据招标文件中列出的内容和向总承包人提出的要求参照下列标准计算:招标人仅要求对分包的专业工程进行总承包管理和协调时,按分包的专业工程估算造价的1.5%计算;招标人要求对分包的专业工程进行总承包管理和协调并同时要求提供配合服务时,根据招标文件中列出的配合服务内容和提出的要求按分包的专业工程估算造价的3% ~5%计算;招标人自行供应材料的,按招标人供应材料价值的1%计算。

规费和增值税为不可竞争费用,应按《建设工程工程量清单计价规范》的规定确定。

(四)最高投标限价设置的注意事项

最高投标限价设置时,应注意以下几点:

(1)计算口径要一致。计算工程量时,根据施工图列出的分项工程口径与定额中相应分项工程的口径要一致。

(2)识读图纸要准确。在正式计算工程量之前,必须反复识读施工图纸,熟悉施工图中的细部构造、文字说明及标准图中的详细内容。

(3)严格执行、准确理解工程量计算规范。计算工程量时,计算规范中的规则要准确理解、反复推敲、严格执行。

(4)计算必须准确。计算工程量时,计算底稿要整洁,计算数据要清晰,项目部位要注明,计算精度要一致。工程量的数据一般精确到小数点后两位,第三位四舍五入,贵重或价格较高的材料(钢材、木材等)应精确到小数点后三位。

(5)计算工程量要做到不重不漏。在计算工程量前,为防止工程量漏项、重项,一般把一个专业工程划分为若干个分部工程分别计算,这样便可以减少重项和漏项,提高准确度。

（五）最高投标限价的投诉与处理

1. 最高投标限价的投诉

投标人经复核认为招标人公布的最高投标限价未按照《建设工程工程量清单计价规范》的规定进行编制的，应在招标控制价公布后5天内向招投标监督机构和工程造价管理机构投诉。

投诉人投诉时，应当提交由单位盖章和法定代表人或其委托人签名或盖章的书面投诉书。投诉书应包括下列内容：

（1）投诉人与被投诉人的名称、地址及有效联系方式。

（2）投诉的招标工程名称、具体事项及理由。

（3）投诉依据及有关证明材料。

（4）相关的请求及主张。

投诉人不得进行虚假、恶意投诉，阻碍招投标活动的正常进行。

2. 最高投标限价的处理

工程造价管理机构在接到投诉书后应在2个工作日内进行审查。工程造价管理机构应在不迟于结束审查的次日将是否受理投诉的决定书面通知投诉人、被投诉人以及负责该工程招投标监督的招投标管理机构。

工程造价管理机构受理投诉后，应立即对最高投标限价进行复查，组织投诉人、被投诉人或其委托的最高投标限价编制人等单位人员对投诉问题逐一核对。有关当事人应当予以配合，并应保证所提供资料的真实性。

工程造价管理机构应当在受理投诉的10天内完成复查，特殊情况下可适当延长，并作出书面结论通知投诉人、被投诉人及负责该工程招投标监督的招投标管理机构。

当最高投标限价复查结论与原公布的最高投标限价误差大于±3%时，应当责成招标人改正。

招标人根据最高投标限价复查结论需要重新公布最高投标限价的，其最终公布的时间至招标文件要求提交投标文件截止时间不足15天的，应相应延长投标文件的截止时间。

六、投标报价编制

（一）投标报价的一般规定

投标报价应在满足招标文件要求的前提下，实行企业定额的人、材、机消耗量自定，综合单价及费用自选，全面竞争，自由报价。具体规定如下：

（1）投标价应由投标人或受其委托具有相应资质的工程造价咨询人编制。

（2）投标人应依据《建设工程工程量清单计价规范》的相关规定自主确定投标报价。

（3）投标报价不得低于工程成本。

（4）投标人必须按招标工程量清单填报价格。项目编码、项目名称、项目特征、计量单位、工程量必须与招标工程量清单一致。

（5）投标人的投标报价高于最高投标限价的应予否决投标。

（6）投标人应以施工方案、技术措施等作为投标报价计算的基本条件。

（二）投标报价编制和复核的依据

投标报价编制与复核的依据主要有：

（1）《建设工程工程量清单计价规范》。

（2）国家或省级、行业建设主管部门颁发的计价办法。

(3)企业定额,国家或省级、行业建设主管部门颁发的计价定额和计价办法。

(4)招标文件、招标工程量清单及其补充通知、答疑纪要。

(5)建设工程设计文件及相关资料。

(6)施工现场情况、工程特点及投标时拟定的施工组织设计或施工方案。

(7)与建设项目相关的标准、规范等技术资料。

(8)市场价格信息或工程造价管理机构发布的工程造价信息。

(9)其他的相关资料。

(三)投标报价的编制要求

综合单价中应包括招标文件中划分的应由投标人承担的风险范围及其费用,招标文件中没有明确的,应提请招标人明确。

分部分项工程和措施项目中的单价项目,应根据招标文件和招标工程量清单项目中的特征描述确定综合单价计算。

措施项目中的总价项目金额应根据招标文件及投标时拟定的施工组织设计或施工方案,按《建设工程工程量清单计价规范》的相关规定自主确定。其中安全文明施工费为不可竞争费用。

招标工程量清单与计价表中列明的所有需要填写单价和合价的项目,投标人均应填写且只允许有一个报价。未填写单价和合价的项目,可视为此项费用已包含在已标价工程量清单中其他项目的单价和合价之中。当竣工结算时,此项目不得重新组价予以调整。

投标总价应当与分部分项工程费、措施项目费、其他项目费和规费、增值税的合计金额一致。投标人对投标报价的任何优惠均应反映在相应清单项目的综合单价中。

(四)投标报价的程序

1.研究分析招标文件和现场考察

要组织适当的专业人员对文件的内容进行深入研究和分析,主要抓好以下几点:

(1)要对招标文件各项要求有充分了解。经过对招标文件及其附件、图纸的仔细阅读、研究,对招标的各项要求、条件都要弄清楚,有全面了解。

(2)要对投标文件中的合同文件、图纸、规范、工程量等资料,进行详细分析。

(3)严格审查图纸,如果图纸与合同条件、工程设备的项目、规格和工程量要求、工程施工的特点、条件,及有关规范标准等不符或有含糊不清的地方,应及时提交设计或招标单位澄清。

(4)投标单位在研究分析招标文件之后,要做好现场考察工作。通过考察,对那些承包工程诸方面因素调查研究,进而对承包业务的前景作出正确的判断,这是投标竞争取得成功的前提。因为,承包工程设备中的不可预见因素及承包的风险,多是由于对现场状况考察不深、不细所致。因此,必须搞好对投标项目现场的考察工作。

2.仔细审查和复核招标方提供的工程量清单

为了使投标报价既有竞争性,又同时为中标后能够获得较好的施工效益,投标人应复核工程量清单中的每一项工程量,为费率选取和合理平衡最终投标报价打好基础。

3.合理确定分部分项工程量清单综合单价

人、材、机的消耗量应该根据本企业的企业定额消耗量标准确定,在没有企业定额的情况下,应参考政府行业主管部门提供的消耗量定额。编制报价书时注意,此消耗量定额中人、材、机的用量是一个可按工程实际情况适当调整的数量。人、材、机单价是市场价格可从多渠道获取，对获取的信息要进行综合分析和调整才可使用，最直接、最快捷、最准确方式是应用本企业材料供应部门所掌握的信息。但是在目前招投标中，为了便于评标，招标文件中往往会规定一些人、材、机的单价和调整范围，所以编制报价书时，投标人一般只对招标文件中涉及的人、材、机单价作适当调整，招标文件没涉及的单价一般按消耗量定额中的单价，不作调整。

4. 合理确定措施项目清单报价

措施项目清单计价应依据投标工程的施工组织设计，可以计算工程量的措施项目宜采用分部分项工程量清单方式采用综合单价计价；其余的措施项目可以“项”为单位的方式计价，应包括除规费、增值税以外的全部费用。清单计价规范规定，措施项目清单中的安全文明施工费应按照国家或省级、行业建设主管部门的规定费用标准计价，此费用不能参与市场竞争。在确定措施项目清单费用和其他项目清单费用时，要充分考虑本工程的实际情况，除了建设工程工程量清单计价规范规定的项目外，每个工程还有其特殊性，针对其特性，费用项目可以增减，并确定不同的费用比例。

5. 其他项目清单计价的编制

其他项目费主要包括暂列金额、暂估价、计日工以及总承包服务费，投标报价时应遵循以下原则：

(1)暂列金额应按照其他项目清单中列出的金额填写，不得变动。

(2)暂估价不得变动和更改。

(3)计日工应按照其他项目清单列出的项目和估算的数量，自主确定各项综合单价并计算费用。

(4)总承包服务费根据招标人在招标文件中列出的分包专业工程内容和供应材料、设备情况，按照招标人提出的协调、配合与服务要求和施工现场管理需要自主确定。

(5)对于招标文件中要求投标人承担的风险，投标人应在综合单价中给予考虑。投标人在综合单价中考虑风险费时通常以风险费率的形式进行计算。对于风险范围和风险费用的计算方法应在专用合同条款中作出约定。施工中出现的风险内容及其范围在招标文件规定的范围内时，综合单价不得变动。

6. 合理取费，确定工程报价

采用工程量清单计价模式以后，过去那种单一严谨的计价方式受到了市场经济的强烈冲击，特别是取费项目和取费标准。以前取费向来是遵循行业规定计取，而现在已转变成行业指导性和参考性，这就要求企业必须根据自身的经营管理水平测算出单位工程报价中的各种费用比率，因此给企业管理提出更高的要求。计取哪些项目，计取多少费用，必须综合考虑，在“合理低价中标”的前提下，各种费用也不可能考虑很多和很高。管理出效益，只有管理水平高、综合实力强的企业才可能在激烈的竞争中取得上风。

7. 合理确定投标报价策略

投标策略是投标人在投标竞争中的系统工作部署及其参与投标竞争的方式和手段。良好的投标策略运用，将会大大有利于工程的利润获得。常用的投标策略主要有：

(1)不平衡报价法，是指工程项目总价基本确定后，通过调整内部各个项目的报价，以既不提高总报价、不影响中标,又能在结算时得到更理想的经济效益的报价方法。

①能够早日结算的项目(如前期措施费、基础工程、土石方工程等)可以适当提高报价,以利于资金周转,提高资金时间价值。后期工程项目如设备安装、装饰工程等的报价可适当降低。

②经过工程量复核,预计今后工程量会增加的项目,单价适当提高,这样最终结算时可多盈利,而将来工程量有可能减少的项目单价适当降低,工程结算时损失不大。

③设计图纸不明确、估计修改后工程量会增加的,可提高单价,而工程内容说明不清楚的,则可降低一些单价;或者对于图纸中采用的工程做法,承包商认为施工中可能会发生变更的,可降低单价,在工程实施阶段发生设计变更等情况时通过索赔再寻求提高单价的机会。

④暂定项目要做具体分析,如果工程不分标,不会有另一家投标人施工,则其中肯定要施工的单价可高些,不一定要施工的则应低些。如果工程分标,该暂定项目也可能由其他投标人施工时,则不宜报高价,以免抬高总价。

⑤单价与包干混合制合同中,招标人要求有些项目采用包干报价时,宜报高价。这类项目多半有风险,而且这类项目在完成后可全部按保价结算;其余单价项目可适当降低。

⑥有时招标文件要求投标人对工程量大的项目报"综合单价分析表",投标时可将表中的人工费和机械设备费报的高些,而材料费报得低些,在以后补充项目报价时,可以参考表中较高的人工费和机械费,继而可获得较高收益。

(2)多方案报价法,对于一些招标项目工程范围不明确,文件条款不清楚或不公正,或技术规范要求苛刻的,则要在充分估计投标风险的基础上,按多方案报价法处理。

(3)突然降价法,是指在投标最后截止时间内,采取突然降价的手段,确定最终投标报价的方法,强调的是时间效应。突然降价一定要有合适的理由,并能够取得招标人的认同。比如采取何种措施,可以挖潜增效、节约费用,或者在保证招标人的工期、质量、环保要求等目标的前提下,采用新材料、新技术、新工艺、新设备等。另外突然降价法往往只降低总价,而要把降低的部分分摊到各清单项内,可采用不平衡报价进行,以期取得更高的效益。

(4)先亏后盈法,是指投标人为了开辟某一市场而不惜代价的低价中标方案。对于大型分期建设的工程,在第一期时,可以将部分间接费分摊到第二期工程中去,少计算利润以争取中标。这样在第二期工程投标时,凭借第一期工程的经验,临时设施以及创立的信誉,比较容易拿到第二期工程。但应注意分析获得第二期工程的可能性,如开发前景不明确,后续资金来源不明确,实施第二期工程遥遥无期时,则不考虑先亏后赢法。

七、建设工程合同价款概述

(一)工程合同价款的约定要求

实行招标的工程合同价款应在中标通知书发出之日起30天内,由发承包双方依据招标文件和中标人的投标文件在书面合同中约定。合同约定不得违背招标、投标文件中关于工期、造价、质量等方面的实质性内容。招标文件与中标人投标文件不一致的地方,应以投标文件为准。不实行招标的工程合同价款,应在发承包双方认可的工程价款基础上,由发承包双方在合同中约定。

《中华人民共和国民法典》规定,建设工程合同应当采用书面形式。《中华人民共和国招标投标法》规定,招标人和中标人应当自中标通知书发出之日起30日内,按照招标文件和中标人的投标文件订立书面合同。招标人和中标人不得再行订立背离合同实质性内容的其他协议。工程合同价款的约定是建设工程合同的主要内容,根据有关法律条款的规定,工程合同价款的约定应满足以下几个方面的要求:

(1)约定的依据要求:招标人向中标的投标人发出的中标通知书。

(2)约定的时间要求:自招标人发出中标通知书之日起30天内。

(3)约定的内容要求:招标文件和中标人的投标文件。

(4)合同的形式要求:书面合同。

在工程招投标及建设工程合同签订过程中,招标文件应视为要约邀请,投标文件为要约,中标通知书为承诺。因此,在签订建设工程合同时,若招标文件与中标人的投标文件有不一致的地方,应以投标文件为准。

(二)工程合同价款的约定内容

《中华人民共和国建筑法》规定,建筑工程造价应当按照国家有关规定,由发包单位与承包单位在合同中约定。公开招标发包的,其造价的约定,须遵守招标投标法律的规定。

发承包双方应在合同条款中对下列事项进行约定:

(1)预付工程款的数额、支付时间及抵扣方式。

(2)安全文明施工措施的支付计划,使用要求等。

(3)工程计量与支付工程进度款的方式、数额及时间。

(4)工程价款的调整因素、方法、程序、支付及时间。

(5)施工索赔与现场签证的程序、金额确认与支付时间。

(6)承担计价风险的内容、范围以及超出约定内容、范围的调整办法。

(7)工程竣工价款结算编制与核对、支付及时间。

(8)工程质量保证金的数额、预留方式及时间。

(9)违约责任以及发生合同价款争议的解决方法及时间。

(10)与履行合同、支付价款有关的其他事项等。

合同中没有按照上述要求约定或约定不明的,若发承包双方在合同履行中发生争议由双方协商确定;当协商不能达成一致时,应按《建设工程工程量清单计价规范》的规定执行。

(三)建设工程合同价格的形式

根据《建设工程施工合同(示范文本)》,发包人和承包人应在合同协议书中选择下列一种合同价格形式。

1. 单价合同

单价合同是指合同当事人约定以工程量清单及其综合单价进行合同价格计算、调整和确认的建设工程施工合同,在约定的范围内合同单价不作调整。合同当事人应在专用合同条款中约定综合单价包含的风险范围和风险费用的计算方法,并约定风险范围以外的合同价格的调整方法,其中因市场价格波动引起的调整按"市场价格波动引起的调整"约定执行。

2. 总价合同

总价合同是指合同当事人约定以施工图、已标价工程量清单或预算书及有关条件进行合同价格计算、调整和确认的建设工程施工合同，在约定的范围内合同总价不作调整。合同当事人应在专用合同条款中约定总价包含的风险范围和风险费用的计算方法，并约定风险范围以外的合同价格的调整方法，其中因市场价格波动引起的调整按“市场价格波动引起的调整”、因法律变化引起的调整按“法律变化引起的调整”约定执行。

3. 其他价格形式

合同当事人可在专用合同条款中约定其他合同价格形式。

第七节 计量与支付

一、合同价款的调整

（一）合同价款调整的一般规定

下列事项（但不限于）发生，发承包双方应当按照合同约定调整合同价款：

（1）法律法规变化。

（2）工程变更。

（3）项目特征不符。

（4）工程量清单缺项。

（5）工程量偏差。

（6）计日工。

（7）物价变化（市场价格波动）。

（8）暂估价。

（9）不可抗力。

（10）提前竣工（赶工补偿）。

（11）误期赔偿。

（12）索赔。

（13）现场签证。

（14）暂列金额。

（15）发承包双方约定的其他调整事项。

出现合同价款调增事项（不含工程量偏差、计日工、现场签证、索赔）后的 14 天内，承包人应向发包人提交合同价款调增报告并附上相关资料；承包人在 14 天内未提交合同价款调增报告的，应视为承包人对该事项不存在调整价款请求。

出现合同价款调减事项（不含工程量偏差、索赔）后的 14 天内，发包人应向承包人提交合同价款调减报告并附相关资料；发包人在 14 天内未提交合同价款调减报告的，应视为发包人对该事项不存在调整价款请求。

发(承)包人应在收到承(发)包人合同价款调增(减)报告及相关资料之日起14天内对其核实,予以确认的应书面通知承(发)包人。当有疑问时,应向承(发)包人提出协商意见。发(承)包人在收到合同价款调增(减)报告之日起14天内未确认也未提出协商意见的,应视为承(发)包人提交的合同价款调增(减)报告已被发(承)包人认可。发(承)包人提出协商意见的,承(发)包人应在收到协商意见后的14天内对其核实,予以确认的应书面通知发(承)包人。承(发)包人在收到发(承)包人的协商意见后14天内既不确认也未提出不同意见的,应视为发(承)包人提出的意见已被承(发)包人认可。

发包人与承包人对合同价款调整的不同意见不能达成一致的,只要对发承包双方履约不产生实质影响,双方应继续履行合同义务,直到其按照合同约定的争议解决方式得到处理。

经发承包双方确认调整的合同价款,作为追加(减)合同价款,应与工程进度款或结算款同期支付。

(二)法律法规变化

根据《建设工程施工合同(示范文本)》,基准日期后,法律变化导致承包人在合同履行过程中所需要的费用发生除"市场价格波动引起的调整"约定以外的增加时,由发包人承担由此增加的费用;减少时,应从合同价格中予以扣减。基准日期后,因法律变化造成工期延误时,工期应予以顺延。

基准日期是指招标发包的工程以投标截止日前28天的日期为基准日期,直接发包的工程以合同签订日前28天的日期为基准日期。

因法律变化引起的合同价格和工期调整,合同当事人无法达成一致的,由总监理工程师按"商定或确定"的约定处理。

因承包人原因造成工期延误,在工期延误期间出现法律变化的,由此增加的费用和(或)延误的工期由承包人承担。

(三)工程变更

1. 变更的范围

根据《建设工程施工合同(示范文本)》,除专用合同条款另有约定外,合同履行过程中发生以下情形的,应按照约定进行变更:

(1)增加或减少合同中任何工作,或追加额外的工作。

(2)取消合同中任何工作,但转由他人实施的工作除外。

(3)改变合同中任何工作的质量标准或其他特性。

(4)改变工程的基线、标高、位置和尺寸。

(5)改变工程的时间安排或实施顺序。

2. 变更权

发包人和监理人均可以提出变更。变更指示均通过监理人发出,监理人发出变更指示前应征得发包人同意。承包人收到经发包人签认的变更指示后,方可实施变更。未经许可,承包人不得擅自对工程的任何部分进行变更。

涉及设计变更的,应由设计人提供变更后的图纸和说明。如变更超过原设计标准或批准的建设规模时,发包人应及时办理规划、设计变更等审批手续。

3. 变更程序

(1)发包人提出变更。

发包人提出变更的，应通过监理人向承包人发出变更指示，变更指示应说明计划变更的工程范围和变更的内容。

(2)监理人提出变更建议。

监理人提出变更建议的，需要向发包人以书面形式提出变更计划，说明计划变更工程范围和变更的内容、理由，以及实施该变更对合同价格和工期的影响。发包人同意变更的，由监理人向承包人发出变更指示。发包人不同意变更的，监理人无权擅自发出变更指示。

(3)变更执行。

承包人收到监理人下达的变更指示后，认为不能执行，应立即提出不能执行该变更指示的理由。承包人认为可以执行变更的，应当书面说明实施该变更指示对合同价格和工期的影响，且合同当事人应当按照“变更估价”的约定确定变更估价。

4. 变更估价

(1)变更估价原则。

除专用合同条款另有约定外，变更估价按照下列约定处理：

①已标价工程量清单或预算书有相同项目的，按照相同项目单价认定。

②已标价工程量清单或预算书中无相同项目，但有类似项目的，参照类似项目的单价认定。

③变更导致实际完成的变更工程量与已标价工程量清单或预算书中列明的该项目工程量的变化幅度超过15%的，或已标价工程量清单或预算书中无相同项目及类似项目单价的，按照合理的成本与利润构成的原则，由合同当事人按照“商定或确定”确定变更工作的单价。

(2)变更估价程序。

承包人应在收到变更指示后14天内，向监理人提交变更估价申请。监理人应在收到承包人提交的变更估价申请后7天内审查完毕并报送发包人，监理人对变更估价申请有异议，通知承包人修改后重新提交。发包人应在承包人提交变更估价申请后14天内审批完毕。发包人逾期未完成审批或未提出异议的，视为认可承包人提交的变更估价申请。

因变更引起的价格调整应计入最近一期的进度款中支付。

链接

已标价工程量清单中没有适用也没有类似于变更工程项目的，应由承包人根据变更工程资料、计量规则和计价办法、工程造价管理机构发布的信息价格和承包人报价浮动率提出变更工程项目的单价，并应报发包人确认后调整。承包人报价浮动率的计算公式为招标工程：承包人报价浮动率 $L=(1-\text{中标价}/\text{招标控制价})\times100\%$；非招标工程：承包人报价浮动率 $L=(1-\text{报价}/\text{施工图预算})\times100\%$。

工程变更引起施工方案改变并使措施项目发生变化时，承包人提出调整措施项目费的，应事先将拟实施的方案提交发包人确认，并应详细说明与原方案措施项目相比的变化情况。拟实施的方案经发承包双方确认后执行，并应按照下列规定调整措施项目费：

(1)安全文明施工费应按照实际发生变化的措施项目依据相关规定计算。

(2)采用单价计算的措施项目费,应按照实际发生变化的措施项目,按相关规定确定单价。

(3)按总价(或系数)计算的措施项目费,按照实际发生变化的措施项目调整,但应考虑承包人报价浮动因素,即调整金额按照实际调整金额乘以上述承包人报价浮动率计算。

如果承包人未事先将拟实施的方案提交给发包人确认,则应视为工程变更不引起措施项目费的调整或承包人放弃调整措施项目费的权利。

5. 承包人的合理化建议

承包人提出合理化建议的,应向监理人提交合理化建议说明,说明建议的内容和理由,以及实施该建议对合同价格和工期的影响。

除专用合同条款另有约定外,监理人应在收到承包人提交的合理化建议后 7 天内审查完毕并报送发包人,发现其中存在技术上的缺陷,应通知承包人修改。发包人应在收到监理人报送的合理化建议后 7 天内审批完毕。合理化建议经发包人批准的,监理人应及时发出变更指示,由此引起的合同价格调整按照“变更估价”的约定执行。发包人不同意变更的,监理人应书面通知承包人。

合理化建议降低了合同价格或者提高了工程经济效益的,发包人可对承包人给予奖励,奖励的方法和金额在专用合同条款中约定。

工程变更价款调整方法的应用,下面以典型例题的形式进行讲解

典型例题

【单选题】某工程采用工程量清单计价,施工过程中,业主将屋面防水变更为 PE 高分子防水卷材(1.5 mm),清单中无类似项目,工程所在地造价管理机构发布该卷材单价为 18 元/m^2,该地区定额人工费为 3.5 元/m^2,机械使用费为 0.3 元/m^2,除卷材外的其他材料费为 0.6 元/m^2,管理费和利润为 1.2 元/m^2。若承包人报价浮动率为 6%,则发承包双方协商确定该项目综合单价的基础为(　　)元/m^2。

A. 25.02　　B. 23.60

C. 22.18　　D. 21.06

C。【解析】工程变更时,无法找到适用和类似的项目单价时,应采用招投标时的基础资料和工程造价管理机构发布的信息价格,按成本加利润的原则由发承包双方协商新的综合单价。该项目综合单价 = $(3.5 + 18 + 0.3 + 0.6 + 1.2) \times (1 - 6\%) = 22.18$(元/$m^2$)。

(四)项目特征不符

发包人在招标工程量清单中对项目特征的描述,应被认为是准确的和全面的,并且与实际施工要求相符合。承包人应按照发包人提供的招标工程量清单,根据项目特征描述的内容及有关要求实施合同工程,直到项目被改变为止。

承包人应按照发包人提供的设计图纸实施合同工程,若在合同履行期间出现设计图纸(含设计变更)与招标工程量清单任一项目的特征描述不符,且该变化引起该项目工程造价

增减变化的，应按照实际施工的项目特征，按工程变更引起合同价款调整的相关规定重新确定相应工程量清单项目的综合单价，并调整合同价款。

（五）工程量清单缺项

合同履行期间，由于招标工程量清单中缺项，新增分部分项工程清单项目的，应按照《建设工程工程量清单计价规范》的相关规定确定单价，并调整合同价款。

新增分部分项工程清单项目后，引起措施项目发生变化的，应按照《建设工程工程量清单计价规范》的相关规定，在承包人提交的实施方案被发包人批准后调整合同价款。

由于招标工程量清单中措施项目缺项，承包人应将新增措施项目实施方案提交发包人批准后，按照《建设工程工程量清单计价规范》的相关规定调整合同价款。

（六）工程量偏差

合同履行期间，当应予计算的实际工程量与招标工程量清单出现偏差，且符合下述规定时，发承包双方应调整合同价款：

（1）对于任一招标工程量清单项目，当因规定的工程量偏差和工程变更等原因导致工程量偏差超过15%时，可进行调整。当工程量增加15%以上时，增加部分的工程量的综合单价应予调低；当工程量减少15%以上时，减少后剩余部分的工程量的综合单价应予调高。可按下列公式调整：

当 $Q_1 > 1.15Q_0$ 时：

$$S = 1.15Q_0 \times P_0 + (Q_1 - 1.15Q_0) \times P_1$$

当 $Q_1 < 0.85Q_0$ 时：

$$S = Q_1 \times P_1$$

式中　S——调整后的某一分部分项工程费结算价；

Q_1——最终完成的工程量；

Q_0——招标工程量清单中列出的工程量；

P_1——按照最终完成工程量重新调整后的综合单价；

P_0——承包人在工程量清单中填报的综合单价。

（2）当工程量出现第（1）条的变化，且该变化引起相关措施项目相应发生变化时，按系数或单一总价方式计价的，工程量增加的措施项目费调增，工程量减少的措施项目费调减。

按照最终完成工程量重新调整后的综合单价 P_1 的确定考虑承包人在工程量清单中填报的综合单价 P_0 和发包人最高投标限价相应项目的综合单价 P_2 及承包人的报价浮动率 L 方法如下：

（1）明确 P_0 的合理范围。P_0 的合理范围是 $P_2 \times (1 - L) \times (1 - 15\%) \sim P_2 \times (1 + 15\%)$。$P_0$ 处于合理范围内时，无论工程量增减多少，均不需要调整综合单价，即 $P_1 = P_0$。

（2）当 $P_0 > P_2 \times (1 + 15\%)$ 时，P_0 畸高，为了防止不平衡报价、减轻不平衡报价对发承包双方的不合理影响，需要将单价调整到合理范围内。

①当 $Q_1 > 1.15Q_0$ 时，根据量增价减、量减价增的原则，综合单价可适当调低，可以调为 $P_2 \times (1 + 15\%)$，即 $P_1 = P_2 \times (1 + 15\%)$。

②当 $Q_1<0.85Q_0$ 时，根据量增价减、量减价增的原则，综合单价可适当调高，但由于 P_0 畸高，综合单价调得更高显然不合理，故综合单价不作调整，即 $P_1=P_0$。

(3)当 $P_0<P_2\times(1-L)\times(1-15\%)$ 时，P_0 畸低，为了防止不平衡报价、减轻不平衡报价对发承包双方的不合理影响，需要将单价调整到合理范围内。

①当 $Q_1>1.15Q_0$ 时，根据量增价减、量减价增的原则，综合单价可适当调低，但由于 P_0 畸低，综合单价调得更低显然不合理，故综合单价不作调整，即 $P_1=P_0$。

②当 $Q_1<0.85Q_0$ 时，根据量增价减、量减价增的原则，综合单价可适当调高，可调为 $P_2\times(1-L)\times(1-15\%)$，即 $P_1=P_2\times(1-L)\times(1-15\%)$。

P_1 的确定方法如下图所示。

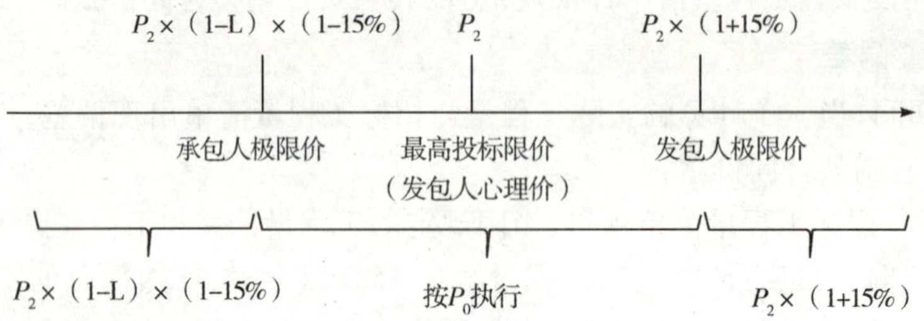

（七）计日工

根据《建设工程施工合同（示范文本）》，计日工是指合同履行过程中，承包人完成发包人提出的零星工作或需要采用计日工计价的变更工作时，按合同中约定的单价计价的一种方式。

需要采用计日工方式的，经发包人同意后，由监理人通知承包人以计日工计价方式实施相应的工作，其价款按列入已标价工程量清单或预算书中的计日工计价项目及其单价进行计算；已标价工程量清单或预算书中无相应的计日工单价的，按照合理的成本与利润构成的原则，由合同当事人按照“商定或确定”确定计日工的单价。

采用计日工计价的任何一项工作，承包人应在该项工作实施过程中，每天提交以下报表和有关凭证报送监理人审查：

(1)工作名称、内容和数量。

(2)投入该工作所有人员的姓名、专业、工种、级别和耗用工时。

(3)投入该工作的材料类别和数量。

(4)投入该工作的施工设备型号、台数和耗用台时。

(5)其他有关资料和凭证。

计日工由承包人汇总后，列入最近一期进度付款申请单，由监理人审查并经发包人批准后列入进度付款。

（八）物价变化（市场价格波动）

根据《建设工程施工合同（示范文本）》，除专用合同条款另有约定外，市场价格波动超过合同当事人约定的范围，合同价格应当调整。合同当事人可以在专用合同条款中约定选择以下一种方式对合同价格进行调整。

1. 采用价格指数进行价格调整

(1)价格调整公式。因人工、材料和设备等价格波动影响合同价格时，根据专用合同条款中约定的数据，按以下公式计算差额并调整合同价格：

$$\Delta P = P_0\left[A + \left(B_1 \times \frac{F_{t1}}{F_{01}} + B_2 \times \frac{F_{t2}}{F_{02}} + B_3 \times \frac{F_{t3}}{F_{03}} + \cdots + B_n \times \frac{F_{tn}}{F_{0n}}\right) - 1\right]$$

式中 ΔP——需调整的价格差额；

P_0——约定的付款证书中承包人应得到的已完成工程量的金额，此项金额应不包括价格调整、不计质量保证金的扣留和支付、预付款的支付和扣回，约定的变更及其他金额已按现行价格计价的，也不计在内；

A——定值权重（即不调部分的权重）；

$B_1, B_2, B_3, \cdots, B_n$——各可调因子的变值权重（即可调部分的权重），为各可调因子在签约合同价中所占的比例；

$F_{t1}, F_{t2}, F_{t3}, \cdots, F_{tn}$——各可调因子的现行价格指数，指约定的付款证书相关周期最后一天的前 42 天的各可调因子的价格指数；

$F_{01}, F_{02}, F_{03}, \cdots, F_{0n}$——各可调因子的基本价格指数，指基准日期的各可调因子的价格指数。

以上价格调整公式中的各可调因子、定值和变值权重，以及基本价格指数及其来源在投标函附录价格指数和权重表中约定，非招标订立的合同，由合同当事人在专用合同条款中约定。价格指数应首先采用工程造价管理机构发布的价格指数，无上述价格指数时，可采用工程造价管理机构发布的价格代替。

(2)暂时确定调整差额。在计算调整差额时无现行价格指数的，合同当事人同意暂用前次价格指数计算。实际价格指数有调整的，合同当事人进行相应调整。

(3)权重的调整。因变更导致合同约定的权重不合理时，按照"商定或确定"的要求执行。

(4)因承包人原因工期延误后的价格调整。因承包人原因未按期竣工的，对合同约定的竣工日期后继续施工的工程，在使用价格调整公式时，应采用计划竣工日期与实际竣工日期的两个价格指数中较低的一个作为现行价格指数。

2. 采用造价信息进行价格调整

合同履行期间，因人工、材料、工程设备和机械台班价格波动影响合同价格时，人工、机械使用费按照国家或省、自治区、直辖市建设行政管理部门、行业建设管理部门或其授权的工程造价管理机构发布的人工、机械使用费系数进行调整；需要进行价格调整的材料，其单价和采购数量应由发包人审批，发包人确认需调整的材料单价及数量，作为调整合同价格的依据。

人工单价发生变化且符合省级或行业建设主管部门发布的人工费调整规定，合同当事人应按省级或行业建设主管部门或其授权的工程造价管理机构发布的人工费等文件调整合同价格，但承包人对人工费或人工单价的报价高于发布价格的除外。

材料、工程设备价格变化的价款调整按照发包人提供的基准价格，按以下风险范围规定执行：

(1)承包人在已标价工程量清单或预算书中载明材料单价低于基准价格的：除专用合同条款另有约定外，合同履行期间材料单价涨幅以基准价格为基础超过5%时，或材料单价跌幅以在已标价工程量清单或预算书中载明材料单价为基础超过 5% 时,其超过部分据实调整。

(2)承包人在已标价工程量清单或预算书中载明材料单价高于基准价格的:除专用合同条款另有约定外,合同履行期间材料单价跌幅以基准价格为基础超过 5% 时,材料单价涨幅以在已标价工程量清单或预算书中载明材料单价为基础超过 5% 时,其超过部分据实调整。

(3)承包人在已标价工程量清单或预算书中载明材料单价等于基准价格的:除专用合同条款另有约定外,合同履行期间材料单价涨跌幅以基准价格为基础超过 ±5% 时,其超过部分据实调整。

(4)承包人应在采购材料前将采购数量和新的材料单价报发包人核对,发包人确认用于工程时,发包人应确认采购材料的数量和单价。发包人在收到承包人报送的确认资料后 5 天内不予答复的视为认可,作为调整合同价格的依据。未经发包人事先核对,承包人自行采购材料的,发包人有权不予调整合同价格。发包人同意的,可以调整合同价格。

上述基准价格是指由发包人在招标文件或专用合同条款中给定的材料、工程设备的价格,该价格原则上应当按照省级或行业建设主管部门或其授权的工程造价管理机构发布的信息价编制。

施工机械台班单价或施工机械使用费发生变化超过省级或行业建设主管部门或其授权的工程造价管理机构规定的范围时,按规定调整合同价格。

除了以上两种方式,专用合同条款可以约定的其他方式进行价格调整。

(九)暂估价

根据《建设工程施工合同(示范文本)》,暂估价是指发包人在工程量清单或预算书中提供的用于支付必然发生但暂时不能确定价格的材料、工程设备的单价、专业工程以及服务工作的金额。

暂估价专业分包工程、服务、材料和工程设备的明细由合同当事人在专用合同条款中约定。

1. 依法必须招标的暂估价项目

对于依法必须招标的暂估价项目,采取以下第 1 种方式确定。合同当事人也可以在专用合同条款中选择其他招标方式。

(1)第 1 种方式。对于依法必须招标的暂估价项目,由承包人招标,对该暂估价项目的确认和批准按照以下约定执行:

①承包人应当根据施工进度计划,在招标工作启动前 14 天将招标方案通过监理人报送发包人审查,发包人应当在收到承包人报送的招标方案后 7 天内批准或提出修改意见。承包人应当按照经过发包人批准的招标方案开展招标工作。

②承包人应当根据施工进度计划,提前 14 天将招标文件通过监理人报送发包人审批,发包人应当在收到承包人报送的相关文件后 7 天内完成审批或提出修改意见;发包人有权确定最高投标限价并按照法律规定参加评标。

③承包人与供应商、分包人在签订暂估价合同前，应当提前7天将确定的中标候选供应商或中标候选分包人的资料报送发包人，发包人应在收到资料后3天内与承包人共同确定中标人；承包人应当在签订合同后7天内，将暂估价合同副本报送发包人留存。

（2）第2种方式。对于依法必须招标的暂估价项目，由发包人和承包人共同招标确定暂估价供应商或分包人的，承包人应按照施工进度计划，在招标工作启动前14天通知发包人，并提交暂估价招标方案和工作分工。发包人应在收到后7天内确认。确定中标人后，由发包人、承包人与中标人共同签订暂估价合同。

2. 不属于依法必须招标的暂估价项目

除专用合同条款另有约定外，对于不属于依法必须招标的暂估价项目，采取以下第1种方式确定。

（1）第1种方式。对于不属于依法必须招标的暂估价项目，按下列约定确认和批准：

①承包人应根据施工进度计划，在签订暂估价项目的采购合同、分包合同前28天向监理人提出书面申请。监理人应当在收到申请后3天内报送发包人，发包人应当在收到申请后14天内给予批准或提出修改意见，发包人逾期未予批准或提出修改意见的，视为该书面申请已获得同意。

②发包人认为承包人确定的供应商、分包人无法满足工程质量或合同要求的，发包人可以要求承包人重新确定暂估价项目的供应商、分包人。

③承包人应当在签订暂估价合同后7天内，将暂估价合同副本报送发包人留存。

（2）第2种方式。承包人按照“依法必须招标的暂估价项目”约定的第1种方式确定暂估价项目。

（3）第3种方式。承包人直接实施的暂估价项目。

承包人具备实施暂估价项目的资格和条件的，经发包人和承包人协商一致后，可由承包人自行实施暂估价项目，合同当事人可以在专用合同条款约定具体事项。

因发包人原因导致暂估价合同订立和履行迟延的，由此增加的费用和（或）延误的工期由发包人承担，并支付承包人合理的利润。因承包人原因导致暂估价合同订立和履行迟延的，由此增加的费用和（或）延误的工期由承包人承担。

根据《建设工程工程量清单计价规范》，签约合同中的暂估材料在确定单价以后，其相应项目综合单价的处理方式是在综合单价中用确定单价代替原暂估价，不再调整企业管理费和利润。

（十）不可抗力

1. 不可抗力的确认

根据《建设工程施工合同（示范文本）》，不可抗力是指合同当事人在签订合同时不可预见，在合同履行过程中不可避免且不能克服的自然灾害和社会性突发事件，如地震、海啸、瘟疫、骚乱、戒严、暴动、战争和专用合同条款中约定的其他情形。

不可抗力发生后，发包人和承包人应收集证明不可抗力发生及不可抗力造成损失的证据，并及时认真统计所造成的损失。合同当事人对是否属于不可抗力或其损失的意见不一致的，由监理人按"商定或确定"的约定处理。发生争议时，按"争议解决"的约定处理。

2. 不可抗力的通知

合同一方当事人遇到不可抗力事件，使其履行合同义务受到阻碍时，应立即通知合同另一方当事人和监理人，书面说明不可抗力和受阻碍的详细情况，并提供必要的证明。

不可抗力持续发生的，合同一方当事人应及时向合同另一方当事人和监理人提交中间报告，说明不可抗力和履行合同受阻的情况，并于不可抗力事件结束后28天内提交最终报告及有关资料。

3. 不可抗力后果的承担

不可抗力引起的后果及造成的损失由合同当事人按照法律规定及合同约定各自承担。不可抗力发生前已完成的工程应当按照合同约定进行计量支付。

不可抗力导致的人员伤亡、财产损失、费用增加和(或)工期延误等后果，由合同当事人按以下原则承担:

(1)永久工程、已运至施工现场的材料和工程设备的损坏，以及因工程损坏造成的第三方人员伤亡和财产损失由发包人承担。

(2)承包人施工设备的损坏由承包人承担。

(3)发包人和承包人承担各自人员伤亡和财产的损失。

(4)因不可抗力影响承包人履行合同约定的义务，已经引起或将引起工期延误的，应当顺延工期，由此导致承包人停工的费用损失由发包人和承包人合理分担，停工期间必须支付的工人工资由发包人承担。

(5)因不可抗力引起或将引起工期延误，发包人要求赶工的，由此增加的赶工费用由发包人承担。

(6)承包人在停工期间按照发包人要求照管、清理和修复工程的费用由发包人承担。

不可抗力发生后，合同当事人均应采取措施尽量避免和减少损失的扩大，任何一方当事人没有采取有效措施导致损失扩大的，应对扩大的损失承担责任。

因合同一方迟延履行合同义务，在迟延履行期间遭遇不可抗力的，不免除其违约责任。

(十一)提前竣工(赶工补偿)

根据《建设工程施工合同(示范文本)》，发包人要求承包人提前竣工的，发包人应通过监理人向承包人下达提前竣工指示，承包人应向发包人和监理人提交提前竣工建议书，提前竣工建议书应包括实施的方案、缩短的时间、增加的合同价格等内容。发包人接受该提前竣工建议书的，监理人应与发包人和承包人协商采取加快工程进度的措施，并修订施工进度计划，由此增加的费用由发包人承担。承包人认为提前竣工指示无法执行的，应向监理人和发包人提出书面异议，发包人和监理人应在收到异议后7天内予以答复。任何情况下，发包人不得压缩合理工期。

招标人应依据相关工程的工期定额合理计算工期，压缩的工期天数不得超过定额工期的20%，超过者，应在招标文件中明示增加赶工费用。发包人要求合同工程提前竣工的，应征得承包人同意后与承包人商定采取加快工程进度的措施,并应修订合同工程进度计划。发包人应承担承包人由此增加的提前竣工(赶工补偿)费用。发承包双方应在合同中约定提前竣工每日历天应补偿额度,此项费用应作为增加合同价款列入竣工结算文件中,应与结算款一并支付。

发包人要求承包人提前竣工,或承包人提出提前竣工的建议能够给发包人带来效益的,合同当事人可以在专用合同条款中约定提前竣工的奖励。

(十二)误期赔偿

承包人未按照合同约定施工,导致实际进度迟于计划进度的,承包人应加快进度,实现合同工期。合同工程发生误期,承包人应赔偿发包人由此造成的损失,并应按照合同约定向发包人支付误期赔偿费。即使承包人支付误期赔偿费,也不能免除承包人按照合同约定应承担的任何责任和应履行的任何义务。

发承包双方应在合同中约定误期赔偿费,并应明确每日历天应赔额度。误期赔偿费应列入竣工结算文件中,并应在结算款中扣除。

在工程竣工之前,合同工程内的某单项(位)工程已通过了竣工验收,且该单项(位)工程接收证书中表明的竣工日期并未延误,而是合同工程的其他部分产生了工期延误时,误期赔偿费应按照已颁发工程接收证书的单项(位)工程造价占合同价款的比例幅度予以扣减。

(十三)索赔

根据《建设工程施工合同(示范文本)》,索赔主要包括承包人的索赔和发包人的索赔,具体内容如下:

1.承包人的索赔

(1)索赔的程序。根据合同约定,承包人认为有权得到追加付款和(或)延长工期的,应按以下程序向发包人提出索赔:

①承包人应在知道或应当知道索赔事件发生后28天内,向监理人递交索赔意向通知书,并说明发生索赔事件的事由;承包人未在前述28天内发出索赔意向通知书的,丧失要求追加付款和(或)延长工期的权利。

②承包人应在发出索赔意向通知书后28天内,向监理人正式递交索赔报告;索赔报告应详细说明索赔理由以及要求追加的付款金额和(或)延长的工期,并附必要的记录和证明材料。

③索赔事件具有持续影响的,承包人应按合理时间间隔继续递交延续索赔通知,说明持续影响的实际情况和记录,列出累计的追加付款金额和(或)工期延长天数。

④在索赔事件影响结束后28天内,承包人应向监理人递交最终索赔报告,说明最终要求索赔的追加付款金额和(或)延长的工期,并附必要的记录和证明材料。

(2)对承包人索赔的处理。对承包人索赔的处理如下:

①监理人应在收到索赔报告后14天内完成审查并报送发包人。监理人对索赔报告存在异议的,有权要求承包人提交全部原始记录副本。

②发包人应在监理人收到索赔报告或有关索赔的进一步证明材料后的28天内,由监理

人向承包人出具经发包人签认的索赔处理结果。发包人逾期答复的，则视为认可承包人的索赔要求。

③承包人接受索赔处理结果的，索赔款项在当期进度款中进行支付；承包人不接受索赔处理结果的，按照“争议解决”的约定处理。

(3)补偿承包人的索赔内容。根据《标准施工招标文件》，可以合理补偿承包人索赔的内容如下：

①只进行费用补偿。提前向承包人提供材料、工程设备；采取合同未约定的安全作业环境及安全施工措施；因发包人原因造成承包人人员工伤事故；基准日后法律变化引起的价格调整；工程移交后，因发包人原因出现的缺陷修复后的试验和试运行；因不可抗力停工期间应监理人要求照管、清理、修复工程。

②只进行工期补偿。异常恶劣的气候条件导致工期延误；因不可抗力造成工期延误。

③同时进行费用和工期补偿。施工中发现文物、古迹及其他遗迹、化石、钱币或物品；监理指令延迟或错误；施工中遇到不利物质条件。

④同时进行费用和利润补偿。发包人要求承包人提前竣工；因发包人的原因导致工程试运行失败；工程移交后，因发包人原因出现新的缺陷或损坏的修复。

⑤同时进行费用、工期和利润补偿。延迟提供图纸；延迟提供施工场地；发包人提供材料、工程设备不合格或延迟提供或变更交货地点；承包人依据发包人提供的错误资料导致测量放线错误；因发包人原因造成工期延误；发包人暂停施工造成工期延误；工程暂停后因发包人原因无法按时复工；因发包人原因导致承包人工程返工；监理人对已经覆盖的隐蔽工程要求重新检查且检查结果合格；因发包人提供的材料、工程设备造成工程不合格；承包人应监理人要求对材料、工程设备和工程重新检验且检验结果合格；发包人在工程竣工前提前占用工程；因发包人违约导致承包人暂停施工。

2. 发包人的索赔

(1)索赔程序。根据合同约定，发包人认为有权得到赔付金额和(或)延长缺陷责任期的，监理人应向承包人发出通知并附有详细的证明。

发包人应在知道或应当知道索赔事件发生后28天内通过监理人向承包人提出索赔意向通知书，发包人未在前述28天内发出索赔意向通知书的，丧失要求赔付金额和(或)延长缺陷责任期的权利。发包人应在发出索赔意向通知书后28天内，通过监理人向承包人正式递交索赔报告。

(2)对发包人索赔的处理。对发包人索赔的处理如下：

①承包人收到发包人提交的索赔报告后，应及时审查索赔报告的内容、查验发包人证明材料。

②承包人应在收到索赔报告或有关索赔的进一步证明材料后28天内，将索赔处理结果答复发包人。如果承包人未在上述期限内作出答复的，则视为对发包人索赔要求的认可。

③承包人接受索赔处理结果的，发包人可从应支付给承包人的合同价款中扣除赔付的金额或延长缺陷责任期；发包人不接受索赔处理结果的，按“争议解决”的相关约定处理。

3. 提出索赔的期限

承包人按“竣工结算审核”约定接收竣工付款证书后，应被视为已无权再提出在工程接收证书颁发前所发生的任何索赔。

承包人按“最终结清”提交的最终结清申请单中，只限于提出工程接收证书颁发后发生的索赔。提出索赔的期限自接受最终结清证书时终止。

4. 索赔费用的计算

费用索赔都是以补偿实际损失为原则，实际损失包括直接损失和间接损失两个方面。其中要注意的一点是索赔对建设单位不具有任何惩罚性质。因此，所有干扰事件引起的损失以及这些损失的计算，都应有详细的具体证据，并在索赔报告中出具这些证据。没有证据，索赔要求不能成立。

(1)索赔费用的组成。

①人工费。索赔费用中的人工费包括完成合同之外的额外工作所花费的人工费用、由于非施工单位责任导致的工效降低所增加的人工费用、法定的人工费增长以及非施工单位责任工程延误导致的人员窝工费和工资上涨费等。增加工作内容的人工费应按照计日工费计算，而停工损失费和工作效率降低的损失费按窝工费计算。

②材料费。索赔费用中的材料费包括由于索赔事项的材料实际用量超过计划用量而增加的材料费、由于客观原因材料价格大幅度上涨、由于非施工单位责任工程延误导致的材料价格上涨和材料超期储存费用等。

③施工机械使用费。索赔费用中的施工机械使用费包括由于完成额外工作增加的机械使用费、非施工单位责任的工效降低增加的机械使用费、由于建设单位或监理工程师原因导致机械停工的窝工费。因窝工引起的设备费索赔，施工企业自有机械应按机械折旧费计算，施工企业租赁的机械应按机械租赁费计算。

链接

施工机械使用费的费用索赔可以采用机械台班费、机械折旧费和设备租赁费等形式。因窝工引起的设备费索赔，施工企业自有机械应按机械折旧费计算，施工企业租赁的机械应按机械租赁费计算。

④分包费用。分包费用索赔是指分包人的索赔费。分包人的索赔应如数列入总承包人的索赔款总额中。

⑤工地管理费。工地管理费是指施工单位完成额外工程、索赔事项工作以及工期延长期间的工地管理费。但如果对部分工人窝工损失索赔时，因其他工程仍然进行，可能不予计算工地管理费索赔。

⑥利息。索赔费用中的利息包括拖期付款利息、由于工程变更的工程延误增加投资的利息、索赔款的利息、错误扣款的利息。这些利息的具体利率可按当时的银行贷款利率，按当时的银行透支利率，或按合同双方协议的利率。

⑦总部管理费。总部管理费是指工程延误期间所增加的管理费。

⑧利润。一般来说由于工程范围的变更和施工条件变化引起的索赔,施工单位可列入利润。索赔利润的款额计算通常是与原报价单中的利润百分率保持一致,即在直接费用的基础上增加原报价单元中的利润率,作为该项索赔的利润。

(2)索赔费用的计算原则和计算方法。

在确定赔偿金额时,应遵循下列原则:所有赔偿金额都应该是施工单位为履行合同所必须支出的费用。按此金额赔偿后,应使施工单位恢复到未发生事件前的财务状况,即施工单位不致因索赔事件而遭受任何损失,但也不得因索赔事件而获得额外收益。

根据上述原则可以看出,索赔金额是用于赔偿施工单位因索赔事件而受到的实际损失(包括支出的额外成本、失掉的可得利润),而不考虑利润。所以索赔金额计算的基础是成本。用索赔事件影响所发生的成本减去事件影响时所应有的成本,其差值即为赔偿金额。

(十四)现场签证

承包人应发包人要求完成合同以外的零星项目、非承包人责任事件等工作的,发包人应及时以书面形式向承包人发出指令,并应提供所需的相关资料;承包人在收到指令后,应及时向发包人提出现场签证要求。

承包人应在收到发包人指令后的 7 天内向发包人提交现场签证报告,发包人应在收到现场签证报告后的 48 小时内对报告内容进行核实,予以确认或提出修改意见。发包人在收到承包人现场签证报告后的 48 小时内未确认也未提出修改意见的,应视为承包人提交的现场签证报告已被发包人认可。

现场签证的工作如已有相应的计日工单价,现场签证中应列明完成该类项目所需的人工、材料、工程设备和施工机械台班的数量。如现场签证的工作没有相应的计日工单价,应在现场签证报告中列明完成该签证工作所需的人工、材料设备和施工机械台班的数量及单价。

合同工程发生现场签证事项,未经发包人签证确认,承包人便擅自施工的,除非征得发包人书面同意,否则发生的费用应由承包人承担。

现场签证工作完成后的 7 天内,承包人应按照现场签证内容计算价款,报送发包人确认后,作为增加合同价款,与进度款同期支付。

在施工过程中,当发现合同工程内容因场地条件、地质水文、发包人要求等不一致时,承包人应提供所需的相关资料,并提交发包人签证认可,作为合同价款调整的依据。

(十五)暂列金额

根据《建设工程施工合同(示范文本)》,暂列金额是指发包人在工程量清单或预算书中暂定并包括在合同价格中的一笔款项,用于工程合同签订时尚未确定或者不可预见的所需材料、工程设备、服务的采购,施工中可能发生的工程变更、合同约定调整因素出现时的合同价格调整以及发生的索赔、现场签证确认等的费用。

暂列金额应按照发包人的要求使用,发包人的要求应通过监理人发出。合同当事人可以在专用合同条款中协商确定有关事项。

二、合同计量与合同价款的支付

（一）合同计量

根据《建设工程施工合同（示范文本）》，工程量计量按照合同约定的工程量计算规则、图纸及变更指示等进行计量。工程量计算规则应以相关的国家标准、行业标准等为依据，由合同当事人在专用合同条款中约定。工程量的计量按月进行。

1. 单价、总价合同的计量

除专用合同条款另有约定外，单价合同的计量按照下列约定执行：

（1）承包人应于每月 25 日向监理人报送上月 20 日至当月 19 日已完成的工程量报告，并附具进度付款申请单、已完成工程量报表和有关资料。

（2）监理人应在收到承包人提交的工程量报告后 7 天内完成对承包人提交的工程量报表的审核并报送发包人，以确定当月实际完成的工程量。监理人对工程量有异议的，有权要求承包人进行共同复核或抽样复测。承包人应协助监理人进行复核或抽样复测，并按监理人要求提供补充计量资料。承包人未按监理人要求参加复核或抽样复测的，监理人复核或修正的工程量视为承包人实际完成的工程量。

（3）监理人未在收到承包人提交的工程量报表后的 7 天内完成审核的，承包人报送的工程量报告中的工程量视为承包人实际完成的工程量，据此计算工程价款。对于不符合合同文件要求的工程，承包人为保证施工质量超出施工图纸范围施工的工程量，监理人不予计量。

除专用合同条款另有约定外，按月计量支付的总价合同，同样按照上述约定执行。

典型例题

【单选题】监理工程师对承包人按照合同约定购买第三者责任险支付的保险费，该计量方法是（　　）。

A. 均摊法　　　　B. 估价法

C. 图纸法　　　　D. 凭据法

D。【解析】监理工程师进行工程项目计量的方法一般有均摊法、凭据法、估价法、断面法、图纸法和分解计量法。均摊法是指对工程量清单项目中的合同价款，按合同工期平均计量。如维护工地清洁和整洁等。凭据法是指按照承包人提供的凭据进行计量支付，如建筑工程险保险费、第三方责任险保险费、履约保证金等项目的计量支付。估价法是指按照合同文件规定，根据监理工程师估算的已完成的工程价值支付。如为监理工程师提供用车等。断面法是指根据要求，沿长度方向每隔一定距离取一断面，然后根据每个断面的面积，计算相邻断面的平均面积再乘以相邻断面的距离，求得相邻两个断面的土方量。图纸法是指按照设计图纸所示的尺寸计量。分解计量法是指将项目划分为若干子项，并对完成的各子项进行计量的方法。

链接

因承包人原因造成的超出合同工程范围施工或返工的工程量,发包人不予计量。

工程量必须以承包人完成合同工程应予计量的工程量确定。单价合同的工程计量,若发现招标工程量清单中出现缺项、工程量偏差,或因工程变更引起工程量的增减,应按承包人在履行合同义务中完成的工程量计算。

施工过程中,可以作为工程量计量依据的资料有质量合格证书、《计量规范》、技术规范、设计图纸。

(二)预付款

1. 预付款的支付

根据《建设工程施工合同(示范文本)》,预付款的支付按照专用合同条款约定执行,但至迟应在开工通知载明的开工日期7天前支付。预付款应当用于材料、工程设备、施工设备的采购及修建临时工程、组织施工队伍进场等。

除专用合同条款另有约定外,预付款在进度付款中同比例扣回。在颁发工程接收证书前,提前解除合同的,尚未扣完的预付款应与合同价款一并结算。

发包人逾期支付预付款超过7天的,承包人有权向发包人发出要求预付的催告通知,发包人收到通知后7天内仍未支付的,承包人有权暂停施工,并按“发包人违约的情形”执行。

2. 预付款担保

发包人要求承包人提供预付款担保的,承包人应在发包人支付预付款7天前提供预付款担保,专用合同条款另有约定除外。预付款担保可采用银行保函、担保公司担保等形式,具体由合同当事人在专用合同条款中约定。在预付款完全扣回之前,承包人应保证预付款担保持续有效。

发包人在工程款中逐期扣回预付款后,预付款担保额度应相应减少,但剩余的预付款担保金额不得低于未被扣回的预付款金额。

(三)安全文明施工费

根据《建设工程施工合同(示范文本)》,安全文明施工费由发包人承担,发包人不得以任何形式扣减该部分费用。因基准日期后合同所适用的法律或政府有关规定发生变化,增加的安全文明施工费由发包人承担。

承包人经发包人同意采取合同约定以外的安全措施所产生的费用,由发包人承担。未经发包人同意的,如果该措施避免了发包人的损失,则发包人在避免损失的额度内承担该措施费。如果该措施避免了承包人的损失,由承包人承担该措施费。

除专用合同条款另有约定外,发包人应在开工后28天内预付安全文明施工费总额的50%,其余部分与进度款同期支付。发包人逾期支付安全文明施工费超过7天的,承包人有权向发包人发出要求预付的催告通知,发包人收到通知后7天内仍未支付的,承包人有权暂停施工,并按“发包人违约的情形”执行。

承包人对安全文明施工费应专款专用，承包人应在财务账目中单独列项备查，不得挪作他用，否则发包人有权责令其限期改正；逾期未改正的，可以责令其暂停施工，由此增加的费用和（或）延误的工期由承包人承担。

（四）进度款

根据《建设工程施工合同（示范文本）》，工程进度款的支付有以下相关要求。

1. 付款周期

除专用合同条款另有约定外，付款周期应按照“计量周期”的约定与计量周期保持一致。

2. 进度付款申请单的编制

除专用合同条款另有约定外，进度付款申请单应包括下列内容：

（1）截至本次付款周期已完成工作对应的金额。

（2）应增加和扣减的变更金额。

（3）应支付的预付款和扣减的返还预付款。

（4）应扣减的质量保证金。

（5）应增加和扣减的索赔金额。

（6）对已签发的进度款支付证书中出现错误的修正，应在本次进度付款中支付或扣除的金额。

（7）根据合同约定应增加和扣减的其他金额。

3. 进度付款申请单的提交

（1）单价合同进度付款申请单的提交。单价合同的进度付款申请单，按照“单价合同的计量”约定的时间按月向监理人提交，并附上已完成工程量报表和有关资料。单价合同中的总价项目按月进行支付分解，并汇总列入当期进度付款申请单。

（2）总价合同进度付款申请单的提交。总价合同按月计量支付的，承包人按照“总价合同的计量”约定的时间按月向监理人提交进度付款申请单，并附上已完成工程量报表和有关资料。

总价合同按支付分解表支付的，承包人应按照“支付分解表”及“进度付款申请单的编制”的约定向监理人提交进度付款申请单。

（3）其他价格形式合同的进度付款申请单的提交。合同当事人可在专用合同条款中约定其他价格形式合同的进度付款申请单的编制和提交程序。

4. 进度款审核和支付

（1）进度款审核。除专用合同条款另有约定外，监理人应在收到承包人进度付款申请单以及相关资料后 7 天内完成审查并报送发包人，发包人应在收到后 7 天内完成审批并签发进度款支付证书。发包人逾期未完成审批且未提出异议的，视为已签发进度款支付证书。

发包人和监理人对承包人的进度付款申请单有异议的，有权要求承包人修正和提供补充资料，承包人应提交修正后的进度付款申请单。监理人应在收到承包人修正后的进度付款申请单及相关资料后7天内完成审查并报送发包人，发包人应在收到监理人报送的进度付款申请单及相关资料后7天内，向承包人签发无异议部分的临时进度款支付证书。存在争议的部分，按照第“争议解决”的约定处理。

(2)进度款支付。除专用合同条款另有约定外，发包人应在进度款支付证书或临时进度款支付证书签发后14天内完成支付，发包人逾期支付进度款的，应按照中国人民银行发布的同期同类贷款基准利率支付违约金。

发包人签发进度款支付证书或临时进度款支付证书，不表明发包人已同意、批准或接受了承包人完成的相应部分的工作。

5. 进度付款的修正

在对已签发的进度款支付证书进行阶段汇总和复核中发现错误、遗漏或重复的，发包人和承包人均有权提出修正申请。经发包人和承包人同意的修正，应在下期进度付款中支付或扣除。

6. 支付分解表

(1)支付分解表的编制要求。

①支付分解表中所列的每期付款金额，应为“进度付款申请单的编制”第(1)条的估算金额。

②实际进度与施工进度计划不一致的，合同当事人可按照“商定或确定”修改支付分解表。

③不采用支付分解表的，承包人应向发包人和监理人提交按季度编制的支付估算分解表，用于支付参考。

(2)总价合同支付分解表的编制与审批。

①除专用合同条款另有约定外，承包人应根据“施工进度计划”约定的施工进度计划、签约合同价和工程量等因素对总价合同按月进行分解，编制支付分解表。承包人应当在收到监理人和发包人批准的施工进度计划后7天内，将支付分解表及编制支付分解表的支持性资料报送监理人。

②监理人应在收到支付分解表后7天内完成审核并报送发包人。发包人应在收到经监理人审核的支付分解表后7天内完成审批，经发包人批准的支付分解表为有约束力的支付分解表。

③发包人逾期未完成支付分解表审批的，也未及时要求承包人进行修正和提供补充资料的，则承包人提交的支付分解表视为已经获得发包人批准。

(3)单价合同的总价项目支付分解表的编制与审批。除专用合同条款另有约定外，单价合同的总价项目，由承包人根据施工进度计划和总价项目的总价构成、费用性质、计划发生时间和相应工程量等因素按月进行分解，形成支付分解表，其编制与审批参照总价合同支付分解表的编制与审批执行。

7. 支付账户

发包人应将合同价款支付至合同协议书中约定的承包人账户。

（五）农民工工资与中小企业款项

1. 农民工工资支付

《保障农民工工资支付条例》于 2019 年 12 月 30 日公布，自 2020 年 5 月 1 日起施行。相关规定如下：

（1）基本规定。

农民工，是指为用人单位提供劳动的农村居民。工资，是指农民工为用人单位提供劳动后应当获得的劳动报酬。农民工有按时足额获得工资的权利。任何单位和个人不得拖欠农民工工资。农民工应当遵守劳动纪律和职业道德，执行劳动安全卫生规程，完成劳动任务。

用人单位实行农民工劳动用工实名制管理，与招用的农民工书面约定或者通过依法制定的规章制度规定工资支付标准、支付时间、支付方式等内容。

（2）工资支付形式与周期。

农民工工资应当以货币形式，通过银行转账或者现金支付给农民工本人，不得以实物或者有价证券等其他形式替代。

用人单位应当按照与农民工书面约定或者依法制定的规章制度规定的工资支付周期和具体支付日期足额支付工资。

实行月、周、日、小时工资制的，按照月、周、日、小时为周期支付工资；实行计件工资制的，工资支付周期由双方依法约定。

用人单位与农民工书面约定或者依法制定的规章制度规定的具体支付日期，可以在农民工提供劳动的当期或者次期。具体支付日期遇法定节假日或者休息日的，应当在法定节假日或者休息日前支付。用人单位因不可抗力未能在支付日期支付工资的，应当在不可抗力消除后及时支付。

用人单位应当按照工资支付周期编制书面工资支付台账，并至少保存 3 年。书面工资支付台账应当包括用人单位名称，支付周期，支付日期，支付对象姓名、身份证号码、联系方式，工作时间，应发工资项目及数额，代扣、代缴、扣除项目和数额，实发工资数额，银行代发工资凭证或者农民工签字等内容。用人单位向农民工支付工资时，应当提供农民工本人的工资清单。

（3）工程建设领域特别规定。

建设单位应当有满足施工所需要的资金安排。没有满足施工所需要的资金安排的，工程建设项目不得开工建设；依法需要办理施工许可证的，相关行业工程建设主管部门不予颁发施工许可证。政府投资项目所需资金，应当按照国家有关规定落实到位，不得由施工单位垫资建设。

建设单位应当向施工单位提供工程款支付担保。建设单位与施工总承包单位依法订立书面工程施工合同，应当约定工程款计量周期、工程款进度结算办法以及人工费用拨付周期，并按照保障农民工工资按时足额支付的要求约定人工费用。人工费用拨付周期不得超过 1 个月。建设单位与施工总承包单位应当将工程施工合同保存备查。

施工总承包单位与分包单位依法订立书面分包合同，应当约定工程款计量周期、工程款进度结算办法。

施工总承包单位应当按照有关规定开设农民工工资专用账户，专项用于支付该工程建设项目农民工工资。开设、使用农民工工资专用账户有关资料应当由施工总承包单位妥善保存备查。

金融机构应当优化农民工工资专用账户开设服务流程，做好农民工工资专用账户的日常管理工作；发现资金未按约定拨付等情况的，及时通知施工总承包单位，由施工总承包单位报告人力资源社会保障行政部门和相关行业工程建设主管部门，并纳入欠薪预警系统。工程完工且未拖欠农民工工资的，施工总承包单位公示30日后，可以申请注销农民工工资专用账户，账户内余额归施工总承包单位所有。

施工总承包单位或者分包单位应当依法与所招用的农民工订立劳动合同并进行用工实名登记，具备条件的行业应当通过相应的管理服务信息平台进行用工实名登记、管理。未与施工总承包单位或者分包单位订立劳动合同并进行用工实名登记的人员，不得进入项目现场施工。施工总承包单位应当在工程项目部配备劳资专管员，对分包单位劳动用工实施监督管理，掌握施工现场用工、考勤、工资支付等情况，审核分包单位编制的农民工工资支付表，分包单位应当予以配合。施工总承包单位、分包单位应当建立用工管理台账，并保存至工程完工且工资全部结清后至少3年。

分包单位对所招用农民工的实名制管理和工资支付负直接责任。施工总承包单位对分包单位劳动用工和工资发放等情况进行监督。分包单位拖欠农民工工资的，由施工总承包单位先行清偿，再依法进行追偿。工程建设项目转包，拖欠农民工工资的，由施工总承包单位先行清偿，再依法进行追偿。

工程建设领域推行分包单位农民工工资委托施工总承包单位代发制度。分包单位应当按月考核农民工工作量并编制工资支付表，经农民工本人签字确认后，与当月工程进度等情况一并交施工总承包单位。施工总承包单位根据分包单位编制的工资支付表，通过农民工工资专用账户直接将工资支付到农民工本人的银行账户，并向分包单位提供代发工资凭证。用于支付农民工工资的银行账户所绑定的农民工本人社会保障卡或者银行卡，用人单位或者其他人员不得以任何理由扣押或者变相扣押。

施工总承包单位应当按照有关规定存储工资保证金，专项用于支付为所承包工程提供劳动的农民工被拖欠的工资。工资保证金实行差异化存储办法，对一定时期内未发生工资拖欠的单位实行减免措施，对发生工资拖欠的单位适当提高存储比例。工资保证金可以用金融机构保函替代。工资保证金的存储比例、存储形式、减免措施等具体办法，由国务院人力资源社会保障行政部门会同有关部门制定。

除法律另有规定外，农民工工资专用账户资金和工资保证金不得因支付为本项目提供劳动的农民工工资之外的原因被查封、冻结或者划拨。

施工总承包单位应当在施工现场醒目位置设立维权信息告示牌，明示下列事项：

①建设单位、施工总承包单位及所在项目部、分包单位、相关行业工程建设主管部门、劳资专管员等基本信息。

②当地最低工资标准、工资支付日期等基本信息。

③相关行业工程建设主管部门和劳动保障监察投诉举报电话、劳动争议调解仲裁申请渠道、法律援助申请渠道、公共法律服务热线等信息。

建设单位与施工总承包单位或者承包单位与分包单位因工程数量、质量、造价等产生争议的，建设单位不得因争议不按照规定拨付工程款中的人工费用，施工总承包单位也不得因争议不按照规定代发工资。

建设单位或者施工总承包单位将建设工程发包或者分包给个人或者不具备合法经营资格的单位，导致拖欠农民工工资的，由建设单位或者施工总承包单位清偿。施工单位允许其他单位和个人以施工单位的名义对外承揽建设工程，导致拖欠农民工工资的，由施工单位清偿。

工程建设项目违反国土空间规划、工程建设等法律法规，导致拖欠农民工工资的，由建设单位清偿。

2. 中小企业款项支付

《保障中小企业款项支付条例》于 2020 年 7 月 5 日公布，自 2020 年 9 月 1 日起施行。相关规定如下。

中小企业，是指在中华人民共和国境内依法设立，依据国务院批准的中小企业划分标准确定的中型企业、小型企业和微型企业；大型企业，是指中小企业以外的企业。中小企业、大型企业依合同订立时的企业规模类型确定。中小企业与机关、事业单位、大型企业订立合同时，应当主动告知其属于中小企业。

机关、事业单位和大型企业不得要求中小企业接受不合理的付款期限、方式、条件和违约责任等交易条件，不得违约拖欠中小企业的货物、工程、服务款项。中小企业应当依法经营，诚实守信，按照合同约定提供合格的货物、工程和服务。

机关、事业单位使用财政资金从中小企业采购货物、工程、服务，应当严格按照批准的预算执行，不得无预算、超预算开展采购。政府投资项目所需资金应当按照国家有关规定确保落实到位，不得由施工单位垫资建设。

机关、事业单位从中小企业采购货物、工程、服务，应当自货物、工程、服务交付之日起 30 日内支付款项；合同另有约定的，付款期限最长不得超过 60 日。大型企业从中小企业采购货物、工程、服务，应当按照行业规范、交易习惯合理约定付款期限并及时支付款项。合同约定采取履行进度结算、定期结算等结算方式的，付款期限应当自双方确认结算金额之日起算。

机关、事业单位和大型企业与中小企业约定以货物、工程、服务交付后经检验或者验收合格作为支付中小企业款项条件的，付款期限应当自检验或者验收合格之日起算。合同双方应当在合同中约定明确、合理的检验或者验收期限，并在该期限内完成检验或者验收。机关、事业单位和大型企业拖延检验或者验收的，付款期限自约定的检验或者验收期限届满之日起算。

机关、事业单位和大型企业使用商业汇票等非现金支付方式支付中小企业款项的，应当在合同中做出明确、合理约定，不得强制中小企业接受商业汇票等非现金支付方式，不得利用商业汇票等非现金支付方式变相延长付款期限。

机关、事业单位和国有大型企业不得强制要求以审计机关的审计结果作为结算依据，但合同另有约定或者法律、行政法规另有规定的除外。

除依法设立的投标保证金、履约保证金、工程质量保证金、农民工工资保证金外，工程建设中不得收取其他保证金。保证金的收取比例应当符合国家有关规定。机关、事业单位和大型企业不得将保证金限定为现金。中小企业以金融机构保函提供保证的，机关、事业单位和大型企业应当接受。机关、事业单位和大型企业应当按照合同约定，在保证期限届满后及时与中小企业对收取的保证金进行核实和结算。

机关、事业单位和大型企业不得以法定代表人或者主要负责人变更，履行内部付款流程，或者在合同未作约定的情况下以等待竣工验收批复、决算审计等为由，拒绝或者迟延支付中小企业款项。

中小企业以应收账款担保融资的，机关、事业单位和大型企业应当自中小企业提出确权请求之日起30日内确认债权债务关系，支持中小企业融资。

机关、事业单位和大型企业迟延支付中小企业款项的，应当支付逾期利息。双方对逾期利息的利率有约定的，约定利率不得低于合同订立时1年期贷款市场报价利率；未作约定的，按照每日利率万分之五支付逾期利息。

三、竣工结算

（一）一般规定

工程完工后，发承包双方必须在合同约定时间内办理工程竣工结算。

工程竣工结算应由承包人或受其委托具有相应资质的工程造价咨询人编制，并应由发包人或受其委托具有相应资质的工程造价咨询人核对。

当发承包双方或一方对工程造价咨询人出具的竣工结算文件有异议时，可向工程造价管理机构投诉，申请对其进行执业质量鉴定。

工程造价管理机构对投诉的竣工结算文件进行质量鉴定，宜按相关规定进行。

竣工结算办理完毕，发包人应将竣工结算文件报送工程所在地或有该工程管辖权的行业管理部门的工程造价管理机构备案，竣工结算文件应作为工程竣工验收备案、交付使用的必备文件。

（二）编制依据

工程竣工结算应根据下列依据编制和复核：

(1)《建设工程工程量清单计价规范》。

(2)工程合同。

(3)发承包双方实施过程中已确认的工程量及其结算的合同价款。

(4)发承包双方实施过程中已确认调整后追加(减)的合同价款。

(5)建设工程设计文件及相关资料。

(6)投标文件。

(7)其他依据。

分部分项工程和措施项目中的单价项目应依据发承包双方确认的工程量与已标价工程量清单的综合单价计算；发生调整的，应以发承包双方确认调整的综合单价计算。

措施项目中的总价项目应依据已标价工程量清单的项目和金额计算；发生调整的，应以发承包双方确认调整的金额计算，其中安全文明施工费必须按国家或省级、行业建设主管部门的规定计算，不得作为竞争性费用。

其他项目应按下列规定计价：

(1)计日工应按发包人实际签证确认的事项计算。

(2)暂估价应按《建设工程工程量清单计价规范》中暂估价的相关规定计算。

(3)总承包服务费应依据已标价工程量清单金额计算；发生调整的，应以发承包双方确认调整的金额计算。

(4)索赔费用应依据发承包双方确认的索赔事项和金额计算。

(5)现场签证费用应依据发承包双方签证资料确认的金额计算。

(6)暂列金额应减去合同价款调整(包括索赔、现场签证)金额计算，如有余额归发包人。

规费和增值税必须按国家或省级、行业建设主管部门的规定计算，不得作为竞争性费用。

发承包双方在合同工程实施过程中已经确认的工程计量结果和合同价款，在竣工结算办理中应直接进入结算。

(三)竣工结算的申请

根据《建设工程施工合同(示范文本)》，除专用合同条款另有约定外，承包人应在工程竣工验收合格后 28 天内向发包人和监理人提交竣工结算申请单，并提交完整的结算资料，有关竣工结算申请单的资料清单和份数等要求由合同当事人在专用合同条款中约定。

除专用合同条款另有约定外，竣工结算申请单应包括以下内容：

(1)竣工结算合同价格。

(2)发包人已支付承包人的款项。

(3)应扣留的质量保证金。已缴纳履约保证金的或提供其他工程质量担保方式的除外。

(4)发包人应支付承包人的合同价款。

(四)竣工结算审核

一般情况下竣工结算审查应采用全面审查法，严禁采用重点审查法、抽样审查法或类比审查法等其他方法。

除专用合同条款另有约定外，监理人应在收到竣工结算申请单后 14 天内完成核查并报送发包人。发包人应在收到监理人提交的经审核的竣工结算申请单后 14 天内完成审批，并由监理人向承包人签发经发包人签认的竣工付款证书。监理人或发包人对竣工结算申请单有异议的，有权要求承包人进行修正和提供补充资料，承包人应提交修正后的竣工结算申请单。

发包人在收到承包人提交竣工结算申请书后 28 天内未完成审批且未提出异议的，视为发包人认可承包人提交的竣工结算申请单，并自发包人收到承包人提交的竣工结算申请单后第 29 天起视为已签发竣工付款证书。

除专用合同条款另有约定外，发包人应在签发竣工付款证书后的 14 天内，完成对承包人的竣工付款。发包人逾期支付的，按照中国人民银行发布的同期同类贷款基准利率支付违约金；逾期支付超过 56 天的，按照中国人民银行发布的同期同类贷款基准利率的两倍支付违约金。

承包人对发包人签认的竣工付款证书有异议的，对于有异议部分应在收到发包人签认的竣工付款证书后 7 天内提出异议，并由合同当事人按照专用合同条款约定的方式和程序进行复核，或按照“争议解决”约定处理。对于无异议部分，发包人应签发临时竣工付款证书，并按上述要求完成付款。承包人逾期未提出异议的，视为认可发包人的审批结果。

（五）甩项竣工协议

发包人要求甩项竣工的，合同当事人应签订甩项竣工协议。在甩项竣工协议中应明确，合同当事人按照“竣工结算申请”及“竣工结算审核”的约定，对已完合格工程进行结算，并支付相应合同价款。

（六）最终结清

1. 最终结清申请单

除专用合同条款另有约定外，承包人应在缺陷责任期终止证书颁发后 7 天内，按专用合同条款约定的份数向发包人提交最终结清申请单，并提供相关证明材料。

除专用合同条款另有约定外，最终结清申请单应列明质量保证金、应扣除的质量保证金、缺陷责任期内发生的增减费用。

发包人对最终结清申请单内容有异议的，有权要求承包人进行修正和提供补充资料，承包人应向发包人提交修正后的最终结清申请单。

2. 最终结清证书和支付

除专用合同条款另有约定外，发包人应在收到承包人提交的最终结清申请单后 14 天内完成审批并向承包人颁发最终结清证书。发包人逾期未完成审批，又未提出修改意见的，视为发包人同意承包人提交的最终结清申请单，且自发包人收到承包人提交的最终结清申请单后 15 天起视为已颁发最终结清证书。

除专用合同条款另有约定外，发包人应在颁发最终结清证书后 7 天内完成支付。发包人逾期支付的，按照中国人民银行发布的同期同类贷款基准利率支付违约金；逾期支付超过 56 天的，按照中国人民银行发布的同期同类贷款基准利率的两倍支付违约金。

承包人对发包人颁发的最终结清证书有异议的，按“争议解决”的约定办理。

四、缺陷责任与保修

（一）工程保修的原则

根据《建设工程施工合同（示范文本）》，在工程移交发包人后，因承包人原因产生的质量缺陷，承包人应承担质量缺陷责任和保修义务。缺陷责任期届满，承包人仍应按合同约定的工程各部位保修年限承担保修义务。

（二）缺陷责任期

1. 缺陷责任期的确定

缺陷责任期从工程通过竣工验收之日起计算，合同当事人应在专用合同条款约定缺陷责任期的具体期限,但该期限最长不超过 24 个月。

单位工程先于全部工程进行验收,经验收合格并交付使用的,该单位工程缺陷责任期自单位工程验收合格之日起算。因承包人原因导致工程无法按合同约定期限进行竣工验收的,缺陷责任期从实际通过竣工验收之日起计算。因发包人原因导致工程无法按合同约定期限进行竣工验收的,在承包人提交竣工验收报告 90 天后,工程自动进入缺陷责任期;发包人未经竣工验收擅自使用工程的,缺陷责任期自工程转移占有之日起开始计算。

2. 缺陷责任期内的责任

缺陷责任期内,由承包人原因造成的缺陷,承包人应负责维修,并承担鉴定及维修费用。如承包人不维修也不承担费用,发包人可按合同约定从保证金或银行保函中扣除,费用超出保证金额的,发包人可按合同约定向承包人进行索赔。承包人维修并承担相应费用后,不免除对工程的损失赔偿责任。发包人有权要求承包人延长缺陷责任期,并应在原缺陷责任期届满前发出延长通知。但缺陷责任期(含延长部分)最长不能超过 24 个月。

由他人原因造成的缺陷,发包人负责组织维修,承包人不承担费用,且发包人不得从保证金中扣除费用。

任何一项缺陷或损坏修复后,经检查证明其影响了工程或工程设备的使用性能,承包人应重新进行合同约定的试验和试运行,试验和试运行的全部费用应由责任方承担。

3. 缺陷责任期届满

除专用合同条款另有约定外,承包人应于缺陷责任期届满后 7 天内向发包人发出缺陷责任期届满通知,发包人应在收到缺陷责任期满通知后 14 天内核实承包人是否履行缺陷修复义务,承包人未能履行缺陷修复义务的,发包人有权扣除相应金额的维修费用。发包人应在收到缺陷责任期届满通知后 14 天内,向承包人颁发缺陷责任期终止证书。

(三)质量保证金

经合同当事人协商一致扣留质量保证金的,应在专用合同条款中予以明确。在工程项目竣工前,承包人已经提供履约担保的,发包人不得同时预留工程质量保证金。

1. 承包人提供质量保证金的方式

承包人提供质量保证金有以下三种方式:

(1)质量保证金保函。

(2)相应比例的工程款。

(3)双方约定的其他方式。

除专用合同条款另有约定外,质量保证金原则上采用上述第(1)种方式。

2. 质量保证金的扣留

质量保证金的扣留有以下三种方式:

(1)在支付工程进度款时逐次扣留,在此情形下,质量保证金的计算基数不包括预付款的支付、扣回以及价格调整的金额。

(2)工程竣工结算时一次性扣留质量保证金。

(3)双方约定的其他扣留方式。

除专用合同条款另有约定外，质量保证金的扣留原则上采用上述第(1)种方式。

发包人累计扣留的质量保证金不得超过工程价款结算总额的3%。如承包人在发包人签发竣工付款证书后28天内提交质量保证金保函，发包人应同时退还扣留的作为质量保证金的工程价款；保函金额不得超过工程价款结算总额的3%。

发包人在退还质量保证金的同时按照中国人民银行发布的同期同类贷款基准利率支付利息。

3. 质量保证金的退还

缺陷责任期内，承包人认真履行合同约定的责任，到期后，承包人可向发包人申请返还保证金。

发包人在接到承包人返还保证金申请后，应于14天内会同承包人按照合同约定的内容进行核实。如无异议，发包人应当按照约定将保证金返还给承包人。对返还期限没有约定或者约定不明确的，发包人应当在核实后14天内将保证金返还承包人，逾期未返还的，依法承担违约责任。发包人在接到承包人返还保证金申请后14天内不予答复，经催告后14天内仍不予答复，视同认可承包人的返还保证金申请。

发包人和承包人对保证金预留、返还以及工程维修质量、费用有争议的，按约定的争议和纠纷解决程序处理。

（四）保修

1. 保修责任

工程保修期从工程竣工验收合格之日起算，具体分部分项工程的保修期由合同当事人在专用合同条款中约定，但不得低于法定最低保修年限。在工程保修期内，承包人应当根据有关法律规定以及合同约定承担保修责任。

发包人未经竣工验收擅自使用工程的，保修期自转移占有之日起算。

2. 修复费用

保修期内，修复的费用按照以下约定处理：

(1)保修期内，因承包人原因造成工程的缺陷、损坏，承包人应负责修复，并承担修复的费用以及因工程的缺陷、损坏造成的人身伤害和财产损失。

(2)保修期内，因发包人使用不当造成工程的缺陷、损坏，可以委托承包人修复，但发包人应承担修复的费用，并支付承包人合理利润。

(3)因其他原因造成工程的缺陷、损坏，可以委托承包人修复，发包人应承担修复的费用，并支付承包人合理的利润，因工程的缺陷、损坏造成的人身伤害和财产损失由责任方承担。

3. 修复通知

在保修期内，发包人在使用过程中，发现已接收的工程存在缺陷或损坏的，应书面通知承包人予以修复，但情况紧急必须立即修复缺陷或损坏的，发包人可以口头通知承包人并在口头通知后48小时内书面确认，承包人应在专用合同条款约定的合理期限内到达工程现场并修复缺陷或损坏。

4. 未能修复

因承包人原因造成工程的缺陷或损坏,承包人拒绝维修或未能在合理期限内修复缺陷或损坏,且经发包人书面催告后仍未修复的,发包人有权自行修复或委托第三方修复,所需费用由承包人承担。但修复范围超出缺陷或损坏范围的,超出范围部分的修复费用由发包人承担。

5. 承包人出入权

在保修期内,为了修复缺陷或损坏,承包人有权出入工程现场,除情况紧急必须立即修复缺陷或损坏外,承包人应提前 24 小时通知发包人进场修复的时间。承包人进入工程现场前应获得发包人同意,且不应影响发包人正常的生产经营,并应遵守发包人有关保安和保密等规定。

五、违约

(一)发包人违约

1. 发包人违约的情形

在合同履行过程中发生的下列情形,属于发包人违约:

(1)因发包人原因未能在计划开工日期前 7 天内下达开工通知的。

(2)因发包人原因未能按合同约定支付合同价款的。

(3)发包人违反约定,自行实施被取消的工作或转由他人实施的。

(4)发包人提供的材料、工程设备的规格、数量或质量不符合合同约定,或因发包人原因导致交货日期延误或交货地点变更等情况的。

(5)因发包人违反合同约定造成暂停施工的。

(6)发包人无正当理由没有在约定期限内发出复工指示,导致承包人无法复工的。

(7)发包人明确表示或者以其行为表明不履行合同主要义务的。

(8)发包人未能按照合同约定履行其他义务的。

发包人发生除上述第(7)条以外的违约情况时,承包人可向发包人发出通知,要求发包人采取有效措施纠正违约行为。发包人收到承包人通知后 28 天内仍不纠正违约行为的,承包人有权暂停相应部位工程施工,并通知监理人。

2. 发包人违约的责任

发包人应承担因其违约给承包人增加的费用和(或)延误的工期,并支付承包人合理的利润。此外,合同当事人可在专用合同条款中另行约定发包人违约责任的承担方式和计算方法。

3. 因发包人违约解除合同

除专用合同条款另有约定外,承包人按"发包人违约的情形"约定暂停施工满 28 天后,发包人仍不纠正其违约行为并致使合同目的不能实现的,或出现"发包人违约的情形"第(7)条约定的违约情况,承包人有权解除合同,发包人应承担由此增加的费用,并支付承包人合理的利润。

4. 因发包人违约解除合同后的付款

承包人按照本款约定解除合同的，发包人应在解除合同后 28 天内支付下列款项，并解除履约担保：

(1)合同解除前所完成工作的价款。

(2)承包人为工程施工订购并已付款的材料、工程设备和其他物品的价款。

(3)承包人撤离施工现场以及遣散承包人人员的款项。

(4)按照合同约定在合同解除前应支付的违约金。

(5)按照合同约定应当支付给承包人的其他款项。

(6)按照合同约定应退还的质量保证金。

(7)因解除合同给承包人造成的损失。

合同当事人未能就解除合同后的结清达成一致的，按照“争议解决”的约定处理。

承包人应妥善做好已完工程和与工程有关的已购材料、工程设备的保护和移交工作，并将施工设备和人员撤出施工现场，发包人应为承包人撤出提供必要条件。

(二)承包人违约

1. 承包人违约的情形

在合同履行过程中发生的下列情形，属于承包人违约：

(1)承包人违反合同约定进行转包或违法分包的。

(2)承包人违反合同约定采购和使用不合格的材料和工程设备的。

(3)因承包人原因导致工程质量不符合合同要求的。

(4)承包人违反约定，未经批准，私自将已按照合同约定进入施工现场的材料或设备撤离施工现场的。

(5)承包人未能按施工进度计划及时完成合同约定的工作，造成工期延误的。

(6)承包人在缺陷责任期及保修期内，未能在合理期限对工程缺陷进行修复，或拒绝按发包人要求进行修复的。

(7)承包人明确表示或者以其行为表明不履行合同主要义务的。

(8)承包人未能按照合同约定履行其他义务的。

承包人发生除本项第(7)条约定以外的其他违约情况时，监理人可向承包人发出整改通知，要求其在指定的期限内改正。

2. 承包人违约的责任

承包人应承担因其违约行为而增加的费用和(或)延误的工期。此外，合同当事人可在专用合同条款中另行约定承包人违约责任的承担方式和计算方法。

3. 因承包人违约解除合同

除专用合同条款另有约定外，出现“承包人违约的情形”第(7)条约定的违约情况时，或监理人发出整改通知后，承包人在指定的合理期限内仍不纠正违约行为并致使合同目的不能实现的，发包人有权解除合同。合同解除后，因继续完成工程的需要，发包人有权使用承包人在施工现场的材料、设备、临时工程、承包人文件和由承包人或以其名义编制的其他文件,合同当事人应在专用合同条款约定相应费用的承担方式。发包人继续使用的行为不免除或减轻承包人应承担的违约责任。

4. 因承包人违约解除合同后的处理

因承包人原因导致合同解除的,则合同当事人应在合同解除后28天内完成估价、付款和清算,并按以下约定执行:

(1)合同解除后,按商定或确定承包人实际完成工作对应的合同价款,以及承包人已提供的材料、工程设备、施工设备和临时工程等的价值。

(2)合同解除后,承包人应支付的违约金。

(3)合同解除后,因解除合同给发包人造成的损失。

(4)合同解除后,承包人应按照发包人要求和监理人的指示完成现场的清理和撤离。

(5)发包人和承包人应在合同解除后进行清算,出具最终结清付款证书,结清全部款项。

因承包人违约解除合同的,发包人有权暂停对承包人的付款,查清各项付款和已扣款项。发包人和承包人未能就合同解除后的清算和款项支付达成一致的,按照"争议解决"的约定处理。

5. 采购合同权益转让

因承包人违约解除合同的,发包人有权要求承包人将其为实施合同而签订的材料和设备的采购合同的权益转让给发包人,承包人应在收到解除合同通知后14天内,协助发包人与采购合同的供应商达成相关的转让协议。

(三)第三人造成的违约

在履行合同过程中,一方当事人因第三人的原因造成违约的,应当向对方当事人承担违约责任。一方当事人和第三人之间的纠纷,依照法律规定或者按照约定解决。

六、争议解决

(一)和解

合同当事人可以就争议自行和解,自行和解达成协议的经双方签字并盖章后作为合同补充文件,双方均应遵照执行。

(二)调解

合同当事人可以就争议请求建设行政主管部门、行业协会或其他第三方进行调解,调解达成协议的,经双方签字并盖章后作为合同补充文件,双方均应遵照执行。

(三)争议评审

合同当事人在专用合同条款中约定采取争议评审方式解决争议以及评审规则,并按下列约定执行:

1. 争议评审小组的确定

合同当事人可以共同选择一名或三名争议评审员,组成争议评审小组。除专用合同条款另有约定外,合同当事人应当自合同签订后28天内,或者争议发生后14天内,选定争议评审员。

选择一名争议评审员的,由合同当事人共同确定;选择三名争议评审员的,各自选定一名，第三名成员为首席争议评审员，由合同当事人共同确定或由合同当事人委托已选定的争议评审员共同确定，或由专用合同条款约定的评审机构指定第三名首席争议评审员。

除专用合同条款另有约定外，评审员报酬由发包人和承包人各承担一半。

2. 争议评审小组的决定

合同当事人可在任何时间将与合同有关的任何争议共同提请争议评审小组进行评审。争议评审小组应秉持客观、公正原则，充分听取合同当事人的意见，依据相关法律、规范、标准、案例经验及商业惯例等，自收到争议评审申请报告后14天内作出书面决定，并说明理由。合同当事人可以在专用合同条款中对本项事项另行约定。

3. 争议评审小组决定的效力

争议评审小组作出的书面决定经合同当事人签字确认后，对双方具有约束力，双方应遵照执行。

任何一方当事人不接受争议评审小组决定或不履行争议评审小组决定的，双方可选择采用其他争议解决方式。

（四）仲裁或诉讼

因合同及合同有关事项产生的争议，合同当事人可以在专用合同条款中约定以下一种方式解决争议：

（1）向约定的仲裁委员会申请仲裁。

（2）向有管辖权的人民法院起诉。

（五）争议解决条款效力

合同有关争议解决的条款独立存在，合同的变更、解除、终止、无效或者被撤销均不影响其效力。

七、工程造价鉴定

根据《建设工程造价鉴定规范》，工程造价鉴定是指鉴定机构接受人民法院或仲裁机构委托，在诉讼或仲裁案件中，鉴定人运用工程造价方面的科学技术和专业知识，对工程造价争议中涉及的专门性问题进行鉴别、判断并提供鉴定意见的活动。工程造价鉴定应当遵循合法、独立、客观、公正的原则。

鉴定人应全面了解熟悉鉴定项目，对送鉴证据要认真研究，了解各方当事人争议的焦点和委托人的鉴定要求。委托人未明确鉴定事项的，鉴定机构应提请委托人确定鉴定事项。

鉴定人应根据鉴定项目的特点、鉴定事项、鉴定目的和要求制定鉴定方案。方案内容包括鉴定依据、应用标准、调查内容、鉴定方法、工作进度及需由当事人完成的配合工作等。

鉴定方案应经鉴定机构批准后执行，鉴定过程中需调整鉴定方案的，应重新报批。

（一）合同争议的鉴定

委托人认定鉴定项目合同有效的，鉴定人应根据合同约定进行鉴定。委托人认定鉴定项目合同无效的，鉴定人应按照委托人的决定进行鉴定。

鉴定项目合同对计价依据、计价方法约定不明的，鉴定人应厘清合同履行的事实，如是按合同履行的，应向委托人提出按其进行鉴定；如没有履行，鉴定人可向委托人提出“参照鉴定项目所在地同时期适用的计价依据、计价方法和签约时的市场价格信息进行鉴定”的建议，鉴定人应按照委托人的决定进行鉴定。

鉴定项目合同对计价依据、计价方法没有约定的，鉴定人可向委托人提出“参照鉴定项目所在地同时期适用的计价依据、计价方法和签约时的市场价格信息进行鉴定”的建议，鉴定人应按照委托人的决定进行鉴定。

鉴定项目合同对计价依据、计价方法约定条款前后矛盾的，鉴定人应提请委托人决定适用条款，委托人暂不明确的，鉴定人应按不同的约定条款分别作出鉴定意见，供委托人判断使用。

当事人分别提出不同的合同签约文本的，鉴定人应提请委托人决定适用的合同文本，委托人暂不明确的，鉴定人可按不同的合同文本分别作出鉴定意见，供委托人判断使用。

（二）计量争议的鉴定

当鉴定项目图纸完备，当事人就计量依据发生争议时，鉴定人应以现行国家相关工程计量规范规定的工程量计算规则计量；无国家标准的，按行业标准或地方标准计量。但当事人在合同中约定了计量规则的除外。

一方当事人对双方当事人已经签认的某一工程项目的计量结果有异议的，鉴定人应按以下规定进行鉴定：

(1)当事人一方仅提出异议未提供具体证据的，按原计量结果进行鉴定。

(2)当事人一方既提出异议又提出具体证据的，应对原计量结果进行复核，必要时可到现场复核，按复核后的计量结果进行鉴定。

当事人就总价合同计量发生争议的，总价合同对工程计量标准有约定的，按约定进行鉴定；没有约定的，仅就工程变更部分进行鉴定。

（三）计价争议的鉴定

1. 工程变更

当事人因工程变更导致工程量数量变化，要求调整综合单价发生争议的；或对新增工程项目组价发生争议的，鉴定人应按以下规定进行鉴定：

(1)合同中有约定的，应按合同约定进行鉴定。

(2)合同中约定不明的，鉴定人应厘清合同履行情况，如是按合同履行的，应向委托人提出按其进行鉴定；如没有履行，可按现行国家标准计价规范的相关规定进行鉴定，供委托人判断使用。

(3)合同中没有约定的，应提请委托人决定并按其决定进行鉴定，委托人暂不决定的，可按现行国家标准计价规范的相关规定进行鉴定，供委托人判断使用。

2. 物价波动

当事人因物价波动，要求调整合同价款发生争议的，鉴定人应按以下规定进行鉴定：

(1)合同中约定了计价风险范围和幅度的，按合同约定进行鉴定；合同中约定了物价波动可以调整，但没有约定风险范围和幅度的，应提请委托人决定，按现行国家标准计价规范的相关规定进行鉴定；但已经采用价格指数法进行了调整的除外。

（2）合同中约定物价波动不予调整的，仍应对实行政府定价或政府指导价的材料按《中华人民共和国民法典》的相关规定进行鉴定。

3. 人工费调整

当事人因人工费调整文件，要求调整人工费发生争议的，鉴定人应按以下规定进行鉴定：

（1）如合同中约定不执行的，鉴定人应提请委托人决定并按其决定进行鉴定。

（2）合同中没有约定或约定不明的，鉴定人应提请委托人决定并按其决定进行鉴定，委托人要求鉴定人提出意见的，鉴定人应分析鉴别：如人工费的形成是以鉴定项目所在地工程造价管理部门发布的人工费为基础在合同中约定的，可按工程所在地人工费调整文件作出鉴定意见；如不是，则应作出否定性意见，供委托人判断使用。

4. 材料价格

当事人因材料价格发生争议的，鉴定人应提请委托人决定并按其决定进行鉴定。委托人未及时决定可按以下规定进行鉴定，供委托人判断使用：

（1）材料价格在采购前经发包人或其代表签批认可的，应按签批的材料价格进行鉴定。

（2）材料采购前未报发包人或其代表认质认价的，应按合同约定的价格进行鉴定。

（3）发包人认为承包人采购的材料不符合质量要求，不予认价的，应按双方约定的价格进行鉴定，质量方面的争议应告知发包人另行申请质量鉴定。

5. 工程质量

发包人以工程质量不合格为由，拒绝办理工程结算而发生争议的，鉴定人应按以下规定进行鉴定：

（1）已竣工验收合格或已竣工未验收但发包人已投入使用的工程，工程结算按合同约定进行鉴定。

（2）已竣工未验收且发包人未投入使用的工程，以及停工、停建工程，鉴定人应对无争议、有争议的项目分别按合同约定进行鉴定。工程质量争议应告知发包人申请工程质量鉴定，待委托人分清当事人的质量责任后，分别按照工程造价鉴定意见判断采用。

（四）费用索赔争议的鉴定

当事人因提出索赔发生争议的，鉴定人应提请委托人就索赔事件的成因、损失等作出判断，委托人明确索赔成因、索赔损失、索赔时效均成立的，鉴定人应运用专业知识作出因果关系的判断，作出鉴定意见，供委托人判断使用。

一方当事人提出索赔，对方当事人已经答复但未能达成一致，鉴定人可按以下规定进行鉴定：

（1）对方当事人以不符合事实为由不同意索赔的，鉴定人应在厘清证据事实以及事件的因果关系的基础上作出鉴定。

（2）对方当事人以该索赔事项存在，但认为不存在赔偿的，或认为索赔过高的，鉴定人应根据相关证据和专业判断作出鉴定。

当事人对暂停施工索赔费用有争议的，鉴定人应按以下规定进行鉴定：

（1）合同中对上述费用的承担有约定的，应按合同约定作出鉴定。

（2）因发包人原因引起的暂停施工，费用由发包人承担，包括对已完工程进行保护的费用、运至现场的材料和设备的保管费、施工机具租赁费、现场生产工人与管理人员工资、承包人为复工所需的准备费用等。

(3)因承包人原因引起的暂停施工,费用由承包人承担。

因不利的物质条件或异常恶劣的气候条件的影响,承包人提出应增加费用和延误的工期的,鉴定人应按以下规定进行鉴定:

(1)承包人及时通知发包人,发包人同意后及时发出指示同意的,采取合理措施而增加的费用和延误的工期由发包人承担;发承包双方就具体数额已经达成一致的,鉴定人应采纳这一数额鉴定;发承包双方未就具体数额达成一致,鉴定人通过专业鉴别、判断作出鉴定。

(2)承包人及时通知发包人后,发包人未及时回复的,鉴定人可从专业角度进行鉴别、判断作出鉴定。

因发包人原因,发包人删减了合同中的某项工作或工程项目,承包人提出应由发包人给予合理的费用及预期利润,委托人认定该事实成立的,鉴定人进行鉴定时,其费用可按相关工程企业管理费的一定比例计算,预期利润可按相关工程项目报价中的利润的一定比例或工程所在地统计部门发布的建筑企业统计年报的利润率计算。

(五)工程签证争议的鉴定

当事人因工程签证费用而发生争议,鉴定人应按以下规定进行鉴定:

(1)签证明确了人工、材料、机械台班数量及其价格的,按签证的数量和价格计算。

(2)签证只有用工数量没有人工单价的,其人工单价按照工作技术要求比照鉴定项目相应工程人工单价适当上浮计算。

(3)签证只有材料和机械台班用量没有价格的,其材料和台班价格按照鉴定项目相应工程材料和台班价格计算。

(4)签证只有总价款而无明细表述的,按总价款计算。

(5)签证中的零星工程数量与该工程应予实际完成的数量不一致时,应按实际完成的工程数量计算。

当事人因工程签证存在瑕疵而发生争议的,鉴定人应按以下规定进行鉴定:

(1)签证发包人只签字证明收到,但未表示同意,承包人有证据证明该签证已经完成,鉴定人可作出鉴定意见并单列,供委托人判断使用。

(2)签证既无数量,又无价格,只有工作事项的,由当事人双方协商,协商不成的,鉴定人可根据工程合同约定的原则、方法对该事项进行专业分析,作出推断性意见,供委托人判断使用。

承包人仅以发包人口头指令完成了某项零星工作或工程,要求费用支付,而发包人又不认可,且无物证的,鉴定人应以法律证据缺失为由,作出否定性鉴定。

(六)合同解除争议的鉴定

工程合同解除后,当事人就价款结算发生争议,如送鉴的证据满足鉴定要求的,按送鉴的证据进行鉴定;不能满足鉴定要求的,鉴定人应提请委托人组织现场勘验或核对,会同当事人采取以下措施进行鉴定:

(1)清点已完工程部位、测量工程量。

(2)清点施工现场人、材、机数量。

(3)核对签证、索赔所涉及的有关资料。

(4)将清点结果汇总造册,请当事人签认,当事人不签认的,及时报告委托人,但不影响鉴定工作的进行。

(5)分别计算价款。

当事人对已完工程数量不能达成一致意见,鉴定人现场核对也无法确认的,应提请委托人委托第三方专业机构进行现场勘验,鉴定人应按勘验结果进行鉴定。

委托人认定发包人违约导致合同解除的,应包括以下费用:

(1)已完成永久工程的价款。

(2)已付款的材料设备等物品的金额(付款后归发包人所有)。

(3)临时设施的摊销费用。

(4)签证、索赔以及其他应支付的费用。

(5)撤离现场及遣散人员的费用。

(6)发包人违约给承包人造成的实际损失(其违约责任的分担按委托人的决定执行)。

(7)其他应由发包人承担的费用。

委托人认定承包人违约导致合同解除的,应包括以下费用:

(1)已完成永久工程的价款。

(2)已付款的材料设备等物品的金额(付款后归发包人所有)。

(3)临时设施的摊销费用。

(4)签证、索赔以及其他应支付的费用。

(5)承包人违约给发包人造成的实际损失(其违约责任的分担按委托人的决定执行)。

(6)其他应由承包人承担的费用。

委托人认定因不可抗力导致合同解除的,鉴定人应按合同约定进行鉴定;合同没有约定或约定不明的,鉴定人应提请委托人认定不可抗力导致合同解除后适用的归责原则,可建议按现行国家标准计价规范的相关规定进行鉴定,由委托人判断,鉴定人按委托人的决定进行鉴定。

第八节　国际工程投标报价

一、国际工程投标的具体内容

(一)获得项目信息

获得项目信息的方式很多,途径多样,主要有收集公开资料;利用国际社会服务机构;设置高效率的情报信息网点;发挥公共关系的利用;派团、组织到有关国家进行实地考察;重视内部的资料;从竞争对手中获得;充分利用现代通信设备等。

（二）投标项目可行性研究

1. 技术的可行性

任何项目不管合同总价是多少、经济效益前景如何，摆在承包商面前的首先是完成工程项目技术的可能性，也就是在技术上能否胜任，从以下几方面来论证：

(1)工程概况。根据发包单位提供的图纸和有关资料，从技术角度简单描述该项目工程的规模、特点和设备情况等。

(2)技术难度。要针对项目中技术上存在着的难度采取相应的施工方法和技术措施来解决。

(3)国内外同类型工程经验。这点很重要，不能简单地说技术上没有问题，应当用已完成的实例来证明完成项目技术的可能性，当然最好是国外同类工程的实例。

2. 经济效益分析

在经济上进行全面分析，既要有表格形式的显示又要有文字说明，可以将工程报价与工程成本进行对比，这类似于国内的设计预算与施工预算的对比，文字说明主要显示在控制直接费用即人工、材料、机械等方面采取哪些措施，从而使工程实际成本低于工程报价。间接费以及管理费应采取能把其费用控制在一定幅度内的措施。

3. 支付保证

目前，由于业主中途不能支付致使工程不能进行下去的实例很多，使承包商蒙受很大损失，所以实施项目必须对支付能力作认真分析，不要盲目签约，更不能糊涂开工，以免追悔莫及。

4. 财政平衡

这里所指的财政平衡，是指承包商为完成该项目所需资金的平衡，因而要对财政上进行全面分析：

(1)预付款的金额。预付款获得的条件很重要。

(2)为完成项目所必须有的相应的固定资产投入，即资金占用率。大型施工机械的投入，不可能一次摊销，因此将会占用一定资金（指新增施工机械）。另外，为完成项目必须要有一批周转材料如模板、脚手架等，这也是占有资金的组成部分。

(3)对已完成的工程量需要现场工程师确认后并经过一定程序才能将工程款拨入，时间长短不明确，因此工程需要一定的资金周转，否则工程无法顺利进行下去。

所以，要搞好财政上的平衡，就必须做出项目资金占用计划和回收计划，这可以用双曲线来表示，显示收入与支出的时间，它们的差额是需要占用的资金数额。

5. 工程所在地的法律要求

中国承包公司除了应具备国内条件外，还要按当地国家的法律办理有关注册手续，方能承包或分包当地的工程，这一点不应被忽视，否则与外国公司的签约将得不到所在国法律的保护。这样，不但支付得不到保证，履约保函也会被没收。

此外，发包单位（业主）也要具备法人资格，具有发包的资格。

6. 税收对项目的影响

税收对工程项目有很大影响。不同的国家有不同的税法，最普通的税有关税、进口调节税、增值税、印花税、所得税、临时进入施工机械的押金税、排污税、建筑税等等。

7. 当地合作者的分析

很多国家规定外国承包商或公司在本国承包工程，必须同当地的企业成立联营关系才能承包该国的工程。因此我们对合作伙伴或分包单位均需作必要的分析，具体来说是对当地人或公司的信誉、资历、资金债权等方面进行全面分析。这些分析可以通过当地金融机构、咨询公司和法律事务所等渠道加以了解，其中很重要的是，应当选择内行或同行的企业作为合作伙伴。

8. 风险的分析与对策

国际工程承包应实事求是地分析该项目的风险，具体可采用专家评分比较法。该方法主要找出各种潜在的风险并对风险后果作出定性估计。对那些风险很难在较短时间内用统计方法、实验分析方法或因果关系论证得到的情形特别适用。

（三）选定代理人（公司）

国际承包工程活动中通行代理制度，即外国承包商进入工程项目所在国，须通过合法的代理人开展业务活动。代理人实际上是为外国承包商提供综合服务的咨询机构，有的是个人独立执业咨询工程师，有的是合伙企业或公司。其服务内容主要有：

(1)协助外国承包商争取参加本地招标工程项目投标资格预审和取得招标文件。

(2)协助办理外国人出入境签证、居留证、工作证以及汽车驾驶执照等。

(3)为外国公司介绍本地合法对象和办理注册手续。

(4)提供当地有关法律和规章制度方面的咨询。

(5)提供当地市场信息和有关商业活动的知识。

(6)协助办理建筑器材和施工机械设备以及生活资料的进出口手续，诸如申请许可证，申报关税，申请免税，办理运输等。

(7)促进与当地官方及工商界、金融界的友好关系。

代理人的活动往往对一个工程项目投标的成功与否，起着相当重要的作用。因此，对选定代理人应给以足够的重视。一个好代理人应该具备的条件是：有丰富的业务知识和工作经验；资信可靠，能忠实地为委托人服务，尽力维护委托人的合法权益；活动能力强，信息灵通，有强大的政治、经济界的后台。

找到合适的代理人以后，应及时签订代理合同，并颁发委托书、代理合同。内容应包括代理的业务范围和活动地区；代理活动的有限期限；代理费用和支付方法；有关特别酬金条款。

代理人委托书实际上就是委托人的授权证书，须经有关方面认证方能生效。

（四）研读招标文件

承包商在派人对现场进行考察期间和整个投标报价期间，均应组织参加投标报价的人员认真细致地阅读招标文件，必要时还要组织人员把投标文件译成中文。在动手计算投标价前，首先要清楚招标文件的要求和报价内容，并特别要注意：

(1)承包商的责任和报价范围，以避免在报价中发生任何遗漏。

(2)各项技术要求，以便确定经济适用而又可加速工期的施工方案。

(3)工程中需使用的特殊材料和设备,以便在计算报价之前调查价格,避免因盲目估价而失误。

另外,应整理出招标文件中含糊不清的问题,有一些问题应及时提请业主或咨询工程师予以澄清。

为进一步制定施工方案、进度计划,算出标价,投标者还应从以下几个主要方面研究招标文件。

1. 投标书附件与合同条件

投标书附件与合同条件是国际工程招标文件十分重要的组成部分,其目的在于使承包商明确中标后应享受的权利和所要承担的义务和责任,以便在报价时考虑这些因素。

(1)工期,包括对开工日期的规定、施工期限,以及是否有分段、分批竣工的要求。工期对制定施工计划、施工方案、施工机械设备和人员配备均是重要依据。

(2)误期赔偿的有关规定,这对施工计划安排和拖期的风险大小有影响。

(3)缺陷责任期的有关规定,这对何时可收回工程“尾款”、承包商的资金利息和保函费用计算有影响。

(4)保函的要求,保函包括履约保函、预付款保函、临时进口施工机具税收保函以及维修期保函等。保函数值的要求和有效期的规定,以及允许开保函的银行限制等与投标者计算保函手续费和用于银行开保函所需占用的抵押金有重要关系。

(5)保险,是否指定了保险公司、保险的种类(例如工程一切保险、第三方责任保险、现场人员的人身事故和医疗保险、社会保险等)和最低保险金额。这些将决定保险费用的计算。

(6)付款条件,是否具有预付款,如何扣回,材料设备到达现场并检验合格后是否可以获得部分材料设备预付款,是否按订货、到工地等分阶段付款。期中付款方法,包括付款比例、保留金比例、保留金最高限额、退回保留金的时间和方法,拖延付款的利息支付等,每次期中付款有无最小金额限制,业主付款的时间限制等。这些是影响承包商计算流动资金及其利息费用的重要因素。

(7)税收,是否免税或部分免税,可免何种税收,可否临时进口机具设备而不收海关关税。这些将严重影响材料设备的价格计算。

(8)货币,支付和结算的货币规定,外汇兑换和汇款的规定,向国外订购的材料设备需用外汇的申请和支付办法。

(9)劳务国籍的限制,这对计算劳务成本有用。

(10)战争和自然灾害等不可抗力因素造成损害的补偿办法和规定,中途停工的处理办法和补救措施等。

(11)有无提前竣工的奖励。

(12)争议,仲裁或诉讼法律等的规定。

在世界银行贷款项目招标文件中,以上各项有关要求,有的在“投标者须知”中作出说明和规定,有的放在“合同条件”第二部分中具体规定。

2. 技术规范

研究招标文件中所附施工技术规范,是参照或采用英国规范、美国规范或是其他国际规范,以及对此技术规范的熟悉程度,有无特殊施工技术要求和有无特殊材料设备技术要求,有关选择代用材料、设备的规定,以便针对相应的定额,计算有特殊要求项目的价格。

3. 报价要求

(1)应当注意合同种类是属于总价合同、单价合同、成本补偿合同、"交钥匙"合同或是单价与包干混合制合同。例如有住房项目招标文件,对其中的房屋部分要求采用总价合同方式,而对室外工程部分,由于设计较为粗略,有些土石方和挡土墙等难以估算出准确的工程量,因而要求采用单价合同。对承包商来说,在总价合同中承担着工程量方面的风险,就应仔细校核工程量并对每一子项工程的单价作出详尽细致的分析和综合。

(2)应当仔细研究招标文件中的工程量表的编制体系和方法,是否将施工详图设计、勘察、临时工程机具设备、进场道路、临时水电设施等列入工程量表。特别要认真研究工程量的分类方法,以及每一子项工程的具体含义和内容。要研究永久性工程之外的项目有何报价要求,以便考虑如何将之列入工程总价中。弄清一切费用纳入工程总报价的方法,不得有任何遗漏或归类的错误。

对某些部位的工程或设备提供,是否必须由业主确定"指定的分包商"进行分包。文件规定总包对分包商应提供何种条件,承包何种责任,以及文件是否规定分包商计价方法。对于材料、设备费用在施工期限内涨价及当地货币贬值有无补偿,即合同有无任何调价条款,以及调价计算公式。

4. 承包商风险

认真研究招标文件中对承包商不利、需承担很大风险的各种规定和条款,例如有些合同中,业主有这样一个条款:"承包商不得以任何理由索取合同价格以外的补偿"。那么承包商就得考虑加大风险费。

(五)现场考察及市场调研

1. 自然地理条件

(1)气象资料:年平均气温、年最高气温;风玫瑰图、最大风速、风压值;日照;年最大降雨量、平均降雨量、年平均湿度、最高湿度、最低湿度;室内计算温度、湿度。

(2)水文资料:潮汐、风浪、台风等(对于港口工程)。

(3)地质情况:地质构造及特征;承载能力,地基是否有大孔土、膨胀土(需用钻孔或探坑等手段查明);地震及其设防等级。

(4)分析上述因素对施工的主要影响。

2. 有关材料问题

(1)地方材料的供应品种,水泥、钢材、木材、砖、砂、石料及预制构件的生产和供应。

(2)装修材料的品种和供应,瓷砖、水磨石、大理石、墙纸、吊顶、喷涂材料、铝合金门窗、水电器材、空调等的产地和质量,各种材料器材的价格、样本。

(3)第三国采购的渠道及其当地代理情况。

(4)实地参观访问当地材料的成品及半成品等生产厂、加工厂及制作场地。

3. 交通运输

(1)空运、海运、河运和陆地运输情况。

(2)主要运输工具购置和租赁价格。

4. 编制报价的有关规定

(1)所在国国家工程部门颁发的有关费率和取费标准。

(2)工人工资及其附加费用,当地工人工效以及同本国工人的工效比,如何招募当地工人等。

(3)临建工程的标准和收费。

(4)当地及国际市场材料、机械设备价格的变动;运输费和税率的变动。

5. 施工机具

(1)该国施工设备和机具的生产、购置和租赁;进口机具和设备材料的供应;有关设备机具的配置及维修。

(2)当地施工用特殊机具。

(3)当地机具加工能力。

6. 规划设计和施工现场

(1)工程所在地的地形、地物、地貌;城市坐标,用地范围;工程周围的道路、管线位置、标高、管径、压力;市政管网设施等。

(2)市政给排水设施;废水、污水处理方式;市政雨水排放设施;市政消防供水管道管径、压力。

(3)当地供电方式、电压、供电方位、距离。

(4)电视和通信线路的铺设。

(5)政府有关部门对现场管理的一般要求、特殊要求及规定。

(6)施工现场的三通一平情况。

(7)当地施工方法及注意事项。

(8)当地建筑物的结构特征和习惯做法;建筑形式、色调、装饰、装修、细部处理;所在国的建筑风格。

(9)重点参观有代表性的著名建筑物和现代化建筑。

7. 业主和竞争对手情况

(1)业主情况。

(2)工程资金来源。

(3)竞争对手情况。

8. 承包工程所在国的政治情况及有关法规、条例

(1)掌握该国的一般政治、经济情况;与邻国的关系;与本国的关系。

(2)了解本国外交部、经贸部对该国的评价,请本国驻外使馆介绍有关情况。

(3)了解该国关于外国承包公司注册设点的程序性规定;需要递交的资料及其详细内容。

(4)搜集或购买工程设计规范、施工技术规范、招标法规制度和工程审查及验收制度。

9. 市场情况

(1)建筑材料、施工机械设备、燃料、动力、水和生活用品的供应情况。

(2)劳务市场状况,包括工人的技术水平、工资水平,有关劳动保险和福利待遇的规定,以及外籍工人是否被允许入境等。

(3)外汇汇率。

(4)银行信贷利率。

(5)工程所在国承包企业和注册的外国承包企业的经营情况。

(6)工程项目的资金来源和业主的资信情况。

(7)对购买器材和雇用工人有无限制条件(例如是否规定必须采购当地某种建筑材料的份额或雇用当地工人的比例等)。

(8)对外国承包商和本国承包商有无差别待遇(例如在标价上给本国承包商以优惠等)。

(9)工程价款的支付方式,外汇所占比例。

(10)业主、监理工程师的资历和工作作风等。

以上只是调查的一般要求,应针对工程具体情况而增删。考察后要写出简洁明了的考察报告,附有参考资料、结论和建议,使报价人员看后一目了然,把握要领。一个高质量的考察报告,对研究投标报价策略和提高中标率有着十分重要的意义。

(六)复核或计算工程量

国际工程招标中一般都有工程量清单,报价之前,要对工程数量进行校核。国际上通用的工程量计算方法有《建筑工程量计算原则(国际通用)》《(英国)建筑工程量标准计算方法(SMM 6)》。招标文件中如没有工程量清单,则须根据图纸计算全部工程量。如对计算方法有规定,应按规定的方法计算;如无规定,亦可用国内惯用的方法计算。

国际工程投标中,投标人发现招标工程量清单中某工程量有明显的计算错误,则应采取按照原招标文件的工程量填报单价,另在投标致函中予以说明的方法进行处理。

还有一点应该注意,即国际招标工程用以计算工程量的图纸,往往达不到施工图的深度;将来按施工图施工,实际工程量和用料标准及做法要求,可能会与作为报价依据的工程量清单所列者有出入。在实践中遇有此种情况,应随时核对并作出记录,根据合同中的相应条款提出索赔要求,以免遭受损失。

不论是复核工程量还是计算工程量,都要求尽可能准确无误。

(七)参加标前会议

召开标前会议的目的,是为了使业主澄清投标者对招标文件的疑问,回答投标者提出的各类问题。通过介绍项目情况,使投标者进一步了解招标文件的要求、规定和现场情况,更好地准备投标文件。投标人在标前会议之前应进行各项调查研究。一般大型和较复杂的工程要召开此类会议,而且往往与组织投标者现场考察结合进行,在"投标邀请书"中即规定好会议日期、时间和地点。

投标者如有问题要提出,应在召开标前会议前以书面或电传形式发出。业主将对提出的问题以及标前会议的记录用书面答复的形式给每个投标者,并作为正式招标文件的一部分。投标人在国际工程投标的标前会议上对工程内容范围不清的问题,应请业主作出说明;对容易产生歧义理解的合同条件,应请业主给予解释。

世界银行贷款项目,对标前会议和现场考察的情况及对主要问题的澄清、解答还应作出书面纪要并报送世界银行。

(八)制定施工组织规划

招标文件中要求投标者在报价的同时要附上其施工组织规划。

制定施工组织规划的原则是在保证工程质量和工期的前提下,尽可能使工程成本最低,投标价格合理。在这个原则下,投标者要采用对比和综合分析的方法寻求最佳方案,避免孤立地、片面地看问题。应根据现场施工条件、工期要求、机械设备来源、劳动力的来源等,全面考虑采用某种方案。

1. 工程进度计划

在投标阶段,编制的工程进度计划不是工程施工计划,可以粗略一些,一般用直线条计划即可,但应考虑和满足以下要求:

(1)总工期符合招标文件的要求,如果合同要求分期分批竣工交付使用,应标明分期交付的时间和分批交付的数量。

(2)表示各项主要工程(例如土方工程、基础工程、混凝土结构工程、屋面工程、机电安装工程等)的开始和结束时间。

(3)合理安排各主要工序,并应相互衔接。

(4)有利于均衡安排劳动力,尽可能避免现场劳动力数量急剧起落,这样可以提高工效和节省临时设施(例如工人居住营地、临时性建筑等)。

(5)有利于充分有效地利用机械设备,减少机械设备占用周期。例如尽可能将土方工程集中在一定时间内完成,以减少推土机、挖掘机、铲运机等大型机具设备占用周期。这样就可以降低机械设备使用费,或是有利于组织分包施工。

(6)制定的计划要便于编制资金流动计划,有利于降低流动资金占用量,节省资金利息。可以看出,进度计划安排是否合理,关系到工程成本和报价价格。

2. 施工方案

编制施工方案时要比较细致地研究技术规范要求,现场考察时对施工条件要充分了解。制定施工方案要服从工期要求、技术可能性、保证质量、降低成本等方面进行综合考虑。

(1)根据分类汇总的工程数量和工程进度计划中该类工程的施工周期,合同技术规范要求以及施工条件和其他情况,选择和确定每项工程的主要施工方法。

(2)根据上述各类工程的施工方法,选择相应的机具设备,并计算所需数量和使用周期;研究确定是采购新设备,或调进现有设备,或在当地租赁设备。

(3)研究确定哪些工程由自己组织施工,哪些工程进行分包,并提出寻求分包的条件设想,以便询价。

(4)用概略指标估算直接生产劳务数量,考虑其来源及进场时间安排。如果当地有限制外籍劳务的规定,则应提出当地劳务和外籍劳务的工种分配。另外,从所需直接劳务的数量,可参照自己的经验,估算所需间接劳务和管理人员的数量,并可估算生活性临时设施的数量和标准等。

(5)用概略指标估算主要和大宗的建筑材料的需用量,考虑其来源和分批进场的时间安排，从而可以估算现场用于存储、加工的临时设施（例如仓库、露天堆放场、加工场地或工棚等）。如果有些地方建筑材料（例如砂石等）拟自行开采，则应估计采砂、采石场的设备、人员，并计算出自行开采砂石的单位成本价格。若有些构件（例如预制混凝土构件、钢构件等）拟在现场自制，应确定相应的设备、人员和场地面积，并计算自制构件的成本价格。

(6)根据现场设备、高峰人数和一切生产及生活方面的需要，估算现场用水、用电量，确定临时供电和供排水设施。

(7)考虑外部和内部材料供应的运输方式，估计运输和交通车辆的需要及来源。

(8)考虑其他临时工程的需要和建设方案。例如进场道路、停车场地等。

(9)提出某些特殊条件下保证正常施工的措施。例如降低地下水以保证地面以下工程施工的措施，冬季、雨季施工措施等。

(10)其他必需的临时设施安排。例如现场保卫设施，包括临时围墙或围篱、警卫设施、夜间照明等，现场临时通信联系设施等。

应当注意，上述施工方案中各种数字都是按汇总工程量和概略定额指标估算的，在计算标价过程中，需要按陆续计算得出的详细计算数字予以修改、补充和订正。

（九）编制标书

投标单位对招标工程作出报价决策之后，应编制标书，也就是投标者须知规定投标单位必须提交的全部文件。这些文件主要有：

(1)投标书及其附件。投标书就是由投标的承包商负责人签署的正式报价信，我国通称标函。中标后，投标书及其附件即成为合同文件的重要组成部分。

(2)划价的工程量清单和单价表，按规定格式填写，核对无误即可。

(3)与报价有关的技术文件；图纸；技术说明；施工方案；主要施工机械设备清单；某些重要或特殊材料的说明书和小样等。

(4)投标保证书。如果同时进行资格审查，则应报送的有关资料。

全部投标文件编好之后，经校核无误，由负责人签署，按投标者须知的规定分装，然后密封，派专人在投标截止期之前送到招标单位指定地点，并取得收据。

在编制标书的同时，投标单位应注意将有关报价的全部计算、分析资料汇编归档，一份完整的投标报价书，至少应具备和包括下列资料：工程量表；报价单；主要材料计划表；主要工程设备清单；工程施工机械一览表；施工总体规划进度表；工程报价汇总表；预付款支付计划表；劳动力需用计划表；投标书附录一览表；报价书说明；临时设施、监理工程师办公室和施工总平面布置图等。

（十）签订合同，办理履约保函

签订合同是工程项目实施成功与否的基础工作，力争在签订合同时加进某些保护承包商自身权益的条款或补充协议是重要环节。

签订合同必须符合法律规定，必须符合当事人的真正意见，当事人必须具有缔约能力等原则。

签订合同前后，承包商应做好以下必要工作：

(1)签约前，一定要办妥履约保函及各项保证手续。

(2)核对实施中的项目与内容是否同原标书、图纸等相符,如发现有漏洞,或需增价,应及时正式报告工程师签认。

(3)保存好招标文件、投标文件和同业主、工程师往来文件,以备查询。

(4)做好签约前的谈判准备。合同的签订过程,是双方当事人互相协商最终就合同的责、权、利达成一致的全过程。因此,承包商应在争取更为合理的价格、改善承包合同条款,或增加条件等的同时,应做好相关附录、备忘录、协议书等以备使用。签订合同后,业主即退还投标保证金。

二、国际工程项目投标策略

(一)概述

国际工程项目标书的编制是一项系统、复杂的工作,涉及多专业、多工种,如技术、经济、外语、财务、材料、质量、安全等,各专业要统一协调,相互包容。在获得招标的信息后,要熟读招标文件的每一个条款,如果不注意就会给编制报价工作造成很大的误区。现在报价的方式,多采用工程量清单报价方法,这种方法简单,便于以后调整。但报价应注意以下几个方面,否则会给承包人带来损失。

分部分项工程量清单为不可调整的清单,投标人对招标文件提供的分部分项工程量清单必须逐一计价,对清单所列内容不允许作任何更改变动。每一项中的价格为最后价格,工程如有变更时,均按此价格进行增减调整,如在投标中知道有哪些设计项目不符合当地要求,可能要修改,就将此单价降低,使得以后设计变更索赔获得更大。

措施项目清单为可调整清单,投标人对招标文件中所列项目,可根据企业自身特点作适当的变更增减。投标要对拟建工程可能发生的措施项目和措施费用作通盘考虑。清单一经报出,即被认为是包括了所有应该发生的措施项目的全部费用。如果报出的清单中没列项,且施工中又必须发生的项目,业主有权认为,其已经综合在分部分项工程量清单的综合单价中。将来措施项目发生时,投标方不得以任何借口提出索赔和调整。

其他项目清单由招标人填写的项目与数量,投标人不得随意更改,且必须进行报价。如果不报价,招标人有权认为投标人就未报价内容无偿为自己服务。当投标人列项不全时,投标人可自行增加列项并确定本项目的工程数量及计价。

(二)投标策略

国际工程投标报价决策的影响因素有成本估算的准确性、期望利润、市场条件、竞争程度和风险偏好等。国际工程投标报价的策略有开发策略、生存策略、补偿策略、竞争策略和盈利策略等。

各方面的投标实践告诉我们,国际工程项目在投标时可采用以下几种办法。

1. 不平衡报价

对于大型项目,尤其是EPC项目或设计施工项目等总价合同,由于涉及大量的设备材料的订货采购,承包商在工程预付款之外往往还需垫付大量的资金,而在开工之初一段时间,由于工程没有实质性进展,这些资金几乎没有收回或收回很少,同时拖延了整个项目成本费用的回收时间，导致承包商为工程垫付的资金的利息变成了一笔很可观的财务费用。这时，可以采用不平衡报价的策略。

所谓不平衡报价，就是投标人在业主和咨询工程师许可的范围内，在保持总价不变的情况下，提高早期施工项目的单价，而对后期施工项目降低单价。

采用这种投标策略需要注意的是潜在的风险，加价或减价均要考虑一定的限度，不能超出合理范围，因为实际工程量和工程量清单中的工程量可能不一样，当加价项目的实际工程量减少，而减价项目的实际工程量增加时，承包商将面临灭顶之灾。因此不平衡报价需要建立在对现场情况有详尽了解的基础上。

在对现场情况作了详尽的了解之后，另一种不平衡报价的方法也可以采用。即：对于工程量明显被低估的项目，适当提高单价；而对于工程量被高估的项目，适当报出低价，这时在总价不变的情况下，实际工程量的增减发生时，承包商将获得更多收益。

业主和咨询工程师为了防止承包商过分的不平衡报价，往往在合同中规定"如果工程量表中所估算的工程量超过或不足20%，考虑到这种变化在费用上的影响，就需另定新的单价"。这一条款在抑制承包商采用不平衡报价的投机行为时也保护了承包商。因为，如果某项工程大量减少，单价不变，将会使承包商丧失施工机械和管理费用中的大部分。反之，工程量大量增加，还会影响工期，为了加速进度，承包商需增加施工机械和管理费用。

另外，对有些国家政府预算的项目，出于对该国政府预算的不确定性的担忧，这时可采用这样的策略，即工程量确定的项目价格高，工程量不能确定的项目即工程量有可能被取消的项目价格低，这也是不平衡报价的一种。

2. 突然降价法报价

突然降价法是指投标单位在投标过程中以与竞争对手相差不大的价格进行报价，来迷惑竞争对手，让竞争对手认为我们以不重视的态度来对待此次投标，让其掉以轻心后，在投标即将截止的时候突然大幅降价，让竞争对手来不及反应，突出自身的价格优势，提高了企业的市场竞争力，大大提高了企业的中标率。

要很好的掌握这种方法，做到成效显著，投标方首先应充分了解市场行情以及招标单位的要求，掌握竞争对手的基本资料以及投标项目内容，其次是要善于把握时机，在最佳的时机采取降价措施，避免降价时机选择过早，让竞争对手反应过来以后打价格战，会导致两败俱伤，无论哪一方中标，双方都无法赢得较高的利润，还有可能被其他企业抓住机会从中获益。

3. 先亏后盈法报价

建筑工程项目的规模通常比较大，需要巨大的资金投入，因此许多大型工程项目可以进行分期建设。规模不足的企业可以选择这种方式，在前期投标过程中采取分期付款的方式，在后期的工程中进行费用的分摊，这样一来，就能保证项目的中标率，在后期工程的投标中也能进一步的保证中标率。这种方法适用于前期工程和后期工程工期相近的情况。

4. 多个标段项目的投标策略

多个标段的大型项目有两种情况：一种是若干标段同时招标，例如一个大型水电站项目中按专业不同分为大坝土建、电力设备安装、输变电、道路等多个标段。另一种是由于业主资金筹措的原因和各标段设计完成时间原因，若干标段要在不同时间分别招标，例如一条国家级公路项目，在数年之内分段招标实施。

在前一种情况下，业主和咨询工程师把一个大项目切成几个标段招标，是为了降低对投标人的要求，从而吸引更多的投标人参加投标，通过激励竞争达到降低造价的目的，同时也是为了找到更专业的承包商实施相应的项目。这时投标人要对工程项目的情况进行分析，尤其是对其他投标人的情况作出仔细分析，避免和真正的对手面对面竞争，找到一个或数个最有利的标段投标。业主和咨询工程师把数个标段授给同一个承包商的可能性极小。

对于后一种情况，中标第一段的承包商是最有利的，后面各段的标价往往会越来越低，这时投标人要有清醒的认识，对后续标段要么接受低价，要么不投标。因为这时投出高价是很难被业主接受的，而且会面临已在现场的承包商的竞争。当然，如果中标第一个标段的承包商实施失利，则对后来的投标人来说是绝好的机会，因为这时业主和咨询工程师可能会意识到是第一个标段的标价过低才导致承包商实施失利，业主可能会在下个标段接受较高的价格。

5. 高价、低价竞标

国际工程投标报价中，企业可以根据自身的优劣情况和招标项目的特点来制定报价策略。

通常报价可适当高一些的工程包括：

(1)施工条件比较差(例如场地狭窄、地处闹市)的工程。

(2)专业要求较高的技术密集型工程，而本公司在这方面有专长，并且声望也很高。

(3)特殊的工程，如港口码头、地下开挖工程等。

(4)总价比较低的小型工程，以及自己不愿做而被邀请投标时，又不方便不投标的工程。

(5)投标竞争对手少的工程。

(6)业主对工期要求急的工程。

(7)支付条件不理想的工程。

可以采用低价策略的工程有：

(1)工作简单、工程量大而一般公司都能做的工程。

(2)施工条件较好的工程(例如大量的土方工程，一般房建工程等)。

(3)本公司目前急需打入某一市场、某一地区，以及虽已在某地区经营多年，但即将面临没有工程的情况，机械设备等没有工地转移时。

(4)附近有工程，而且本项目可以利用该项工程的设备、劳务，或者有条件短期内能突击完成的工程。

(5)非急需工程。

(6)投标对手较多，竞争力激烈的工程。

(7)支付条件较好的工程(如现汇支付)。

提示

国际工程项目招标中，如果业主规定了暂定工程量的分项内容和暂定总价款，且规定所有投标人都必须在总报价中加入这笔固定金额，则投标人对该暂定工程的报价策略是单价可适当提高，工程量清单招标中计日工报价技巧是单纯对计日工报价应报高价。

典型例题

【多选题】影响国际工程投标报价决策的因素主要有(　　)。

A. 评标人员组成　　B. 成本估算的准确性

C. 竞争程度　　D. 市场条件

E. 风险偏好

BCDE。【解析】国际工程投标报价决策的影响因素有成本估算的准确性、期望利润、市场条件、竞争程度和风险偏好等。

【多选题】在国际工程投标报价中,投标人为了既不提高总报价,又能在结算中获得更理想的经济效益,运用不平衡报价法时,可以适当偏高报价的有(　　)。

A. 能早日结账收款的工程项目

B. 预计不可能完全实施的早期工程项目

C. 经核算预计今后工程量会增加较多的项目

D. 预计工程量可能减少的后期工程项目

E. 因设计图纸不明确可能导致工程量增加的项目

ACE。【解析】对投标人而言,收回资金越早越好,早期收回资金越多越好,能早日结账收款的工程项目可适当提高报价。工程量在施工期间有可能增加且应该按照实际工程量结算的项目可提高报价,以获得更好的实际效益。预计不可能完全实施也就是实际工程量有可能减少的项目,应适当降低报价,减少结算损失。

三、国际工程投标报价的组成

(一)价格形式

国际工程承包合同的价格形式主要有以下三种:

(1)固定总价。在合同规定的工程范围内总价包死,不调整价格。

(2)固定单价。单位工程量的价格是固定的,按实际完成的工程量乘以单价付款。

(3)成本加酬金。工程成本按实际费用由业主支付,承包商按合同约定收取固定数额或百分比的酬金。

三种价格形式中,业主和承包商各自承担的风险程度是不一样的,其中采用固定总价形式时业主承担风险最小,也是国际工程招标中最常见的价格形式。

链接

成本加酬金合同通常用于如下情况:

(1)工程特别复杂,工程技术、结构方案不能预先确定,或者尽管可以确定工程技术和结构方案,但是不可能进行竞争性的招标活动并以总价合同或单价合同的形式确定承包商,如研究开发性质的工程项目。

(2)时间特别紧迫的工程项目,如抢险、救灾工程,来不及进行详细的计划和商谈。

（二）投标报价组成

国际工程投标报价的组成有不同的划分，一是将开办费单列的投标报价；二是开办费没有单列的投标报价，则开办费应列入待摊费用中。对于是否单列或者摊入工程量其他分项价格中，主要依据招标文件来决定。施工企业现场管理费应作为待摊费用分摊在各项综合单价中，现场试验设施费作为开办费应依赖招标文件决定是否单列，暂列金额由业主工程师决定是否全部或部分使用。

国际工程投标报价的组成包括人工费、材料费、施工机具使用费、待摊费、开办费、分包工程费、暂定金额。其中，待摊费分为现场管理费和其他待摊费。现场管理费包括差旅交通费、工作人员费、办公费、固定资产使用费、文体宣教费、国外生活设施使用费、工具用具使用费、劳动保护费、检验试验费、其他费用。其他待摊费包括临时设施工程费、保险费、保函手续费、经营业务费、工程辅助费、贷款利息、总部管理费、税金、利润、风险费。分包工程费包括总包管理费和利润、分包报价。

典型例题

【多选题】国际工程投标总报价组成中，应计入现场管理费的有（　　）。

A. 差旅交通费　　B. 文体宣教费

C. 工程辅助费　　D. 劳动保护费

E. 检验试验费

ABDE。**【解析】**现场管理费是指由于组织施工与管理工作而发生的各种费用，主要包括差旅交通费、工作人员费、办公费、固定资产使用费、文体宣教费、国外生活设施使用费、工具用具使用费、劳动保护费、检验试验费、其他费用。

【单选题】在工程所在国当地采购的材料设备，其预算价格应为施工现场交货价格，该价格包括市场价、运输费和（　　）。

A. 运杂费　　B. 保管费

C. 运输保管损耗　　D. 采购保管损耗

D。**【解析】**国际工程投标报价时，在工程所在国当地采购的材料设备，其预算价格应为施工现场交货价格，包括材料设备的市场价、运输费和采购保管损耗。

【多选题】关于国际工程招标中暂定金额的说法，正确的有（　　）。

A. 承包商在施工中无权做主使用暂定金额

B. 暂定金额只能用于应对意外情况引起的损失

C. 暂定金额的数量一般由业主在招标文件中明确

D. 承包商在投标报价时应将暂定金额在总报价之外单列

E. 暂定金额应按照业主工程师的指令与决定，全部或部分使用

ACE。**【解析】**在国际工程中，暂定金额也称待定金额或备用金，是业主在招标文件中已明确规定数额的一笔资金，并且标明了用于工程施工，或者供应货物与材料，或者提供服务，或者应付意外情况。承包商投标时应将暂定金额计入总报价，但是承包商无权做主使用此笔金额，应当按照业主工程师的指示和决定，将这笔费用全部或部分使用。

（三）投标报价程序

国际工程投标报价的程序主要分为以下步骤：

(1)组织投标报价班子。

(2)研究招标文件。

(3)进行各项调查研究、参加标前会议及勘察现场、工程量复核。

(4)生产要素与分包工程询价。

(5)制定进度计划与施工方案。

(6)人料机基础单价计算。

(7)待摊费用计算和各细目单价分析。

(8)根据工程量清单汇总标价。

(9)标价分析与投标报价决策。

(10)编制正式投标文件并开具投标保函。

典型例题

【单选题】按照国际工程投标报价的程序，投标人在人料机基础单价计算之前应该进行的工作是（　　）。

A. 制定进度计划与施工方案　　B. 根据工程量清单汇总标价

C. 标价分析与投标报价决策　　D. 待摊费用计算和各细目单价分析

A。【解析】人料机基础单价计算之前，应事先制定进度计划与施工方案。人料机基础单价计算之后，需进行的工作才是待摊费用计算和各细目单价分析、根据工程量清单汇总标价和标价分析与投标报价决策。

四、国际工程投标报价的分析

（一）投标报价的分析方法

标价评估和调整标价可采用宏观指标与微观调整相结合的方法进行评审，以确保投标报价的可靠性。

1. 单位工程造价法

房屋工程按平方米造价；铁路和公路按公里造价；桥梁按桥面平方米造价；隧道按进尺造价等。

2. 全员劳动生产率指标法

即全体人员每日的生产价值。这是一项很重要的经济指标，用它对工程报价进行宏观控制是很有效的，尤其当一批综合性大项目难以用单位工程造价分析时，显得更为有用。需注意的是非同类工程、机械化水平悬殊的工程，不能绝对相比，要持分析态度。

3. 个体分析、整体综合控制法

例如修建一条铁路，除线路外还有桥梁、房屋、隧道、通信信号等，是个综合项目。这样就应首先对个体工程进行逐个分析，认定该工程价格的合理性，然后再进行综合研究和控制。

4. 各分项工程价值比例法

例如一栋楼房，它是由基础工程、混凝土与钢筋混凝土框架工程、屋面工程、地面工程、装饰工程、门窗工程、给排水工程、通信工程、运输工程（电梯）、室内照明工程、室外工程等分项工程构成的。基础、框架、砖墙等分项工程为主体工程。这些分项工程和主体工程价值都有一个合理比例。

5. 各类费用的正常比例法

任何一个工程都是由人工费、材料设备费、施工机械费、间接费等各类费用组成的。各类费用都有一个合理的比例。

6. 单位工程用工用料等正常指标法

国际工程中，人工工日和各种材料的用量都有一个科学合理的指数范围，可据此进行标价的控制。

7. 综合定额估算法

综合定额估算法是采用综合定额和扩大系数估算工程的工料数量及工程造价的一种方法。

综合定额估算法属于宏观审核工程报价的一种手段，不能以此代替详细的报价资料，报价时仍按招标文件的要求详细计算。

该法是在掌握工程实施经验和资料的基础上的一种估价方法。在采取其他宏观指标对工程报价难以核准的情况下，该法就更加显示出它较详细可靠的优越性。

8. 类比法

类比法是对工程总标价控制的行之有效的宏观方法，即用同类工程、同类项目、同类经济技术指标（如规模、造价、工期计量标准）进行类比，求得各类数据。

标价评估无论采取何种方法，都应心中有数，掌握较多的工程历史资料，进行客观准确的判断，提供最终决策依据。

（二）投标报价的静态和动态分析

1. 静态分析

投标报价的静态分析是依据企业长期工程实践中积累的大量经验数据，用类比法判断初步报价的合理性。

静态分析的内容有分项统计计算书中的汇总数字，并计算其比例指标；从宏观方面分析报价结构的合理性；探讨工期与报价的关系；分析单位产品价格和用工、用料量的合理性；对明显不合理的报价构成部分进行微观方面的分析检查。

2. 动态分析

投标报价的动态分析是假设某些因素发生变化，分析报价的变化幅度，以及这些变化对工程目标利润的影响。

动态分析主要分析的主要内容有工期延误对报价的影响；物价、工资上涨对报价的影响；政策变化、汇率、利率等变化对报价的影响。

专家解读

国际工程投标报价中，定额估价法、作业估价法、匡算估价法都可以作为分项工程直接费采用的估价方法。

定额估价法是指以定额消耗标准为依据，并不考虑作业的持续时间的一种工程项目估价方法。定额估价法的优点是由于非标准设备是以实物表示和按预算定额计算的价格，准确度高，针对性强，尤其适用于安装现场制作的非标准设备。一般拥有较可靠定额标准的企业，多数采用定额估价法。

作业估价法是指根据施工作业实际需要消耗的实物量及相应的价格计算工程费用的方法。当机械设备所占比重比较大，适用均衡性较差，机械设备搁置时间过长而使其费用增大，这种机械搁置而又无法在定额估价中给予恰当考虑时，采用作业估价法进行计算更合适。为保证估价的正确和合理性，作业估价法应包括制定施工计划和计算各项作业的资源费用，广泛应用到以网络计划方法编制施工作业计划的企业中。

匡算估价法是指根据以往的实际经验或有关资料直接匡算工程造价的方法。在利用匡算估价法进行国际工程投标报价时，估价师的经验决定了估价的准确程度，所以匡算估价法适合工程量不大、所占费用比例较小的分项工程。